GUIDE

DES

VOYAGEURS EN EUROPE.

On trouve chez le même Libraire :

ITINÉRAIRE DE L'ITALIE, seconde édit. française, faite sur la *neuvième* édit. italienne de Florence, soigneusement revue, corrigée et considérablement augmentée ; ornée de 3 cartes enluminées. — Prix, 7 fr.

ITINÉRAIRE DU ROYAUME DE FRANCE, seconde édition, revue, corrigée et considérablement augmentée ; ornée d'une grande carte routière. 1 vol. in-12 de 700 p. — Prix, 8 fr.

ITINÉRAIRE COMPLET DE LA FRANCE, de l'*Italie* et des *Provinces Illyriennes*, comprenant les *Pays-Bas* et une partie de l'Allemagne. 3 v. in-12, avec 2 cur. — Prix, 12 fr.

MANUEL DU VOYAGEUR EN SUISSE, par M. J.-G. Ebel ; trad. de l'allem. sur la quatrième édition. *Troisième édition française*, ornée de 7 vues et cartes. 1 vol. in-12 de 700 pages. — Prix, 10 fr.

GUIDE DES VOYAGEURS EN ANGLETERRE, ÉCOSSE et IRLANDE, par Cruttwell ; trad. de l'angl. sur la huitième édition. 2 vol. pet. in-12, orné de 4 pl. — Prix, 8 fr.

TABLEAU DE LONDRES ET DE SES ENVIRONS, par Philipps, trad. de l'angl. sur la dix-septième édition, orné de 3 belles cartes. 2 vol. pet. in-12. — Prix, 7 fr.

ITINÉRAIRE DE LA GRANDE-BRETAGNE, orné d'une carte routière. 1 vol. pet. in-12. — Prix, 4 fr.

GUIDE

DES

VOYAGEURS EN EUROPE,

CONTENANT

1º. UN APERÇU STATISTIQUE de l'Europe et de ses principaux États ;

2º. DES INSTRUCTIONS sur la *manière de voyager* dans les différens pays, sur leurs poids, mesures et monnaies comparés à ceux de France, la liste des Diligences, Voitures publiques, les jours et heures de leur départ et arrivée, et le temps que l'on est en route ; l'indication des bonnes auberges, des frais de voyage, des plans, cartes, guides les meilleurs à consulter dans chaque pays ;

3º. L'ITINÉRAIRE, donnant l'état général des *Postes et Relais* sur toutes les routes fréquentées par la poste, les courriers, les diligences ; la TOPOGRAPHIE DES ROUTES, ou la description des vues, sites et lieux pittoresques, des villes, bourgs, villages où l'on passe, remarquables par leurs productions, industrie, commerce, établissemens, sociétés littéraires, et les *Curiosités* naturelles et artificielles.

Par M. REICHARD,

CONSEILLER DE GUERRE DE S. A. LE DUC DE SAXE-GOTHA.

HUITIÈME ÉDITION,

Soigneusement revue, corrigée et considérablement augmentée, quant à la *France*, l'*Angleterre*, les *Pays-Bas*, la *Suisse*, l'*Italie*, etc.

Ouvrage divisé en 3 parties, savoir : EUROPE SEPTENTRIONALE, EUROPE CENTRALE, EUROPE MÉRIDIONALE.

Par L'AUTEUR de l'Abrégé de la Géographie de Guthrie.

TOME QUATRIÈME.

TROISIÈME PARTIE:

ITALIE, HONGRIE, TURQUIE, ESPAGNE et PORTUGAL.

A PARIS,

CHEZ HYACINTHE LANGLOIS, LIBRAIRE-GÉOGRAPHE,
Rue de Seine Saint-Germain, nº. 12.

M. DCCC. XVII.

IMPRIMERIE DE FAIN, PLACE DE L'ODÉON.

ITINÉRAIRE DE L'ITALIE.

INTRODUCTION.

MANIÈRE DE VOYAGER.

État des Postes, voiturins, passage des Alpes, notes instructives et remarques qui peuvent intéresser les Voyageurs dans leur tournée ; poids, mesures et monnaies.

Il y a deux manières de courir la poste en Italie; l'une ordinaire, et qui est plus chère dans la Lombardie, le Piémont, le Milanais, et les états ex-vénitiens, que dans le reste de l'Italie : c'est pourquoi dans la Lombardie on accorde aux voyageurs la permission de prendre des chevaux de poste à un prix plus modéré, mais à quelques conditions, comme de ne point obliger le postillon à galoper, de ne voyager après le coucher du soleil qu'en payant le prix entier de la poste : cette seconde manière est ce qu'on appelle aller en *cambiatura*, ce qui s'obtient facilement dans les capitales de ces différens états. Si l'on se trouve à quelque distance des principales villes, il faut se pourvoir d'avance de cette permission, et se la faire expédier par un banquier dans la ville d'où l'on veut partir.

TARIF du Prix des Postes dans le royaume Lombard-Vénitien et dans l'Italie.

POSTES. NOMBRE.	NOMBRE DE CHEVAUX.					POSTILLONS.		VOITURES.	
	2.	3.	4.	5.	6.	1.	2.	découvertes.	couvertes.
	fr. c. ou lire.	fr. c.	fr. c.	fr. c.	fr. c.	fr. c.	fr. c.	fr. c.	fr. c.
1/2	5 50	8 25	11 »	13 75	16 50	1 50	3 »	» 40	» 80
3/4	6 88	10 32	13 75	17 19	20 63	1 88	3 75	» 50	1 »
1	8 25	12 38	16 50	20 63	24 75	2 25	4 50	» 60	1 20
1 1/4	9 63	14 44	19 25	24 7	28 88	2 63	5 25	» 70	1 40
1 1/2	11 »	16 50	22 »	27 50	33 »	3 »	6 »	» 80	1 60
1 3/4	12 38	18 57	24 75	30 94	37 13	3 38	6 75	» 90	1 80
2	13 75	20 63	27 50	34 38	41 25	3 75	7 50	1 »	2 »
2 1/4	15 13	22 69	30 25	37 82	45 38	4 13	8 25	1 10	2 20
2 1/2	16 50	24 75	36 »	41 25	49 50	4 50	9 »	1 20	2 40

ITALIE. — INTRODUCTION.

DILIGENCES EN POSTE DE MILAN.

Prix des Places.

fr. c.
ou lire.

Pour { Chiari.... 12 »
Brescia.... 18 »
Desenzano.. 24 »
Vérone..... 30 »
Vicence.... 39 »
Venise..... 50 » } Partent tous les lundis, jeudis, et arrivent ordinairement les dimanches et mercredis.

Pour { Crémone.... 17 »
Mantoue.... 30 » } Tous les dimanches.

Pour { Novare..... 6 »
Verceil..... 11 50
Turin...... 21 »
Lyon...... 109 »
Paris...... 193 » } Tous les lundis, mercredis et vendredis.

Pavie, tous les vendredis, mercredis et dimanches.
   Place de derrière dans la voiture, 5 fr. » c.
   Place de devant............ 4 »
   Sur l'impériale............ 2 40

Varèse, tous les vendredis, mardis et dimanches, à volonté.

Côme, le matin, à 7 h., les lundis, jeudis et samedis.
   Place de derrière dans la voiture, 4 fr. 60 c.
   Place de devant............ 3 50
   Sur l'impériale............ 2 30

Lecco, tous les mardis et vendredis.
   Place de derrière........... 7 fr. » c.
   Place de devant............ 6 »
   Sur l'impériale............ 4 30

Nota. Le bureau central des Diligences et Messageries est dans la rue *del Monte*, hôtel *Mezzi al Civ.* n°. 1299.

Si l'on en excepte les postes de *Pistoie* à *Piastre*, et de *Piano-Asinatico* à *Bosco-Lungo*, où l'on est obligé de prendre trois chevaux, même pour une voiture à deux roues, on ne vous donne jamais plus de chevaux qu'il n'y a de roues au carrosse. Une ou deux personnes avec 200 livres de bagage prennent deux chevaux; quatre personnes avec 400 livres de bagage, ou 300 livres et deux domestiques, en prennent quatre; mais s'il y a plus de bagage qu'il n'est stipulé par l'ordonnance, dans le premier cas on est obligé de prendre cinq chevaux, et dans le second six. En sortant de toutes les villes capitales d'Italie, on paye la *poste de sortie*, c'est-à-dire une poste et demie, excepté à *Turin*, où la poste de sortie se paye simple.

Les chemins de la Lombardie sont plats, et en général très-bons, excepté lorsque la pluie a délayé le sol, qui est naturellement gras. Tous les voyageurs n'ont point de *sedie* : c'est le nom qu'on donne à une sorte de chaise à moitié couverte et à deux roues, où il y a place pour deux personnes, et où l'on peut mettre de grosses malles sur le derrière : le maître de poste à *Ala*, sur la route de *Trente*, en donne à louer ou à troquer aux voyageurs qui viennent de l'Allemagne, et qui veulent y laisser leurs voitures à quatre roues. Les étrangers donc, qui n'ont point de *sedie*, font fort bien, pour traverser la Lombardie, de se servir des voiturins (*vetturini*), qui ont pour l'ordinaire des *sedies* très-commodes; mais, arrivés à Bologne, je leur conseille d'en acheter une, et de prendre ensuite des chevaux de poste. Si l'on ne veut pas faire cette dépense, on trouve partout des voiturins pour continuer sa route. Il est vrai qu'on ne va pas vite; mais cela ne peut être autrement dans les contrées montagneuses, même avec des chevaux de poste. Et comme on rencontre à chaque pas des curiosités naturelles ou des monumens de l'art, sur lesquels on ne peut jeter qu'un coup d'œil rapide lorsqu'on voyage par la poste, les personnes qui veulent voyager avec fruit, doivent prendre des *vetturini*. On peut arranger avec eux son plan de voyage comme on veut, et ces voiturins ne faisant jamais plus de trente milles d'Italie par jour, on a tout le temps de voir tout ce qui se présente de remarquable sur la route. On trouve de ces voiturins dans toutes les grandes villes. Pour l'ordinaire, ce sont des *sedies* très-commodes à deux et quatre roues, attelées de deux chevaux ou mulets, et sur lesquelles on peut prendre jusqu'à 300 livres de bagage. Au reste, cette manière de voyager revient à peu près au prix des chevaux de poste, et l'épargne n'est jamais fort considérable, parce que le vetturino, dès qu'il sent que vous avez besoin de sa voiture, ne relâche pas du prix demandé, même quand il conduirait une chaise de retour. Il est même très-difficile de se procurer des chaises de retour, surtout quand on s'adresse à l'aubergiste ou à ses gens, parce que ceux-ci s'entendent toujours avec les voituriens. On n'en trouvera que par l'intervention d'amis, ou de personnes de connaissance, qui sont au fait. Le prix ordinaire, en y comprenant ce qu'on donne au voiturin pour boire, est d'un ducat de Hollande par jour, ou de 3 à 4 rix-dalers, sans nul égard au nombre d'une, deux ou trois personnes. Au reste, il n'y a aucun tarif stable, ou qui puisse servir de règle générale. Plus la traite que l'on se propose de faire est longue, et plus il y a à gagner sur le prix; surtout si l'on va d'une grande ville à l'autre; car alors les voiturins y sont sûrs de trouver des voyageurs à reconduire. Les personnes qui veulent faire le voyage d'Italie trouvent à Lyon et à Genève des voiturins qui s'engagent à les mener, si elles le souhaitent, jusqu'à l'extrémité du royaume de Naples. Mais il ne faut pas oublier de faire d'avance ses conditions, de manière que non-seulement les droits pour les chaussées et les ponts, mais encore les frais de passage des montagnes, soient compris dans le prix de la voiture. Si l'on n'aime pas trop la bonne chère, on ne peut rien faire de mieux que de charger les voiturins de la table et du gîte. Avant les dernières guerres, ces gens payaient en général trois paules par tête pour le dîner, et quatre pour le souper, y compris la chambre. Dans les villes, un étranger payait six paules pour chaque repas, et l'appartement à part, suivant le nombre des chambres. Depuis les dernières guerres ces prix ont haussé. Il faut aussi convenir avec les voiturins du pour boire, si l'on ne veut pas être exposé à des prétentions impertinentes de leur part. Un voyageur de ma connaissance a payé au voiturin qui le mena de Turin à Gênes, en 1788, tant pour la voiture que pour la nourriture, 3 sequins et $\frac{1}{2}$; et il a fait cette traite en trois jours et demi; il lui en a coûté 3 sequins pour aller de Gênes à Milan, et 4 louis neufs pour aller de Turin à Lyon. Un Français a payé pour ce dernier trajet 156 livres, sans compter l'argent pour boire, et il a été six jours en route. Un voyageur moderne (M. Hufeland) paya, en 1803, pour aller de Milan à Genève, 20 louis neufs pour deux personnes, y compris le passage du Mont-Cénis, les soupers et les couchers. Le pour boire était fixé à un $\frac{1}{2}$ louis neuf. Ces exemples font connaître à peu près le prix des voiturins. Les voiturins piémontais passent pour les meilleurs de l'Italie, ils ont ordinairement de bonnes voitures, et comme ils sont accoutumés dès leur jeunesse à voyager dans les montagnes, on peut avoir toute confiance en eux. Un voyageur moderne ne donne pas une idée bien avantageuse de la bonne foi et de l'honnêteté des voiturins italiens. Pour ne pas être dupe, il faut, comme je l'ai déjà dit, faire avec eux un accord par écrit ; on doit de plus se garder de leur avancer plus de la moitié de la somme convenue, et noter exprès dans l'accord que le total de la somme, de même que la *buona-mano*, ne doit être payé qu'à la fin heureuse du voyage, et que la *buona-mano* se réglera en raison de leur conduite pendant le voyage.

On représente généralement les auberges d'Italie comme détestables ; quelques-unes sont assurément assez mauvaises, mais il y en a aussi beaucoup de bonnes, surtout dans les grandes villes, et sur les routes les plus fréquentées par des étrangers. Depuis une vingtaine d'années et la présence des Français, les auberges d'Italie ont généralement gagné en propreté et en bonté. Dès qu'on est arrivé dans une ville, et qu'on s'est arrangé d'avance avec l'aubergiste pour le prix de la table et des appartemens, on doit se procurer une carte du pays, un plan de la ville, et un livre pour servir de guide. Un homme sage, qui n'a pas l'ambition de passer pour un riche et grand seigneur, peut certainement vivre en Italie à un prix très-raisonnable.

On peut se rendre par terre en Italie par des routes différentes. Il y en a à présent plusieurs qui sont praticables en voiture ; pour les autres, il faut les faire à pied, à cheval, ou en chaise à porteur.

PASSAGES DES ALPES par le *Mont-Cénis* et le *Simplon*.

(*V.* les deux routes de Paris à Turin et à Milan.)

Passage du Mont-Genèvre.

La route de Vizille à Briançon n'est pas montée ainsi que celle de Briançon à Cesanne, qui est achevée jusqu'à ce dernier endroit. *Voyez*, pour la route de Lyon à Vizille, l'Itinéraire de France, et la carte de la route de Paris à Turin.

De Briançon au Mont-Genèvre, 3 l.

On remonte, pendant une lieue, par une gorge étroite, les bords de la Durance jusqu'à la Vachette, hameau situé au pied du Mont-Genèvre. Là s'ouvre, à gauche, la vallée de Neuvache, autrement dite le *Val des Prés*, à la fois belle de sa largeur, de sa fécondité, de ses fraîches prairies et des superbes montagnes couronnées de forêts, dont elle est bordée de part et d'autre. La Clarée, qui l'arrose, vient s'unir au faible ruisseau de la Durance.

La montée du Mont-Genèvre, pratiquée au travers d'une forêt de pins, de sapins et de mélèzes, n'offre point les longs développemens du Simplon, ou du Mont-Cénis, mais bien les tournans rapides, les rampes courtes et nombreuses du col de Tende. Cette succession continuelle d'escarpemens étagés les uns au-dessus des autres, a détruit en grande partie la forêt.

Les Alpes ne sont nulle part plus boisées; elles ne renferment aussi nulle part, dans leur partie centrale, une plus belle vallée que celle de Neuvache, dont l'ouverture fait face au Mont-Genèvre.

Le plateau du Mont-Genèvre présente une particularité bien remarquable sur les Alpes, et bien peu remarquée par les auteurs, la culture des grains. Il est couvert de champs de seigle et d'avoine, dont les récoltes éprouvent souvent l'effet du froid, rarement au point de manquer entièrement. Des forêts de mélèzes couronnent les cimes, qui paraissent avoir 3 ou 400 mètres au-dessus du plateau.

Il est bien certain que le Mont-Genèvre n'est pas aussi près de cette borne de la végétation que le Mont-Cénis, puisque toutes les plantes y sont plus vigoureuses, en même temps que plus hâtives : le jardinage y réussit infiniment mieux; la nature y est à tous égards plus animée, et l'homme moins en lutte avec elle. M. Bonelli a trouvé, sur le Mont-Genèvre, le printemps en pleine activité au mois de mai, tandis que le Mont-Cénis était encore enveloppé dans son manteau d'hiver.

Les forêts rendent les ours plus communs sur le Mont-Genèvre que sur le Mont-Cénis ; on y voit le *bec croisé* et le *lammergeyer*, le vautour des agneaux. Mais c'est la température seule qui peut y rendre les loups aussi nombreux, et les chamois aussi rares qu'ils le sont. Cette température, plus favorable que celle du Mont-Cénis à la vie des plantes comme à celle des animaux de la plaine, ne peut être attribuée qu'à la seule différence d'élévation, celle de la latitude n'étant pas assez considérable pour devenir influente, et la disposition des montagnes présentant au moins autant et peut-être plus d'abri sur le Mont-Cénis, que sur le Mont-Genèvre.

Si l'on pouvait déterminer les hauteurs d'après les données de la température, le Mont-Genèvre serait de 2 ou 300 mètres plus bas que le Mont-Cénis, dont la hauteur a été déterminée par Saussure et Pictet à 983 toises au-dessus du niveau de la mer.

Le plateau du Mont-Genèvre est moins long et moins large que celui du Mont-Cénis. Le milieu en est occupé par un village autant ou plus considérable, à lui seul, que les deux qu'on trouve sur ce dernier mont. On y a de même consacré un monastère à l'hospitalité, et de plus un obélisque à la gloire de Napoléon. Ce monument a été érigé par le préfet Ladoucette, qu'on peut regarder comme l'auteur de la route du Mont-Genèvre. C'est lui qui a provoqué en même temps, et les décisions du gouvernement, et le zèle des communes, pour l'ouverture de ce passage, le moins haut, et par cette raison le plus facile, de tous ceux des Alpes. A la vérité, il avait plus en vue la route du midi de la France en Italie par Gap, que celle de Paris par Grenoble ; cette dernière, en effet, malgré ses avantages, présentera toujours l'inconvénient grave d'un triple col à traverser, le Lautaret, le Mont-Genèvre et le Sestrières.

La hauteur de l'obélisque est de 20 mètres au-dessus du col. Il a été placé au point du partage des eaux, qui est maintenant le point de séparation entre les deux états du roi de France et du roi de Sardaigne.

Au pied de ce beau monument, la Durance et la Doire, qui prennent leur source l'une et l'autre à peu de distance de là, doivent venir confondre leurs eaux dans un même bassin.

Du Mont-Genèvre à Cesanne, 2 l. *De Cesanne à Sestrières*, 4 l.

On suit la Doire (*Dora*), l'espace de deux lieues, depuis sa source sur le Mont-Genèvre, jusqu'à son confluent avec la Ripaire (*Riparia*), dans le village de Cesanne. Là, on quitte et la vallée qu'arrosent ces deux rivières, réunies en une seule, sous le nom de *Dora Riparia*, et l'ancienne direction de Turin par Suse, pour s'enfoncer, en remontant la rive gauche de la Ripaire, dans la haute et triste vallée des Boussons. On traverse ce torrent vers le quart de la distance ; bientôt après on rencontre le village qui a donné son nom à la vallée, et, 2 lieues plus loin, Sestrières, autre village qui a donné le sien au col, dont le trajet occupe à peu près tout l'intervalle de l'un à l'autre. C'est le troisième col à franchir, en se rendant en Italie par cette direction, moins avantageuse sous ce rapport que celle de Suse, mais préférée par le gouvernement, à cause de ses avantages militaires. Le col de Sestrières appartient, comme celui du Lautaret, à une chaîne secondaire. Ce dernier est le plus difficile des trois, et le Mont-Genèvre le plus aisé, quoiqu'il fasse partie de la chaîne centrale.

De Sestrières à Fenestrelles, 4 l.

Le col passé, on descend presque continuellement, par

une vallée plus sauvage que pittoresque, jusqu'à Fenestrelles, où le pays devient un peu moins sauvage, sans être moins triste. Ce village est peuplé de 7 à 800 habitans. On y trouve une auberge passable, un bureau de poste et quelque société.

Ce village ne serait pas connu hors de la vallée dont il est le chef-lieu, sans son double fort, qui était un des boulevarts du Piémont, fort aussi étonnant par lui-même, que par son site extraordinaire sur le flanc et le sommet de la montagne, qui domine la rive gauche du torrent. Un immense enchaînement de bâtisses et de terrasses, placées en amphithéâtre les unes sur les autres, règne jusqu'au sommet, et met en communication les deux forts placés aux deux extrémités. Un escalier de 3600 marches conduit de l'un à l'autre par une galerie ascendante, d'une demi-lieue de long; près de ce sommet est un bassin gazonné qu'on appelle le *pré de Catinat*, parce que ce général y a campé. Non loin de là est le col de la Fenêtre qui conduit à Suse. En face de ce double fort s'en élève un autre beaucoup moins considérable, vieux et construit en briques, sur le flanc de la montagne opposée. Le village de Fenestrelles est dans le fond, presque entre les deux.

De Fenestrelles à Pignerol, 81.

On suit la vallée du Cluson, qui offre, avec quelque variété, fort peu d'intérêt. Le lieu principal que l'on rencontre est le village de *la Pérouse*, qui partage cette distance en deux parties à peu près égales. Les voyageurs y trouvent une médiocre auberge, et la médiocrité en ce genre est précieuse dans un pays où tout est mauvais et misérable.

En face de ce village s'ouvre la vallée de *Saint-Martin*, bien plus agréable et plus intéressante que celle de Fenestrelles. Elle est habitée par les Vaudois, protestans français réfugiés, qui ont porté dans ces montagnes, avec leurs opinions religieuses, leur industrie, et avec la langue de leur nation son esprit et ses mœurs.

Cette vallée est aussi riche que celle que nous parcourons est pauvre. Celle-ci, étrangère à toute industrie, est habitée par un peuple bon et simple.

On passe à *Pignerol*, ville de 3 à 4000 habitans, qui compte pour 7 ou 8000 à l'aide de son territoire.

Elle n'est ni bien bâtie, ni bien percée; mais on y voit une superbe place d'armes et sur cette place un bel hôpital ainsi qu'une belle caserne de cavalerie, construite par l'ordre du cardinal de Richelieu. Ces bâtimens et nombre d'autres ont été ébranlés par les secousses de tremblement de terre qui commencèrent à se faire sentir dans cette partie du Piémont, le 27 janvier 1808, et se renouvelèrent, dans tout le courant de cette année, et même de l'an 1809, d'une manière si effrayante, que les habitans consternés avaient tous quitté leurs maisons pour bivouaquer sur la place.

Le commerce est assez florissant à Pignerol, qui voit se déboucher dans son territoire plusieurs vallées, et leur sert d'entrepôt pour les produits de leur industrie, comme pour les objets de leur consommation. Cette ville fabrique des draperies communes; elle possède une papeterie estimée, et des filatures de soie. Le climat en est pur, et le territoire excellent.

De Pignerol à None, 4 ½ l. *De None à Turin*, 4 ½ l.

On suit la belle et riche plaine du Piémont. La route traverse le village d'*Airasco*, 1 l. avant celui de None, plus considérable d'un tiers, avec environ 1800 habitans. Il y a dans ce dernier une boîte aux lettres et une auberge assez bonne au relais.

On joint la route de Nice une demi-lieue avant Turin. L'embranchement est en face de la ville de Montcalier.

Route par le Tyrol, en passant par Trente.

Cette route est la plus commode pour les personnes qui viennent d'Allemagne et voyagent en voiture. Nulle part on n'est obligé de faire démonter sa voiture; au contraire, on voyage partout avec des chevaux de poste, et l'on roule sur de magnifiques chaussées, qui, même dans les montagnes, sont aussi commodes que sûres, et peuvent être regardées comme le prodige de l'art. Elles ont été un peu ruinées, dans la guerre de la révolution, par le passage de l'artillerie et du train des armées, pour s'opposer aux progrès des Français. Les auberges sont propres et l'on y est fort bien. Le Tyrol est certainement un des pays les plus remarquables de l'Europe. Ses vallées et ses montagnes ressemblent infiniment à celles de la Suisse. Ses habitans sont renommés pour leur loyauté et leur intrépidité; ils se sont couverts de gloire par la belle défense de leurs montagnes, en 1796 et 1799. En général toute la route du Tyrol est aussi variée que romantique, et les regards des voyageurs sont continuellement enchantés par les beautés sublimes qu'elle leur offre. Dans l'endroit où l'on passe des Alpes du Tyrol dans les plaines d'Italie, il y a deux rochers d'une hauteur prodigieuse, qui semblent avoir été séparés avec effort l'un de l'autre, pour donner un passage à l'Adige, qui coule presque toujours à côté du voyageur, et forme dans ces endroits un grand nombre de sinuosités, aussi gracieuses que pittoresques. « Dès que le jour commença à paraître (dit un voyageur, en parlant de la sensation qu'il éprouva en entrant en Italie), nous vîmes les cimes des cyprès et les collines couvertes de vignobles se dégager par degrés de l'obscurité, et la nature étala à la fois tant de beautés autour de nous, qu'il n'est pas étonnant que le voyageur qui a cheminé pendant la nuit dans les sauvages montagnes du Tyrol, arrivant au point du jour dans cette belle contrée, se croie transporté dans une espèce de paradis. »

Élévation de quelques points de cette route, au-dessus de la mer, en venant de Munich.

	Pieds de Paris.		Pieds de Paris.
Munich	1622	Brenner, maison de	
Hohenkirchen	2152	poste	4481
Tegernsee	2324	Goses	3471
Verrerie	2892	Sterzing	3030
Auberge Achen	2886	Mittelwald	2575
Lac Achen	2919	Brixen	1903
Inspruck	1311	Clausen	1767
Auberge de la Montagne	2460	Kollmann	1616
Schorberg	3267	Atzwang	1351
Motrey	3298	Botzen	1094
Steinach	3389	Auer	848
Griet	3778	Neumarck	818
Étang au pied du Brenner	4155	Trente	716

Suivant les observations récentes de M. de Buch, cette élévation diffère de la manière suivante : Inspruck, 1774 pieds. Griet, 3708. Brenner, 4353. Brixen, 1883. Clausen, 1697. Botzen, 1071. Trente, 649.

Passage du Saint-Gothard.

Cette route est, avec celles du *Mont-Genèvre*, du *Mont-Cénis*, du *Simplon*, du *St.-Bernard* et du *Splügen*, l'une des plus fréquentées : on la prend ordinairement pour passer de la Suisse allemande en Italie.

Chemin du St.-Gothard jusqu'à l'hospice. — Le chemin, qui n'a nulle part moins de 10 p. ni plus de 15 p. de largeur, est pavé de larges plaques de granit. Sa longueur, depuis Amsteg jusqu'à Airolo, est de 10 l. En hiver, les neiges s'y accumulent à la hauteur de 20 à 30 p. Du reste l'on emploie constamment les bœufs d'Airolo et d'Ursern à frayer la route, et il est bien rare qu'elle demeure fermée pendant 8 jours. Des chevaux de somme transportent sur leur dos les marchandises; leur charge, qui est de 3 quintaux, se nomme un Saum (soma, somme); de là les noms de Saumrosse et de Saumer qu'on donne à ces animaux et à ceux qui les mènent. Le chemin qu'ils ont à faire va de Fluelen à Bellinzone (30 l.); ils le franchissent en 4 jours, passent la première nuit à Ursern, la seconde à Airolo, la troisième à Giornico et la quatrième à Bellinzone. C'est en hiver qu'il passe le plus de marchandises; pendant cette saison, les transports se font sur des traîneaux attelés de deux bœufs et chargés de 12 quintaux. Il passe sur le St.-Gothard 300 chevaux de somme par semaine et 15,000 voyageurs par an. — Consultez le Manuel du Voyageur en Suisse pour le trajet d'Amsteg à Hospital. Depuis ce lieu jusqu'à l'hospice, 2 l. ¼. Le chemin suit une gorge solitaire, sauvage et très en pente, creusée au milieu des rochers le long de la Reuss et dominée à l'O. par la montagne d'Hunereck, et à l'E. par le mont Gams et le Gouspis, autrement nommé le Gothardshorn. A 1. l. d'Hospital on quitte la vallée d'Ursern pour entrer sur le territoire de la commune d'Airolo, dans la Val-Lévantine au C. du Tessin. Au bout de deux heures de marche, on arrive dans un lieu où la Reuss forme une belle cascade, et où le rapprochement des deux parois de rochers semble fermer entièrement le chemin. Tout près de là on passe la Reuss sur le pont de Rudunt, et l'on entre dans l'Alpe de même nom, d'où l'on découvre le Blauberg et le Prosa à l'E., et le Luzendro et l'Orsino au S.-O. On continue de monter pendant quelques momens, et l'on aperçoit une partie du lac de Luzendro, d'où la Reuss tire son origine : le grand lac est à droite, tout à côté du grand chemin; on en voit plusieurs autres plus petits, entre lesquels on passe pour se rendre à l'hospice. On peut passer le mont St-Gothard en carrosse. On se rend ainsi depuis Altorf à Magadino, sur le Lac-Majeur, en 7 journées, tandis qu'on n'en met que 4 en faisant la route à pied ou à cheval. — Les frais de transport d'une voiture par le St.-Gothard, c'est-à-dire, depuis Altorf jusqu'à Giornico, où les pentes rapides cessent tout-à-fait, se montent à 24 louis, plus ou moins, selon la grandeur du carrosse qu'il s'agit de démonter.

L'hospice de Saint-Gothard. — Il est situé au point le plus élevé du passage. Les pauvres voyageurs y trouvent un repas qui ne leur coûte rien, et s'il leur est arrivé quelque accident dans leur route, on leur donne les soins nécessaires.

L'écurie est assez curieuse : on y peut tenir 47 chevaux dans un espace de 36 p. de diamètre. Vis-à-vis de cet hôpital est un autre hospice, desservi par deux capucins italiens ; les voyageurs y sont aussi-bien reçus que le comporte la nature des choses. Ils sont du moins sûrs d'y trouver de bons lits et du vin. On n'exige de paiement de personne ; les gens aisés donnent ce qu'ils veulent ; mais ils ne doivent point oublier que ces bons religieux sont obligés d'accorder une hospitalité gratuite à un très-grand nombre d'indigens. Pendant les combats qui eurent lieu en 1799 et 1800, l'hôpital et l'hospice, qui possédaient alors 16 lits à l'usage des voyageurs, furent pillés et les habitans obligés de prendre la fuite. Pendant l'hiver de 1799 à 1800, on y plaça un piquet de 50 Français. Quoiqu'ils tirassent le bois nécessaire d'Airolo, ces soldats brûlèrent les portes, le bois des fenêtres, les poutres et toute la charpente de l'hospice, qui finit par être entièrement détruit. En 1800, la commune d'Airolo fit construire une misérable cabane pour loger 3 hommes chargés de garder les marchandises. Dès lors les voyageurs ont été obligés de se contenter du chétif hôpital des pauvres.

Le vallon nu et sauvage où se trouve l'hospice, forme un bassin d'une lieue de long, et s'étend dans la direction du N. au S. ; il est entouré de toutes parts de pics d'une grande hauteur. Rien de plus étonnant que la vue dont on jouit, du haut de ces pics, sur les abîmes épouvantables et sur les montagnes sans nombre dont ils sont environnés.

Lacs du Saint-Gothard ; source du Tessin et de la Reuss. — Dans le vallon de rochers qui occupe le haut du passage de la montagne, on trouve 8 ou 10 petits lacs. Celui de Luzendro est situé au pied du pic de même nom et de l'Orsino, et à $\frac{1}{4}$ de L. de l'hospice, du côté du N.-O., il est encaissé dans des rochers d'un aspect affreux, et sert d'écoulement au glacier de Luzendro. C'est de ce lac que sort la Reuss ; cette rivière reçoit deux torrens considérables dans la vallée d'Ursern ; le premier à Hospital, venant de la Fourche et grossi des eaux de 13 autres ruisseaux ; le second à Andermatt : le second, qu'on peut envisager comme un troisième bras de la Reuss, descend de l'Ober-Alpe et de l'Unter-Alpe. La Reuss se jette à Séedorf dans le lac des Waldstettes et va tomber dans le Rhin près de Coblentz après avoir mêlé ses ondes à celles de la Limmat et de l'Aar, non loin de Brouck. Le lac de Luzendro nourrit des truites rouges, tandis que toutes celles de la Reuss et du Tessin sont blanches. Le Tessin a ses sources dans un petit lac situé près de l'hospice au pied du mont Prosa, et dans le lac de Sella que l'on trouve sur l'Alpe de même nom ; entre les monts Prosa, Sella et Schipsius; il reçoit à l'extrémité de la Val-Trémola un torrent qui sort de la Val-Sorescia, et près d'Airolo plusieurs autres ruisseaux plus considérables, descendus des vallées de Bédretto, de Canaria et de Piora, et se jette à Magadino dans le Lac-Majeur, et au-dessous de Pavie dans le Pô. Pour juger de la hauteur d'où descend le Tessin, il faut savoir que l'hospice est situé 476 toises plus haut qu'Airolo, Airolo 406 toises plus haut que Giornico, et ce dernier 77 toises plus haut que le Lac-Majeur, dont il est séparé par une vallée qui n'offre qu'une pente insensible. Hauteur totale : 959 toises.

Climat; passages dangereux. — L'hiver dure pendant 9 mois, et les neiges s'accumulent en divers endroits à la hauteur de 20 jusqu'à 40 p. Cependant lorsque les vents du S. soufflent pendant long-temps, il y tombe de la pluie, même au mois de janvier. Il est rare de voir le thermomètre de Réaumur descendre au-dessous de — 19°. Les passages que les lavanges rendent dangereux en hiver et au printemps sont ceux qu'on nomme le Feld, situé au N. de l'hospice, le *Chemin-Neuf*, appuyé contre les rochers, au S., et tout le trajet depuis l'hospice jusqu'à Airolo, mais surtout à la Piota, à Sant'Antonio, à San Giuseppe, dans toute la Val-Trémola et à Madonna-ai-lidi. Les tourbillons accompagnés de nuées de neige en poussière, connus sur la montagne sous le nom de Gougseten, sont très-dangereux depuis l'Alpe de Rudunt jusqu'à l'hospice. Ceux qui font cette route pendant la mauvaise saison, doivent s'attacher à suivre scrupuleusement les conseils des gens de la montagne. Si des circonstances impérieuses forcent le voyageur à continuer sa route dans un moment dangereux, la seule précaution qu'il puisse prendre, c'est d'ôter aux chevaux leurs clochettes et tout ce qui pourrait faire quelque bruit et de se hâter de traverser les mauvais pas sans dire un mot et dans le plus grand silence; car il ne faut souvent qu'un son très-faible pour détacher les masses de neige dont on est menacé, qu'on appelle lavanges. Dans tout le vallon du St.-Gothard, il n'y a que les Alpes de Rudunt, de Sella et de Luzendro où les vaches et les chevaux puissent pâturer, et où l'on trouve des chalets.

Chemin d'Airolo. — De l'hospice à *Airolo*, 2 l. de descente très-roide. On longe pendant 1½ h. la Val-Trémola ou Val-Tremblant, et l'on passe le Pont-Tremblant (Ponte-Tremolo). Là, les neiges s'accumulent en hiver à 50 p. de hauteur, et même, au cœur de l'été, on voit souvent sur le Tessin des voûtes de neige en état de supporter des fardeaux d'une pesanteur considérable. Il y a deux chemins dans la Vallée-Tremblante ; l'un usité en hiver, et l'autre en été. Au-dessous du second pont, le chemin traverse un vert pâturage, passe à côté de la chapelle de Sainte-Anne, et descend par la forêt de Piotella dans la vallée, d'où on a encore ⅓ de l. jusqu'à Airolo. Au-dessus du bois de Piotella, et dans le bois même, on découvre des échappées de vue sur la riante Val-Lévantine supérieure, que termine au S. le Platifer. Au S.-O., on aperçoit la vallée de Bédretto.

Il se livra des combats sanglans sur le St.-Gothard, à la fin du 18ᵉ siècle.

Quoique le St.-Gothard ne soit pas la plus haute masse de montagnes des Alpes, comme on l'a cru jusqu'au milieu du siècle passé, il ne laisse pas d'être extrêmement remarquable, à cause de sa situation centrale entre le Mont-Blanc et le Mont-Rose au S.-O., et l'Orteler, le Wildspitz et le Fermunt sur la frontière du Tyrol à l'E., principalement quand on l'envisage moins sous le rapport de la hauteur de ses sommités que sous celui de l'étendue qu'il occupe comme groupe de montagnes.

Toute cette route est singulièrement embellie par la vue du *Tessin*, qui coule presque toujours à côté du voyageur, et qui tantôt mugit sourdement au fond de son lit, profondément encaissé, et tantôt se précipite en cascade à travers les débris et les restes d'anciennes avalanches; soit par l'aspect infiniment varié de montagnes d'une forme majestueuse, de forêts de sapins, de pâturages, de jolis hameaux placés çà et là sur les hauteurs, de bois de châtaigniers, de peupliers et de noyers de la *vallée Livinen*, de collines couvertes de vignes, de figuiers et de toutes les productions que la chaleur fait éclore en abondance sous ce ciel fortuné. Lorsque, avant d'arriver à *Airolo* (bonne auberge chez Camozzi), on a passé le *Ponte Tremole*, on jouit du beau coup d'œil que présente la vallée couverte de maisons et parée de la plus belle verdure. De *Bellinzone* on peut se rendre à *Milan* par *Côme*, ou aller visiter les *Iles Borromées* sur le *Lac-Majeur* (*Voyez* la description de ces îles et de *Côme*, à l'article *Milan*). Combien cette route laisse de doux souvenirs! Encore, au moment où j'écris ceci, je me crois transporté, comme par enchantement, sous les feuillages ondoyans des châtaigniers de *Giornico*, ou dans les bosquets de romarin qui bordent le Tessin, lorsque cette rivière, lasse d'écumer et de se réduire en poussière dans ses nombreuses cascades, coule dans un lit plus uni, et serpente mollement à côté du passant. Nous conseillons au voyageur de se munir, pour le voyage du mont St.-Gothard, de l'*Itinéraire du St.-Gothard, d'une partie du Valais et des contrées de la Suisse que l'on traverse ordinairement pour se rendre au St.-Gothard*, publié par Chr. de *Méchel*, à Bâle, en 1795, avec une carte des montagnes.—Le relief de feu M. Exchaquet du St-Gothard, coûte à Genève 30 liv. de France. Le mont St.-Gothard comprend, dans toute l'étendue de sa chaîne, douze vallées alpines, vingt-huit à trente lacs, dont le plus grand n'a guère plus d'une lieue de circuit, huit glaciers, et les sources de quatre grands fleuves.

Passage du grand St.-Bernard.

Les voyageurs qui veulent passer du pays de Vaud en Italie, par un chemin plus court que celui du Mont-Cénis, prennent ordinairement la route du grand Saint-Bernard. On a pu de tout temps aller en voiture jusqu'à Saint-Branchier, et sur des charrettes jusqu'à Saint-Pierre; et déjà, en 1793, des Anglais ont donné l'exemple de faire transporter leurs voitures à la manière du Mont-Cénis, en les faisant démonter à *Martigny* et remonter à Aoste. Les frais d'un tel transport, non compris les malles, montaient à 18 ou 20 louis neufs. De *Martigny* (belle auberge, chez M. *Duk*) à l'*Hospice*, il y a environ 9 l. A *Martigny* commencent les *Crétins*, que l'on trouve jusqu'au fond de la vallée d'Aoste : leur malpropreté, leur figure hideuse, leur costume, en font des objets dégoûtans. (*Voyez* sur Martigny, dans l'itinéraire de la Suisse, les détails que nous en avons donnés). De *Liddes*, où l'on trouve un poêle qui date de l'an 1000, à Saint-Pierre, il y a 1 l. On compte à Saint-Pierre environ soixante mulets, qui journellement montent et redescendent la montagne ; leur charge ordinaire est de trois cents livres : la taxe d'un mulet, y compris l'homme qui l'accompagne, est de 25 batz, outre un batz pour le commissaire qui le commande. Les étrangers payent communément quelque chose de plus. Cette contrée est remarquable par les profonds ravins bordés de rochers, dans lesquels la Durance se précipite, et semble vouloir se perdre dans le sein de la terre. La vue des flots toujours bouillonnant et couverts d'écume de ce torrent des Alpes, augmente la beauté de cette scène, que bien des voyageurs préfèrent à la chute du Rhin. Ce qui frappe le plus, c'est l'énorme crevasse ou cavité que s'est creusée la Durance, sous le bourg de Saint-Pierre ; quoique la vue en soit effrayante, il faut y descendre, et se placer sous les voûtes immenses que forment les rochers. Si l'obscurité causée dans ces enfoncemens par le peu de ciel que l'on aperçoit au travers de quelques échappées, jette dans l'âme un trouble involontaire, on en est distrait par l'aspect des arbustes qui pendent du haut des rocs, et que le soleil éclaire d'une vive lumière. Il semble que quelqu'un vient là avec un flambeau, pour y chercher le voyageur qui s'égare. De Saint-Pierre (auberge au Cheval blanc), on a encore 3 l. de chemin à faire pour arriver à l'hospice. A Saint-Pierre, on voit la colonne milliaire élevée par les Romains au plus haut point des *Alpes pennines* ou au Saint-Bernard. Le sentier devient toujours plus roide, et la contrée plus sauvage. A une lieue au-delà de Saint-Pierre, on rencontre les derniers mélèzes, et les perdrix blanches y habitent en grand nombre. Cette entrée d'un vaste désert frappe par sa nouveauté ceux qui ne se sont pas vus dans de semblables lieux. On marche continuellement sur la neige, qui est si dure et si compacte, que les fers des chevaux y laissent à peine des traces. Dans la vallée qu'on appelle les *enfers des Foireuses*, on voit une quantité prodigieuse de cailloux roulés, et de pierres charriées par les eaux. De là, on traverse la vallée *de la Combe*, où l'on trouve moins de neige, et l'on arrive enfin à *l'hospice*. Quand les sommités voisines sont voilées par d'épais brouillards, l'apparition de l'hospice est une chose infiniment frappante, et il semble toucher au ciel. Cette maison, qui est à la hauteur de 7,548 p. de Paris au-dessus de la mer, est sans contredit la plus élevée des habitations humaines de l'ancien continent; car on ne trouve pas même un chalet à une si grande hauteur. Vis-à-vis, on en a construit, il y a peu d'années, un moins considérable. Les ecclésiastiques qui l'habitent, et dont l'humanité active et vigilante sauve toutes les années la vie à tant d'hommes, qui, sans leur secours, périraient sous ce ciel rigoureux, sont des chanoines réguliers de l'ordre de saint Augustin: il y en a dix ou douze qui résident dans le couvent. Les administrateurs sont le prieur, l'économe, le sommelier, le pourvoyeur et l'infirmier. On donne le nom de *marronier* à un domestique de confiance, qui accompagne l'ecclésiastique chargé d'aller à la recherche des malheureux égarés dans les neiges, ou ensevelis sous les avalanches. Ils ont avec eux de gros chiens, dressés tout exprès et d'une espèce particulière, qui flairent de loin les voyageurs égarés, et qui, malgré les brouillards et les tourbillons de neige, savent toujours retrouver le chemin. Ils portent, dans des paniers pendus à leur cou, des vivres et des boissons fortifiantes, pour restaurer les voyageurs. On a imprimé et répété que ces chiens n'existaient plus, ce qui est de toute fausseté. Il est cependant vrai qu'un voyageur n'en trouva plus, en 1803, que *trois*, dont deux étaient très-épuisés des suites des morsures d'un combat entre eux. Leur taille est moyenne, leur couleur est fauve, mêlée de quelques taches blanches; ils ne mordent jamais les étrangers, et aboient rarement. Tous les passans sont reçus et traités à l'hospice de la manière la plus affable. Les malades y trouvent des remèdes et tous les secours que la médecine et la chirurgie peuvent procurer; et cela sans distinction de rang, de sexe, de pays ou de religion. Ils n'exigent rien des passagers pour tous ces soins, que d'inscrire leurs noms dans un *album* qu'ils présentent; mais on comprend bien que les personnes aisées ne manquent pas de mettre dans le tronc de l'église, plutôt comme une aumône que comme une rétribution, le prix des vivres qu'on leur a fournis. Les revenus des terres que le couvent a en propre, et le produit des collectes qu'il fait, le mettent en état de soutenir cette dépense. Toute l'Europe connaît l'arrêté de Napoléon, par lequel il a affilié l'hospice du grand *St.-Bernard* à ceux du *Mont-Cénis* et du *Simplon*. Sur la route du Valais, il y a un bâtiment appelé le *petit hôpital* : d'un côté il est un abri pour les passans, de l'autre un caveau destiné à recevoir les corps des inconnus qui perdent la vie dans ce passage. C'est un spectacle singulier et frappant que de contempler ces cadavres desséchés, et presque entiers dans toutes leurs parties. Si l'on monte sur le *Col des Ténèbres*, élevé de 8000 p. (et cette petite excursion n'est pas trop fatigante même pour une femme), on est bien dédommagé de la peine qu'on a eue à le gravir, par la vue du Mont-Blanc qui se présente sous un tout autre point de vue qu'à Chamouny, c'est-à-dire, du côté opposé. Les deux pointes les plus élevées du Grand-St.-Bernard, sont le *Mont-Velan* et la pointe de *Dronaz*; la première, suivant les observations du prieur Murrith, qui y est monté, est élevée de 10,327 p. et la seconde de 9,005 p. au-dessus de la mer. La vallée où est situé l'hospice, est longue et étroite; un petit lac la termine. Le couvent est situé à l'extrémité de ce lac. Du côté de l'Italie on voit une petite place où était autrefois un *temple de Jupiter*, et où l'on a déterré différens *ex-voto*, et d'autres antiques. Les médailles qu'on y a trouvées ont servi à faire deux chandeliers pour l'usage de l'église, et un Jupiter Terminus que l'on y a déterré avec son autel, a été transporté dans le musée de Turin. C'est dans cet hospice, dans cet asile de l'hospitalité et de la vertu, qu'on a déposé les cendres du général *Desaix*, mort si glorieusement à *Marengo*. Sur le monument on a gravé le numéro de toutes les demi-brigades de l'armée de réserve qui, en 1800, du 15 au 29 mai, sous la conduite de *Bonaparte*, effectuèrent le passage à jamais mémorable du St.-Bernard, l'une des merveilles de l'histoire moderne. L'entreprise était des plus hardies; si elle n'eût pas réussi, on l'aurait appelée romanesque, téméraire. Au reste, ce n'est pas la première fois que le St.-Bernard a été le chemin d'une armée. L'histoire ancienne et celle du moyen âge font mention de plus d'une entreprise pareille. L'oncle de Charlemagne, Bernard, conduisit par cette route, au mois de mai l'an 755, plus de 30,000 hommes en Italie; et c'est en mémoire de ce passage que le *Mont-Joux* prit le nom de *Bernard*. Même dans la guerre de 1792, quelques bataillons suisses et sardes se retirèrent de la Savoie, par le Grand-St.-Bernard à Aoste. Mais le souvenir des passages précédens était comme effacé, et le génie de Bonaparte est venu les rappeler. Ce qu'il y a de singulier, c'est qu'à un quart de lieue de l'hospice, il se trouve un vaste rocher, absolument isolé, et qui s'appelle fortuitement *Marengo*! Napoléon logea à *Martigny*, au prieuré des pères du St.-Bernard; de là il alla coucher chez le curé d'*Orsières*; au St.-Bernard, il prit quelques rafraîchissemens, jeta un coup d'œil sur le couvent, et s'en fut prendre gîte à *Etrouble*. Plus de *cent cinquante mille* hommes ont passé au couvent depuis 1798. Qu'on juge par là des dépenses que les religieux ont dû faire! Outre cela, ils avaient eu dans l'hospice même, pendant plus d'une année, 600 hommes de garnison. En 1799, les Autrichiens gravirent les montagnes, tournèrent l'hospice, et cherchèrent à enlever ce poste. On se fusilla toute la journée sur ces rochers; mais d'un côté les Français qui étaient dans le couvent, firent un feu si bien nourri de mousqueterie et de petite artillerie, qu'ils ne purent être forcés; de l'autre, les troupes qui étaient à *St.-Pierre* se portèrent si rapidement au secours de leurs frères d'armes, que les Autrichiens prirent le parti de se retirer. C'était la première fois que les bons pères voyaient un pareil spectacle des fenêtres de leur couvent. Qui croirait que cette solitude, sanctifiée par l'exercice de toutes les vertus, a failli devenir la proie de quelques voleurs? Au moment où ils mettaient l'hospice à contribution, et où l'on feignait d'entrer en accommodement avec eux, ils virent entrer M. le prieur *Murrith*, suivi des chiens de la maison prêts à s'élancer sur eux. Au lieu de piller, ils demandèrent grâce.—Du monastère on descend par une route fatigante, d'une pente rapide, dans l'espace de six à sept heures de temps, à *Aoste*; à *St.-Remy*, bonne auberge; après ce village on commence déjà à ressentir les chaleurs de l'Italie. On passe par *St.-Oyen* et *Etrouble*, par le défilé de la *Cluse*, par *Gignod*, et par *Signai*. A *Aoste* on trouve un arc de triomphe bâti pour Auguste, les restes d'un cirque, et une muraille de ville construite du temps des Romains. D'*Aoste*, on continue son voyage en prenant la route de Turin ou celle de Milan. Entre Aoste et le fort de Bard, on rencontre un ouvrage admirable, un châmin taillé de main d'homme dans le roc vif; l'ingratitude a effacé de l'inscription les deux premières lignes, qui transmettaient à la postérité les noms des ducs de Savoie qui avaient entrepris cette route. On a fait sauter par ordre de Bonaparte, alors premier consul, le fort de Bard, qui avait arrêté quelques jours l'armée.

Route de poste d'Aoste à Turin. — Châtillon 2; Verrez 2; Settimo 1 ½; Ivrée 1 ¼; Foglizzo 2; Turin 2; en tout 10 ¾ postes. Cette route, peu connue, mais superbe et romantique, peut être parcourue en vingt heures. Quand on ne partira pas de bonne heure d'Aoste, on ne poussera pas jusqu'à Ivrée, et l'on fera mieux de s'arrêter à *Verrez*, bonne auberge. La description la plus détaillée du passage du Saint-Bernard se trouve dans les *Etrennes helvétiennes et patriotiques pour l'an* 1802, sous le titre modeste de *petite course au Saint-Bernard en avril* 1801. Les Allemands possèdent une description encore plus récente: c'est la relation qu'un voyageur, M. le baron de Menu (*voyez son ouvrage à l'article 8 des Relations de voyages*) a fait insérer dans le Journal *Eunomia, décembre* 1803; il traversa le mont *Saint-Bernard* au mois d'août 1803. En 1798, quelques Anglais firent transporter leurs voitures sur le St.-Bernard, comme cela se pratique sur le Mont-Cénis; il leur en coûta une vingtaine de louis de la Cité jusqu'à Martigny.

Bernard (le Petit *Saint-*), montagne du Piémont, située entre la Val d'Aoste et la Tarantaise, dans les Alpes Grecques; c'est le passage le plus commode qu'il y ait dans toute la chaîne des Alpes. Sur le sommet du col est un hospice desservi par deux prêtres de la Tarantaise; son élévation est de 6,750 p. au-dessus de la mer. De l'hospice on va 1) en 13 h. à la cité d'Aoste; il n'y a que 2 l. de descente entre le col et la Salle, où l'on arrive au bout de 8 h. de marche; 2) du côté de la Tarantaise, par St.-Germain et Villars-dessous à Scez, 3 l. De là, en suivant l'Isère à Moutiers et à Grenoble, au Dauphiné; de Scez le long de la Versoy, par Bonaval, Glinettes et Crêt à Chapin, 4 l. au pied du Bonhomme.

Passage du Splügben.

Cette route, plus sauvage et moins bien entretenue que celle du *Saint-Gothard*, est plus courte et plus commode pour les voyageurs qui se rendent à Venise ou à Milan par la Souabe et Coire. On arrive à Coire, de l'Allemagne, par Landau et Felkirch (en traversant les fameuses thermopyles du *Lucunsteig*) et de la Suisse par Zurich et Wallenstadt, sur le lac du dernier nom, renommé par ses sites sauvages et ses tempêtes. Ordinairement les voyageurs qui vont de Lindau à Milan, s'arrangent avec le messager ou conducteur de Lindau ou de Milan (*Laindauer* ou *Mailaender Bote*); qui part chaque semaine d'une de ces deux villes. Il se charge, pour un certain prix, des frais de toute la traversée, y compris les repas et couchées. On fait avec lui ce voyage en toute sûreté, et plus commodément que seul; on se trouve presque toujours en grande compagnie. Il y a deux ou trois de ces conducteurs qui sont sans cesse en route. Jusqu'à *Coire*, le chemin est très-bon, et peut se faire en voiture; mais depuis cette ville, il faut se faire porter, ou bien aller à cheval ou en traîneau, et ce voyage est extrêmement pénible. Je connais cependant une dame allemande (M⁰ de H), qui a franchi cette montagne dans la saison la plus rigoureuse, ce qui peut servir d'encouragement aux personnes de son sexe qui souhaiteraient l'imiter. Coire (Voy. l'*Itinéraire de la Suisse*) fait un commerce de limaçons, de fruits secs d'une qualité exquise, et de choucroûte ou *sauerkraut* pour l'Italie. A Coire, la route se divise en deux branches, qui se réunissent à Chiavenna. L'une, appelée le *chemin d'en-haut*, se dirige sur le *Mont-Septimer*, et par la vallée de *Bergell*; de petites voitures y passent : l'autre, connue sous le nom de *chemin d'en-bas* : c'est la route de poste, et la plus en usage. MM. Storr et Bürde ont tracé un tableau détaillé de cette route. On ne peut lire sans frissonner la description qu'ils font de la *Via mala* et de la *Panten-Brücke*, où le voyageur, appuyé sur la barrière du pont, voit au-dessous de lui un abîme profond, que les rayons du soleil n'ont jamais éclairé, et entend le sourd mugissement du Rhin, qui forme dans cet endroit un bassin circulaire, d'où il s'échappe comme un filet d'argent par un passage étroit qu'il s'est ouvert dans le rocher. Au reste, ce n'est que l'aspect effrayant que présente cette route, qui lui a fait donner le nom de *Via mala*, car elle est du reste la plus belle et la plus sûre de celles qui conduisent au village de *Splughen*. L'auberge la *Croix-Blanche*, excellente, est située au sommet du Mont-Splughen (élévation du *Tornberhorn* au-dessus du lac des Quatre-Cantons, 8,445 p. de Paris) : tout près de là, un poteau marque les limites du royaume Lombard-Vénitien, dont le territoire y commence. Avant que d'arriver à Splughen, on traverse le *Schamserthal*, l'une des plus romantiques vallées des Alpes. Parmi les nombreuses ruines de châteaux qu'on y découvre, il n'y en a point de plus pittoresques que celles de *Barenbourg*. Près du village d'*Ander* est un bain sulfureux. Dans le *Rheinwald* ou *forêt du Rhin*, on voit des sapins d'une hauteur prodigieuse; il y en a un, entre autres, qu'on peut nommer *le roi de ces forêts*, qui a, dit-on, 25 aunes de contour. C'est un magnifique spectacle que la chute du Rhin au milieu des sombres feuillages de ces arbres majestueux. Le voyageur, à cette vue, est saisi de respect. Son âme éprouve une volupté singulière, en planant sur ces scènes de la création, qu'aucun pinceau ne peut rendre. La vallée du Rheinwald offre partout les traces des ravages causés par les avalanches. Dans bien des endroits, le chemin est si étroit, qu'il est nécessaire d'envoyer un guide en avant, pour qu'il fasse arrêter, dans les endroits où le sentier est le plus large, les bêtes de somme qui viennent du côté opposé; car, dans la règle, on est obligé de leur faire place, et je ne conseillerais à personne de leur disputer le passage, non plus qu'à leurs conducteurs. C'est pour éviter ces rencontres désagréables, qu'il faut partir du village de Splügben sur les deux ou trois heures du matin, pour gravir la montagne du même nom; d'ailleurs, le vent ne souffle pas alors avec autant de violence que durant le jour. On se couche tout de son long dans des traîneaux tirés par des bœufs, la tête du côté du timon, parce que la roideur de la pente est telle, que sans cela les pieds seraient beaucoup plus hauts que la tête. Dans cette position, l'on ne voit que le ciel et le conducteur du traîneau, qui va derrière pour régler la marche de sa bête, et l'arrêter ou l'accélérer au besoin. Quant aux personnes qui voudraient faire cette route à pied, si elles ne sont pas accoutumées à gravir les montagnes, elles courent risque de s'échauffer à la montée, et, en arrivant au sommet où l'air est toujours très-vif, d'éprouver un refroidissement qui peut être très-dangereux. Une colonne de l'armée française, qui en 1800 força ce passage, en a beaucoup souffert. Il faut environ deux heures pour atteindre le haut de la montagne. Dans le temps des avalanches, les voyageurs doivent prendre les plus grandes précautions dans les endroits dangereux, pour ne pas déterminer la chute d'une de ces avalanches, qui les écraserait infailliblement. Il faut éviter avec soin tout ce qui peut causer la moindre agitation dans l'air. C'est pour cela qu'on ôte aux chevaux les sonnettes qu'ils portent au cou, et qu'on s'abstient même de parler trop haut. Au reste, il y a sur les sommets de ces montagnes des monceaux de pierres, d'après lesquels on peut toujours se régler; car si la neige s'accumule au point de cacher entièrement ces monceaux, on doit s'attendre à la chute prochaine des avalanches En descendant la montagne depuis l'auberge du Mont-Splügben, on suit le chemin dit *le Cardinal*, qui tourne en spirale sur des rochers, où l'on a taillé, dans plusieurs endroits, des espèces de marches à côté de précipices effroyables, au fond desquels roule avec impétuosité la *Lyra*, dont la violence semble croître de moment en moment. De là on arrive dans la sauvage et triste vallée de *Saint-Jacques*, où l'on marche au milieu des débris de rochers et de montagnes écroulées; on admire une belle chute d'eau près d'*Isola*, jusqu'à ce qu'enfin la vue des collines verdoyantes de Chiavenna, couvertes de pêchers et d'amandiers, jointe à la douceur de l'air qu'on y respire, vienne délasser le voyageur, et lui faire oublier les fatigues qu'il a essuyées dans cette route. Il s'embarque ensuite à la Riva, et continue sa route en Italie par Côme (*Voy.* la description à l'article de *Milan*), ou par Bergame. Il faut se garder de passer la nuit à la Riva, parce qu'au fort de la saison chaude, l'air y est si malsain, qu'on risque de gagner tout de suite la fièvre. De Chiavenna, on peut faire une petite excursion d'une heure, pour visiter les carrières où l'on exploite le lavège, et la place où le bourg de *Pleurs* a été enseveli sous les ruines d'une montagne éboulée en 1618. De temps en temps on y déterre des ustensiles, des monnaies et des ossemens. A *Prosto*, on montre une cloche du poids de 50 quintaux, qui fut déterrée à *Pleurs* en 1767. Le grand but des personnes qui s'occupent d'y creuser des minières, est de s'enrichir par le déterrement du trésor de l'église de Pleurs. Non loin de Pleurs on admire l'*aqua fraggia*, superbe chute d'eau.

Il y a encore quelques autres routes pour passer les Alpes, comme celles du *Griesberg*, *de la mer de glace du Montanvert*, etc.; mais elles sont trop peu fréquentées pour qu'il soit nécessaire d'en parler ici. Nous renvoyons à l'Itinéraire de Suisse.

Douane. — La douane est très-rigoureuse dans plusieurs états de l'Italie, mais surtout dans le royaume Lombard-Vénitien. Je conseillerais à tout voyageur de faire visiter et sceller ses malles à la première douane qu'il trouve à la frontière, parce que ordinairement on n'y visite pas les voyageurs avec autant d'exactitude que dans les villes. Sur le territoire du royaume Lombard-Vénitien, les passeports sont de toute rigueur.

Manière dont on compte les heures. — Je placerai ici, comme à l'endroit le plus convenable de cet ouvrage, un petit article sur la manière dont on compte les heures en Italie, avec une table de réduction pour l'usage des voyageurs. A Turin, Parme et Florence, les heures se comptent comme dans le reste de l'Europe. Dans les autres pays de l'Italie, on se règle sur le coucher du soleil; et la table ci-jointe, calculée pour cinq latitudes principales, fait connaître l'heure qu'indiquent les horloges en Italie lorsqu'il est midi chez nous. Cette table est construite sur cette base ; c'est qu'en Italie on suppose que les 24 heures dont le jour est composé, finissent précisément 30 minutes après l'immersion apparente du disque du soleil.

Dans les Ephémérides de Milan, on trouve une table où l'on prend pour base que le soleil se couche en été à 23 heures, et en hiver à 23 heures et 30 minutes; mais la table de M. *de la Lande*, qui est celle que nous donnons ici, mérite de beaucoup la préférence. « *A chaque demi-heure il sonne l'heure !* » disait naïvement un militaire français de l'armée de réserve.

TABLE DU MIDI EN HEURES ITALIQUES.

LATITUDES.	45° 44′ Milan et Venise.	44° 25′ Gênes.	43° 46′ Florence.	41° 54′ Rome.	40° 50′ Naples.
	H. M.	H. M.	H. M.	H. M.	H. M.
Janvier. 1	19 9	19 5	19 2	18 57	18 53
10	19 3	19 0	18 57	18 52	18 48
20	18 54	18 51	18 49	18 44	18 40
Février. 1	18 40	18 37	18 36	18 32	18 28
10	18 28	18 26	18 25	18 21	18 18
20	18 12	18 11	18 10	18 7	18 5
Mars. 1	17 58	17 57	17 57	17 55	17 53
10	17 45	17 44	17 44	17 43	17 41
20	17 28	17 29	17 28	17 19	17 27
Avril. 1	17 9	17 10	17 10	17 11	17 11
10	16 54	16 57	16 57	16 59	16 59
20	16 37	16 40	16 43	16 46	16 46
Mai. 1	16 24	16 26	16 27	16 31	16 23
10	16 13	16 15	16 17	16 21	16 23
20	16 1	16 4	16 6	16 11	16 13
Juin. 1	15 49	15 53	15 56	16 1	16 5
10	15 44	15 48	15 51	15 57	16 0
20	15 42	15 46	15 49	15 55	15 59
Juillet. 1	15 43	15 47	15 50	15 57	16 0
10	15 47	15 51	15 54	16 0	16 4
20	15 56	16 0	16 2	16 7	16 11
Août. 1	16 9	16 12	16 13	16 19	16 22
10	16 20	16 23	16 24	16 29	16 32
20	16 34	16 37	16 38	16 44	16 43
Septemb. 1	16 32	16 54	16 54	16 57	16 59
10	17 7	17 8	17 8	17 9	17 10
20	17 22	17 22	17 22	17 23	17 14
Octobre. 1	17 39	17 39	17 39	17 39	17 59
10	17 53	17 52	17 52	17 5	17 51
20	18 8	18 7	18 7	18 5	18 4
Novemb. 1	18 27	18 25	18 24	18 20	18 19
18	18 39	18 36	18 35	18 31	18 29
20	18 51	18 49	18 47	18 41	18 39
Décemb. 1	19 1	18 58	18 57	18 51	18 48
10	19 7	19 4	19 9	18 57	18 53
20	19 12	19 7	19 4	18 59	18 55

TABLEAU
DES POIDS, MESURES ET MONNAIES.

POIDS.

Le nouveau système des mesures de la France a été adopté en Piémont. La division de l'ancien poids de Turin était :

Rubbo.	Libre.	Marco.	Oncie.	Denari.	Grani.
1	25	37 ½	300	7200	172.800
	1	1 ½	12	288	6,912
		1	8	192	4,608
			1	24	576
				1	24

Anciens poids de Turin. — 16 livres de Hambourg valaient 21 livres de Turin. La livre employée en pharmacie était aussi composée de 12 onces ; mais ces onces étaient plus faibles que celles de la livre ordinaire, dans le rapport de 5 à 6.

Poids de Milan. — La livre commune et usuelle de Milan, la livre des marchands, est de 28 onces légères, *libra grossa* ; chacune de ces onces de Milan se divise en 8 dragmes, la dragme en 3 deniers, le denier en 24 grains. L'once qui sert à peser les matières d'or et d'argent, est plus forte. On l'appelle l'*oncia di marco* d'oro. L'once des orfèvres se divise en 24 deniers, et le denier en 24 grains ; mais les 24 deniers en font 26 de l'once commune, ou *oncia di peso leggiere*. Le sucre, le café, la bougie, la droguerie, la soie, se vendent à la livre de 12 onces, *liretta*, ou *libra piccola* ; elle est de 12 onces légères, les mêmes que les onces de la livre commune, c'est-à-dire 10 onces ½ gros ancien poids de Paris.

Poids de Venise. — La livre qui sert à peser le pain et les drogues se divise en 12 onces, dont chacune vaut 6 gros et 17 ⅙ grains, ancienne mesure de France. L'once se divise en 6 *sazi*, quand il s'agit de peser le pain, la soie, le fil, et tout ce qui sert à coudre. Elle se divise en 8 *drames*, quand il s'agit de drogues : 19 onces légères font la livre pesante. Le marc, qui sert à peser les monnaies, les matières d'or et d'argent, les perles et les diamans, se divise en 8 onces, dont chacune vaut 7 gros 5 ⅕ grains, ancien poids de France.

POIDS, MESURES ET MONNAIES.

L'once se divise en 144 carats; et la carat contient 4 grains.

La livre, *libra grossa*, qui sert pour les métaux et autres marchandises pesantes, et pour les comestibles, se divise en 12 onces grosses, chaque once en 192 carats, le carat en 4 grains.

La livre qui sert à peser les galons et l'or filé, est plus légère que celle qui sert pour les lingots et les monnaies. L'once de cette livre ne vaut que 6 gros 46 $\frac{1}{2}$ grains, ancien poids de France.

81 liv. *peso grosso* font 80 liv. de Hambourg; et 8 liv. *peso sottile*, font 5 liv. de Hambourg.

Poids de Gênes. — Le robe ou *rubo* est de 25 liv., a *peso sottile*, ou de douze onces chacune. Le *cantaro* ou quintal, est de 6 robes, ou de 150 liv., et contient 100 *rotoli*. Le *rotolo* est de 18 onces, et le poids que l'on emploie pour les marchandises pesantes. Le *peso* est de cinq cantara.

POIDS DE FLORENCE.

Litra.	Oncie.	Denari.	Grani.
1	12	288	6,912
	1	24	576
		1	24

On conserve à Florence, avec des précautions scrupuleuses, le *campione*, ou l'étalon de la livre-poids de Florence, qu'on assure être celle des anciens Romains.

POIDS DE ROME.

Libro.	Oncie.	Dramme.	Scrupoli.	Oboli.	Silique.	Grani.
1	12	96	288	576	1,728	6,912
	1	8	24	48	144	576
		1	3	6	18	72
			1	2	6	24
				1	4	12
					1	4

Le quintal est de 100, de 160 et de 250 liv. La livre de Rome pèse 6,638 grains, ancienne mesure de France; la livre ancienne des Romains n'était que de 6,144 grains.

Poids de Naples. — La livre de Naples se divise en 12 onces, l'once en 30 *trapesi*, le trapeso en 20 *acini*. 100 onces font 3 *rotoli*. Ainsi le *rotolo* est de 33 $\frac{1}{3}$ onces de Naples. Le *staro* est de 10 $\frac{1}{2}$ rotoli, et le *cantaro* de 100 rotoli.

Nous ne ferons point mention des poids en usage dans les divers autres endroits d'Italie, parce qu'ils diffèrent trop peu de ceux que nous venons de rapporter.

MESURES.

Mesures linéaires et de capacité.

Anciennes mesures de Turin. — Dans tout le Piémont, le système métrique de la France est maintenant en usage. Le mille piémontais, de 1300 toises, vaut ½ l. de France. Les anciennes mesures de *Turin* étaient les suivantes.

Le *raso* ou *braccio*, qui servait aux marchands, était de 14 onces ou pouces; il valait 21 p. 2 lig. et $\frac{8}{100}$, ancienne mesure de France; il se divisait en quarts, huitièmes et seizièmes. 19 *rasis* de Turin, répondaient à 20 aunes de Hambourg.

ANCIENNE DIVISION DE LA MESURE DU VIN.

Brenta.	Rubbi.	Pinte.
1	6	36
	1	6

ANCIENNE DIVISION DE LA MESURE DES GRAINS.

Saccho.	Staja.	Emina.	Coppelli
1	3	6	48
	1	2	16
		1	8

Mesures de Milan. — La poste, dans le nouveau royaume Lombardo-Vénitien, est de 8 milles géographiques de 60 au degré. Le nouveau mille, ou le mille italien, est de 1000 mètres. On emploie à Milan un bras pour la mesure de la soie, *braccio da seta*, de 19 p. 5 $\frac{6}{100}$ lig., ancienne mesure de Paris; et un bras pour la mesure du drap, *braccio da Parmo*, qui a 24 p. deux tiers de France.

DIVISION DES MESURES DES LIQUIDES.

Brenta.	Stari.	Emine.	Quartari.	Pinte.	Roccali.
1	3	6	12	48	384
	1	2	4	16	128
		1	2	8	64
			1	4	32
				1	8

Poids de Messine. — Le rotolo, *peso grosso*, a 2 ½ liv., ou 33 onces; le rotolo, *peso sottile*, n'a que 2 ¼ liv. ou 30 onces.

POIDS, MESURES ET MONNAIES.

DIVISION DE LA MESURE DES GRAINS.

Emine.	Rubbi.	Moggi.	Stari.	Stareli.
1	14	28	224	448
	1	2	16	32
		1	8	16
			1	2

Mesures de Venise. — L'ancien mille des états ex-Vénitiens était de 66 au degré. Le *braccio*, pour la mesure du drap, a 278, 2 lignes de France; pour la mesure de la soie, 295; 6 de ces lignes, 16 des premiers bracci, font 17 de ces derniers.

DIVISION DE LA MESURE DU VIN.

Amptore.	Bigonzo.	Secchi.	Inguistare.
1	4	64	1,024
	1	16	256
		1	16

Le *moggio*, mesure du blé, pèse 528 livres de Venise; le *stajo* en pèse 44; il se divise en *quarte*, la quarte en *quartaroli*.

Mesures de Gênes. — Le mille de Gênes était à peu près le même que celui du Piémont, de 1,300 toises. La *canna piccola*, pour la mesure des draps, vaut 9 palmes, ou 1,001, 7 lignes de France; la *canna grossa*, pour la mesure des étoffes de soie, est de 10 palmes et demi; la *canna* de toile n'est que de 10 palmes; 16 *cannes grosses* = 61 aunes de Brabant; 15 *cannes piccoles* = 49 aunes de Brabant.

MESURE DU VIN.

Mezzarola.	Barili.	Fiaschi.	Amola.
1	2	90	180
	1	45	90
		1	2

MESURE DES GRAINS.

Mine.	Quarte.	Cambette.
1	8	96
	1	12

Le riz s'évalue par *cantari*, de 150 livres, de 12 onces chacune, ou par *rotoli* de Gênes.

Mesures de Florence. — En Toscane, les postes étaient de 8 milles de 67 au degré; le mille toscan de 825 toises de France. Le bras de Florence, *braccio da panno* ou *panoro*, le seul que l'on connaisse dans l'usage ordinaire, est de 1 pied 9 pouces 5 $\frac{454}{1000}$ lignes, ancienne mesure de France. Le *passetto* vaut 2 bras, et la *canna* en vaut 4. Le bras se divise en 20 soldi, et le soldo en *quatrini*.

MESURE DU VIN.

Cogno.	Barili.	Fiaschi.
1	10	200
	1	20

Le baril de vin pèse 140 liv. de Florence, et le *fiasco* vaut presque 2 ½ pintes de Paris. Le baril d'huile pèse 85 liv. de Florence.

Le *modio*, mesure de blé, est de 24 *staja*; le *stajo* de Florence approche beaucoup de 2 boisseaux, ancienne mesure de Paris.

Mesures de Rome. — Le mille romain était bien plus court que celui de Toscane; mais on le regardait comme le mille ordinaire d'Italie : on en comptait 75 au degré : il valait 775 toises de France. Le *palme* des marchands est plus grand d'une once et demie que celui des architectes, qui se divise en 12 parties qu'on appelle *once* : le palme des marchands se divise seulement en tiers et en quarts. Sur un marbre qui est dans la cour du *Capitole* à gauche, on trouve ce palme gravé. On y voit aussi la *canne* des marchands de 8 palmes; le bras des marchands a 4 palmes, et le bras de toile a 3 palmes : 36 cannes de soie et de draps = 125 aunes de Hambourg : 17 cannes de toile = 62 aunes de Hambourg.

Le baril de vin se divise en 32 *bocali*, chaque bocal en 4 *fogliette* : ainsi la *foglietta* est à peu près la chopine ou demi-bouteille de Paris. Le baril d'huile se divise en 28 bocali.

Le blé se vend par une mesure appelée *rubbio*, qui pèse 640 liv. romaines; la *rubbiatella* est la moitié du *rubbio*. L'on divise le rubbio en 12 stari ou 22 scorzi.

Mesures de Naples. — Le mille napolitain est de 7,000 palmes, et vaut 1091 toises : on en compte 50 au degré. Le palme de Naples contient à peu près 9 pouces 8 ½ lignes de France. Il se divise en 12 *oncie*, l'oncia en 5 *minuti*. La canne est de 8 palmes : 19 cannes font 73 aunes de Hambourg.

MESURE DU VIN.

Carro.	Botti.	Barilli.	Carafe.
1	2	24	1,440
	1	15	720
		1	60

Une carafe et demie et à peu près l'ancienne pinte de Paris. La *regia camera* a une mesure particulière, qui est plus grande dans le rapport de 10 à 11. La mesure de l'huile, *salma*, contient 10 *staja*, et le stajo 32 *pignorti*. On prétend que le bénitier de St.-Janvier est le modèle de la mesure des liquides.

Le *tumulo* ou *tomolo*, dont on se sert pour mesurer le blé, contient 40 rotoli de 33 onces chacun : il est réputé communément 3 palmes cubes.

Mesures de Messine. — La canne a 8 palmes, ou 8,584 lignes de France ; 8 cannes font 27 aunes de Hambourg. La mesure du vin s'appelle *salma* ; 12 salmes font la *tonne*.

La mesure des solides porte aussi le nom de *salma*, mais on la divise en *salma grossa* et *salma generale*, chacune de 16 *tomoli*. Nous ne rapporterons pas les mesures des autres endroits de l'Italie ; elles diffèrent trop peu.

MONNAIES ITALIENNES,

Évaluées en argent de France.

Les monnaies les plus courantes en Italie, ou celles sur lesquelles il y a le moins à perdre, sont : Le *ruspone* ou sequin de Florence ; le *sequin* et la *doppia* de Rome ; le sequin de Venise et le *louis d'or*. Il faut avoir soin de ne prendre en monnaie d'argent du pays où l'on se trouve, que ce qu'on doit dépenser sur les lieux.

Monnaies du Piémont. — On compte en Piémont comme en France, par francs et centimes. On y comptait ci-devant par livre, *lira*, de 20 sous, *soldi*, de 12 deniers, *denari*. (La *lira* à 1 fr. 20 cent., nouvelle monnaie de France).

Les anciennes *espèces d'or* étaient de deux sortes ; savoir : Les pistoles, qui se divisent en demie et en quart de pistole ; et les carlins, qui se divisent en demi-carlins. Toutes ces espèces devaient être fabriquées au titre de 21 carats 18 grains. L'empreinte des nouvelles pistoles différait de celle des anciennes, en ce que les armes que l'on voit sur celles-ci étaient écartelées, au lieu que le revers des nouvelles ne présente qu'un aigle couronné, portant en cœur les armes de Savoie, qui étaient de gueule à la croix d'argent ; on les reconnaît d'ailleurs par le millésime. La pistole neuve a cours comme l'ancienne, pour 30 francs. Le carlin avait cours pour 5 pistoles, 150 fr. de France. Les demi et quarts de pistole, et les demi-carlins à proportion. Mais on voit à présent très-rarement des espèces d'or.

Les *espèces d'argent* se divisaient en écus, depuis 1755 demi, quart et huitième d'écu. Les empreintes étaient les mêmes que celles des anciennes pistoles. L'écu à 6 lire = 7 fr. 17 c., nouvelle monnaie de France. Ces espèces d'argent sont à présent réduites à leur valeur intensive.

Les *espèces de billon* sont des pièces de 7 s. 6 d. et de 2 s. 6 d. marqués dessus.

Les *espèces de cuivre* se divisent en sous, demi-sous et picaillons à 2 den.

Lorsque le Piémont a été réuni à la France, on a frappé, à l'hôtel des monnaies de Turin, des *Marengos* ou pièces d'or de 20 fr., et des pièces d'argent de 5 fr., suivant le nouveau système monétaire de France. Le différent de l'hôtel des monnaies de Turin était U.

Les espèces d'or et d'argent des anciens souverains continuent cependant d'avoir cours.

Monnaies du royaume Lombardo-Vénitien.—On compte à Milan, en livres et centimes d'Italie, dont la division est la même que celle qui est en usage en France. Il y a dans cette ville deux manières de compter : l'une usitée pour les billets et lettres de change ; l'autre est l'argent qu'on emploie pour tous les achats ordinaires, et s'appelle *cours abusif*. Il y a dans ce royaume deux hôtels de monnaies, Milan et Venise.

Les nouvelles monnaies sont celles frappées sous Napoléon et à son empreinte. Les anciennes monnaies d'or frappées au coin et aux armes de l'empereur d'Autriche, qui ont encore cours dans la Lombardie, sont la pistole et le sequin. Leurs empreintes sont les mêmes. C'est, d'un côté, l'effigie de l'empereur; et de l'autre un écu écartelé au premier et au quatrième de Maurienne, au second et troisième de Milan, et sur le tout, partie d'Autriche et de Lorraine. Le sequin, pour être admis dans la circulation, doit peser 2 den. $\frac{20}{24}$ grains, et le souverain 9 den. 1 $\frac{2}{3}$ grains.

Les espèces d'argent frappées au coin et aux armes de l'empereur, et qui ont cours, sont les écus et demi-écus. Ils portent les mêmes empreintes que les pistoles et sequins, et de plus sur la tranche cette légende : *Virtute et exemplo*. L'écu a cours pour 6 lire, et le demi-écu à proportion.

Les espèces de billon se divisent en pièces d'une lire ou 20 sous, pièces de 10 et de 5 s.

Les espèces de cuivre sont divisées en pièces d'un sou, de 6 den. (*mezzo soldo*), de 3 den. (*quatrino*), et d'un denier et demi (*sestino*).

Monnaies de Venise.—On compte à Venise par ducats, *ducati*, de 24 gros, *grossi*; ou par livres, *lire*, de vingt sous à 53 *soldi*, le sou de 12 deniers, *denari*; 124 sous, ou 288 *grossetti*, ou 1,488 deniers, représentent un ducat.

Les monnaies d'or de la ci-devant république de Venise étaient de six espèces différentes ; savoir : l'écu d'or, *scudo d'oro* ; l'*osella d'oro* ; la pistole, *doppia* ; le sequin, *zecchino* ; le ducaton, *ducato d'oro*, le demi et le quart du sequin. Toutes ces espèces devaient être fabriquées d'or fin, c'est-à-dire au plus haut titre possible. L'*écu d'or* porte 20 lignes de diamètre ; on voit d'un côté le buste d'un lion tenant un livre ouvert ; on lit autour de cette légende : *Sanctus Marcus Venet.* 140. L'autre côté représente une croix fleuronnée, autour de laquelle on lit le nom du doge. N. N. Dux. Venetiar. L. A. F. L'*osella d'oro* porte 15 lignes de diamètre. Cette monnaie est plutôt une médaille qu'une monnaie : les empreintes changeaient suivant la volonté du doge. Le *sequin* porte à peu près 8 lignes de diamètre ; ses types représentent d'un côté S. Marc au milieu d'un cadre de forme ovale, entouré de 16 étoiles ; et de l'autre ce même S. Marc, devant lequel le doge est représenté à genoux. Le *ducat* portait à peu près 9 lignes de diamètre ; ses types représentaient d'un côté un lion ailé, tenant un livre ouvert ; on lisait autour de cette légende : *Ducatus reipubl.* On voit de l'autre côté S. Marc assis, tenant une grande croix, que tient aussi le doge à genoux. Les monnaies d'or qui ont cours maintenant, sont : Le sequin, qui vaut 12 fr. ; le demi, de 6 fr. ; l'oselle, de 47 fr. 7 c. ; le ducat, de 7 fr. 49 c. ; la pistole, de 21 fr. 36 c.

Les monnaies d'argent étaient : l'écu à la croix, *scudo della croce*, qui se divise en demi, quart et huitième ; la justine, *ducatone giustina*, qui se divise de la même manière ; l'écu nommé *talaro*, qui se divise comme l'écu de la croix ; le ducat effectif, *ducato effectivo*, qui se divise en demi et quart ; et l'oselle, *osella*. L'*écu à la croix* était fabriqué au titre de 1,056 carats ; ses empreintes sont les mêmes que celles de l'écu d'or : il a cours pour 6 fr. 70 c. La *justine* devait peser 135 carats, et être fabriquée au même titre que l'écu à la croix. Ses types représentent, d'un côté, Ste. Justine, avec cette légende : *Memor ero tui*, *Justina Virg.* 124 ; et de l'autre côté, un lion tenant le livre de l'Evangile, devant lequel le doge est à genoux. La justine a cours pour 5 fr. 91 c. Le *talaro* n'a cours que dans le Levant ; il vaut à peu près 5 fr. 32 c. Ses empreintes représentent, d'un côté, le buste d'une femme revêtue du manteau ducal, avec cette légende : *Republica Venet.*, de l'autre un lion ailé, tenant un livre ; la légende est composée du nom du doge, et le millésime est placé au-dessous du lion. Le *ducat effectif*, ou d'argent, doit peser 110 carats, et être fabriqué au titre de 952 carats. Ses empreintes représentent, d'un côté, S. Marc assis, ayant devant lui le doge à genoux; de l'autre côté, un lion ailé tenant un livre. La légende est composée de ces deux mots: *Ducatus Venetus*. Le ducat a cours pour 4 fr. 18 c. L'*oselle d'argent* est une médaille de même forme, et portant les mêmes empreintes que l'oselle d'or: elle a cours pour 2 fr. 7 c. Le ducat courant de 6 ¼ liv. piccolis, ou 124 sous, monnaie de compte 3 fr. 33 c.

La monnaie de billon se divisait en pièces de 30, de 15, de 10, et de 5 sous ou soldi. La pièce de 30 sous, *lirazza*, a pour empreintes, d'un côté, un lion tenant un livre; de l'autre, Thémis assise sur des lions, tenant le glaive et la balance. Le millésime est placé au-dessous de la figure. La pièce de 15 sous représente, d'un côté, le doge à genoux, et de l'autre côté le lion, comme sur les pièces de 30 sous. Les empreintes de la pièce de 15 sous sont les mêmes, excepté qu'au-dessous du lion on ne voit qu'une rosette, et qu'il y en a deux sur la pièce de 15 sous. La pièce de 5 sous représente, d'un côté, Thémis assise sur deux livres, et de l'autre, un lion ailé tenant un livre.

Les espèces de cuivre se divisent en sous et demi-sous, qui diffèrent peu les uns des autres quant à la forme. Les empreintes du sou représentent, d'un côté, le doge à genoux devant un lion ailé, qui tient un livre; celles des demi-sous représentent, d'un côté, l'effigie de S. Marc.

Depuis la réunion de Venise au royaume d'Italie, il circule de nouvelles monnaies aux armes et à l'empreinte de Napoléon.

Monnaies de Gênes. — On comptait à Gênes par livres de 20 sous, qui se divisent chacun en 12 deniers.

Les espèces d'or étaient les doublons et les sequins. Les sequins portent, d'un côté, l'effigie de S. Jean, avec cette légende: *Non surrexit major*, et le millésime. Les doublons pèsent 6 den. 2 gr. 2 tiers, et ont cours pour 23 liv. 12 s.; et les sequins, pesant 3 den. 4 gr., pour 13 liv. 10 s.: on les évalue à 11 liv. 4 s., ancien argent de France.

Les espèces d'argent étaient l'écu de S. Jean-Baptiste, parce qu'il porte pour empreinte l'effigie de ce saint, valant 5 livres de Gênes; l'écu ou *croizat*, portant l'effigie de la Vierge, 9 liv. 10 s. de Gênes = 7 liv. 6 s. 8 den. ancien argent de France; la georgine, 1 liv. 6 s. argent de Gênes = 1 liv., ancien argent de France; la madonnine simple et double, de la valeur de 1 et de 2 liv. de Gênes.

Il y a 10 *parpayoles* dans une livre numéraire de Gênes. L'argent de France y est maintenant très-répandu.

Parme. — Les monnaies d'or qui ont cours sont le sequin, qui vaut 11 fr. 95 c. La pistole de 1784, de 23 fr. 1 c.; d. de 1786 à 1791, 21 fr. 91 c.

Les monnaies d'argent sont le ducat de 1784 à 1796, de 5 fr. 18 c.; la pièce de 3 liv. depuis 1790, 68 c.; la pièce de 1 liv. 10 s. depuis 1790, 34 c.

Le titre du ducat de 1784 n'est pas aussi certain que celui de 1796.

Monnaies de Florence. — On compte dans la Toscane par livres (*lire*), dont chacune se divise en 12 *crazie*, ou 20 *soldi*, ou sous (83 c., argent de France); le sou en 3 *quatrini*, et le *quatrino* en 4 *denari*.

Les monnaies d'or sont le *ruspone* et le *sequin*; le *ruspone* à la taille de 32 $\frac{4}{5}$, et les *sequins* à celle de 97 $\frac{1}{2}$, à l'ancienne livre de France. L'empreinte du *ruspone* a, d'un côté, l'effigie de S. Jean-Baptiste couvert d'une peau de mouton, et le revers représente une fleur de lis, et la légende est le nom de l'ancien grand duc. Les empreintes des sequins sont les mêmes, excepté que S. Jean y est représenté couvert d'une toile, assis sur la terre, et qu'il tient la croix de la main gauche. Le *ruspone*, ou 3 sequins aux lis, a cours pour 36 fr. 4 c., et le *sequin* pour 12 fr. 1 c.; le *demi-sequin*, 6 fr.; la *rosine*, 21 fr. 54 c.; la $\frac{1}{2}$, 10 fr. 77 c.

Les monnaies d'argent se divisent en pièces de 10, de 5, de 2, d'un paul et d'un demi-paul. Les pièces de 10 pauls dites *francescone* ou *leopoldini*, Livournine, piastres à la *rose*, *talaro*, doivent être à la taille de 12 à la livre, et les autres à proportion. Toutes ces espèces portent d'un côté l'effigie du grand duc, et de l'autre ses armes, avec cette légende : *Dirige, Domine, gressus meos*. La pièce de 10 pauls a cours pour 5 fr. 61 c.; les autres à proportion, à raison de 56 c. le paul.

Les monnaies de billon sont les pièces de quart de paul, *quatrini dieci*, valant 2 *crazies* = 15 c. de France.

Les espèces de cuivre se divisent en *soldo*, sou, *douetti*, $\frac{2}{3}$ de sou, et *quatrini*, tiers de sou. Elles portent, d'un côté, les armes du grand duc, et de l'autre l'énonciation de leur valeur.

Monnaies de l'état romain. — On compte à Rome par écus, qui se divisent en 100 *bayoques*, et chaque bayoque en cinq *quatrins*.

Les monnaies d'or sont de deux espèces, savoir : Les *sequins*, doubles et demi-sequins, et les doubles ou pistoles, demi-doublés, et doubles-doubles, *doppia romana*, *mezza doppia*, *doppia-doppia*. Les pistoles de Pie VI et VII valent 17 fr. 27 c. Elles portent d'un côté l'image de St.-Pierre portée sur un nuage, et de l'autre la tige d'un lis en fleur; celles de ces divisions à proportion. Cette valeur change suivant la hausse des espèces d'or. Les *sequins*, doubles et demi-sequins portent d'un côté les armes du pape, et de l'autre l'église, représentée par une femme portée sur un nuage, tenant les clefs d'une main, et de l'autre la figure d'un temple. Le sequin vaut 11 fr. 20 c. Les doubles et semi-sequins valent à proportion.

Les espèces d'argent se divisent en écus romains, *scudo romano*, de 10 pauls, valant 100 bayoques = 5 fr. 38 c. en cinquième d'écu, *papetto*, 20 bayoques = 1 fr. 11 c.; on a donné la valeur de l'écu romain, qui est très-rare, à la piastre d'Espagne, qui est assez commune; en teston, *testone*, 30 bayoques = 1 fr. 66 c.; paul, *paolo*, 10 bayoques = 54 c.; gros, *grosso*, 5 bayoques; demi-gros, *medio grosso*, 2 bayoques, et 2 demi-quatrins. Les empreintes des écus, demi-écus, et papets, sont les mêmes que celles des sequins, excepté que les écus frappés pendant la vacance du Saint-Siége, portent d'un côté les armes du gouverneur de Rome, et de l'autre le Saint-Esprit dans une gloire. Le teston porte, d'un côté, St.-Pierre et St.-Paul, et de l'autre les armes du pape. Le paul, le gros et le demi-gros portent d'un côté les armes du pape, et de l'autre une légende différente; le paul: *Oblectat justos misericordia*; le gros: *Auxilium à sancto*, et le demi-gros: *Væ vobis divitibus*.

« Les espèces de billon se divisent en haut et bas billon. Celles du haut billon, sont les pièces de deux carlins et d'un carlin, qui ont cours pour 15 bayoques, et pour la moitié de cette valeur. Elles portent, d'un côté, les deux clefs posées en croix, surmontées de la tiare, et de l'autre l'énonciation de la quantité des carlins qu'elles représentent. Les espèces de bas billon sont de couleur grise, et se divisent en pièces de 8, de 4, de 2, et d'un bayoque = 8, 4, 2, 1 sou. Les pièces de 8 *bayochella da 8*, portent d'un côté le buste du pape dans un médaillon, et de l'autre les figures de deux saints. Les pièces de 4, de 2 et d'un bayoque, portent d'un côté les clefs posées en croix, et de l'autre une légende qui indique leur valeur.

Les espèces de cuivre se divisent en bayoques, *bajoccho*; demi-bayoques, *mezzo bajoccho*; et quatrins, *quatrino*. Une légende annonce la valeur pour laquelle elles ont cours.

Le numéraire étant très-rare, on a créé de petites *cédules*, de 5, 6 et 7 écus, qui portent les noms du Mont-de-Piété et de la banque du Saint-Esprit. Ces billets, qu'on est toujours obligé de prendre pour argent comptant, perdent quelquefois 5 et 6 pour cent; quelquefois la perte n'est que 2 et 2 $\frac{1}{2}$ pour cent.

Monnaies de Naples.—On compte à Naples par ducat, qui représente 10 carlins; chaque carlin vaut 43 c., qui se di-

POIDS, MESURES ET MONNAIES.

vise en 10 grains, et chaque grain en 12 *cavalli* : 4 ducats et demi sont la *doppia*, et 16 carlins sont un *sequin*. Les espèces d'or sont des pièces de 6 ducats, et des onces de Sicile. La pièce de 6 ducats a cours pour 60 carlins. Sa valeur est indiquée par un D et un 6. Elle représente d'un côté l'effigie du roi, et de l'autre l'écusson de ses armes. L'once d'or de Sicile a cours pour 30 carlins. Le titre des ducats est trop variable pour pouvoir en donner l'évaluation en pièces françaises.

Les monnaies d'argent sont des ducats et demi-ducats, des pièces de 12 carlins, de 120 grains, de 1784 à 1788, des pièces de 2 carlins, de 26 grains et de 13 grains. L'empreinte des ducats d'argent est la même que celle des pièces de 6 ducats. On lit au-dessous de l'écusson ces mots : *Ducato Nap. gr.* 100, ce qui annonce que cette monnaie doit contenir 100 grains de fin. Elle a cours pour 10 carlins $=$ 4 fr. 25 c.; le demi-ducat à proportion. La pièce de 12 carlins, ou l'écu de Sicile, diffère des ducats, en ce que l'écusson est sans aucun accompagnement; on voit au-dessous cette marque G 120. Elle a cours pour 4 fr. 25 c.; des *taris* ou pièces de 2 carlins $=$ 85 c.; 1 *id.* de 42 ½. Des pièces de 13 grains ont une valeur proportionnée.

Il y a encore la pièce de 4 *cavalli*, le *tornesse* de 6 *cavalli*; la pièce de 9 *cavalli* ou de 3 *quatrini*; et la *publica*, qui vaut 18 *cavalli* ou 1 ½ grain.

Monnaies de Messine. — On compte à Messine et à Palerme, par once de 30 tari.

Onza.	Tari.	Carlini.	Ponti.	Grani.	Piccioli.
1	30	60	450	600	8,600
	1	2	15	20	120
		1	7 ½	10	60
			1	1 ⅓	8
				1	6

Monnaie d'or, l'once d'or de 30 tari, valant 13 fr. 73 c.

Les monnaies d'argent sont les écus, demi-écus, quarts d'écu, etc., de 12, 6 et 3 *tari*. Scudo à 12 tari vaut 5 fr. 12 c. Des pièces de 4, 2 et d'un *tari*; et des *carlins*, ou pièces de 10 grains. L'écu de 12 tari vaut 5 fr. 10 c.

Outre les monnaies d'argent ci-dessus dénommées, on a frappé dans les nouvelles républiques, à différentes époques, des espèces d'argent, dont quelques-unes ont d'un côté la légende, *Libertà Egualianza*, avec la figure d'une femme entourée de trophées, et portant au bout d'une pique le bonnet de la liberté; de l'autre côté de la pièce, on trouve sa valeur indiquée au milieu d'une couronne de chêne, et au-dessus ces mots : *Anno 1 della libertà italiana*.

TABLEAU
DES CAPITALES.

TURIN, capitale du Piémont et des états du roi de Sardaigne, a un évêché, une université et une chambre de commerce. Ses édifices remarquables et ses curiosités sont : la cathédrale, le trésor, contenant beaucoup de vases précieux; la chapelle du St.-Suaire, la plus belle de Turin, admirable par sa coupole, les larges degrés par lesquels on monte au sanctuaire, son majestueux autel, où l'on voit le St.-Suaire religieusement conservé; le palais d'Aoste; le château royal; le théâtre, le plus considérable qu'il y ait en Italie; l'église de St.-Laurent : c'est une des coupoles les plus hardies que l'on ait faites; les bâtimens de l'académie et de l'université, sous les portiques desquels sont des inscriptions et des bas-reliefs antiques; l'hôpital royal della Carita; l'église de la Sainte-Croix, belle rotonde; l'église de St.-Philippe-de-Nerri : c'est une des plus belles églises de Turin; le palais de Carignan : la façade, quoique de briques, a un aspect agréable et majestueux; la place de St.-Charles, la plus belle de Turin, sans excepter celle du château, est peut-être la plus superbe qu'il y ait en Europe, par la proportion, la grandeur, et par l'égalité des bâtimens; on admire l'église de Sainte-Christine, où est la plus belle statue de Sainte-Thérèse, chef-d'œuvre de Legros; les églises de la Visitation et de la Conception, d'une bonne architecture; l'église de Sainte-Thérèse; la citadelle, ouvrage immense, et regardé comme l'une des plus fortes de l'Europe, dont on admire le puits, par où un escadron de cavalerie descend et monte par deux abreuvoirs différens; l'arsenal, l'église de la Consolata, très-fréquentée, à cause de l'image de Notre-Dame de Consolation; la vue de la terrasse au-dessus de l'église est fort belle; l'église de St.-Salvatore : elle était occupée ci-devant par des jésuites; l'hôtel-de-ville; l'église de Corpus-Domini, qui est une des plus ornées qu'on puisse voir; les casernes près de la porte de Suze : on les croit les plus belles de l'Europe. On fabrique à Turin velours, draps, étoffes de soie, tapisseries dans le goût de celles des Gobelins, porcelaine, gants de chamois très-recherchés, excellens rossolis, eau de mille-fleurs généralement recherchée, beaux bas de soie très-estimés, parfumerie, etc. Cette ville a une académie des sciences, rétablie en 1801. Ses collections et ses cabinets sont : le musée, l'observatoire et la galerie de tableaux dans le palais du roi, la galerie des archives, etc. Ses promenades sont : sur le rempart, dans le jardin public, sur le glacis de la citadelle; le Corso : toute la ville s'y montrait en voitures entre cinq et sept heures du soir; mais à présent le nombre des carrosses a considérablement diminué. Turin a quatre belles portes; la porte du Pô est la plus remarquable de toutes. L'on compte 110 églises et chapelles, et dix places. Les rues sont d'une régularité et d'un alignement qui forment le plus beau spectacle. On remarque la rue du Pô; la rue Neuve; la rue de Dora Grosa, de plus de 500 toises; celles de Ste-Thérèse et du Mont-Viso. Les rues se croisant à angles droits, partagent la ville en 145 parties ou carrés : au milieu il y a une grande pierre, sur laquelle il faut monter pour contempler d'un seul coup d'œil ces rues, qui partent comme autant de rayons d'un centre commun, et finissent toutes par quelque perspective agréable. Elles sont toutes arrosées par des ruisseaux d'une eau limpide et courante, qui en facilitent le nettoiement. On vend à Turin un grand plan où tous leurs noms sont notés. On se sert à Turin d'un excellent pain, qui, par sa forme d'une gauffre roulée, ressemble assez à de petits fagots. Les environs de cette ville sont : la *Vigne de la Reine*, en face de la rue du Pô; la montagne des Capucins : c'est l'endroit où l'on va le plus volontiers pour découvrir dans son entier la vue de Turin, celle du Pô, de la Doire, etc.; l'ermitage des *Camaldules*; le chemin qui y conduit est romantique; la *Superga*, grande et belle église bâtie en mémoire de la défaite des Français, en 1706 : du haut de la coupole on découvre toute la plaine, et les montagnes du Piémont de tous côtés; dans le beau temps on peut apercevoir tout le pays jusqu'à Milan. Les cendres des rois de Sardaigne ont échappé au vandalisme révolutionnaire, et se trouvent placées dans les souterrains de cette église, mais les ornemens ont été mutilés ou effacés : la bibliothèque a été transportée à Turin; il faut voir le château de *Stupinis*, l'église de St.-Sauveur, la *Vénerie*, maison de campagne du roi et la mieux bâtie. On remarque encore *Moncaldori*, situé agréablement sur le Pô; les ruines de l'ancienne ville d'*Industria*, à 5 l. de Turin, du côté de Verceil. Pop. 85,000 hab.

Le Pô ne traverse pas Turin; mais il en passe très-près, n'en étant séparé que par une place extérieure qui sert de promenade, et qu'on nomme *le Rondeau*. Il reçoit la Doire à quelque distance au-dessous, et c'est après le confluent qu'il devient véritablement navigable.

Auberges. — L'hôtel de France, appelé les Bonnes-Femmes; l'hôtel d'Angleterre, le Bœuf-rouge et l'Europe.

MILAN, capitale du nouveau royaume Lombardo-Vénitien, est, après Rome et Naples, une des plus grandes villes d'Italie: située dans un beau pays, le plus fertile peut-être de cette péninsule, elle renferme 130 mille habitans, dans un circuit d'environ 10 milles. Le voisinage des Alpes fait que l'hiver y est assez rigoureux, et que l'été elle est sujette à de fréquens orages.

Édifices, curiosités. — Milan a éprouvé plusieurs dévastations; ce qui fait qu'on n'y trouve pas de grands monumens d'antiquité. Elle a de vastes jardins, et les édifices sont majestueux et solides, quoique pour la plupart d'une mauvaise architecture. La cathédrale, quoique gothique, commencée en l'année 1386, est un superbe édifice: c'est le temple le plus vaste d'Italie après St.-Pierre de Rome. Enrichie de statues, de bas-reliefs et d'autres ornemens du plus grand prix, en marbre blanc, elle a 449 pieds de long; 275 de large dans la croisée, et 258 de haut sous la coupole. L'intérieur est divisé en 5 nefs, soutenues par 160 grandes colonnes de marbre blanc. La façade, qui n'était pas entièrement achevée, a été terminée par les ordres de Napoléon; sur les dessins réformés et simplifiés du célèbre architecte *Amati*. L'ornement intérieur de la grande porte est soutenu par deux colonnes de granit appelé *migliarolo*, très-estimées. L'on voit au grand autel et aux deux chaires des bronzes d'un excellent jet. La distribution intérieure et extérieure du chœur, les deux grandes orgues, le scurolo, sont de l'invention du célèbre *Pellegrini*. Le sarcophage de J.-J. de Médicis a été dessiné par le grand *Buonarotti*, et Léon *Leoni* en a fait les ornemens en bronze. Parmi les sculptures de grand prix qui ornent cette église, on en voit deux très-estimées de *Cristoforo Cibo*, dont l'une représente Adam, et l'autre saint Barthélemi. Quelques-uns attribuent cette dernière à *Marc Ferrerio*, dit *Agrati*, et la coupole au milieu de la croisée est de *Brunellesco*. Immédiatement sous cette coupole est une chapelle souterraine, où repose le corps de saint Charles Borromée, dans un cercueil de cristal orné de vermeil. Ce temple majestueux, étant considéré dans son ensemble, peut être regardé comme le monument le plus bizarre de l'architecture gothique ou allemande. Du haut des tours on a une vue très-étendue de toute la plaine de la Lombardie et des Alpes. Dans la galerie de l'archevêché on remarque une collection de bons tableaux. La maison canoniale voisine, d'une belle architecture de *Pellegrini*, mérite d'être vue, ainsi que l'écurie à trois étages, du même. L'église de St.-Alexandre est d'une belle architecture et noblement décorée. Le grand autel est orné de lapis-lazuli, d'agates et d'autres pierres précieuses La façade de l'église de Ste.-Marie, près de St.-Celse, où l'on révère une image miraculeuse de la Vierge, qui y attire beaucoup de monde, est remarquable par les belles sculptures dont elle est ornée, savoir: deux Sibylles d'*Annibal Fontana* sur la porte, et sur les côtés Adam et Eve d'*Astoldo Lorenzi*, Florentin. L'intérieur de cette église, quoique gothique, n'est pas désagréable à voir, depuis qu'on lui a donné un air plus moderne. La coupole est peinte par André *Appiani*, Milanais: on y remarque aussi plusieurs tableaux du *Procaccino*, une Vierge et un St.-Jérôme de *Paris Bordone*; une résurrection de *Campi*, le baptême de J. C. par *Gaudenzio de Ferrare*, la conversion de saint Paul, d'Alexandre *Buonvicino*, et le martyre de sainte Catherine de *Cerano*. On voit dans la sacristie deux tableaux, l'un de Léonard de *Vinci*, l'autre de *Raphaël* Il faut voir aussi le monastère et l'église de S.-Victor, où l'on conserve de beaux tableaux de *Crespi*, de *Procaccino* et de *Batoni*; l'église de St.-Ambroise, où l'on remarque, outre la richesse de son grand autel, des monumens précieux d'antiquité chrétienne; l'église de St.-Fidèle, hors de Milan, d'architecture de *Pellegrini*, et le bel édifice du collège de *Brera*, achevé sur les premiers dessins, aujourd'hui le Gymnase des beaux arts. Tous les étrangers vont admirer la belle fresque de *Léonard de Vinci*, représentant la cène, dans le réfectoire des dominicains de Ste.-Marie-des-Grâces. Cette peinture, aujourd'hui presque totalement effacée, est devenue dernièrement encore plus célèbre par les belles gravures de Raphaël Morghen et de François Rinaldi : on voit aussi de belles peintures dans l'église. Saint-Laurent est un édifice d'une architecture singulière, et peut-être unique dans son genre : une partie des ruines du temple d'Hercule élevé par Maximien, en 286, forme le portique de cette église. Les amateurs de la peinture ne négligeront pas de voir les églises de St.-Antoine, de St.-François, de St.-Marc, de Notre-Dame della Scala, de Ste.-Marie-de-la-Victoire, et de la Passion, où l'on vient de fonder un conservatoire de musique, etc. Ils y admireront les tableaux de Procaccino, de

François del Cayro, de Léonard de Vinci, de Bramantino, de Peterzano, de Salvador Rosa, de Domenichino, de Brandi, du Poussin, de Luino, etc. A Ste.-Marthe, on voit la statue de Gaston de Foix, avec les restes de son tombeau, par Augustin Busti. L'église de St.-Jean *in conca* est très-ancienne; on y voit le tombeau de Barnaba Visconti avec sa statue équestre. Il y a plusieurs particuliers à Milan qui possèdent des collections considérables de bons tableaux.

Parmi les palais, on remarque le *Palais-Royal*, de Piet *Moriini*, avec des appartemens très-riches et des tapisseries vraiment magnifiques, de bons tableaux du *Trabulleri* et du *Knoller*, et des ornemens d'Albertolli. Les statues dans le salon sont du *Franchi*, les cariatides du *Calani*, et les peintures d'*Appiani*, qui a peint dernièrement la salle du trône et celle des princes. Le *Palais-Royal* des sciences et arts, autrefois de *Brera*, où l'on voit l'observatoire, qui est le premier d'Italie: on remarque la cour de ce palais, et son escalier, la bibliothèque, riche d'éditions très-rares, le jardin botanique: la gravure, la peinture, la sculpture, le dessin, l'architecture, la perspective, les ornemens, ont leur professeur particulier.

Le palais *du Sénat*, autrefois collège helvétique, a deux grandes et belles cours, avec des péristyles magnifiques. Près de l'église de St.-Ambroise, on voit la nouvelle caserne, bâtiment carré des plus vastes et imposant. Les autres palais sont ceux de *Serbelloni*, de la *Légation française*, de *Diotti*, etc. La bibliothèque ambroisienne, monument remarquable et précieux, conçu et exécuté en faveur des sciences et des arts par Charles-Frédéric Borromée, contient de 35 à 40 mille volumes, et en outre 14 ou 15 mille manuscrits précieux, ainsi que des dessins et ouvrages autographes de Léonard de Vinci. La salle a 60 pieds de long, 24 de large, et 36 de haut: par un portique qui environne une cour intérieure, on passe de là aux salles de l'académie de peinture et de sculpture. La première est pleine de tableaux des peintres les plus célèbres; et la seconde de formes et de modèles des meilleures statues antiques et modernes. Il y a en outre un cabinet d'histoire naturelle, d'antiquités, de médailles, etc. Derrière cet édifice est le jardin botanique, qui appartient à l'université. Le séminaire de Milan est un beau bâtiment, avec deux rangs de portiques, d'une belle architecture. Il y a dans cette ville quatre théâtres, savoir: le grand théâtre *della Scala*, bâti par Pierre Marini, dans l'année 1778, qui surpasse tous les autres; celui de la *Canobiana*, construit sur le même dessin, quoique plus petit; le théâtre *Re*, ouvert ordinairement, et le *Carcano*, élevé par *Canonica*.

Etablissemens. — Parmi les établissemens de charité, le grand hôpital occupe le premier rang par sa magnificence et sa solidité. Il renferme 2,200 lits, et on y élève 4,000 enfans exposés. Le bâtiment du Lazaret est aussi fort vaste.

Places, rues. — Les places ne présentent aucun objet remarquable, si l'on en excepte le forum ci-devant *Bonaparte* (où était autrefois le château), destiné à conserver la mémoire de la fondation de la république italienne. Les principales sont celle du Dôme et la place des Marchands. Les rues, dans le centre de la ville, sont étroites et mal distribuées; dans la première enceinte elles sont plus larges, et l'on y voit de belles maisons et des palais, de même qu'entre la première et la seconde enceinte. Un canal qui communique avec la *Ticinella* et la *Martesana*, autres canaux navigables dérivant du Tessin et de l'Adda, sert à l'importation des denrées. Le château de Milan, aujourd'hui détruit, les bastions et l'esplanade, servent de promenades aux habitans. C'est dans cette ville que fut sacré roi d'Italie Napoléon, le 23 mai 1805; et l'empereur d'Autriche la visita en 1816, et prit possession de son nouveau royaume *Lombardo-Vénitien*. Au milieu de la vaste place d'armes, où commence la route du Simplon, on a commencé à élever un grand arc de triomphe, qui doit servir de porte à cette grande route, faite pour exciter l'admiration de la postérité. A droite de cette place, on voit un magnifique amphithéâtre, où l'on arrive par différentes allées de très-beaux arbres. Ce superbe édifice, construit naguère par *Canonica*, et destiné particulièrement aux courses et aux jeux, a dix escaliers et une belle galerie assez vaste. Il peut contenir 36,000 spectateurs. On remarque le *pulvinare*, et la porte principale de cet édifice. On a construit dernièrement aux entrées de la ville d'autres arcs de triomphe.

Habitans. — Le peuple milanais, extrêmement pacifique, et adonné aux arts et au commerce, a plus de sagesse et de mœurs que d'esprit. La beauté n'est pas généralement le partage des femmes de ce pays, celles des artisans et de la moyenne classe vivent retirées. Les voyageurs sont très-bien reçus à Milan, et y trouvent beaucoup de société. Les premières familles se traitent splendidement, et comblent d'honnêtetés les étrangers qui leur sont recommandés.

Industrie, manufactures. — On fabrique à Milan des étoffes et des draps de soie, mais qui sont peu estimés dans l'étranger; du verre, de la porcelaine, du poil de chèvre : on y fait des ouvrages coulés en tous métaux, mais qui n'ont pas cette élégance, effet d'un goût fin et délicat : on y travaille les cristaux de roche, et l'on y fait des voitures qu'on envoie en divers endroits d'Italie. Les broderies de Milan sont estimées, mais les ouvriers manquent souvent de bons dessins. En général, l'industrie et le commerce s'y soutiennent par le luxe des gens riches. Le territoire de Milan fournit une grande quantité de fromages, dont on fait un commerce considérable; il produit aussi en abondance le riz, le blé, les fruits, le vin, le chanvre.

Promenades. — Les principales sont les remparts, le cours, l'esplanade entre la ville et le forum.

Plans, livres instructifs. — Quadro storico di Milano antica e moderna. Milano, 1802. Città di Milano, ou Plan de la ville, dressé par Pinchetti, et gravé par Carmini, 1803.

Environs. — Il faut voir *Monza*, à 3 l. de cette capitale, qui est célèbre par sa couronne de fer, qui servait à couronner les rois lombards, et qui donne son nom à l'ordre de la *Couronne de fer*. A Monza, on visite le superbe Palais-Royal, d'architecture de *Piermarini*, environné de jardins délicieux, auxquels on a ajouté un parc d'une grande étendue. Près de là, est située la *Pelucca*, ancien édifice récemment restauré, et une des maisons royales, avec de vastes écuries, où l'on entretient des haras particuliers. Non loin de Milan, on voit *Notre-Dame de Saronno*, où l'on admire de bons tableaux de *Luini*, de César de *Sesto*; l'ex-chartreuse de Carignan, peinte par Daniel *Crespi*; la superbe maison de *Montebello*, où demeura deux mois Napoléon, en 1798. On y voit d'autres belles maisons de campagne, entre autres *Castellazzo*, où l'on conserve une statue de Pompée très-estimée; *Leinate*, qui appartient à la famille *Litta*, etc. A la *casa Simonetta*, éloignée de 2 milles de la ville, est un écho qui répète 40 fois le son de la voix humaine, et 56 ou 60 fois le bruit d'un coup de pistolet. Hors de la porte Romaine, on voit la fameuse abbaye de Clairvaux, maintenant supprimée. Le bourg de *Varese* et le monte *Brianza*, couvert de maisons de plaisance, sont des séjours délicieux, tant par la variété de leurs points de vue, que par l'abondance des eaux.

Distances. — Cette ville est à 14 l. N. E. de Casal, 26 N. de Gênes, 29 N. O. de Parme, 29 N. E. de Turin, 30 N. O. de Mantoue, 110 N. O. de Rome, 143 S. E. de Paris. Lat. N. 45. 2. Long. E.

FLORENCE, située au pied de l'*Apennin*, dans une plaine fertile et riante, est arrosée par l'*Arno*, qui la divise en deux parties inégales: elle est de forme presque ovale, et a environ 6 milles de circonférence. Productrice féconde de génies illustres qui firent revivre les lettres et la philosophie, et devenue maîtresse des sciences et des arts, elle se regarde avec raison comme l'Athènes de l'Italie. Je me crois encore justifié par sa position même, qui est comme le centre entre l'Italie septentrionale et la méridionale.

Quatre grands ponts de pierre, dont on admire celui de la *Trinité*, établissent la communication d'une partie de la ville à l'autre. Sa population passe 80,000 âmes ; son climat est sain et tempéré, et l'on y parle la langue italienne dans toute sa pureté. Le nombre et la beauté de ses jardins et de ses places ornées de fontaines, de colonnes et de statues ; la commode distribution de ses rues presque toutes pavées de grandes dalles plates et unies comme les pavés de nos églises, depuis le 13ᵉ siècle ; la régularité de ses édifices, et la riche quantité des plus belles peintures qu'elle possède, la font regarder comme une des plus belles villes d'Italie, où se trouve réuni tout ce qui peut contribuer à la magnificence et à la gaîté, et exciter l'attention des étrangers, que la curiosité y attire en grand nombre. Le plus beau quartier de la ville est celui entre la place St.-Marc, celles de Maria Novella et du palais Pitti. Quant à l'architecture de ses édifices, il y a très-peu de villes d'Italie où elle se soit mieux conservée dans toute la noblesse et la beauté de ses proportions. Le bon goût qu'on y admire, doit principalement son origine au divin Michel-Ange et à son école. Si ce génie sublime et ses élèves, qui sans doute connaissaient la beauté et la gracieuse élégance de l'ancienne architecture grecque, ne l'ont pas toujours imitée dans leurs édifices, comme a fait Palladio à Venise et à Vicence, il faut en attribuer la cause aux circonstances où se trouvaient les citoyens pour lesquels ils bâtissaient. Les fréquentes révolutions exigeaient que la noble et imposante décoration de leurs palais s'accordât avec leur sûreté personnelle. De là vient cette solidité dans les édifices que l'on admire à présent.

Les fortifications de Florence consistent en une grande muraille bien conservée, défendue autrefois par quelques tours carrées, et en deux châteaux, l'un à l'O., l'autre vers l'E., sur une éminence qui domine le jardin de Boboli.

Édifices, curiosités. — Les églises seraient sans contredit les plus belles d'Italie, si elles étaient toutes terminées. La métropolitaine, sous le nom de *Ste.-Marie del Fiore*, bâtie sur le dessin d'Arnolpho di Lapo, est un vaste édifice de 426 pieds de long sur 363 de large. Le superbe dôme, qui a donné son nom à la place sur laquelle il est situé, a été achevé par *Philippe Brunelleschi* : c'est un octogone de 140 pieds d'un angle à l'autre, peint dans l'intérieur par *Frédéric Zuccheri* ; les prophètes du tambour sont de *Georges Vasari*. La méridienne qu'on remarque dans cette église, est la plus grande qui existe. Le pavé de marbre de différentes couleurs est d'un beau dessin. On y admire encore des statues, des groupes et des bas-reliefs de *Michel-Ange*, de *Donatello*, de *Sansovino* et de *Bandinelli*; et on y vénère beaucoup de saintes reliques, entre autres les cendres de *saint Zanobi*. La partie extérieure du temple est tout incrustée de marbre noir et blanc d'un travail admirable. Le *campanile* ou clocher élevé auprès de l'église, sur le dessin de *Giotto*, est une tour carrée d'une superbe structure, haute de 280 p., toute revêtue de marbre de diverses couleurs et ornée de statues. Elle offre une belle vue de Florence. On y monte par un escalier de 426 marches.

Vis-à-vis de la cathédrale est l'ancien temple de *St.-Jean-Baptiste*, qui sert de baptistère pour la ville : il est de figure octogone, incrusté de marbre au-dehors. Il a trois portes de bronze, dont les bas-reliefs sont très-estimés : la plus ancienne est d'André *Ugolini de Pise*, et les autres de Laurent *Ghiberti*, ainsi que tous les contours, qui sont pareillement en bronze. Ce temple est orné de plusieurs statues de très-bons sculpteurs ; on voit deux colonnes de porphyre à la porte principale, et seize de granit dans l'intérieur. La voûte est couverte de mosaïques d'*André Tassi*. Divers tombeaux d'hommes illustres y attirent aussi l'attention des amateurs des sciences et des arts.

L'église de *St.-Marc*, ci-devant des dominicains, et leur couvent, sont célèbres par les tableaux de *Fr. Bartolomeo della Porta* et d'autres peintres fameux ; par la chapelle où repose le corps de *saint Antonin*, où l'on admire, entre les autres morceaux de peinture et de sculpture, la statue de ce saint, de *Jean de Bologne*; par les tombeaux de *Pic de la Mirandole* et de *Politian*; par la bibliothèque ; par la mémoire de *F. Jérôme Savonarole*, et par un fameux laboratoire où l'on vend d'excellens parfums. L'église et le couvent de l'*Annonciade* des anciens servites ne sont pas moins remarquables. Outre la fameuse chapelle de la Vierge, dont l'architecture est de *Michelozzi*, et les bas-reliefs de *Jean de Bologne*, on y voit d'excellentes peintures à l'huile et à fresque, de peintres célèbres, et la fameuse *N. D. du Sacco*, d'*André del Sarto*, dans le cloître. Le couvent possède en outre une bibliothèque considérable, une collection de médailles et une pharmacie.

Dans la vaste église de *Ste.-Croix*, on admire diverses œuvres de *Donatello*, de *Salviati*, de *Santi di Tito*, de *Vasari*, d'*Allori*, de *Cigoli*, et les tombeaux de plusieurs hommes illustres, spécialement de *Mich-Ange Buonarotti*, de *Galilée*, de *Machiavel*, de *Léonard Bruni Aretin*, et d'autres philosophes et gens de lettres. Dans le chœur, la sacristie et le couvent, on voit les premières œuvres de la peinture renaissante sous les pinceaux de *Giotto*, de *Cimabue*, et de *Margheritoni*. La bibliothèque, le noviciat, et la Chapelle *Pazzi* de *Brunellesco*, dans le cloître, méritent aussi d'être vus.

L'église du *St.-Esprit* est d'ordre corinthien de noble architecture de *Brunellesco* : l'œil de l'observateur est d'abord attiré par ses superbes colonnes ioniques, par le grand autel élevé par *Michelozzi*.

D'anciens tableaux ornent cette église, et l'architecture du couvent, de la sacristie et du clocher, est noble et majestueuse.

A *St.-Laurent*, outre le grand autel moderne, incrusté de marbre, de pierres précieuses, et les deux jubés ornés de bas-reliefs en bronze de *Donatello*, on admire les deux sacristies. La plus ancienne est, ainsi que l'église, du dessin de *Brunellesco*; et la nouvelle, bâtie sur le dessin de *Michel-Ange*, renferme tout ce que ce génie sublime a produit de plus surprenant. Derrière le chœur est la fameuse chapelle des *Médicis*, qui est la merveille de la Toscane, tout incrustée de jaspe, d'agates, de calcédoines, de lapis-lazuli, et d'autres pierres précieuses, et ornée de magnifiques tombeaux surmontés de statues colossales de bronze. Si cette chapelle était achevée, il serait impossible de trouver un autre monument d'une pareille magnificence. Dans la partie supérieure du cloître, attenant à cette église, existe la bibliothèque des *Médicis*, fameuse par sa riche collection des plus rares manuscrits, autant que par sa merveilleuse architecture, ouvrage de l'architecte *Buonarotti*. On remarque également le bas-relief du piédestal posé à l'extrémité de la place sur laquelle est située cette église.

L'église autrefois des dominicains de *Ste.-Marie Nouvelle*, est une des plus belles d'Italie. *Buonarotti* l'appelait ordinairement *la nouvelle mariée*. Chaque chapelle renferme un tableau d'un excellent peintre. Les amateurs des beaux arts, et surtout de la peinture, trouveront aussi dans ce vaste couvent plusieurs choses précieuses, dignes de leur attention. La pharmacie qui y existe fournit des parfums et médicamens de toutes espèces : elle est célèbre en Italie.

L'église des *Carmes*, quoique peu remarquable par son architecture et ses ornemens, a néanmoins le mérite de renfermer les fresques précieuses du *Masaccio* dans la chapelle de la Vierge, et les bas-reliefs de *Jean-Baptiste Foggini*, dans celle où l'on vénère le corps de saint *André Corsini*, et dont on admire la coupole, peinte par *Luc Jordan*.

L'église des *Toussaints* renferme plusieurs bons tableaux. On y conserve comme une précieuse relique le manteau de saint *François*. Les vitraux du cloître du couvent sont peints par de bons maîtres. L'église de *St.-Gaetan*, d'une belle architecture de *Gherardo Silvani*, renferme aussi plusieurs bons tableaux; et les statues, tant de l'intérieur que de la façade, méritent quelque attention. L'oratoire d'*Orsanmichele*, déjà célèbre par une image de la Vierge, dont l'autel a été travaillé sur le dessin d'*André Orgagna*, est un édifice remarquable par la justesse de ses proportions. On remarque en dehors 14 niches qui renferment diverses statues de bronze et de marbre des meilleurs sculpteurs. Les autres églises renferment encore divers morceaux de peinture, sculpture et architecture, dignes d'attirer l'attention des voyageurs.

Parmi les beaux palais de Florence, celui de *Pitti*, résidence du grand-duc, élevé sur le dessin de *Brunellesco*, offre un coup d'œil imposant. De très-belles statues en ornent les appartemens. Dans la cour, dessinée par *Ammannati*, on voit un Hercule, superbe statue grecque, que l'on attribue à *Lisippe*. On admire dans ce palais les fresques des voûtes et les lambris peints par d'excellens maîtres. Ce palais présente une autre façade d'une belle architecture, du côté des jardins de *Boboli*, qui l'accompagnent et qui sont les plus beaux de Florence, et agréablement distribués en bosquets et en allées de la manière la plus simple, et ornés de plusieurs fontaines et jets d'eau, dont les statues sont bien travaillées. On remarque principalement celle d'un jeune homme qui renverse l'eau d'un vase qu'il tient sur ses épaules; le Neptune, sur une conque marine, en forme de bassin, de granit d'Egypte, de 36 pieds de circonférence; et le groupe plein d'expresssion d'Adam et Ève, de *Michel-Ange Naccarini*. Le *Palais vieux*, avec une tour très-haute, prodige de l'art, dessinée par *Arnolphe de Lapo*, est situé sur une place ornée des plus belles statues. On y admire la statue équestre de Cosme Ier., de *Jean de Bologne*. Le Neptune de marbre, au milieu du bassin de la fontaine, n'est pas d'un grand mérite; mais les chevaux marins et les tritons sont d'*Ammannato*, et les nymphes et les tritons sur le bord du bassin, sont de *Jean de Bologne*. David, vainqueur de Goliath, de *Michel-Ange*; et l'Hercule et Cacus, de *Bandinelli*, ornent l'entrée du palais. Dans l'intérieur on remarque d'autres statues de *Rossi* et de *Bandinelli*, la victoire de *Michel-Ange*; la grande salle du conseil, les fresques et les lambris sont peints par *Vasari*, et diverses autres peintures dans les salles attenantes. La loge dite les *Lanzi* est un monument majestueux, bâti sur le dessin d'*André Orgagna*. Cette loge renferme des groupes, statues et bas-reliefs d'excellens sculpteurs: entre autres le Persée, de *Benvenuto Cellini*; l'enlèvement de la Sabine, de *Jean de Bologne*, et le groupe de *Donatello*, appelé vulgairement la *Judith*. L'architecture des *Loges des offices*, de *George Vasari*, est aussi estimée. On trouve également, dans plusieurs endroits de la ville, de très-beaux morceaux d'architecture et de sculpture, parmi lesquels on remarque la place de l'*Annonciado*, entourée de portiques et ornée de deux fontaines et d'une statue équestre de Ferdinand Ier., coulée par *Tacca*; la colonne de la place de Ste.-Trinité, qui supporte une statue de la Justice, et le centaure de *Jean de Bologne*, au pied du pont-vieux. Les palais *Riccardi*, *Strozzi*, *Capponi*, *Corsini*, *Salviati*, *Brunaccini*, *Rucellai*, *Buonarotti*, *Altoviti*, *Mozzi*, etc., et plusieurs autres dont l'intérieur est très-richement décoré, contiennent de rares monumens des arts et des sciences. Les étrangers observent avec plaisir la galerie de tableaux du *Gerini*, et la galerie, le musée et la bibliothèque du *Riccardi*. Mais la plus riche collection de statues antiques, de bas-reliefs, de tableaux, de pierres précieuses, de médailles, et d'autres monumens rares et précieux, est dans la galerie connue dans toute l'Europe sous le nom de *Galerie de Florence*, composée de deux galeries parallèles, séparées par une espèce de rue de 475 pieds de long, sur 78 de large, et réunies à un bout par une aile qui règne sur le quai de l'Arno, et forme une troisième galerie, ouverte par le bas de trois grandes arcades semblables à celles des autres galeries, et qui servent de promenades. Les chefs-d'œuvre de sculpture de l'antiquité sont: l'Apollon, la Vénus de Médicis, rendus par la France en 1815; la Vénus pudique, le faune dansant, les lutteurs, le rémouleur, l'hermaphrodite, le groupe de la famille de Niobé, Diane, Vénus sortant du bain, Vénus génitrice, Vénus vincitrice, l'athlète, Cupidon et Psyché, l'athlète ou Ganymède, Bacchus et un faune, Vénus et Mars, Endymion, Pomone, Mercure, Léda, Hercule luttant avec le centaure, une bacchante, deux statues d'Agrippine assise, une idole étrusque; et, parmi les modernes, le Bacchus de Michel-Ange, et la fameuse copie du Laocoon de *Bandinelli*. Les tableaux y sont rangés par ordre, suivant les différentes écoles. On y admire entre autres la fameuse Vénus du *Titien*, saint Jean dans le désert, de *Raphaël*; une sainte Vierge à genoux, du Corrége; la descente de croix, d'*André del Sarto*; plusieurs tableaux de Rubens, et la Judith coupant la tête d'Holopherne, d'une affreuse vérité.

Près de la galerie est le musée des médailles grecques et latines, et des médaillons en bronze, qui forme un des plus beaux cabinets de l'Italie, et la riche collection de pierres et de camées.

Etablissemens littéraires, collections, cabinets. — Les naturalistes estiment beaucoup le cabinet de physique, ou Musée royal d'histoire naturelle, où se trouve réuni tout ce qui appartient aux trois règnes de la nature : établissement qui n'a pas d'égal en Europe, spécialement pour les ouvrages anatomiques en cire. Les artistes florentins qui y ont travaillé sous la direction du professeur *Fontana*, en ont fourni de pareils aux principales villes d'Europe. On y trouve d'excellentes machines et de très-bons instrumens de physique et d'astronomie. Dans le cabinet des minéraux, on admire une topaze du poids de 17 livres et un bloc d'aimant d'environ 6,000 pesant, poids de Florence. La figure gigantesque d'un Patagon vous frappe. Outre la bibliothèque des Médicis à St.-Laurent, il y en a deux autres à Florence, savoir : la *Marucelliana* et la *Magliabechiana*. Cette dernière renferme une quantité de manuscrits, et même de livres imprimés, très-rares, surtout du 15e. siècle (1). C'est dans la salle de cette bibliothèque que se tiennent les séances de l'académie florentine, fondée par le duc Léopold, qui réunit sous ce nom les anciennes académies de la Crusca et de l'Apatisca. L'académie des Georgofili, consacrée aux progrès de l'agriculture, des arts et du commerce, est aussi très-florissante. On la regarde comme la mère de toutes les autres de ce genre, et elle porte le nom de *Société royale économique*. Les écoles et l'académie des beaux arts méritent aussi d'être connues : il en sort de fort bons élèves. *Raphael Morghen*, élève du célèbre *Volpato*, y enseigne avec beaucoup de soin la gravure en cuivre. Le travail des pierres dures et de la mosaïque y est annexé. Parmi les établissemens de charité, on remarque l'hospice de *Ste.-Marie-Neuve*, pour les malades, édifice très-vaste et bien ordonné, dont on croit que la belle façade fut dessinée par *Buontalenti*; celui dit des *Innocens*, pour les enfans exposés; enfin celui de *Boniface*, pour les fous, qui y sont très-bien logés, et pour les invalides. Cette ville a produit une foule de grands hommes : Améric Vespuce, qui a donné son nom à l'Amérique; au Dante, à Boccace, Machiavel, Pétrarque, Galilée, Lully, etc.

Industrie, manufactures. — Florence est bien fournie de

---

(1) *Voyez* le Catalogue que le bibliothécaire Ferd. Fossi en a publié dernièrement en 2 vol. in-fol.

typographies; elle a plusieurs calcographies où l'on peut se procurer des gravures coloriées à la manière anglaise; il y a une bonne fonderie de caractères et plusieurs ateliers de sculpture, où l'on travaille des statues, des vases et des ornemens de toutes espèces, copiés ou imités de l'antique, la plupart très-bien exécutés en marbre ou albâtre, que l'on tire des montagnes situées à l'O., entre Florence et la mer. L'atelier des Pisans est le mieux fourni dans ce genre; et on envoie de cette sorte d'ouvrages dans les pays les plus éloignés. On fabrique à Florence des draps de soie d'excellente qualité, surtout ceux *unis*, et des draps en laine de toutes espèces. Les teintures sont fort estimées, surtout celles en noir. On y fait des voitures d'un fort bon goût: on y coule des ouvrages en bronze et des ustensiles de tous métaux fort bien travaillés; on fabrique des eaux de senteur et des essences, des fruits candis. Il s'y fait des ouvrages parfaits de tour et de marqueterie; et on y trouve de très-bons faiseurs de piano-forte, de machines et d'instrumens de mathématiques et de physique. En général, Florence abonde en artisans industrieux, capables de porter les manufactures à la dernière perfection, et son commerce est assez considérable. Dans les momens de relâche, que les ouvriers peuvent employer pour leur compte, ils font quelques petits tableaux très-chers, que les curieux se peuvent procurer, le pied carré à 15 à 30 louis. La fabrique de *lavori di scauliuola*, consiste à faire un stuc avec la pierre spéculaire, et sert à imiter admirablement la mosaïque et la peinture. Les *mortadelles de Firenze* sont renommées en Italie, en Allemagne et en France.

Auberges. — L'Aigle noir, l'Hôtel d'Angleterre, chez Schneider (excellente auberge, l'une des meilleures de l'Europe). M. Schneider possède encore deux autres hôtels, dont l'un sur l'*Arno*. C'est l'aubergiste le plus honnête et le plus obligeant, qui parle la plupart des langues vivantes, et procure aussi aux étrangers des *vetturini* sûrs pour traverser les Apennins. Les autres auberges sont la Nouvelle-Yorck, le Pélican, les Quatre-Nations. Le plus grand café est celui de *Bottegone*, sur la place du Dôme. Sur cette place, sur la place Royale, et au-delà du Pontevecchio, on trouve les cafés les plus élégans.

Jardins, promenades. — Il faut visiter le jardin de Boboli (surtout la belle vue du haut du *Casino cavaliere*); les *Casines*, métairies du grand-duc, près desquelles on a fait de jolies promenades le long de l'Arno, peut-être les plus belles de l'Italie; la promenade de Prato, le long du rivage de l'Arno, entre les ponts de la Santa-Trinita et della Carraja. On aime aussi à s'arrêter et à se rafraîchir sur les marbres et marches entre la cathédrale et le baptistère, où l'on montre aussi le *Sasso di Dante*, la pierre sur laquelle le célèbre *Dante* s'asseyait de préférence ; les terrasses du cloître des olivétains.

Spectacles, divertissemens. — Le plus grand théâtre est celui della *Pergola* ; celui del *Cocomero* est plus petit. Pendant le carnaval, on compte plus de six théâtres, p. e. celui de Borgo d'ogni Santi, di Maria Novella. Les prix d'entrée baissent considérablement, jusqu'à un demi-paolo, excepté au théâtre della Pergola. Les *abattimenti*, qu'on donne alors sur ces théâtres, comme des intermèdes, sont des tours d'escrime avec l'épée et le poignard, et font le divertissement de la populace ; les promenades en carrosses aux portes de St.-Gallet et de S. Pietro Gattaloni, aux *Casines* ; les courses de chevaux qui se font vers la St.-Jean (c'est le beau jour de Florence) ; la festa delle *Berucolone* ; le jeu du calcio ou du ballon ; les courses de chars, la veille de la St.-Jean, sur la place de Santa-Maria-Novella ; les signorie, les casinos, les conversatione.

Mélanges. — On jouit à Florence d'une honnête liberté dans la manière de vivre. Les Florentins ont naturellement de l'esprit, de la grâce et de la politesse dans la société. Les grands sont affables sans hauteur ; le peuple est respectueux et gai ; il aime la plaisanterie et l'innocent badinage, et est passionné pour les spectacles. Les femmes, sans être d'une rare beauté, sont gracieuses et aimables dans la conversation : elles mettent du raffinement dans leur parure, et savent unir à la décence l'élégance et le goût. En général, qui connaît le caractère des anciens Athéniens, s'apercevra facilement d'une étroite analogie entre leurs mœurs et celles des habitans de Florence.

Environs. — La campagne autour de la ville est industrieusement cultivée, avec une régularité et une perfection qui frappent tous les étrangers. On peut la regarder comme une continuation de la ville, tant on découvre de palais et de maisons de campagne de tous côtés, et l'Arioste l'a bien décrite dans ces vers :

A veder pien di tante ville i colli,
Par che il terren ve le germogli, come
Vermene germogliar suole e rampoli ;
Se dentro a un mur sotto un medesmo nome
Fusser raccolti i tuoi palagi sparsi ;
Non ti sarian da pareggiar due Rome.

« A voir, dit ce poëte, les collines couvertes de tant de
» maisons de plaisance, il semble qu'elles sortent de terre

» comme des plantes ; si tous ces palais épars pouvaient être
» rassemblés sous un même nom et dans une même enceinte,
» deux Romes ne leur seraient pas comparables. »

Il y a près de la ville plusieurs maisons royales qui méritent d'être vues, telles que *Careggi*, à 3 milles hors de la porte S.-Gallo, fameuse par l'*académie platonique*, sous Laurent-le-Magnifique; *Castello*, à 3 milles hors de la porte de Prato, au pied du mont Murello, maison délicieuse, ornée de statues et de peintures; la *Petraïa*, peu éloignée de cette dernière, où l'on admire des peintures del *Volterrano* ; *Lapeggi*, à 5 milles de la ville, et surtout *Poggio imperiale*, à peu de distance de la porte Romaine, où l'on admire entre les autres statues l'*Adonis*, chef-d'œuvre de Michel-Ange (1).

A 2 milles environ de Florence, on voit les ruines de l'ancienne ville de *Fiesole*. Le chemin montueux qui y conduit fournit l'occasion de voir de superbes maisons de campagne, et les églises de *St.-Dominique*, de *St.-Barthélemi*, abbaye supprimée, de *St.-Jérôme* et de la *Doccia*. Fiesole ne conserve maintenant d'antique que la cathédrale d'architecture gothique; l'église de *St.-Alexandre*, réduite en cimetière; quelques restes de grosses murailles, et les ruines d'un ancien château. Les étrangers ne négligent pas de voir l'église et le monastère de la *Chartreuse*, sur la route de Sienne, où l'on admire les œuvres de plusieurs peintres célèbres; et, près de la ville, les églises de *St.-François-du-Mont*, d'où la vue se promène sur la ville entière de *S.-Miniato*, remarquable par son antiquité, et la fabrique des porcelaines de *Gnori*.

A peine sorti de Florence, on voit sur une hauteur, à gauche du chemin, l'église et le monastère des ci-devant olivétains, nommée *Monte Oliveto*. La route continue le long de la plaine sur le bord de l'Arno jusqu'à Pise, au milieu de riches campagnes, et de fertiles collines.

A 5 milles environ, et pareillement à gauche, on voit *Castel-Pucci*, campagne des *Riccardi*, et 2 milles plus loin l'abbaye de *St.-Sauveur* à *Settimo*. C'est là que saint Pierre-Igné soutint l'épreuve du feu.

Sur les deux coteaux de *Signa*, on voit une continuation de maisons de plaisance magnifiques. Celle des *Pucci*, dite *Bellosguardo*, a une vue superbe sur la campagne. A Signa, on passe l'*Arno*, et l'on entre sur la route de Pistoie. Les ha-

---

(1) Les amateurs des beaux arts, qui désireraient avoir réunies dans un seul ouvrage toutes les beautés et curiosités de Florence et de la Toscane, peuvent consulter l'ouvrage très-récent, intitulé : *Voyage pittoresque de la Toscane*, etc., en 3 vol. in-fol.

bitans de ce pays, et surtout les femmes, travaillent en perfection les chapeaux de paille.

A *Montelupo*, et dans d'autres villages qu'on trouve le long de la route, il y a des fabriques de vases de terre cuite. On y fait des urnes de diverses formes, avec des ornemens en relief pour servir à décorer les jardins. A l'*Imbrogiana* on voit, près de l'Arno, une maison royale.

Empoli est un endroit riche et peuplé, où l'on trouve tout ce qu'on peut désirer dans une ville. Il est situé au milieu d'une plaine fertile ; ses habitans sont industrieux ; il y a diverses fabriques de faïence, et une très-renommée de chapeaux à poil. Un peu plus loin, et précisément à l'*Osteria bianca*, en tournant à gauche, on trouve la route de traverse qui conduit à *Sienne* par *Poggibonsi*.

ROME, ville grande et magnifique, située dans un climat tempéré, a près de 13 milles de circuit, et renfermait, il y a quelques années, environ 160 mille habitans. Sous le règne de Claude, la population de Rome, y compris les faubourgs, montait à 3,968,000 âmes. Le *Tibre*, fleuve très-profond et navigable, la divise en deux parties. Les églises, les palais, les maisons de campagne, les collines, les places, les rues, les fontaines, les aqueducs, les antiquités, les ruines, tout annonce dans cette ville son ancienne magnificence et sa grandeur actuelle. « Le souvenir de la grandeur des Romains, lié à la vue des lieux qu'ils habitèrent (dit M. de Lalande), a fait pour moi une partie des plaisirs de l'Italie. On aime à se rappeler ces conquérans du monde avec toute l'élévation et la fierté de leur courage, et rien ne les rappelle si fortement que les restes de leurs palais et la fierté de leurs triomphes ; c'est ainsi que Virgile nous peint la curiosité des Troyens.

. . . . *Juvat ire et dorica castra*
Desertosque videre locos, littusque relictum :
Hic Dolopum manus, hic sævus tendebat Achilles.

On aime à lire Virgile, Cicéron, Horace, Juvénal, Tacite et Martial ; et on ne saurait les lire avec plus de plaisir qu'en voyant les lieux qu'ils habitèrent, en se promenant sur les collines qu'ils décrivent, en voyant couler les fleuves qu'ils ont chantés. »

Mais ce n'est pas seulement par les souvenirs que Rome peut plaire aux étrangers ; dans cet état de décadence, elle commande encore leur admiration, par les antiquités et par les monumens des arts qu'elle renferme en plus grand nombre qu'aucune ville du monde.

Rome demande des années pour être connue à fond ; il

faut des mois pour en voir toutes les beautés ; on peut cependant parcourir dans quelques semaines les principales, dont nous parlerons ici. Les étrangers trouveront à Rome un grand nombre d'ouvrages, et même de gens instruits pour les guider dans leurs recherches. On arrive à Rome par la porte du Peuple, bel ouvrage de Michel-Ange ; on voit un superbe obélisque égyptien qui s'élève au milieu de la grande place triangulaire qui marque cette extrémité de la ville.

Édifices, monumens modernes. == *Églises*. — St.-Pierre est non-seulement la plus belle église de Rome, mais peut-être le plus bel édifice du monde. Sa construction dura plus d'un siècle, et coûta 45 millions d'écus romains. *Bramante* fut le premier architecte qui y travailla ; mais la plus grande partie des dessins sont dus à *Michel-Ange*, qui en éleva l'immense coupole, haute de 68 toises, jusqu'au sommet de la croix. Plusieurs autres architectes y travaillèrent depuis ; enfin *Maderni* en acheva la façade et les deux tours. Les premiers objets qui s'offrent à la vue avant d'arriver à ce superbe temple, sont : la vaste place qui le précède, le portique circulaire du chevalier Bernin, les deux magnifiques fontaines ; l'obélisque égyptien, qui décorait autrefois les jardins ou le cirque de Néron ; la façade, la mosaïque de *Giotto*, appelée la *Nacelle*, sous le portique en face de la grande porte; Jésus-Christ ordonnant à saint Pierre de conduire ses brebis, grand bas-relief du *Bernin* ; enfin les deux statues équestres aux deux extrémités du portique, l'une de *Constantin*, du chevalier *Bernin* ; l'autre de *Charlemagne*, du *Cornacchini* : la réunion de ces divers chefs-d'œuvre produit sur les âmes sensibles au beau et au sublime un effet inexprimable. L'harmonie et les proportions qui règnent dans l'intérieur de ce superbe temple sont telles que, tout vaste qu'il est, l'œil en distingue sans confusion et sans peine toutes les parties ; et ce n'est qu'en les examinant en détail qu'on demeure surpris de leurs dimensions, trouvant tous les objets infiniment plus grands qu'on ne se l'était d'abord imaginé ; sa longueur est de 569 pieds. Après avoir jeté un premier coup d'œil sur cet édifice, le premier objet qui attire l'attention de l'observateur, c'est l'immense baldaquin du grand autel, soutenu par quatre colonnes spirales en bronze, de 122 pieds de haut. La coupole de St.-Pierre est l'ouvrage le plus hardi et le plus étonnant que l'architecture moderne ait tenté. La croix est élevée de 487 pieds au-dessus du pavé ; elle surpasse de 39 celle de la grande pyramide d'Égypte. On y jouit d'une des plus belles vues du monde ; l'œil plane sur la capitale du monde ancien et sur ses environs. La chaire, les superbes ouvrages en mosaïque, les sculptures, les tableaux, les fresques, les marbres précieux, les bronzes et stucs dorés, les mausolées, la sacristie moderne, bâtiment magnifique, mais qui n'est pas proportionné au reste de l'édifice, l'église souterraine, sont autant d'objets qui demandent plusieurs jours pour être admirés en détail.

Après St.-Pierre, les deux plus belles églises de Rome sont les basiliques de *St.-Jean-de-Latran* et de *Ste.-Marie-Majeure*. La première était autrefois église-mère ; on y voit plusieurs colonnes de granit, de vert antique et de bronze doré ; les douze apôtres, les uns de *Rusconi*, les autres de *Legros* ; mais ce qu'on admire le plus, c'est la chapelle *Corsini*, la plus belle, peut-être, de l'Europe, tant par ses proportions que par la disposition des marbres. L'architecture est d'*Alexandre Galilei* ; le tableau de l'autel est une mosaïque travaillée sur les dessins du Guide ; et le beau sarcophage de porphyre qu'on voit sous la statue de Clément XII, fut trouvé dans le Panthéon, et renfermait, dit-on, les cendres de Marc-Agrippa. A Ste-Marie-Majeure, la nef est soutenue par 40 colonnes ioniques de marbre grec, tirées du temple de Junon-Lucine ; le plafond fut doré avec le premier or apporté du Pérou ; on y admire encore diverses mosaïques ; le grand autel, composé d'un grand sarcophage antique de porphyre ; la chapelle de Sixte V, bâtie sur le dessin de Fontana, et bizarrement ornée ; celle de Paul V, enrichie de marbres et de pierres précieuses ; la chapelle *Sforza*, de Michel-Ange ; et divers tombeaux de Guillaume de la Porta et de l'Algarde. Sur la place, devant la façade, on voit une colonne de marbre d'ordre corinthien, d'une forme élégante, et qu'on regarde comme un modèle en ce genre.

Les autres églises les plus remarquables sont : *St.-Paul*, hors des murs, à un mille environ sur la route d'Ostie ; ce temple, quoique très-humide et abandonné, mérite néanmoins l'attention des curieux par son antiquité, qui remonte jusqu'à Théodose. On y remarque un grand nombre de superbes colonnes, un beau pavé, des mosaïques, des marbres précieux, des inscriptions, les portraits de tous les papes, depuis saint Pierre jusqu'à Benoît XIV, et de belles portes de bronze.

St.-Laurent, hors des murs, qui renferme de rares monumens d'antiquité.

St.-Pierre-aux-liens, où l'on voit la fameuse statue de Moïse, de Michel-Ange.

Ste.-Agnès, sur la place Navone, commencée par *Rai-*

naldi, et achevée par *Borromini*. Cette église est une des plus ornées, principalement de sculptures modernes; on y remarque surtout un merveilleux bas-relief, de l'*Algarde*, représentant sainte Agnès dépouillée de ses vêtemens et couverte de sa seule chevelure.

Ste.-Bibiane, où l'on admire la belle statue de la sainte, chef-d'œuvre du *Bernin*.

La *Vierge de la victoire*, où l'on remarque une autre statue du même artiste, représentant sainte Thérèse en extase : *Adolphe Maderni* fut l'architecte de cette église ; le frontispice est de Jean-Baptiste *Soria*, et l'intérieur du *Bernin*.

L'église du *Jésus*, construite sur les dessins de Vignole, et achevée par Jacques de *la Porta*; l'autel de St.-Ignace, enrichi de marbres, de pierres précieuses et de bronzes dorés, est soutenu par quatre superbes colonnes de lapis-lazuli ; on y voit en outre deux beaux groupes de Legros et de Teudona.

La basilique de *St.-Sébastien*, à un mille hors de la porte Capenne : on y voit la statue de saint Sébastien blessé à mort, de *Giorgetti*, élève de l'Algarde et maître du Bernin. Sous cette église sont les catacombes; mais bien moins grandes que celles de Naples. C'étaient des carrières de pozzolane qui servirent de cimetière d'abord aux païens, et ensuite aux chrétiens.

Ste.-Agnès, hors des murs, à un mille hors de la porte Pie : on y voit de belles colonnes placées sans ordre ; les quatre de porphyre qui soutiennent le grand autel, sont regardées comme les plus belles de Rome. On remarque dans une petite chapelle un buste du Sauveur, de *Michel-Ange*, vrai chef-d'œuvre, qui a été copié par plusieurs sculpteurs.

Ste.-Constance, rotonde contiguë à l'église de Ste-Agnès. Ce fut peut-être le lieu de la sépulture de Constance. Le sarcophage de porphyre qu'on y voit, est un des plus grands ; mais sa forme n'a aucune élégance.

St.-Augustin, où l'on admire un beau tableau de *Raphaël*, représentant le prophète Isaïe, et une assomption de *Lanfranc*. Le couvent possède une grande et riche bibliothèque, appelée l'*Angélique*, augmentée de celle du cardinal Passionei.

St.-Ignace, église magnifique, dont l'architecture, surtout dans l'intérieur, est superbe ; elle est enrichie de peintures, d'un bas-relief de *Legros*, et d'autres ornemens précieux.

Ste.-Cécile, dans la partie de *Transtevere*, enrichie de marbres et d'agates ; on y voit la sainte, peinte par le *Guide*, une vierge d'*Annibal Carrache*, et la belle statue de sainte Cécile de *Maderni*.

L'église des ci-devant *capucins*, renferme un beau tableau du Guide, représentant l'archange vainqueur de Satan.

Pour le bon goût et la beauté de l'architecture, on remarque les églises suivantes, savoir :

St.-André della Valle, dessin de Charles Maderni.

St.-André-du-noviciat, dessin du Bernin. Il faut remarquer la chapelle et la chambre de saint Stanislas.

St. Charles aux *Catenari*, dessin de Rosato Rosati, et le frontispice de Soria ; on y admire de belles peintures de Pierre de Cortone, du Guide, de Lanfranc, de Domenichino, etc.

St.-Charles-au-Cours, architecture d'Honorio Longhi.

St.-Jean-des-Florentins, de Jacopo de la Porta.

Notre-Dame-du-Peuple, construite par Vignole sur les dessins de Buonarotti, et réparée par le Bernin.

Ste.-Marie-des-Anges, superbe église élevée par Michel-Ange sur les Thermes de Dioclétien, où l'on voit aujourd'hui le gnomon et la méridienne de monseigneur Bianchini.

Ste Marie *in via lata* et St.-Martin et St.-Luc, construites sur un dessin singulier de Borromini.

Ste.-Marie in *Vaticella*, et beaucoup d'autres encore, parmi lesquelles il ne faut pas oublier St.-Pierre *in montorio*, et Ste.-Marie de la Minerve. En général toutes les églises de Rome renferment des monumens rares et curieux des beaux arts.

Palais. — Parmi les palais sans nombre que renferme cette grande ville, on remarque le *Vatican*, édifice immense, orné d'un grand nombre de peintures, et destiné à conserver les monumens les plus précieux de l'antiquité et les ouvrages des grands hommes des derniers siècles. Sous le pontificat de Clément XIV et celui de Pie VI, ce palais a été enrichi d'une nombreuse collection d'antiquités et de statues magnifiques, qui porte le nom de Musée Pio-Clementino. Une grande partie avait été enlevée pour orner le Musée de Paris, mais en 1815 tout a été rendu par la France. La bibliothèque, d'environ 70,000 volumes, est célèbre par la prodigieuse quantité de manuscrits qu'elle renferme, au nombre de 40,000, dont les plus rares avaient enrichi la bibliothèque impériale de Paris. Parmi les peintures qui ornent ce palais, on admire l'école d'Athènes, plusieurs autres fresques de Raphaël, et ses arabesques déjà connues par les belles gravures de Volpato. Dans la chapelle Sixtine, on voit le jugement dernier de Michel-Ange, dont la composition et l'expression sont également étonnantes. *Monte cavallo* ou *Quirinale* est un autre palais superbe, résidence des papes ; le jardin est vaste et beau. Parmi les édifices publics, ou remarque *la Curia Innocenzia*, le palais de la chancellerie apostolique d'architecture de Bramante, ou, selon d'autres, de San Gallo ; le palais des conservateurs ; celui de St.-Marc ; l'académie de France et plusieurs autres bâtimens très-vastes et magnifiquement décorés. Parmi les palais des particuliers, celui des *Barberini* est d'une très-belle architecture, du Bernin ; on y voit la Madelène du Guide, un des plus beaux ouvrages du Caravage ; les peintures du grand salon, qui sont le chef-d'œuvre de Pierre de Cortone, et plusieurs autres tableaux précieux : on y admire, entre autres sculptures, le Faune dormant, statue grecque, ainsi que le charmant groupe d'Atalante et Méléagre ; une Junon, un Satyre malade, du Bernin ; le buste du cardinal Barberini, du même, et ceux de Marius, de Sylla et de Scipion l'Africain : la bibliothèque de ce palais est immense ; elle contenait, dit-on, 60 mille volumes imprimés et 9 mille manuscrits ; auprès est un cabinet de médailles, de bronzes et de pierres précieuses antiques. Le palais *Borghèse*, construit par Bramante, est vaste et d'une belle architecture ; la colonnade de la cour est magnifique. Ce palais renferme une nombreuse collection de tableaux, de rares morceaux de sculpture, des tables et des meubles précieux et d'un fort beau travail en porphyre rouge, en albâtre fleuri, etc. L'appartement supérieur est délicieux ; les grands paysages de Vernet, dont il est orné, sont d'une telle vérité, qu'on y entrant on croit être en pleine campagne. Le palais *Albani*, dont la situation est une des plus agréables de Rome, possède une bibliothèque considérable, un grand nombre de tableaux et une collection de dessins du Carrache, de Polidore, de Lanfranc, de Spagnoletto, de Cignani, etc. Le palais *Altieri*, un des plus vastes de Rome, est d'une architecture fort simple, et renferme plusieurs manuscrits rares, médailles, tableaux, etc., et un mobilier superbe. Le palais *Colonne* renferme une riche collection de tableaux des premiers maîtres ; tous les appartemens en sont ornés, mais surtout la galerie, qu'on regarde comme une des plus belles et des plus riches de l'Europe : dans le jardin, on voit les ruines des bains de Constantin et du temple du Soleil. Le palais *Aldobrandini* possède le plus beau monument de la peinture antique, connu sous le nom de la Noce Aldobrandine, superbe fresque où le dessin est porté à la dernière perfection. Le grand palais *Farnèse*, d'architecture de Michel-Ange, avait été dépouillé de tout ce qu'il avait de plus précieux, il a recouvré en 1815 ce qu'il avoit perdu. A la Farnésine, qui formait autrefois les jardins de *Geta*, on admire des peintures de Raphaël et de son école. Près de là est le palais *Corsini* à la *Longara*, habité par la reine Christine, qui y mourut en 1689. Il renferme une bibliothéque considérable. Le palais *Giustiniani* possédait aussi une galerie ornée de diverses statues et sculptures très-estimées, qui avait été achetée par l'empereur Napoléon, entre autres la fameuse statue de Minerve, la plus belle qui existe de cette déesse, et le bas-relief d'Amalthée qui nourrit Jupiter; mais tout a été rendu en 1815. Dans le palais *Spada*, on voit une statue de Pompée, qui est celle même aux pieds de laquelle César fut assassiné par Brutus au milieu même du sénat. On doit remarquer aussi les palais *Costaguti*, orné de belles fresques; *Chigi*, d'une belle architecture; il renferme de beaux tableaux et une bibliothéque considérable: *Mattei*, orné avec profusion de statues, bas-reliefs et inscriptions antiques; le vaste palais *Pamfili*, d'architecture du Borromini; il est enrichi de beaux tableaux, et annonce la magnificence: *Pamfili*, sur la place Navone, renferme une bibliothéque et une galerie; *Rospigliosi*, sur le mont Quirinal; le palais de *Santa Croce*, meublé avec goût et élégance, etc. etc. Les palais de Rome sont dans l'alignement des places et des rues, auxquelles par cela même ils servent d'ornement; il n'y en a qu'un petit nombre dont l'architecture soit remarquable; mais ce qui étonne généralement, c'est l'étendue d'un grand nombre de ces palais, qui ne nuit en rien à leur magnificence et à leur ornement: pour la distribution intérieure, on consulte plutôt le luxe que la commodité.

Villas. — Parmi les palais de Rome qui portent le nom de villa, on remarque la *villa* Médicis, bâtie sur les ruines des jardins de Lucullus, sur le mont *Pincio*, à laquelle conduit la nouvelle rue de César. Elle renfermait un grand nombre de chefs-d'œuvre dans tous les genres; mais le grand-duc Léopold, et Ferdinand son fils et son successeur, firent transporter à Florence les plus beaux morceaux de sculpture, entre autres la Niobé de Scopas: ce palais mérite néanmoins d'être vu. Sous les portiques de la *villa Negroni*, sont les deux belles statues de Sylla et de Marius assis sur leurs chaises curules; dans le vaste jardin, qui a trois milles de circuit, on a trouvé, au milieu des ruines de quelques maisons, de très-belles peintures à fresque. La *villa Mattei*, sur le mont *Celio*, possède une superbe collection de statues; les plus remarquables sont: une petite statue en manteau consulaire, qu'on croit celle de Cicéron, peut-être est-ce Caton d'Utique; une grande tête de Jupiter Sérapis; les bustes de Brutus et de Porcia; la statue de Livia Drusilla; un aigle d'un fort beau travail; une superbe tête colossale d'Alexandre; un satyre qui tire une épine du pied de Silène ; une statue équestre d'Antonin le pieux ; un cheval en bronze de Jean de Bologne ; un buste de Plotine ; une belle table de porphyre gris, et plusieurs bas-reliefs antiques. La *villa Ludovisi*, située sur le mont *Pincio*, près des ruines du cirque et du jardin de Salluste, a un mille et demi de circuit : on y conserve des monumens précieux des beaux-arts, entre autres, l'Aurore du Guerchin ; un groupe antique du sénateur Papirius et de sa mère (ou plutôt de Phèdre et d'Hippolyte) ; un autre d'Aria et Pétus, et l'enlèvement de Proserpine du Bernin. La *villa* Madame est dans une situation délicieuse, d'où l'on découvre toute la ville et tout le cours du Tibre depuis *Pontemolle* ; deux des façades furent dessinées par Raphaël, et la troisième par Jules Romain, qui y a peint deux chambres en arabesques. Le portique de la façade du côté du jardin est un des plus beaux morceaux d'architecture des environs de Rome : dans un petit bois près du palais est un théâtre où se représenta, dit-on, pour la première fois, l'Aminte du Tasse. La *villa Borghèse*, près de Rome, est dans une situation superbe, mais malsaine ; on y jouit de la vue de la plus grande partie de la ville et de la campagne, jusqu'à Frascati et Tivoli ; elle a un jardin avec un parc très-étendu qui a trois milles de circuit, et dont le terrain est inégal et couvert de bosquets toujours verts et agréablement variés. Le palais est si magnifique, l'intérieur en est orné et meublé avec tant de richesse et d'élégance, qu'on peut le regarder comme le second édifice de Rome après le Capitole, principalement pour sa riche collection de statues ; les plus remarquables sont : le gladiateur combattant ; Silène et un faune ; Sénèque en marbre noir, ou plutôt un esclave des bains ; Camille, l'Hermaphrodite, le centaure et Cupidon, deux faunes jouant de la flûte, Cérès, un Égyptien, une statue de Néron jeune ; les bustes de Lucius Vérus, d'Alexandre, de Faustine, de Vénus ; divers bas-reliefs, un autre relief très-saillant représentant Curtius ; un vase dont les sculptures représentent des Bacchanales ; un autre vase soutenu par les trois Grâces ; deux cornes d'abondance, etc. Les façades de ce palais sont couvertes de bas-reliefs antiques. La *villa Pamphili*, hors de la porte St.-Pancrace, appelée aussi *Belrespiro*, est dans une situation agréable, et a sept milles de circuit : l'architecture du palais est de l'Algarde ; elle paraît belle au premier coup d'œil, mais le connaisseur trouvera des défauts dans cet édifice. Dans l'intérieur, on voit quelques bonnes sculptures. Les descriptions de cette *villa* ou campagne, ainsi que de la *Borghèse*, existent chacune en un *volume in-folio*. La *villa Albani*, située sur une éminence qui domine Tivoli et la

Sabine, peut être regardée comme le temple du goût et de la magnificence : aucune maison de plaisance ni de Rome, ni des environs ne peut lui être comparée, ni pour la richesse de ses ornemens, ni pour la rareté des objets qu'elle renferme Le cardinal Alexandre Albani, le meilleur juge et connaisseur des beautés de l'antiquité, y a dépensé des sommes immenses, et a employé cinquante ans à rassembler tous les objets précieux que renferme cette magnifique campagne. Mengs a peint la voûte de la galerie, qui est dans son genre un modèle d'élégance. Enfin, il faut voir encore la *villa Lante* sur le Janicule, d'où l'on jouit de la plus belle vue de Rome ; l'architecture est de Jules Romain ; de la *villa Corsini*, on a aussi une vue superbe ; la *villa Doria*, ci-devant *Olgiati*, que Raphaël habitait, renferme trois fresques de ce fameux artiste dans une chambre ornée d'arabesques. La *villa Farnese* offre les restes du palais des Césars. Dans la plupart des sites du jardin, l'on jouit de la vue des plus anciens monumens de Rome, particulièrement du temple de la Paix et du Colisée, ce qui forme un coup d'œil superbe.

Le Capitole renferme tant de beautés dans tous les genres, qu'il est impossible de les détailler ici. La place, magnifiquement décorée, le superbe escalier et le palais d'architecture de Michel-Ange ; composé d'un corps de bâtiment et de deux ailes qui occupent trois côtés de la place, sont les premiers objets qui viennent frapper les yeux de l'étranger qui va admirer les monumens rares et précieux que renferme ce superbe édifice. Le corps du bâtiment est occupé par le sénateur de Rome ; l'aile droite renferme le fameux musée, et à gauche est le palais des conservateurs, la galerie des tableaux, etc. L'ancien Capitole fait face à l'arc de Sévère ; ses fondemens (*capitolii immobile saxum*) se voient encore du côté opposé au temple de Jupiter Capitolin, et mieux encore de l'autre côté vers le temple de la Concorde. Je me bornerai à citer la statue équestre de Marc-Aurèle devant le palais ; les rois prisonniers, dans la cour ; la colonne Rostrale ; et, dans l'intérieur, la statue colossale de Pyrrhus ; le tombeau de Sévère, les centaures de basalte ; la belle colonne d'albâtre ; enfin le chef-d'œuvre de l'art en mosaïque, qui appartenait précédemment au cardinal Furetti ; les trois pigeons se jouant sur le bord d'un vaisseau plein d'eau. Pline a donné une description de ce charmant ouvrage, qu'il attribue à Sozo de Pergame.

Aucun étranger ne devrait quitter Rome sans monter à la tour du Capitole. On voit, d'un côté, Rome ancienne avec ses monticules et ses ruines, et de l'autre, Rome moderne et le Corso. Il n'y a que la coupole de St.-Pierre qui égale ce coup d'œil.

Places, fontaines, rues. — Parmi les places, on remarque la vaste place *Navone*, consacrée aux marchés de Rome; celle d'*Espagne*, l'une des plus belles de Rome, et la plus fréquentée des étrangers : elle est décorée d'une fontaine, nommée *Barcaccia*, à cause de sa forme de barque; et ornée du palais de la cour d'Espagne, qui lui a donné son nom, et du magnifique escalier qui conduit à l'église de la Trinité du Mont, la place de *Monte-Cavallo* (l'ancien mont Quirinal); la place *Colonne*. Les fontaines forment aussi un des principaux ornemens des places de Rome; on admire principalement la fontaine de la place Navone, qui est la plus magnifique; elle est surmontée d'un obélisque, et ornée de quatre statues colossales, représentant les principaux fleuves du globe; celle de Paul V, près de l'église de St.-Pierre *in Montorio*; elle est d'une mauvaise architecture, mais elle fournit un tel volume d'eau, qu'il suffit pour faire tourner plusieurs moulins; la fontaine *del Termine*, qui reçoit l'*acqua felice*; elle est ornée de trois bas-reliefs représentant Moïse qui fait jaillir l'eau du rocher, d'une statue colossale de Moïse et de deux lions égyptiens de basalte; la magnifique fontaine de *Trevi*, qui reçoit l'*acqua virgine* ou l'eau vierge; cette eau est la seule aujourd'hui qui soit conduite jusqu'à Rome par un ancien aqueduc souterrain en grande partie; c'est la meilleure qui se boive dans cette ville: Agrippa la fit conduire de la Sabine à Rome, pour fournir de l'eau au champ de Mars.

La fontaine *Pauline*, l'une des plus grandes fontaines de Rome, est peut-être la plus abondante de l'univers. Parmi les rues, on distingue celle de *Strada-Felice*, de plus d'une mille de long, et celle de *Strada-Pia*, qui se coupent. On remarque, parmi les ponts, celui de St.-Angelo, autrefois *pons Ælius*, de 300 pieds de long. Dans cet endroit, le Tibre a 315 pieds de large. La porte *del Popolo*, autrefois *Porta Flaminia*, est la plus belle de Rome. Rien ne saurait être plus magnifique que l'entrée de Rome par cette porte.

Anciens monumens, ruines, antiquités. — Pour passer des édifices modernes aux monumens les plus remarquables de l'antiquité, le *Panthéon*, construit sous le règne d'Agrippa, aujourd'hui Ste.-Marie de la Rotonde, est l'édifice le mieux conservé : la coupole a servi, sinon de modèle, au moins d'étude pour toutes celles qu'on a construites depuis : le superbe portique est soutenu par d'énormes colonnes de granit d'une seule pièce; l'intérieur du temple est orné de très-belles colonnes d'ordre corinthien, et les niches sont dans les proportions recommandées par Vitruve, que l'on croit avoir été l'architecte de cet édifice. On monte sur le toit pour jouir du coup d'œil de l'intérieur par l'ouverture du milieu. Dans ce fameux temple, on voit les tombeaux de plusieurs artistes célèbres, tels que Raphaël, Perrino del Vaga, Annibal Carrache, Flaminius Vacca, Taldée Zuccheri, et le fameux musicien Corelli.

Les autres édifices et monumens de la magnificence de l'ancienne Rome, sont : le *Colisée*, élevé par Vespasien, achevé par Titus; c'est le plus vaste amphithéâtre qui ait jamais existé. Il contenait plus de 100,000 spectateurs, dont 80,000 étaient assis sur des gradins rangés en amphithéâtre; on n'en parcourt plus que les deux tiers, mais c'est la première antiquité qu'il faut voir. La *colonne Trajane*, au milieu du forum Trajani, haute de 125 pieds; celle *Antonine*, de 148 pieds de haut; l'amphithéâtre construit sous Vespasien, a quatre ordres d'architecture; le mausolée d'Adrien, aujourd'hui château St.-Ange; le pont Éliano, construit par Adrien; le mausolée d'Auguste, près de Ripetta; les arcs de triomphe de Sévère, de Titus, de Constantin, de Janus, de Néron, de Drusus; la statue équestre de Marc-Aurèle, en bronze, chef-d'œuvre; les ruines des temples de Jupiter Stator, de Jupiter Tonnant, de la Concorde, de la Paix, d'Antonin et Faustine, du Soleil et de la Lune; celui de Romulus, appelé *St.-Toto*; celui de Rémus et Romulus, aujourd'hui St.-Côme et St.-Damien; le temple de Pallas, près le forum de Nerva; celui de la Fortune Virile, aujourd'hui l'église des Arméniens, et celui de Vesta; les ruines des Thermes de Dioclétien, où l'emplacement des portiques et du gymnase est occupé par l'église des Chartreux. On y voit quatre colonnes de granit oriental d'une seule pièce, d'une hauteur et d'une épaisseur si étonnantes, qu'on ne peut comprendre comment on a pu transporter ces masses énormes à une si grande distance. On voit les sept monts ou collines, dont l'*Aventin*, le *Celien*, l'*Esquilin*, le *Quirinal*, le *Pincio* et le *Palatin*, offrent de superbes vues. Sur le mont Palatin, dans les jardins de Farnèse, on voit les ruines du palais des Césars; près de là, on trouve aussi les ruines de quelques bains, et des restes de peintures à fresque en or et en azur; on montre aussi, à quelque distance de ces bains, la place où était la maison de Romulus. On voit encore les ruines du théâtre de Pompée, près la *Curia Pompeii*, où César fut assassiné; du théâtre de Marcellus; toutes les ruines de l'ancien *forum*, aujourd'hui *Campo Vaccino*; du pont d'*Horatius Coclès*, ou *ponte Sublicio*, et du pont Palatin; celles du grand cirque, de la *Curia hostilia*; des trophées de Marius, de l'*aqua Marcia*; de l'arc de Galien; du portique de Philippe, de celui d'Octave; de la campagne et de la tour de Mécène, près

St.-Vito; de l'arc de Galien, près St.-Martin du Mont; celles du temple de Minerve *Medica*; de celui de Vénus et de Cupidon; de l'amphithéâtre *Castrensis*; des aqueducs de l'eau Claudienne; des thermes de Caracalla et de ceux de Titus; les tombeaux de la famille *Aruntia*, au milieu d'une vigne, près le temple de Minerve *Medica*; le tombeau des Scipions, près la porte Capenne ou St.-Sébastien; la *Cloaca maxima*, ou grand égoût, construit par Tarquin; les ruines du tombeau de Métella, appelées *Capo di bove*; le cirque de Caracalla; le temple de l'Honneur et celui de la Vertu; la maison de Cicéron; le temple du Ridicule; celui de la Fortune, dite *muliebris*; le temple et l'autel de Bacchus; la fontaine d'Égérie; le temple de Bacchus, près Ste.-Agnès, hors des murs, où l'on voit un superbe sarcophage antique de porphyre, orné de sculptures; enfin la prison de Jugurtha, appelée *carcere mamertino*, où l'on prétend que saint Pierre fut enfermé.

Le célèbre tombeau de *Caius Cestius*, de 25 pieds d'épaisseur, et haut de 102, subsiste en entier, ainsi que sa chambre sépulcrale : les ornemens sont du beau temps d'Auguste.

Outre les obélisques de la porte du Peuple, celui de *Monte Cavallo*, dressé sous le pontificat de Pie VI, mérite aussi l'attention des étrangers. Il ne faut pas négliger de voir le musée du père Kirker; et chez divers particuliers diverses collections de camées, de médailles et d'autres objets rares et curieux; les bibliothèques des réguliers, en général, méritent d'être vues.

Cette ville avait été dépouillée par la France, vers la fin du dernier siècle, des plus beaux morceaux de peinture et de sculpture, et de plusieurs manuscrits précieux : mais, en 1815, elle a recouvré tous ses monumens.

Embellissemens. — Les travaux sans relâche qui ont été entrepris à Rome par les Français, tant pour déterrer les restes des édifices antiques, que pour les débarrasser des maisons qui les environnent et qui empêchent de jouir des aspects pittoresques qu'ils peuvent offrir, excitent, dans ce moment, l'attention générale de l'Europe. On s'est occupé surtout, dans l'intérieur de la ville, à déblayer le Panthéon et les deux colonnes Trajane et Antonine. On ne s'est pas borné à faire ainsi revivre ces restes de la grandeur romaine; on a lutté avec ce que les Césars ont fait de plus extraordinaire, et on a mis dans des monumens d'utilité publique la grandeur et la magnificence qu'ils avaient imprimées à des édifices consacrés seulement aux plaisirs du peuple.

On jouit à Rome d'une honnête liberté; et l'on y trouve une société de personnes instruites, principalement de gens de lettres : le goût de la satire y est dominant, surtout pour cette espèce d'épigramme qu'on appelle *pasquinade*. Le peuple vraiment originaire de Rome, qui habite de l'autre côté du Tibre, conserve quelque chose de la fierté des anciens Romains, dont on dit qu'il descend ; il est sensible aux injures, dont il néglige rarement de tirer vengeance. Les femmes de Rome sont fort bien faites. Les beaux-arts s'y cultivent avec succès, et la gravure en cuivre y fait sans cesse de nouveaux progrès. On voit à Rome plusieurs ateliers de peinture et de sculpture, et l'on y fait un commerce considérable de statues et de tableaux. Le célèbre Antoine *Canova*, qui a établi son étude à Rome, est regardé, avec raison, comme le restaurateur du bon goût de la sculpture en Italie. Ses ouvrages peuvent entrer en lutte avec les plus parfaits de l'antiquité. Il faut voir aussi l'Académie française.

Établissemens littéraires. — Les principaux sont l'université de la Sapienza, le collége romain, le collége de la Propaganda, l'Académie française, à la villa Médicis ; l'Académie des Arcades, etc.

Manufactures. — Elles consistent en soierie, mais de mauvaise qualité ; draps gros et fins, indiennes, fleurs artificielles (les religieuses de St.-Cosimato passent pour travailler le mieux les fleurs qui se font avec la soie) ; poudre qu'on appelle *cyprio*, pommade à odeur très-recherchée, essences, gants, peignes, éventails, cordes de musique, chapelets, médailles et reliquaires. (Il y a une rue très-considérable de Rome qui en a pris le nom de *Coronari*, parce qu'elle n'est occupée que par des marchands de chapelets.) Un autre article de commerce pour cette ville, ce sont des camées, des médailles, des statues, des bustes, des tableaux, des étuves de marbre ; la manufacture des mosaïques. En général, le commerce et l'industrie ne fleurissent pas dans cette ville.

Cérémonies religieuses, solennités. — Les principales sont : la grande procession de la Fête-Dieu (c'est la plus pompeuse des processions qui se font ici) ; les cérémonies de la semaine sainte, l'un des grands objets de la curiosité des étrangers, à commencer depuis le dimanche des Rameaux (voyez *Descrizione delle funzioni della settimana santa, nella cappella Pontificia. da Francesco Cancellieri Terza edizione, corretta.* Roma, 1802, 8. C'est le meilleur guide des étrangers durant la semaine sainte) ; le beau *miserere* au commencement du crépuscule du jeudi saint, et dont la musique est la plus belle chose que l'on puisse entendre ; l'illumination de la croix dans l'église de St.-Pierre, le soir du vendredi saint : c'est une des belles idées de *Michel-Ange*. La croix est suspendue au milieu de la nef, et couverte de lampions, dont la lumière, étant la seule qui éclaire l'église, présente des effets de perspective, que les peintres s'empressent de dessiner. Les trois derniers jours de la semaine sainte, le pape traite les cardinaux. Les gens bien mis, et surtout les étrangers sont admis à assister à leur dîner. Les sépulcres qu'on dresse alors avec plus ou moins d'appareil, sont un autre objet de curiosité et de dévotion. Il y en a toujours quelques-uns de remarquables, surtout la beauté de l'illumination (tel est celui de la chapelle Pauline). Il faut voir la procession des filles dotées, le jour de l'Annonciation de la Vierge ; l'exposition du St.-Sacrement ; les prières de quarante heures, qui se succèdent sans interruption durant toute l'année dans les églises privilégiées ; les fêtes patronales ; les béatifications ; l'octave des trépassés à l'église de St.-Grégoire, et à l'église de la Mort ; tout y respire la tristesse la plus profonde. On descend dans un caveau qui est partagé en deux pièces entièrement lambrissées et plafonnées de têtes et d'os de morts ; il n'y a pas moins d'art et de symétrie dans leur arrangement que dans la grotte la mieux revêtue de coquillages les plus variés. L'illumination du dôme de St.-Pierre, le jour de la fête patronale, vaste globe, tout éclatant de feux, présente un coup d'œil unique, dont on ne peut se rassasier. La girandole de 4,500 fusées, qu'on tire au château St.-Ange, à l'anniversaire du couronnement des papes et à la St.-Pierre ; l'élévation d'où part cette gerbe lumineuse immense, et la proximité du fleuve, dont les eaux servent à la réfléchir, ne laissent rien à désirer à la beauté de son effet.

Auberges. — Il y a quantité de bons hôtels garnis à Rome, en particulier sur *la place d'Espagne*, et dans *la Strada Croce* qui y aboutit, et où les étrangers aiment à loger ; dans la *Strada Condotti*, l'auberge allemande de M. *Roessler*, connue sous le nom de *Monsu Franz*.

Théâtres. — Les théâtres sont ordinairement fermés le reste de l'année. Il n'y a que peu d'années que le pape a permis de représenter, depuis Pâques jusqu'à l'Avent, des intermèdes en musique, à *la Valle* et à *Palla corda*. Ils s'ouvrent pendant le carnaval, au nombre de 6 ou 7. On y joue tous les jours, excepté le vendredi et les fêtes. Les deux premiers sont *Aliberti* et *Argentine*, où l'on représente des opéras sérieux, entre mêlés de ballets. (La salle d'*Aliberti* est la plus grande ; mais celle d'*Argentine* présente à tous les spectateurs une vue plus commode et moins oblique du spectacle.) Les théâtres de *la Vallé* et de *Cupranica* tiennent le second rang (on y joue des opéras comiques, des comédies, et quelquefois des tragédies). Les deux derniers sont *la Pace* et *la Palla corda*, où l'on représente des opéras bouffons et de mauvaises farces pour le menu peuple. Le spectacle ne commence à Rome qu'à deux heures de nuit, et en dure environ quatre; ainsi il ne finit guère avant onze heures de France en hiver, et beaucoup plus tard en été. On est assis dans tous les parterres; les loges n'ont pas de prix fixe; il subsiste beaucoup d'abus à cet égard. On est souvent réduit à en acheter les clefs des *bagarini*, espèce de gredins, qui les crient dans les rues voisines des spectacles, et en vendent souvent de fausses aux étrangers, qui n'ont pas la précaution de les faire enregistrer aux bureaux.

Divertissemens. — Les principaux sont : les plaisirs du carnaval, les *conversationi* ou assemblées ; les jeux les plus usités sont le tresset et le pharaon ; les académies, assemblées où l'on réunit quelquefois les plaisirs du chant, de la danse et du jeu, les *ricevimenti*, ou les assemblées à l'occasion d'un mariage; les *sabatines* (du mot *sabato*, cela veut dire que le vendredi on attend souvent minuit pour souper, afin de pouvoir manger du gras sans violer les commandemens de l'église). On fait alors de fréquens *piqueniques*, que les femmes aiment beaucoup; les divertissemens du mois d'octobre; les *villegiature* à Albano, à Frascati, à Tivoli; les parties de plaisir à la campagne, qui consistent dans les piqueniques qu'on fait dans les vignes des environs, dans la chasse aux alouettes et dans la promenade. Celle de *la villa Borghèse* est surtout à la mode dans le mois d'octobre. Les dimanches et les jeudis, jours particulièrement consacrés aux plaisirs, on y voit un très-grand concours de personnes des deux sexes qui sont restées à Rome. Les promenades en carrosse ont lieu au Corso, avant le dîner, et deux heures avant la nuit. L'inondation de la place Navone se fait les dimanches du mois d'août, après les vêpres. On se promène dans l'eau en carrosse, et les fenêtres de la place sont couvertes de spectateurs. On croirait voir une naumachie antique.

Vues, gravures. — Nuova Raccolta di 100 *Vedutine antiche* della città di Roma e sue Vicinanze, incise a bullino, da *Domenico Pronti*, 2 tomes. (Le second tome contient 70 *Vedutine moderne*; cet ouvrage, qui se trouve chez tous les marchands d'estampes, ne coûte que 12 francs).

Livres à consulter. — Un juge très-compétent (*M. Küttner*) nous assure que *Donati Roma vetus ac recens*, ancien ouvrage qui a déjà paru, il y a cent ans, reste toujours le livre le plus instructif et le plus utile qu'un voyageur puisse consulter comme Cicerone, malgré son ancienne date, et malgré les changemens survenus depuis le dernier siècle. *Rome*, après la révolution, manque totalement d'une description. Nous recommandons aux étrangers l'*Itinéraire instructif de Rome*, par *Mariën Vasi*, Romain. A Rome, 1814, 2 vol. in-8°. (Prix 12 paules d'argent, broché). C'est la description la plus récente qui ait été publiée des monumens antiques et modernes, et des ouvrages remarquables de peinture, de sculpture et d'architecture, de cette célèbre ville et de ses environs. Le *Tableau politique, religieux et moral de Rome*, par M. *Lévesque*, et le *troisième volume des Prosaische Schriften de Mad. Brun née Munter*, contiennent des renseignemens sur Rome, des années 1791, 1795 et 1796.

ENVIRONS.

Tournée intéressante pour voir en détail les principales curiosités des environs de Rome. — *Première journée*. De Rome en voiture à *Albano*, 13 milles. Des cippes et des restes d'anciens tombeaux bordent la *voie Appienne*. A un mille d'Albano on quitte sa voiture, et on se rend à pied à *Castel-Gandolfo*. Belle vue à la *Piazza*, élevée au-dessus de la mer de 1249 anciens pieds de Paris. Ce bourg, où Ganganelli se plaisait beaucoup, est des plus jolis et des plus rians; il domine sur un lac, le cratère d'un volcan éteint, et où l'on admire avec un étonnement respectueux, ce superbe *emissario*, ou canal creusé par les anciens Romains. Deux chemins mènent de Castel-Gandolfo à Albano; l'un dit *la galeria di sopra*; l'autre, la *galeria di sotto*. Choisissez le premier, et allez voir en passant à la *villa Barberini*, les restes magnifiques de la maison de campagne de Domitien, où le coup d'œil est superbe, ainsi que du couvent *des Zoccolanti*. Les *Nymphées*. Belle vue du haut des capucins d'*Albano*. — *Seconde journée*. Excursion au couvent des capucins de *Gensano*; au lac de ce nom, qui a pareillement un *émissaire*; à *Nemi*; et au retour à *la Riccia*, où il y a un beau parc du duc de Chigi. — *Troisième journée*. Poursuivant le voyage à cheval, on arrive à *Rocca di Papa* (élevé au-dessus de la mer de 2230 anciens pieds de Paris), dans une situation pittoresque et romantique: au couvent de *Palazzuola*, l'ancien *Alba-Longa*, et au sommet du *Monte Cavo*; vue étendue et imposante: restes célèbres de l'ancien temple de *Jupiter* (élevé au-dessus de la mer de 2920 pieds de Paris). *Via consularis et ovationis*. On retourne du sommet, par *Rocca di Papa*, à *Marino*: au palais *Colonna*, le tableau original de *Béatrice Cenci* : au couvent de *Grotta ferata*, où l'on admire quelques tableaux en fresque de *Domenichino*. A la *villa Mondragone*, beau portique de *Vignola*, et belle vue de la terrasse. — *Quatrième journée*. A la *Rufinella* ; aux ruines de *Tusculum*, à la maison de campagne de *Cicéron*, d'où il data ses *Quœstiones Tusculanæ*. — *Cinquième journée*. A mulet à *Palestrina*, l'ancien *Prœneste* : ruines du temple de la Fortune ; dans l'avant-salle du palais Barberini, la célèbre mosaïque, trouvée dans ces ruines. — *Sixième journée*. A mulet, de Palestrina à Subiaco : beaux sites de la nature romantique sur ce chemin de Palestrina à Subiaco et Tivoli ; contrées pittoresques et sauvages ; M. Küttner n'en parle qu'avec extase. Subiaco ; belle vue du château papal : allez au couvent des Bénédictins, où l'on trouve des colonnes et d'autres restes du palais de Néron : à la grotte du Saint-Bernard, sa statue, par Bernini, se voit au couvent des Bernardins. — *Septième journée*. De Subiaco au couvent de Saint-Cosimo ; il faut loger dans ce couvent hospitalier, car l'auberge à Vicovaro est mauvaise. Ancien aqueduc romain, au travers d'un roc. — *Huitième journée*. De Saint-Cosimo à Tivoli, 11 milles : la villa d'Horace sur le penchant du mont Lucretilis ; le paysage ressemble parfaitement à la description du poëte (*Serm. II. 6 Carm. I. 17.*) ; près de là un pavé en mosaïque ; on remplit ses poches de ces pierres. (Consultez les 8 estampes à l'eau-forte, par Philippe Hackert, et la petite carte topographique qui les accompagne ; ce sera votre meilleur guide dans ces lieux classiques). — *Neuvième journée*. Tivoli ; le *Tibur* d'Horace (Ode VI, liv. II.), célèbre d'ailleurs par les ruines imposantes des maisons de campagne de Mécène, d'Adrien, à 3 milles de Tivoli, dont les débris semblent ceux d'une autre Rome ; des temples de Vesta, à présent une église ; et de la Sibylle placée dans la cour de l'auberge ; de plus, par la perspective frappante et diversifiée de ses cascades, surtout des cascatelles. Les incrustations, appelées *Confetti di Tivoli*, se forment dans un petit ruisseau, qui s'écoule d'un lac qui a de petites îles flottantes. Cette eau bouillonne aussitôt que l'on y jette la moindre pierre, et l'odeur de soufre qui flotte sur son étendue est funeste. — *Dixième* ou *onzième journée*. Retour à Rome, en voiture.

Description de Frascati, Castel-Gandolfo, Albano, Tivoli.

Frascati, ville célèbre chez les anciens Romains, sous le nom de *Tusculum* ou *Tusculanum*, est bâtie dans un faubourg de l'ancien Tusculum, à mi-côte d'une montagne éloignée de 13 milles de Rome. Horace donnait à l'ancienne ville l'épithète de *Supernum*, à cause de sa situation.

Superni villa candens Tusculi.

Dans la partie haute, on trouve les ruines considérables d'anciens édifices. Frascati est ornée en grande partie de magnifiques et délicieuses maisons de campagne appartenant à des nobles romains qui y viennent passer la saison des grandes chaleurs. Les Borghèse, Aldobrandini, Conti, Bracciano, Falconieri, etc., en sont les principaux propriétaires. La situation de Frascati est très-agréable. Elle a la ville de Rome en perspective, et jouit de la vue de la mer.

Au-dessous de Frascati est l'endroit appelé *Grotta ferrata*, où l'on suppose qu'était située la maison Tusculane de Cicéron. Les Jésuites, qui avaient à *Frascati* un très-beau monastère, firent couvrir d'un toit le pavé en mosaïque de la maison de ce grand homme, qui par ce moyen s'est entièrement conservé; elle était située sur une hauteur, où se trouve une plaine d'une certaine étendue, arrosée par un ruisseau; de cet endroit on découvre toute la campagne de Rome. Dans l'abbaye, on admire une chapelle peinte à fresque par *le Dominichin*. On montre l'endroit où était situé l'ermitage du cardinal *Passionei*, dans une heureuse position. Cet endroit qui avait excité l'admiration des curieux, et jadis le séjour de la paix et des muses, fut démoli par le barbare et aveugle fanatisme après la mort du cardinal.

Le pape possède à *Castel-Gandolfo* un château ou maison de plaisance fort simple et dans le goût antique, où il va ordinairement passer l'automne. La ville est située sur le bord du lac appelé lac de *Castello*. On y a des points de vue fort étendus sur la mer, ainsi que sur la ville et la campagne de Rome. Il faut voir le jardin de la *villa Barberini*, où l'on remarque les ruines de l'ancienne maison de campagne de Domitien.

A *Albano*, près de la porte du côté de la *Riccia*, anciennement *Aricia*, on voit les ruines d'un grand mausolée qui était surmonté de diverses pyramides, et qu'on appelle vulgairement le tombeau des Curiaces; quelques personnes prétendent que c'était un monument élevé en honneur de Pompée.

Le lac d'*Albano* et de *Castello* est le cratère d'un ancien volcan, et a 7 ou 8 milles de circuit. Sur ses bords on trouve les ruines de plusieurs temples antiques. Au travers de la montagne est creusé un canal appelé l'*Emissario*, construit en voûte et pavé de lave, qui a deux milles de long, 4 pieds de largeur et 6 de hauteur : il sert à l'écoulement des eaux du lac, qui dans leurs crues inondaient quelquefois les campagnes voisines. On le dit pratiqué par les Romains pendant le siége de Veies, pour obéir à un oracle. Près d'Albano, sont les carrières de la lave noire et compacte dont on se sert à Rome pour réparer les statues antiques de basalte.

L'autre beau lac, appelé lac de *Nemi*, fut également le cratère d'un ancien volcan. On l'appelait autrefois le miroir de Diane, ou lac d'Aricia. La Riccia est située près de ce lac ainsi que Gensano (qui est le Cynthianum des anciens), en face de la ville de Nemi. Du jardin des Capucins, qui domine le lac, on jouit de la vue la plus délicieuse qu'on puisse s'imaginer : les hauteurs des environs sont couvertes de bois, et le contraste de ces forêts avec les eaux du lac forme un paysage délicieux autant que pittoresque, et unique peut-être en Italie.

Tivoli, anciennement *Tibur*, à environ 18 milles de Rome, est une ville qui mérite d'être vue, moins par sa beauté et ses agrémens, que par les monumens d'antiquité qu'elle renferme, et qui doivent exciter la curiosité d'un voyageur instruit. La cathédrale est bâtie sur les ruines d'un temple d'Hercule. Il faut voir le *Teverone*, anciennement Anius ou Anicus, qui, se précipitant de la hauteur d'environ 50 p. sur un rocher, forme une cascade majestueuse, et ensuite plusieurs autres petites cascades très-pittoresques, appelées les *cascatelles*; la grotte de Neptune où se précipite la grande cascade, est très-curieuse à voir. A 8 milles du pont de Tivoli, on en trouve un autre appelé *Ponte della Solfatara*, à cause de l'odeur sulfureuse exhalée par l'eau bleuâtre de la rivière sur laquelle il est jeté. Les principales ruines d'anciens édifices sont la campagne de Mécène, les ruines du temple de la Sibylle, ou plutôt de Vesta, rotonde de l'architecture grecque la plus élégante. La villa de la maison d'Este est un modèle curieux de l'ancien goût des jardins. Le naturaliste observera avec plaisir la nouvelle pierre de Tivoli, qui se forme continuellement du dépôt tartreux des eaux qui coulent des parties calcaires de l'Apennin.

Entre Tivoli et Rome, les immenses ruines du palais d'Adrien, qui couvrent une vaste étendue de terrain, peuvent servir à donner quelque idée de la magnificence des anciens Romains. C'est dans l'enceinte de cette campagne de l'empereur Adrien et des édifices attenant, qu'on a trouvé, ensevelis sous les ruines, les plus beaux morceaux de sculpture antique qui embellissent Rome moderne. Sur la route qui conduit à Rome, et à une demi-lieue environ de Tivoli, on trouve un petit lac très-profond d'eau sulfureuse, au milieu duquel sont quelques îles flottantes. De ce lac sort un petit ruisseau qui forme, en coulant, des incrustations; et c'est ce qu'on appelle *Confetti di Tivoli*.

(Nous recommandons aux amateurs de la littérature classique ancienne un manuel intéressant, le *Voyage sur la scène des six derniers livres de l'Enéide, suivi de quelques observations sur le Latium moderne*, par C. V. de Bonstetten. A Genève, l'an XIII. 8.)

Mélanges. — Les visites à l'entrée de Rome se font avec une rigueur infiniment fatigante pour le voyageur. On doit prendre la précaution de se faire pourvoir par son banquier, à Rome, d'un billet de permission, pour ne supporter la visite des commis que dans son auberge ou chez soi.

Rome n'est plus dans Rome. Le Capitole la terminait au nord; sa partie habitée ne s'étend plus par-delà, au midi. Le mélange de la nature embellie ou dégradée, de l'art dans sa ruine, ou dans sa restauration, forme, dans Rome même, mille aspects plus variés, plus intéressans les uns que les autres. Partout on s'arrête avec étonnement, et l'on contemple avec admiration. « Cet air que l'on respire, dit Dupaty, c'est cet air que Cicéron a frappé de tant de mots éloquens; les Césars, de tant de mots puissans et terribles. Sur cette terre a donc coulé tant de sang! Sur cette terre ont donc coulé tant de larmes! Horace et Virgile ont récité ici leurs beaux vers! » — « La plus belle vue de Rome, dit M. Dutens, et peut-être d'aucune cité du monde, est des jardins du prince Lante, ou de la villa Corsini, au-dessus du palais Corsini, dont Vasi a publié une estampe. » — Depuis le mois de juillet jusqu'en octobre, l'air qu'on respire à Rome est très-malsain; on est alors obligé de choisir une habitation fixe, de ne jamais découcher, de tenir son lit exposé au grand air pendant tout le jour, et d'être, surtout le soir, de la plus grande sobriété; sans quoi l'on court le risque de gagner des fièvres dangereuses, auxquelles l'on succombe très-souvent. Grand nombre d'étrangers ont été victimes de leur imprudence. Outre cette *aria cattiva*, il règne de temps à autre, même pendant l'hiver, un certain vent de sud, nommé *sirocco*, qui dans un instant détraque les ressorts de l'homme le plus robuste; un homme en cet état ne répond que *Sirocco!* à celui qui lui demande des nouvelles de sa santé. Cependant il ne produit point un effet aussi marqué sur les étrangers. La phthisie, regardée partout comme incurable lorsqu'on lui a laissé faire de certains progrès,

7

offre à Rome, de plus, l'image horrible d'une sorte de peste, qui se communique aux gens sains, par l'usage, non-seulement des vêtemens et des meubles, mais encore par l'habitation des appartemens qu'occupaient ceux qu'elle a conduits à la mort, si l'on néglige de faire nettoyer, regratter et reblanchir avec assez de soin les logemens infectés des miasmes pestilentieux de cette contagion horrible.

Instructions pour l'étranger. — Au cours, et à la place d'Espagne, le loyer des maisons est plus cher que dans les quartiers éloignés et déserts. — Les étrangers sont obligés de prendre des carrosses de remise lorsqu'ils ne veulent pas aller à pied, car on n'a point ici la commodité des fiacres. — La fontaine de Trevi fournit la plus saine de toutes les eaux de Rome; l'eau qui est appelée *del Grillo*, tient le second rang. Les eaux des thermes de Dioclétien et de la fontaine del Gianicolo, sont d'un usage pernicieux et proscrites de toutes les tables. — Les baignoires dont on fait usage ici, sont très-commodes. Elles ressemblent à peu près à un vaisseau sans tête, et portent sur quatre appuis assez élevés pour qu'on puisse passer un réchaud sous la baignoire, de sorte que le bain s'entretient facilement au degré de chaleur qu'on désire. Ces baignoires sont de cuivre bien étamé, minces et légères. On peut en louer une pour 6 sous ou 2 gros par jour. — On doit s'attendre à Rome, quand on a été présenté dans une maison, de trouver le lendemain à sa porte quelques-uns des domestiques, ou de la famille de celui qu'on a été *riverire* (saluer). Ce tribut que les domestiques, et même les soldats du château Saint-Ange, ont imposé aux étrangers, est modique, et n'équivaut pas aux frais des cartes qui ont lieu chez nous, encore moins aux sommes qu'on est tenu de distribuer en Angleterre, à Vienne, à Hambourg, à la livrée du maître chez qui l'on a dîné. — A Rome, les heures de la promenade, l'hiver et le printemps, sont depuis 22 jusqu'à 24 heures, toujours dans la rue du cours; le peuple à pied, les grands en voiture; les femmes surtout n'en descendent point. Il est rare que les étrangers attendent l'été pour quitter Rome. On ne s'y promène point alors pendant le jour. Chacun, renfermé chez soi dans la première heure de la nuit, attend que l'atmosphère condensée se soit déchargée du poids immense qui l'accable; vient l'heure des chats, le cours se remplit. Cet amusement dure jusqu'à minuit, où chacun se retire pour aller se coucher. Les grands viennent à leur tour s'emparer de la promenade au sortir des conversations, et ils la tiennent à peu près jusqu'au jour, temps où ils vont aussi se coucher. On demandera peut-être: quand soupe-t-on donc? On ne soupe guère à Rome; on mange un morceau avant de sortir, si l'on sort tard, ou en rentrant. L'automne, il y a peu de promenade en ville; c'est le temps des *villegiatures*. *Albano*, *Frascati* et autres lieux agréables et en bon air à l'orient de Rome, sont remplis de monde en cette saison. — Rome n'était point éclairée, et on n'y voyait pas de bon œil des flambeaux dans les rues. Les gens à pied font porter devant eux une petite lanterne qui éclaire à peine le bout du pavé sur lequel on marche. Ceux en voiture en font porter une semblable, dont le faible rayon de lumière est dirigé par le laquais qui est derrière, sur l'oreille du cheval. Depuis que cette ville a été occupée par les Français, on y a placé des réverbères. — Les coups de couteau sont devenus très-fréquens; il ne se passe guère deux ou trois jours de suite, sans qu'on n'en distribue quelques-uns. L'hôpital de la Consolation se remplit journellement de ces malheureuses victimes de la perfidie, et ne suffit pas à leur quantité, car le nombre infini des lieux d'asile offre aux criminels un refuge facile et prompt. Mais il n'est rien de plus rare à Rome que les vols.

Distances. — Cette ville est à 277 l. S. E. de Paris; 186 S. O. de Vienne; 350 S. ¼ E. de Londres; 375 S. ¼ E. d'Amsterdam; 300 N. O. de Constantinople. Lat. 41. 53. Long. E. 10. 9.

NAPLES, ville riche, commerçante et bien peuplée, est le séjour le plus agréable que l'on puisse imaginer, et passe avec raison pour la troisième ville d'Europe. Dans un circuit d'environ 9 milles, elle renferme plus de 350,000 habitans : elle est par conséquent la ville la plus peuplée après Londres et Paris. Le climat le plus doux, la situation la plus heureuse, la fertilité des campagnes, la beauté des environs, la gaîté du peuple, la magnificence des grands, tout contribue à y attirer de toutes parts un grand nombre d'étrangers.

Monumens, édifices, curiosités. — Le quartier de Naples le plus beau, le plus sain et le plus agréablement situé, est celui de *Ste-Lucie*, habité principalement par la noblesse et les ambassadeurs. La rade, qui a près de 100 milles de circuit, forme un superbe point de vue. En face du port, on voit la belle île de *Capri*; à droite, la côte de *Pausilippe*; et sur la gauche, *Portici* et le mont *Vésuve*.

La principale rue de Naples est celle de *Tolède*, longue de trois quarts de mille, large, bien alignée, et ornée de superbes édifices. Indépendamment de cette rue, il y en a une autre construite par ordre du gouvernement, qui conduit à *Capo di Monte*, en passant sur un magnifique pont pour atteindre la colline, ouvrage véritablement étonnant. Dans le centre de la ville, les rues sont étroites, et la hauteur des maisons les rend obscures : elles sont toutes pavées de morceaux de lave noire. Les places sont en général petites et irrégulières, excepté celle du Palais-Royal, grande et bien bâtie ; les autres sont le *Largo del Castello*, où l'on donne quelquefois le barbare spectacle de la cocagne ; la *Via dello Spirito Santo*, bâtie sur les dessins de *Vanvitelli*, en 1758 ; la place qui est auprès des écoles, et le marché des Carmes.

Les fortifications de Naples méritent d'être remarquées : quoique ses murailles ne suffisent pas pour la défendre, elle a cependant de quoi repousser l'attaque d'un ennemi du côté de la mer ; à l'O., le château de l'OEuf ; à l'E., diverses batteries, les bastions de l'arsenal et le château neuf ; et, à l'extrémité orientale de la ville, la grosse tour appelée *Torrione del Carmine*. Le fort *St.-Elme*, qui domine toute la ville, est destiné plutôt à contenir les habitans qu'à les défendre contre un agresseur étranger. L'arc de triomphe élevé en honneur de Ferdinand d'Aragon, au château neuf, doit être cité dans le petit nombre de morceaux d'architecture remarquables qui ornent cette ville. Le chantier est vaste ainsi que les magasins : le port, uniquement ouvrage de l'art, est trop borné : un fanal en indique l'entrée ; mais la colline très-élevée devant laquelle il est situé, fait qu'on a peine à distinguer ses feux de ceux de la ville. Les fontaines publiques, à l'exception de celle de *Jean de Molle*, ne sont pas généralement du meilleur goût ; et les obélisques ou pyramides qui ornent les places publiques sont mal décorés.

L'université ou *lo studio nuovo*, *la cavallerizza*, ou le manège, les hôpitaux et les conservatoires sont des édifices remarquables : il faut voir aussi l'*Albergo dei Poveri* ; l'hôpital de l'Annonciade, près de la porte de *Nola*, et les trois conservatoires, où l'on enseigne la musique aux enfans.

Le théâtre de Saint-Charles, attenant au palais du roi, consumé en 1816 par un incendie, vient de renaître de ses cendres ; on peut dire, sans exagérer, qu'il est un des plus beaux de l'Europe. Lorsqu'il est illuminé, il offre le coup d'œil le plus brillant et le plus majestueux ; mais il faut se contenter d'y voir le spectacle, sans espérer de pouvoir rien entendre, vu la grandeur immense du théâtre et le bruit continuel que font les spectateurs, qui ne s'imposent un moment de silence que pour entendre chanter quelque morceau de musique déjà connu et applaudi. Il y a encore un autre théâtre, appelé des *Florentins*, et le théâtre neuf, plus ancien toutefois que le précédent. Un autre petit théâtre, d'une forme élégante, est consacré à la comédie.

On peut assurer qu'il n'y a pas dans Naples, strictement parlant, un seul édifice qui soit d'un goût parfait. De plus de 200 églises, il n'y en a aucune qui ait une façade, ou un portique digne d'être remarqué. Plutôt que de bâtir des temples d'une belle architecture, on a préféré en orner avec profusion l'intérieur de tableaux et de dorures. Les églises les plus remarquables sont : le *Dôme* ou la *Cathédrale* dédiée à St.-Janvier, construite sur les dessins de *Nicolas Pisan* : le corps du saint repose sous le chœur, dans une chapelle souterraine ; celle où l'on conserve le précieux sang est de la plus grande magnificence : la coupole est peinte par *Lanfranc*, et les consoles par le *Dominicain*. Ste.-Anne des Lombards possède des tableaux de *Lanfranc*, du *Caravage*, du *Bassac* et de *Luc Jordan*. L'église de l'Annonciade fut bâtie sur les dessins de *Vanvitelli* : dans celle de St.-Antoine, abbé, on voit un tableau attribué à Antoine del Fiore, en 1362, et par conséquent antérieur même à Jean Van-Eyck. L'église des Sts.-Apôtres renferme les peintures de *Lanfranc*, de *Luc-Jordan*, un tableau du *Flamand* ; et cinq tableaux du *Guide*. On voit deux tableaux de Lanfranc dans l'église de l'Ascension, sur la Chiaja. L'église de *St.-Martin des Chartreux* possède un trésor d'objets riches et curieux. Ornée de pierres précieuses, de marbres rares du plus beau grain et de stucs dorés, elle renferme des tableaux très-estimés, de *Lanfranc*, de *Spagnoletto* qui y a laissé plus de cent ouvrages, tant dans l'église que dans le monastère ; du *Guide*, d'*Annibal Carache*, de *Charles Maratte* qui a peint le tableau représentant saint Martin ; de *Luc Jordan*, dans la sacristie et dans l'enceinte du cloître, du *Calabrois*, du *Dominicain*, du *Caravage*, du chevalier d'*Arpin*, de *Paul Véronèse*, etc. L'appartement du prieur est le plus riche en tableaux précieux. La chartreuse de Naples, qui le dispute à celle de Pavie pour la richesse des ornemens, a sur elle l'avantage d'une situation délicieuse. Sur une terrasse, à l'extrémité méridionale du jardin de ce riche monastère, on a une superbe vue de la ville et des environs.

Ste.-Claire est un riche couvent de dames ; son église ressemble plutôt à un salon de bal qu'à un temple consacré au culte : la voûte est peinte par *Sébastien Conca* ; mais les anciennes peintures de Giotto n'existent plus. A *St.-Dominique le Grand*, couvent assez vaste, on admire dans l'église un beau tableau de *Raphaël*, un autre du *Titien*, deux du *Guide*, une flagellation du *Caravage*, et une gloire de *Solimènes* dans la sacristie. L'église de *St.-Philippe de Neri* est remarquable par les belles colonnes en granit antique qui supportent la nef, et est fort riche en peintures estimées : on en voit de *Luc Jordan*, du *Guide*, de *Pierre de Cortone*, du *Dominicain*, de *Palma* ; Solimènes y a peint toute l'histoire du saint. Au

Gesu nuovo on voit une belle fresque de ce dernier, trois tableaux de *Spagnoletto* et un du Guerchin; dans la sacristie, deux tableaux de Raphaël et un d'Annibal Carache. A l'*Incoronata* on remarque quelques restes d'anciennes fresques de Giotto, et dans la chapelle du crucifix un tableau du même, représentant le couronnement d'une reine. Le meilleur modèle d'architecture parmi les églises de Naples, est *Ste.-Marie des Carmes*, où l'on remarque diverses peintures de Solimènes. Le couvent est vaste et beau, et la bibliothèque est considérable et riche en manuscrits. A *Ste.-Marie nouvelle* on voit l'adoration des Mages de *Luc Jordan*, et à l'église des Olivetains, des peintures de *Vasari*, de *Pinturicchio* et de *Solimènes*. *St.-Paul majeur*, autrefois temple de Castor et Pollux, conserve encore une partie de son ancien portique, qui fut endommagé par le tremblement de terre de 1688 : on remarque dans cette église quelques-uns des meilleurs tableaux de Solimènes, qui a peint aussi des figures allégoriques dans la sacristie. Dans le cloître du couvent, on voit les ruines d'un ancien théâtre. Le couvent des religieuses de la *Sainte-Trinité* est un des plus beaux et des plus riches de Naples : l'église est ornée de divers tableaux de *Spagnoletto* et du vieux *Palma*. On peut voir aussi l'ancienne cathédrale de *St.-Restituta*, le *Gesu Vecchio*, *St.-Laurent des mineurs* conventuels, etc. Dans les faubourgs de Naples sont les églises de *St.-Sévère*, de *Ste.-Marie della Sanita*, de l'hospice de *St.-Janvier* au cimetière, et de *Ste.-Marie della vita*, par lesquelles on descend dans les fameuses catacombes, plus grandes et plus commodes que celles de Rome.

Avant de parler des palais de Naples, il faut prévenir l'étranger que ce genre d'architecture civile n'y est pas d'un meilleur goût que celui des églises. Les maisons et les palais sont en général de cinq ou six étages, noirs et mal entretenus à l'extérieur; les toits, presque tous plats, sont enduits de pozzolane. L'amateur qui cherchera dans ces édifices le goût de la belle architecture, s'apercevra aisément qu'on est loin de trouver dans cette ville les proportions et la magnificence des palais de Rome.

Le palais royal est un édifice d'une architecture noble et majestueuse, commencé en 1600, sur les dessins de Fontana, par le comte de Lemos. Le frontispice, orné des trois ordres dorique, ionique et corinthien; le magnifique escalier et les vastes appartemens fixent l'attention des étrangers. A *Capo di Monte* est un autre palais du roi qui n'est pas encore achevé, mais qui renferme une collection précieuse de monumens des arts et de l'antiquité. L'ancien palais des souverains de Naples est occupé par les tribunaux, et consacré à l'administration de la justice : ses souterrains servent de prisons aux criminels.

Parmi les palais particuliers, on distingue ceux du duc *Maddaloni*, près la rue de Tolède ; des *Orsini*, de *Francavilla*, dont les appartemens sont meublés avec magnificence : le jardin passe pour un des plus beaux de Naples ; les palais de la *Tour*, de la *Rocca*, du prince *Sainte-Agathe*, à St.-Pierre, à Majella ; et celui du prince *Santo-Buono*. Celui du duc de *Gravina*, dans la rue de Montuliveto, est le plus estimé pour le bon goût de son architecture. Le palais du prince de *Tarsia* renferme une bibliothèque, qui est ouverte au public, trois jours de la semaine. Dans la chapelle du palais de St.-Sévère, appartenant au duc de Sangro, on voit deux statues modernes fort curieuses : l'une, de *Corraddino*, représente la Modestie voilée ; et l'autre, de *Queiroso*, Génois, un homme enveloppé dans un filet.

Établissemens littéraires et utiles. — Les principaux sont : l'université, l'académie des sciences, fondée en 1787, l'école militaire, l'académie de peinture ; les académies des Otiosi, Intronati, Ardenti, etc. ; l'académie Herculane.

Collections, cabinets. — On remarque les bibliothèques de *Capo di Monte*, du Seggio, des Hiéronimites, et du prince de Tarsia ; les bibliothèques des Carmes, des Capucins à St.-Jefremo, de St.-Jean-de-Carbonata, etc ; les collections de l'école militaire, et du château de *Capo di Monte* (ce château renferme un grand nombre de choses rares et précieuses, des pierres gravées, des tableaux, etc. ; la résurrection, tableau de *J. Bassan* ; le saint Michel peint par *Lanfranc*, etc.) ; des Studi, ou la *Reale academia* (bâtiment destiné à servir de musée) : il faut avoir des billets de permission du ministre d'état pour y entrer. On y admire deux chefs-d'œuvre célèbres, qui jadis furent l'ornement de Rome, ancienne et moderne ; l'Hercule Farnèse et la belle Flore, que le roi a fait transporter du palais Farnèse de Rome à Naples. Ajoutez-y les statues colossales de l'Océan, de la muse Uranie et de Vespasien ; le groupe d'Oreste et Electre ; la Vénus victrix ; il faut voir aussi la bibliothèque, le cabinet des manuscrits d'Herculanum, avec les machines et les procédés qu'on emploie pour les dérouler ; le musée de peinture, celui de sculpture ; une collection de bronzes d'Herculanum et de Pompéïa, une autre de vases étrusques. Pendant la guerre de la révolution, et lors de la courte existence de la république parthénopéenne, plusieurs collections avaient été emballées et transportées ailleurs. Plusieurs choses rares avaient disparu ; d'autres, avec leurs propriétaires, sont passées chez l'étranger : par exemple, les vases étrusques d'*Hamilton*, en partie engloutis par la mer ; la collection de M. *Rainers* ; le cabinet de tableaux de *Tischbein* ; la Pallas de Velletri, mais en 1815 elles ont été rendues.

Fabriques, manufactures. — Elles consistent en étoffes d'or et d'argent ; taffetas, bas de soie tricotés, mouchoirs de soie, cordes de violon, giallolino, porcelaine, bougies, pâtes fines, ou ce qu'on nomme en général *maccaroni* ; on distingue plus de trente sortes de ces pâtes ; savons, essences, fleurs artificielles, confitures, *diavolini*, choses très-recherchées des étrangers. L'apothicairerie du couvent des *Olivétains* est renommée pour les odeurs, les pommades et les savons parfumés qu'on y débite. On fabrique des tables incrustées de pierres dures, de jolies tabatières d'écaille, etc.

Il n'y a peut-être pas en Europe une ville où le nombre des artisans, manufacturiers et citoyens actifs employés à des travaux utiles, soit aussi petit et aussi borné qu'à Naples, en comparaison de sa population. On y comptait environ 40,000 *lazzaroni* qui, pour la plupart, n'ont ni feu ni lieu : dans la saison des pluies ils vont en foule se mettre à couvert et passer la nuit à *Capo di Monte*. Ce nombre a été beaucoup diminué par l'entrée des Français à Naples, et par la rigueur du dernier gouvernement. Mais, grâce au caractère de la nation italienne et à la sobriété presque générale du peuple napolitain, l'oisiveté d'un si grand nombre de gens produit beaucoup moins de troubles et de désordres qu'on ne se l'imagine. Le peuple est très-dévot, ou pour mieux dire, très-superstitieux. Le père Rocco sut mettre à profit cette piété populaire, et réussit à faire éclairer cette grande ville, en persuadant aux bourgeois d'allumer le soir des lampes devant plusieurs images placées à dessein dans les endroits les plus propres à l'exécution de son projet. La noblesse, en général, a beaucoup de faste et de magnificence ; on peut en prendre une juste idée à la promenade ordinaire de l'après-midi, le long de la *Chiaja*, où l'on voit les équipages les plus pompeux et les plus brillans. Les femmes ne sont pas en général d'une beauté rare, et plusieurs de celles qui ont quelque agrément se défigurent par leur parure, pour laquelle elles ont un goût passionné, aujourd'hui, cependant, moins fort que par le passé.

Cette ville abonde en toutes espèces de denrées, qui y sont à fort bon marché ; le climat est si doux, qu'on s'y procure facilement des fruits et autres productions de jardins pendant tout l'hiver comme dans les autres saisons. On y trouve aussi en abondance du poisson, de la volaille et du gibier. On jouit à Naples de cette entière liberté qui ne se trouve que dans les grandes villes.

Auberges. — Il y a à *Naples* de très-bons hôtels, dans une situation délicieuse, tels que *Pieralli*, dit auberge des ambassadeurs ; la *ville de Venise*, la *Grande-Bretagne*, Albergo Reale, de Mᵉ. Capozzi ; Albergo del Sgr. *Severino*, Emmanuel, Casa isolata, Stephano-di-Rosa, Albergo *alla Crocelli* ; cette dernière est très-bonne, et on y jouit de la belle vue du Pausilippe, du Vésuve et du golfe.

Promenades. — On remarque le *Platamone*, promenade sur le bord de la mer, assez élevée pour qu'on y jouisse de la plus belle vue. La *Chiaja*, quai qui a près de 7,000 toises de longueur ; on y a planté en 1779 trois rangées d'arbres en berceau, défendues par des parapets et des grilles, ornées de fontaines, de statues, de treillages, de gazons, de parterres et d'orangers : on y a bâti des terrasses, des casinos, des cafés, des billards ; c'est une des plus belles promenades qu'il y ait dans l'univers. La foire du mois de juillet se tient à présent à *Chiaja*. Il faut voir la promenade et le corso aux jardins de la *Villa Reale* : au milieu de cette ville, dévastée à l'époque de la fureur révolutionnaire, s'élève le chef-d'œuvre de l'antiquité, le *Taureau Farnèse*, ci-devant à Rome ; les promenades sur le *mole*, et sur le *nouveau quai* qui conduit au pont de la Madelène.

Coup d'œil, aspect de la ville. — L'aspect de *Naples* doit être compté parmi ce qu'il y a de plus beau au monde. On ne peut lui comparer que la vue de Constantinople et celle de Gênes, qui en approche le plus. Naples doit être vue, 1°. du quai qui côtoie la petite église del Porto, près de Pausilippe ; 2°. du haut des Chartreux ; 3°. du jardin des Camaldules ; 4°. du château de Portici ; 5°. dans une barque, à quelque distance du port. Cette dernière vue est préférable aux autres. Sur aucun horizon le soleil ne se montre avec autant d'éclat ; nulle part il ne mérite si bien l'épithète d'*aureus*. Il se lève derrière le *Vésuve*, pour illuminer le coteau riant de *Pausilippe* et le sein du plus beau golfe de l'univers, uni comme un miroir, et rempli de bateaux tous en mouvement. L'objet qui termine la perspective, est l'île *Caprée*, fameuse par la retraite de Tibère et par les écueils des sirènes Les charmes de la nature étourdissent ici sur les dangers inévitables dont on est environné ; elle couvre de fleurs les abîmes où la mort fermente sous les pas des Napolitains. Les dangers avertissent l'homme, que l'univers n'est pas fait pour lui seul ; mais la nature lui a fait don de deux préservatifs contre un mal nécessaire, l'*habitude* et l'*espérance* Le climat de Naples étant fort chaud, en est aussi plus sujet aux insectes. Les lits n'ont point de rideaux à cause de la chaleur, mais on les couvre avec des gazes pour se garantir de la *zanzora*, qui est une espèce de cousin très-incommode, et l'on fait les montures de lits avec du fer, pour mieux se garantir des insectes. La tarentule est une grosse araignée, qui a huit pieds comme les nôtres, et dont le corps est composé de deux parties séparées par un canal très-mince. Tous les physiciens mettent à présent au nombre des erreurs populaires sa piqûre, et tous les effets qu'on en raconte.

Plan. — Plan de la ville de Naples, par M. *Perrier*.

Livres à consulter. — « Galanti descrizione geografica e politica delle Sicilie. Napoli, 1790. » (Le 4°, volume traite de la ville de Naples).

Environs. — Les environs de Naples sont très-intéressans à parcourir, pour les amateurs des sciences et de l'antiquité, ainsi que pour les naturalistes. Nous allons indiquer les principaux.

1°. *Voyage au Vésuve.*

C'est la montagne qui, comme le disait avec vérité un capucin à une dame anglaise, vomit de l'or, par la quantité d'étrangers qu'elle attire. Elle est à trois lieues de Naples et à une lieue de la mer.

La première éruption dont il soit fait mention dans l'histoire, car on n'a, par la tradition, que des indices faibles et peu certains qu'il y en ait eu dans l'antiquité, arriva le 4 août, l'an 79 de l'ère chrétienne. Les villes d'*Herculanum* et de *Pompeia* furent englouties sous les cendres et autres matières qui en sortirent; et *Pline le naturaliste*, pour s'en être approché de trop près, y perdit la vie. L'éruption de l'année 472 fut si terrible, que les habitans de Constantinople en furent effrayés, et que l'empereur Léon Ier. sortit de la ville. Celle de l'année 1779 fut presque aussi forte. M. Brooke donne des détails curieux, pris sur les lieux à minuit, sur celle de juin 1794, lorsque la belle ville de *Torre del Greco* fut détruite par la lave brûlante qui se précipitait de la montagne. La dernière, de 1806, ne fut pas dangereuse.

On trouve à *Portici*, sur la grande place, un concours de *cicerone*, ou guides, qui sont sous le commandement d'un chef, et qui se chargent des mulets et de tout ce dont on a besoin pour monter sur le Vésuve.

Il y a trois chemins qui conduisent à cette montagne: l'un au nord, du côté de *St.-Sébastien* et de *Somma*; le second à l'ouest par *Resina*; et le troisième à l'est, du côté d'*Ottaiano*. Celui par Resina est le plus fréquenté et le plus difficile. Il faut environ sept heures par ce chemin, pour parvenir au sommet du Vésuve. De *Portici*, on y parvient en deux heures et demie. On se sert de mulets pour monter jusqu'à la plate-forme. Si l'on prend le chemin de St.-Sébastien, on peut aller jusque-là en voiture; on prend des ânes à St.-Sébastien pour parvenir jusqu'à l'ermitage de *San-Salvador*, maison propre et commode, le reposoir des voyageurs qui en est à environ cinq quarts d'heure de chemin. L'ermite offre aux étrangers du vin, des fruits et tout ce qu'il peut offrir. Les personnes qui aiment la bonne chère ont soin d'y faire porter ce qu'elles désirent.

De là on va à pied pendant environ une heure, jusqu'à une pente assez roide qu'il faut gravir; et quoiqu'on n'ait plus que 355 toises à monter, on emploie encore près d'une heure à les franchir, parce que le sol sur lequel on marche, couvert de pierre ponce, de sable et de cendres, cède sous les pas, use les semelles des souliers, ou les brûle, si on est obligé de marcher sur de la nouvelle lave, et blesse les pieds. Il faut se tenir ferme à la ceinture ou à la corde du paysan ou guide; le guide ordinaire des étrangers était ci-devant *Bartolomeo*, surnommé le *cyclope du Vésuve*.

On arrive enfin sur la plate-forme du Vésuve, qui était autrefois le sommet de la montagne, et qui est aujourd'hui une petite colline de quatre-vingts pieds de haut et de deux cents en talus, qui s'est formée lors de l'éruption de l'année 1755.

C'est au sommet de cette montagne qu'est situé le *cratère*, ou la bouche du volcan, d'où la flamme sort continuellement, et dont la forme change si fréquemment, qu'il est impossible d'en donner une description certaine. En 1801, huit Français hasardèrent l'entreprise de descendre dans ce cratère. Suivant les récits d'un voyageur moderne, en 1803, et de M. Châteaubriand, en 1806, cette entreprise n'est pas périlleuse.

En général, il ne faut pas s'imaginer que ce voyage soit dangereux, car madame Piozzi l'a fait avec une dame qui y mena avec elle un enfant de quatre ans, et qui fut avec elle jusqu'au bord du cratère. Madame Brun y monta aussi en 1796 avec ses deux enfans. La description charmante que madame Brun a tracée de son voyage au Vésuve (voyez *Prosaische Schriften von F. Brun*, pag. 335 et suiv. du 4e. vol.), devrait être dans la main de chaque voyageur vésuvien.

Consultez en lithologie le petit livre : *Saggio di Lithologia Vesuviana, da cavaliere Giovani, Napoli*, 1790, et soyez muni du guide que le sieur Gaëtano d'Ancône a publié en 1803. (*Voyez* route à Portici, etc.) On compte 143 ouvrages imprimés qui traitent de ce volcan. D'après les remarques de M. de Salis, il paraît que lorsque le vent vient du sud ou de l'ouest, et qu'il pousse les vagues de la mer vers la côte, le volcan est plus agité. Il se vend à Portici et à Naples des ouvrages faits de lave et autres productions du Vésuve. (Elévation du Vésuve au-dessus de la mer, 3,283 anciens pieds de Paris.)

2°. *Voyage à Pæstum.*

On compte de Naples à Pæstum 55 milles d'Italie : on peut y aller et revenir commodément en trois jours. En hiver et au printemps, on va le premier jour jusqu'à Salerne, où l'on couche. Mais, depuis le mois de juin jusqu'à celui d'octobre, l'air de cette contrée est très-malsain pour les étrangers ; alors on s'arrête à Vietri. Pendant les séjours que l'on fait en automne à la campagne, et la grande foire qui se tient à Salerne, cette route est très-fréquentée. On passe aux environs de Portici, de Resina, de Pompeia, cette ville qui fut engloutie par les matières que vomit le Vésuve, qu'on laisse à droite, de sorte qu'en faisant cette tournée on peut voir ce que tous ces endroits ont de remarquable. Ensuite on entre dans la vallée de Nocera. Il faut voir en passant l'église de Sainte-Marie Majeure, qui sans contredit paraît être une des plus anciennes de la chrétienté.

On ne peut trop recommander les vues des environs de la Cava (*Voyez* les tableaux et les lettres de madame Brun), et celles de Vietri, dans le golfe de Salerne, à ceux qui aiment à peindre des paysages. Derrière Salerne, on passe dans un bac la rivière de la Salsa. Les bateliers qui conduisent ce bac, sont pour la plupart des malfaiteurs qui trouvent ici un asile, et qui ressemblent plus à des ombres qu'à des êtres vivans ; cause qu'il faut attribuer au mauvais air qu'ils respirent. Les buffles, les brebis noires, broutent à présent les chardons qui croissent dans les marais d'eau stagnante qui couvrent les endroits où étoient anciennement les *tepidi rosaria Pæsti*, célébrés par Ovide. La description des plus anciens et des plus intéressans monumens de Pæstum se trouve dans un ouvrage du P. Paoli, intitulé : *Ruine della città di Paesto, detta ancora Posidonia. Roma*, 1748. Les principales ruines qu'on y trouve encore, consistent en celles de deux temples et d'un autre édifice.

On arrive le même soir à Salerne ou à Vietri. Dans le parvis de la cathédrale de Salerne, il y a une fontaine décorée d'un vase antique de granit vert. Dans le vestibule, on voit encore beaucoup de sarcophages antiques, ornés de bas-reliefs; et parmi les tableaux des autels, il y en a deux superbes d'André Sabbatini.

3°. Route de Pouzzoles, Baies, etc.

La première chose remarquable est la grotte de Pouzzoles ou de Pausilippe, qui a 363 toises de longueur; elle est creusée à travers la belle montagne du même nom. Alphonse Ier. la fit élargir, de sorte que les voitures peuvent y passer. La seconde est le tombeau de Virgile. Cette longue, large et haute galerie est en ce genre le plus étonnant ouvrage qui existe. On a beaucoup disputé depuis quelques années sur l'existence ou la non-existence du laurier qui, dit-on, ombrage ce tombeau. On voit encore dans l'église de Santa-Maria del Porto, le mausolée du poète Sannazar.

On peut faire le voyage de Pouzzoles par eau; mais il est plus agréable lorsqu'on le fait par terre en passant par la Solfatara et le lac Agnano. Examinez le monastère des Camaldules qui est sur une montagne, d'où on jouit de magnifiques points de vue; *San Salvadore a prospetto*, nommé à présent *S. M. Scala cœli*; la *Grotta del Cane* (grotte du chien), assez connue; la Solfatara: non loin de là est un amphithéâtre ancien, bien conservé; le monastère des capucins: il y a près de l'autel une étuve naturelle qui donne assez de chaleur pour qu'on y puisse faire sécher du linge mouillé. Dans le souterrain qui sert de sépulture aux moines, on montre des cadavres qui sont préservés de la corruption. De là on entre dans les champs Phlégréens.

A *Pouzzoles*, ville de 6,000 habitans, située sur une petite presqu'île, on remarque la cathédrale, autrefois temple consacré à Auguste. On y voit encore quelques colonnes antiques, d'ordre corinthien, avec leurs chapiteaux; l'un des murs latéraux, incrusté de marbre de Paros, est un fort bel ouvrage. Sur la place on voit le piédestal d'une statue de Tibère, orné de bas-reliefs. Il existe aussi un ancien amphithéâtre, dont les entrées, les souterrains pour les bêtes féroces, et les voûtes qui soutenaient les gradins, subsistent encore dans leur entier. Cet édifice n'avait que deux étages; le premier construit en lave, et le second avec des matériaux ordinaires. Le temple de *Sérapis* est encore enseveli sous terre, et l'on n'en a découvert qu'une partie: seize colonnes de marbre d'Afrique qui soutenaient le toit, ont été transportées, ainsi que les statues, au nouveau palais de *Caserte*: il ne reste que les piédestaux des statues et trois colonnes de marbre *cipollino* sur leurs bases. Le môle du port de Pouzzoles, appelé vulgairement le pont de Caligula, est un ouvrage étonnant. Il fut réparé d'abord sous Antonin-le-Pieux, et une seconde fois en 1757 : il en reste aujourd'hui quatorze piliers bien construits, mais les arches sont à demi ruinées.

Près de Pouzzoles on voit les carrières de pozzolane, espèce de terre qui a pris le nom de cette ville.

On peut aller à *Monte Barbaro*, anciennement le mont *Gaurus*, qui était originairement un volcan; ensuite à *Monte Nuovo*, montagne d'environ 3,000 pas de circonférence, qui se forma en quarante-huit heures, et, sortant de terre, s'éleva à la hauteur de quatre cents brasses. Cette éruption subite qui arriva dans le mois de septembre de l'an 1538, réduisit le lac *Lucrino* à un petit étang (1).

Ces contrées et les bains de la ville de *Baies*, que la mer a envahis et en partie couverts, étaient, du temps de la république, le séjour le plus délicieux qu'eussent les grands et les voluptueux d'entre les Romains; aujourd'hui elles sont désertes, abandonnées, couvertes de ruines de leur ancienne splendeur; l'air même qu'on y respire, est très-malsain.

Voyez le lac *Averne*, les bains de *Néron*, ou plutôt les thermes de *Baies*, si renommés dans l'antiquité. La chaleur qu'on éprouve en y entrant, excite une sueur abondante. Il ne faut entrer dans les galeries et dans les salles qu'avec précaution, par rapport aux trous et aux décombres dont elles sont remplies. Visitez les ruines des temples de Vénus, de Mercure et de Diane; la chambre de Vénus, où les paysans gardent aujourd'hui leurs futailles : le plafond, orné de sculpture, est noirci par les flambeaux d'une fumée très-épaisse, ce qui fait que bientôt, à force d'y regarder, on n'y verra plus rien. Le terrain marécageux ne permettant pas d'y parvenir à pied sec, on s'y fait porter sur les épaules des mariniers. Le prétendu *tombeau d'Agrippine*, qui a plus l'apparence des restes d'un théâtre que d'un tombeau.

On admire les *Cento Camerelle*, la *Piscina mirabile*, qui n'est qu'un réservoir; les restes du théâtre de *Lucullus* à *Misène*, la source d'eau douce au milieu de la mer : on croit que c'est la source de Domitien; le temple des Nymphes; les Champs-Élysées; le *Mare morto*, abondant en poissons; le lac *Fusara* ou l'ancien *Achéron*; la grotte de la Sibylle

(1) Toutes les beautés de Naples et tous les ouvrages merveilleux de la nature et de l'art qui embellissent cette ville, méritent une description plus étendue. Le voyageur curieux pourra consulter pour cet objet les descriptions imprimées qui se vendent à Naples, sous le titre de *Guide des Étrangers*, etc.; les lettres de *Sir William Hamilton*, publiées dans ses Transactions philosophiques, et séparément en un petit volume; les excellens voyages de M. *Swinburne*, etc.

de *Cumes*; le temple des *Géans*; la maison de *Sylla*; le tombeau de *Scipion l'Africain*, nommé *Torre di Patria*, d'après ces trois mots qui sont restés seuls entiers de l'inscription de ce monument.

4°. *Route de Portici, Herculanum, Pompeia, etc.*

On voit le château de *Portici* et le célèbre musée qui s'y trouve, où l'on admire une immense collection de peintures antiques de l'école d'Athènes. Il est composé de neuf à dix chambres de des fresques enlevées avec art aux murs des appartemens de Pompeia, et dont plusieurs sont très-bien conservées. Ce sont des tableaux de famille, des sujets tirés de la Fable ou de l'Histoire, des allégories ingénieuses et simples, des scènes de la vie privée. Visitez les jardins du château, les ruines d'*Herculanum*, dont on voit encore le théâtre, le reste étant comblé; les ruines de *Pompeia* : ici on parcourt une ancienne ville, qu'habitaient et fréquentaient jadis les Grecs et les Romains, entourés des restes de l'antiquité, parmi les maisons, les théâtres et les temples. (Le meilleur guide, c'est le *Prospetto storico-fisico degli scavi di Ercolano e di Pompeia, e presente stato del Vesuvio : di Gaëtano d'Ancona. Napoli* 1803. 8.) La grande place à *Portici* est toujours remplie de *cicerone*, qui offrent leurs services et qui sont sous l'inspection d'un chef. Je conseille aux voyageurs d'emporter avec eux des vivres, dans leur excursion à *Pompeia* : on s'y arrête assez long-temps, et les vivres y sont de mauvaise qualité.

Il faut voir les ruines de *Stabia*. Les Français, pendant la présence de leurs armées à Naples, ont continué les fouilles à Pompeia et à Stabia.

L'île *Caprée* est célèbre par tous les excès de *Tibère*.

5°. *Château royal de Caserte.*

Cette maison est située dans la plaine, à peu de distance de l'endroit où étoit anciennement la voluptueuse ville de Capoue. Le château est un des plus superbes, des plus réguliers et des plus vastes de toute l'Italie. Il a été bâti d'après le plan de l'architecte *Vanvitelli*. Les jardins répondent à la grandeur et à la magnificence de l'ensemble. L'antiquité ne présente rien qui soit comparable à l'aqueduc. Sa longueur est de 27 milles d'Italie et 218 palmes; mais sa partie la plus remarquable se trouve à une petite lieue de Caserte. Le palais et l'aqueduc ont coûté sept millions de ducats à bâtir, ou à peu près autant d'écus de convention d'empire.

En creusant le grand aqueduc, on trouva, à 90 pieds de

profondeur, un ancien tombeau. Il est aisé de juger de quelle antiquité doit être ce tombeau, le sol étant proportionnellement le même aujourd'hui qu'il était il y a deux mille ans. Combien de siècles ne s'écoulent-ils pas avant que le sol d'une vallée s'élève de 70 pieds! car certainement ce cadavre ne fut pas enterré à plus de 20 pieds de profondeur.

Près de Caserte est la colonie de *St.-Leucio*, qui est un établissement de manufactures et un essai remarquable, quoiqu'en petit, de tout ce qui peut contribuer à l'éducation du peuple. Il faut lire les statuts et les instructions que le roi des Deux-Siciles a écrits de sa propre main à ce sujet, et qui méritent d'être placés au premier rang parmi les écrits émanés de princes souverains.

6°. *Voyage à l'île d'Ischia.*

On compte 14 milles d'Italie depuis Naples jusqu'à la ville d'Ischia. Les bains qu'elle renferme et les étuves (*stuffa*), vapeurs humides qui y sortent de la terre, font qu'en été cette île est très-fréquentée par les malades. Les montagnes nommées *Monte di vico* et *d'Epopeo*, qu'on dit être aussi hautes que le Vésuve, offrent les points de vue les plus agréables. L'île d'Ischia est une production volcanique, et riche en matières très-remarquables de cette espèce. Son territoire produit d'excellent vin chaud et fort, que les Anglais aiment de préférence. L'île de *Procida*, qui n'est pas éloignée de celle d'Ischia, est peut-être la plus peuplée du monde; car, quoiqu'elle n'ait qu'environ 3 milles italiens de circuit, on y compte 14,000 habitans. Le costume du beau sexe est extrêmement pittoresque. Madame Brun nous a donné une description intéressante de son séjour à Ischia en 1796.

7°. *Note des dépenses à faire dans ces voyages.*

Un voyageur français (*Roland*, homme fameux dans les premières époques de la révolution) indiqua les prix suivans, qui sont au plus bas, mais qui peuvent encore servir pour faire son calcul d'avance, une différence de quelques carlins étant un petit objet.

Pour une journée de route à Pouzzoles, y compris le rendez-vous, au cas qu'il soit nécessaire, le retour et le pourboire, 12, 13, ou tout au plus 14 carlins; et pour le *cicerone* dont on se fait accompagner, 6 à 7 carlins. Un canot pour traverser le golfe, 12 carlins; mais si c'est simplement pour se promener, il en coûte 24 à 30. Lorsqu'on se fait porter dans la grotte des Sibylles et dans les temples situés dans les marais, on paye chaque fois un carlin. Pour le chemin souterrain qui conduit jusqu'à l'endroit le plus profond des bains de Néron, où l'on ne peut descendre qu'avec un flambeau, 3 carlins. Au temple de Vénus, un carlin et demi; à l'amphithéâtre un demi-carlin; à celui qui conduit à l'entrée de la *Solfatara*, qui en fait entendre l'écho, et qui conduit à la fabrique d'alun, et de soufre, 2 carlins. Dans les bains des vapeurs de *San-Germano*, un carlin; à celui qui conduit et qui a la clef de la grotte du Chien, et qui fournit un chien pour faire l'expérience, deux carlins. Pour un cabriolet pour aller à Caserte, 15 jusqu'à 19 carlins. C'est une petite voiture dorée, très-jolie, attelée d'un cheval, qui va comme un trait. Pour aller de Caserte à l'aqueduc, on prend un cabriolet, qui coûte 5 carlins; on donne au fontainier 2 carlins; à celui qui montre les statues, 1 ou 2 carlins tout au plus. Pour le théâtre, 1 carlin; à celui qui conduit et fait voir les appartemens du palais, 1 carlin; au garde du musée de Portici, 8 à 10 carlins; au garde des tableaux, 4 à 5 carlins. Pour se faire montrer les statues et les colonnes qui sont dans le Palais royal, 2, 3 ou 4 carlins. A l'invalide qui a les clefs d'*Herculanum* et qui y conduit les étrangers avec un flambeau, 1 carlin par heure. Le louis de 24 livres, ancien argent de France, ou 11 florins d'empire, vaut ordinairement 56 carlins.

Il est nécessaire, lorsqu'on fait la course à *Pouzzoles*, de se pourvoir à Naples de vivres qu'on emporte avec soi.

A *Nola*, à 3 lieues de Naples, la collection des vases étrusques de la famille Vivenzio est la plus nombreuse qui existe à présent.

La calèche *napolitaine* n'est qu'une coquille sur un support en piédestal, semblable à la section oblique d'un vase, dont le pied resterait entier pour former le siége; elle est portée sur des brancards légers et très-élastiques. Une personne y est à l'aise, deux y sont fort gênées. Traînée par un seul cheval, elle va comme le vent, ne pèse que quelques dixaines de livres, et culbuterait et jeterait au loin son homme, s'il y avait le moindre cahot; mais tous les chemins des environs de Naples sont comme des allées de jardin. L'un des voyageurs tient les rênes, et le conducteur, placé derrière lui, et criant *lavora! lavora!* garde le fouet, ou le lui remet, suivant l'occurrence.

Distance. — Cette ville est à 43 l. S. E. de Rome, 70 N. ¼ E. de Palerme, 90 de Florence, 220 S. de Venise, 333 N. O. de Paris. Lat. N. 40. 50. Long. E. 11. 52.

N°. I.

ROUTE DE PARIS A TURIN,
par le Mont-Cenis. 213 l.

PREMIÈRE SECTION

VOYAGE DE PARIS A LYON.

Deux routes conduisent à Lyon, l'une par Auxerre et Autun, l'autre par Nevers et Moulins. 119 l. (*V.* page 103).

1ʳᵉ. *Route par Auxerre et Autun*, 117 l. ½.

NOMS des relais.	DISTANCES en lieues.	NOMS des relais.	DISTANCES en lieues.
Charenton.	2	La Roche-en-Berny.	2
Villeneuve-St.-George.	2 ½	Saulieu.	3
Lieursaint.	3 ½	Pierre-Écrite.	2 ½
Melun.	4	Chissey.	3
L'Ecluse.	4	Autun.	5
Foissard.	4	St.-Emilan.	4
Villeneuve-la-Guyare.	2	St.-Léger.	3
Pont-sur-Yonne.	3	Châlons-sur-Saône.	3
Sens.	3	Senecey.	4
Villeneuve-sur-Yonne.	3 ½	Tournus.	3
Villevallier.	2	St.-Albin.	4
Joigny.	2	Mâcon.	4
Bassou.	3	La Maison Blanche.	4
Auxerre.	4	St.-George-de-Rognains.	3
St.-Brix.	2	Villefranche.	2
Vermanton.	4	Anse.	3
Lucy-le-Bois.	4 ½	Limonest.	3
Avalon.	2	Lyon.	3
Rouvray.	4		

58 postes ¾, 117 ½

Topographie de la route.

On sort de Paris par le faubourg St.-Antoine; on passe devant la manufacture des Glaces; marais et barrière de Reuilly : à droite le Val-de-Grâce et l'Observatoire, ensuite, Bicêtre et le village de Villejuif; pont, vallée de Fécamp; pente douce. — A la Grande-Pinte, on passe devant plusieurs auberges d'où l'on aperçoit Montmartre; on longe les murs du parc et du château de Bercy. On traverse Bercy, principal entrepôt des vins qui viennent par la Seine. Demi-lune en face du château de Bercy : à gauche, belle avenue directe à St.-Mandé et au château de Vincennes, qu'on voit long-temps : à droite, maison et avenue au château de Conflans. La maison de brique sur la route, à l'entrée de Charenton, fut bâtie par Henri IV, pour la belle Gabrielle d'Estrées. . . . . On arrive à

CHARENTON, sur la rive droite de la *Marne*, qui fait un grand commerce de vins; il a une fabrique d'extrait de saturne. Au bout de St.-Maurice, qui fait partie de Charenton, est une maison de santé pour les fous.

Alfort, qui n'est séparé de Charenton que par la Marne, est célèbre par son école royale vétérinaire, qui renferme un jardin botanique et un très-beau cabinet d'anatomie comparée. Dans la salle du concours, on voit un beau buste de marbre blanc, élevé sur un cippe à la mémoire de Bourgelat, premier directeur de cette école. Le pont de Charenton, souvent rebâti, est fameux dans l'histoire par plusieurs combats, depuis les Normands, qui le rompirent en 865, jusqu'aux frondeurs, qui y repoussèrent en 1649 l'armée du prince de Condé. — Après Charenton, on passe la Marne sur le pont de ce bourg; un peu après, on laisse à gauche la route de Troyes; on longe l'école vétérinaire; le Port-à-l'Anglais et le village d'Ivry sont de l'autre côté de la Seine. Après, on côtoie à travers des champs fertiles, mais sujets aux inondations, la rive droite de la Seine, par un chemin très-plat et étroit de pavé. —

A Maisons : à droite, route de Choisy; prairie.

On entre dans le département de SEINE-ET-OISE. A gauche, route de Brunoy par Valenton et Limeil. . . . . On arrive à

VILLENEUVE-SAINT-GEORGE. Ce village, avec un grand nombre de maisons de campagne, pittoresquement situées, possède une raffinerie considérable.

En le quittant : à gauche, route de Crosne et d'Yères; on passe la rivière d'*Yères*, qu'on voit à droite se jeter dans la Seine; pente le long du parc de Montgeron. — A Montgeron, beau village d'où l'on voit l'Yères, rivière ; avenue vis-à-vis du château ; on passe devant l'église et les auberges du lieu ; belle vue ; vallon : à gauche, route nouvelle de Brunoy ; on traverse 2 lieues de la forêt de Senart, de 6 lieues de tour ; la route, dans cette forêt, est sablonneuse en été et boueuse en hiver : à gauche, la route directe de Brunoy ; en sortant de la forêt, on laisse à droite la route de St.-Assise et de St-Port.

On entre dans le département de SEINE-ET-MARNE. — A Lieursaint, devant les auberges, la poste et l'église ; vallon ; coteau d'où l'on aperçoit le clocher de St.-Barthélemy : à droite, chemin de Vert-St.-Denis ; la route est plate et triste jusqu'à l'avenue de Meaux, un peu après, belle vue, bois rempli de grès ; vallon : à gauche, route pavée de Melun à Brie-Comte-Robert ; pente rapide. . . . . On arrive à

MELUN. Cette ville, chef-lieu de Seine-et-Marne, sur la *Seine*, a des bains, une verrerie, deux filatures de coton, des fabriques de toiles peintes, des tanneries, des marchés considérables pour les grains et une société d'agriculture. Les Anglais ne purent la prendre, en 1419, que par famine, et, après l'avoir gardée pendant dix ans, ils en furent chassés par les habitans. Elle est la patrie d'Amyot, traducteur de Plutarque. *Auberges* : la Galère, le Grand-Monarque. Pop. 7,000 hab.

En sortant de Melun, côte, pente rapide. — au Châtelet ; montagne. — à l'Écluse, poste ; côte. — à Valance ; on traverse les bois de Valance ; pente rapide ; on passe le double pont sur la *Seine* et l'*Yonne*. . . . . On arrive à

MONTEREAU. Cette ville, au confluent de la *Seine* et de l'*Yonne*, a des manufactures de faïence façon anglaise et autres. Elle commerce en blé, grains et bestiaux, et elle a des tanneries. C'est sur le pont de cette ville que le duc de Bourgogne fut assassiné en 1409, par les ordres du dauphin, suivant la plupart des historiens. En 1814 il s'y livra un combat sanglant entre les Français et les alliés, qui y perdirent beaucoup de monde. Pop. 3,450 hab.

De Montereau on passe à Foissard, poste, où l'on rejoint la route de Fontainebleau ; on côtoie l'Yonne, rivière ; côte, pente rapide, côte.

On entre dans le département de l'YONNE. — à Villeneuve-la-Guyare, poste ; côte. — à Pont-sur-Yonne, poste ; commerce en vins assez abondans et passables. La route, constamment plate et belle, s'embellit encore, aussi bien que le pays, au-delà du pont : on côtoie l'Yonne à droite. — à St.-Denis, hameau. . . . . On arrive à

Sens. Cette ville ancienne (capitale des *Senones*), ceinte de remparts antiques et de fondations romaines, est située au confluent de l'*Yonne* et de la *Vanne*, dont l'eau de cette dernière, distribuée en canaux dans les rues, les maintient propres en tout temps. Celle que parcourt la route est large, bien alignée et la seule belle rue. On y remarque, aux deux extrémités, deux belles portes de ville, qui se font face, et le milieu du frontispice de la cathédrale, qu'on longe à droite, et dont on admire le vaisseau, le jubé, l'autel, le trésor, la chapelle du martyre de St.-Savinien, les vitraux. Dans le muséum du collège, sont les bas-reliefs du tombeau du chancelier Duprat. On y conserve le célèbre dyptique qui contient l'*Office des fous* et la *Prose de l'âne*, comme la preuve de l'existence de la bizarre fête des Fous, et l'un des plus curieux monumens de la folie humaine. Cette ville, sous-préfecture, possède des bains, une salle de spectacle, une filature de coton, des tanneries, des fabriques de colle-forte, des clepsydres ou horloges d'eau, une belle promenade en forme de boulevart, d'où l'on découvre les remparts. Sens est la patrie du jurisconsulte Loyseau : il s'y est tenu un célèbre concile, où saint Bernard fit condamner la doctrine d'Abailard. — *Auberges* : à l'Écu, à la Bouteille, au Cerf-Noir, à la Ville de Paris. On peut prendre ici le coche d'Auxerre, chez Epoigny; bureau des diligences chez les demoiselles Sauvalle. Pop. 11,000 hab.

On sort de Sens par le faubourg St.-Prest, et l'on traverse la *Vanne*; après Sens, la route est large, plate et bien plantée, mais très-boueuse en hiver et sablonneuse en été; avenue, pente rapide, belle vallée à traverser en passant par la Maison-Blanche, auberge; on côtoie la rivière d'Yonne que l'on remonte, et qui est presque au niveau de la route. Les coteaux couverts de vignobles, les fréquentes sinuosités de cette rivière et les nombreux trains de bois dont elle est couverte, offrent un aspect riant; on passe près du château et de la fontaine de *Veron*, renommée par ses incrustations. La route côtoie la rive droite de l'Yonne, toujours au pied, quelquefois sur le penchant des coteaux à gauche; côte roide de Passy à franchir, prairie et ruisseau de *Vaux*, faubourg St.-Nicolas......
.... On arrive à

Villeneuve-sur-Yonne. Cette ville ressemble à Sens : la route la traverse par une rue large, tirée au cordeau, et terminée de même à chaque bout par une belle porte de ville. Au milieu on voit un beau frontispice d'église; l'entrée et la sortie sont embellies par de belles allées qui entourent la ville. Cette ville commerce en vins, bois et charbons. Pop. 3,000 hab.

Après cette ville, chemin difficile et sablonneux. On côtoie l'Yonne à droite. — à Armeau. — à Villevallier, poste; on longe le château du Fey. — à Villecien, vignoble, le long de l'Yonne. — à St.-Aubin-sur-Yonne, vignoble; on longe la côte de la Migrenne, bon vin; on quitte la rivière; on tourne à gauche peu après le long de la côte St.-Jacques, bon vin; on longe le faubourg St.-Michel en côtoyant la rivière d'Yonne, grille et quai de la ville. . . . . On arrive à
Joigny (*Joviniacum*), qui offre un aspect riant : on y arrive par une belle grille; un quai spacieux et très-élevé règne en droite ligne le long de l'Yonne, qu'on traverse sur un beau pont de pierre qui conduit dans le faubourg, et aboutit à la route d'Auxerre et à celle de St.-Fargeau. Le pont et le superbe quai décoré d'une belle caserne de cavalerie, donnent une idée très-avantageuse de la ville. On est bien détrompé en entrant dans l'intérieur : la ville, proprement dite, élevée au-dessus du quai, contre la pente rapide du coteau qui s'étend le long de la rive droite de l'Yonne, offre des rues très-escarpées, bordées de vilaines maisons, et aussi étroites que tortues.

Le château, bel édifice, construit par le cardinal de Gondi, au haut de la ville, dédommage amplement le voyageur du chemin désagréable qu'il a fait. Les croisées et les terrasses offrent une vue magnifique. On remarque aussi la belle voûte de l'église y attenant, quoique délabrée. Cette ville commerce en écorce de chêne, en bois, en étoffes dites tiretaines, en bons vins dont on estime le débit à 35,000 muids. Pop. 5,500 hab. Après Sens, la route est large et plate, bordée de beaux arbres.

En quittant cette ville, on passe à la grille; on traverse l'*Yonne*; faubourg du pont : on laisse à droite la route d'Orléans et de Montargis; belle vue; 4 lieues de plaine à traverser en passant près du petit et du grand-Longueron; demi-lune et avenue de Champlay, pont, ruisseau de l'étang du château de Champlay, belle avenue; — à Voyes, où il y a de belles maisons; on longe Charmoy. — à Bassou, poste; on côtoie la côte des vignes de Bassou; plaine du pont des Gaules à traverser; on passe vis-à-vis de Néron et le long de l'Yonne, qui tantôt s'éloigne, tantôt se rapproche du chemin, et forme ici une demi-lune. — à Appoigny, où il y a des eaux minérales. — A la nouvelle route; côte, demi-lune, bois de la Barcelle, pont et rivière de *Beaulches*. Limites de la Bourgogne et de la Champagne, côte et avenue des Chenetz, Ste.-Marguerite et St.-Siméon. On descend la côte rapide de *Migrenne*, renommée pour ses bons vins ; on admire à gauche la plaine fertilisée par l'Yonne ; on longe le Clos de la Chenaye, bon vin. On passe devant l'hôpital général ; boulevart et nouvelle route qui descend au port et sur le quai. . . . . On arrive à

Auxerre. Cette ville ancienne, agréablement située sur la rive gauche de l'*Yonne*, qui forme vis-à-vis une petite île, est remarquable par ses trois églises gothiques de St.-Pierre, de l'abbaye St.-Germain et de la cathédrale. La première offre une belle tour et un mélange singulier de gothique et de moderne, la seconde un gothique très-ancien qui touche au Bas-Empire ; la troisième se distingue par la grandeur et l'élévation de sa nef, par les peintures extrêmement chargées de ses vitraux, et par le tombeau d'Amyot, traducteur de Plutarque. La tour de l'horloge avec sa flèche mérite d'être vue. Le palais épiscopal n'a rien de beau. Cette ville a une salle de spectacle, des bains, une fabrique de cire jaune : elle fait un commerce considérable de vins, connus et estimés à Paris sous le nom de vins d'Auxerre ou de la Basse-Bourgogne. La navigation de l'Yonne en facilite le transport. Cette navigation remonte et s'arrête à *Cravant*, petite ville, située à 4 lieues plus haut. Le flottage de bois, dont il passe par Auxerre 200,000 cordes par an, remonte jusqu'à Clamecy dans le Morvan. — *Auberges* : Gousseau, Pasquier, Gelot, Bonnard, Boylet. On remarque que le lit de l'*Yonne* charrie beaucoup de granit et de madrépores pétrifiés. Cette ville a donné naissance à Fournier, typographe, à Sainte-Palais, Lebeuf et à Sedaine. — *Voitures publiques*, chez Lessere ; coche d'eau, chez Lacour. Pop. 12,000 hab.

En sortant d'Auxerre, on passe le pont sur l'*Yonne* : on laisse à droite la route de Troyes ; on longe le faubourg du pont et l'Yonne ; côte roide ; on côtoie Augy ; pente rapide et mont de St.-Brix à traverser ; pente et vignes. — A St.-Brix, poste. — A Gouaix-St.-Brix ; vallon et belle fontaine, côte de vignes, vallée et montagne d'une demi-lieue de traverse, en passant le long d'un bois : à droite Irancy, connu par son vignoble ; pente rapide et belle vue : à droite, route de Cravant, où l'Yonne reçoit la Cure : à droite, chaussée ; pont vis-à-vis d'Arbeau ; montagne à traverser. — au port de Vermanton. . . . . On arrive à

Vermanton, au pied des collines, sur la rive droite de la *Cure*, commerce en vins estimés et en bois de première qualité, qui y arrive à bois perdu. C'est dans cette ville qu'on

J'arrête pour construire les trains qui descendent à Paris par l'Yonne et la Seine.

A deux lieues sud de cette ville, sur les bords de la Cure, sont les célèbres grottes d'*Arcy*, qui méritent d'être vues par le voyageur. C'est une suite continuelle de vastes salles, de passages étroits, de cabinets, de galeries. Les stalactites formées de congélations qui ont la beauté du marbre et la dureté de la pierre, et qui, exposées à l'air, ne perdent rien de ces qualités, offrent les formes les plus variées et les plus bizarres : on y voit toutes les figures imaginables ; les jeux d'orgue se rencontrent le plus souvent et font le plus d'illusions. On peut parcourir en totalité, sans revenir sur ses pas, ces grottes, par la continuité de communications intérieures. Près de l'entrée est un petit lac. Les deux postes de Vermanton et de Lucy-le-Bois conduisent à ces grottes les voyageurs qui veulent les visiter. On n'allonge sa route que d'une lieue.

En sortant de Vermanton, côte, vignes et ancienne route de Lyon ; vallée et côte : côte, bois de Chagna et de Crisenon à traverser. On passe à la poste aux Allouettes : à droite, route de Vezelay que l'on voit sur la montagne à 4 lieues de loin : à gauche, route de Tonnerre ; vallon, côte à traverser en passant dans les bois de Vau-d'Anet et de Précy ; pente rapide dans les roches, pont, ruisseau de la *Veire* à passer. . . . . On arrive à

Lucy-le-Bois, poste, avec beaucoup d'auberges.

On ne voit plus de vignes à 1 lieue de cet endroit. Là, le voyageur en poste laisse en face l'ancienne route par Sauvigny, pour prendre à droite la nouvelle par Avalon.

Avalon, agréablement situé sur la rive droite du *Cousin*, a des rues larges, très-propres, bordées de maisons bien bâties, avec de belles promenades, dont une en terrasse sur la sauvage vallée du Cousin, de 100 toises de profondeur. On remarque l'hôpital, le portail de l'église paroissiale. Cette ville commerce en bois, grains, bestiaux, chevaux, mulets. On y trouve de très-beaux cafés, des bains publics et une bonne société. Elle possède une papeterie. Avalon, autrefois forteresse, soutint, sous le règne du roi Robert, un long siège, et ne put être prise par la belle défense de ses habitans — *Auberges* : la ville de Lyon, la ville de Dijon, le Lion d'Or. Les environs de cette ville, très-pittoresques, offrent quelques esquisses de la Suisse. Pop. 3,500 hab. C'est en cet endroit que commence le *Morvan*, pays connu par les bois qu'il fournit à la capitale, par ses nombreux bestiaux, par les mœurs grossières, sauvages de ses habitans hospitaliers. Ce pays dépend des départemens de l'Yonne et de la Nièvre.

Une route de communication d'Avalon à Vezelai, petite ville, patrie du célèbre Théodore de Bèze, se prolonge jusqu'à Clamecy, où elle s'embranche à celle d'Auxerre à Bourges par la Charité. A l'opposite, une autre route, nouvellement montée, conduit à Semur par Epoisse, village renommé par la fertilité de son territoire et l'excellence de ses fromages. On rejoint, après Avalon, l'ancienne route qu'on a laissée une lieue avant cette ville; un quart de lieue de bois et pente rapide. — à Cussy-les-Forges, on passe devant l'église; vallon et longue pente de Presle, belle vue, vallon, prairie. — à Ste.-Mayence; pont et ruisseau entre les étangs de Ste.-Mayence; montagne et trois quarts de la forêt de Rouvray à traverser, en passant à l'Ermitage.

On entre dans le département de la CÔTE-D'OR. Pente rapide, étang et abreuvoir. — à Rouvray; poste; bourg qui a des fabriques de draps et de serges; vallon, pente rapide: à gauche, route de Dijon par Vitteaux. — à Halle. — à la Roche-en-Berny, poste; une lieue de bois à traverser en passant près du mont Milien; trois quarts de lieue de bois à passer, pente rapide et étang; faubourg St.-Nicolas, pont sur l'*Argentelet*; pente rapide. . . . . On arrive à SAULIEU, petite ville de 3000 habitans, qui fabrique une grande quantité de futailles. Les étangs de ses environs fournissent du poisson excellent, et surtout des truites, dont on fait un grand commerce. Saulieu fut prise et reprise plusieurs fois par les Anglais, les Français, les Huguenots.

De Saulieu on monte St.-Saturnin; au champ de la foire: on laisse à droite la route de la Charité. — à Colonchèvre; belle vue; on traverse la chaîne qui sépare le bassin de la Seine de celui de la Loire. — A Conforgien; une demi-lieue de bruyères à passer. . . . . On arrive à PIERRE-ÉCRITE, hameau ainsi nommé à cause d'une pierre tumulaire qu'on y voit.

La plaine élevée, dans laquelle ce hameau est situé, continue à s'élever jusqu'au sommet d'une montagne, où l'on entre dans le département de SAONE-ET-LOIRE. Le pays est triste, sauvage et stérile. On traverse une lieue de bois. — à Chissey, poste.

On passe la rivière de *Creusevaux*. — à Saux. — à Vaucelles, vis-à-vis de Mortaise. — à Lucenay, poste. Au-dessus de ce village, on aperçoit un rocher bizarre et noirâtre; montagne rapide. — A Colonges et à Reclennes; pente rapide; étangs et trois quarts de lieue de bois à tra-

9

verser; étangs et village de St.-Forgeot. — à Ettot. — à Marmolin-sur-Arroux. — à Échaumotte; pont. Avant de passer le pont sur l'Arroux pour arriver à Autun, il faut se détourner un peu sur la droite pour examiner de près une carcasse qui passe pour le reste d'un ancien temple de Janus. Cette ruine, qui subsiste par la seule force de son ciment, offre une maçonnerie très-simple en petites pierres carrées. . . . . On arrive à

AUTUN. La porte d'Arroux, sous laquelle on passe en entrant dans cette ville, située au pied de trois hautes montagnes appelées *Montjeu*, *Montdru* et *Mont-Cenis*, est un monument bien plus digne de notre attention; elle consiste en deux grandes arcades pour l'entrée et la sortie des voitures, et deux plus petites pour les gens de pied. Un magnifique entablement les couronne. Au-dessus règne une espèce de galerie, composée autrefois de dix arcades, dont il n'en reste plus que sept. Les pilastres d'ordre corinthien qui séparent les arcades sont cannelés avec une grande précision. Les pierres paraissent sortir des mains de l'ouvrier, et les ornemens de celles de l'artiste. La porte St.-André à droite, près de celle-ci, est presque aussi bien conservée, et lui ressemble beaucoup, quoique d'un ordre différent, les chapiteaux des pilastres étant ioniques. On est étonné que des murs de dix-huit pouces d'épaisseur, construits sans ciment, aient pu braver tant de siècles.

Une tour qu'on croit avoir appartenu au temple de Minerve et qui en porte le nom, a été incorporée dans le bâtiment de l'abbaye de St-Andoche. On ne voit de cette tour qu'un seul mur bien conservé et qu'une seule face de ce mur. Le monument appelé la *Pierre de Couars* est une masse informe, composée de pierres brutes, liées ensemble par un ciment blanchâtre. Sa forme est pyramidale, et sa hauteur d'environ soixante pieds. On le voit à un quart de lieue E. de la ville, au milieu du champ des Urnes.

Une rue d'Autun porte le nom de *Marchaux*, qu'on dérive de Martis campus, et l'une des montagnes de la ville, celui de *Montjeu*, Mons Jovis; une autre s'appelle *Mont-Dru*, Mons Druidum.

La ville moderne se distingue par une grande et belle place. On remarque dans sa cathédrale le chœur et le maître-autel: le séminaire, hors la ville, offre un superbe édifice. Autun est la patrie d'Eumène et du président Jeannin. Elle fabrique des velours de coton, des montres à l'eau, de la colle anglaise. — *Auberges*: à l'Écu, à la Bouteille, au Cerf Noir, à la Ville de Paris. Pop. 9200 hab.

On met plus d'une heure à gravir la montagne d'Autun,

un des anneaux de la chaîne granitique qui traverse cette partie méridionale de la Bourgogne, dont les points les plus élevés de la route ont 800 mètres au-dessus de la mer. — à St.-Emilan, poste.

On descend toujours jusqu'à Couches par des pentes rapides. Un grand chemin conduit de là à droite aux établissemens du *Creusot*, si voisins du *Mont-Cenis*, qu'on les nomme indifféremment pour désigner la fonderie de canons la plus considérable, et la manufacture de cristaux la plus perfectionnée de la France. Ces usines nécessitent l'exploitation des mines de charbon des environs, et méritent bien que le voyageur se détourne pour les visiter.

A *St.-Léger*, poste, au fond d'un vallon, l'on traverse le *canal du Centre*. A *Charsey*, on découvre un reste de voie romaine.

A Bourgneuf, cessent les coteaux de vignes, et commencent les plaines à blé. Une demi-lieue après, on croise une route qui aboutit d'un côté à Beaune par Chagny, de l'autre à Charolles par Givry. On traverse une demi-lieue de la forêt de Marloux. — à Maupas, on passe la *Salie*, rivière. — à St.-Côme. On arrive à

CHALONS-SUR-SAÔNE, agréablement situé dans une plaine aussi agréable que fertile, sur la rive droite de la *Saône*, à l'embouchure du canal du Centre dans cette rivière. Cette ville est bien bâtie, avec un beau quai où l'on distingue plusieurs édifices et l'hôtel du Parc, l'une des plus fameuses auberges de France. On admire l'Hôpital St.-Laurent pour sa distribution intérieure et son excellente tenue. Il est situé dans l'île et le faubourg de son nom. Le pont, assez bien bâti en pierre de taille, fait face à la route de Châlons à Lons-le-Saulnier, par Louhans. Cette ville, place importante de commerce depuis la révolution, est l'entrepôt du nord et du midi de la France, surtout de Marseille et de Paris, pour les grains, les vins, les fers, les cuirs, les huiles et les savons.

On prépare à Châlons, avec les écailles de l'ablette qu'on y pêche avec abondance, l'essence d'orient qui sert à faire les perles fausses. Cette ville possède de belles promenades, une assez belle salle de comédie, une bibliothèque, des bains publics et de belles et bonnes auberges, dont les principales sont, après le Parc, les trois Faisans, les trois Maures, la Cloche. Elle est très-ancienne, puisque César en parle sous le nom de *Gabillonum*. Elle fut ruinée entièrement par Attila au sixième siècle, et peu de temps après elle fut soumise par les Bourguignons, et devint la résidence de leur premier roi.

Le canal du Centre, qui réunit la Saône et la Loire, est la source de la prospérité de Châlons. Ce canal, qui traverse le département de Saône-et-Loire l'espace de vingt-quatre lieues, fut commencé en 1783 et achevé en 1792. Il a été nommé *canal du Centre*, parce qu'il établit, au moyen de celui de Briare, une communication intérieure avec les deux mers dans une partie de la France qu'on a regardée comme centrale. On l'avoit d'abord appelé *canal du Charolais*, du nom de la partie de la Bourgogne qu'il traversait.

— *Voiture publique.* Un coche d'eau part tous les jours de Châlons pour Lyon, et embarque les deux diligences qui viennent de Paris, l'une par Dijon, l'autre par Autun. Pop. 12,000 hab.

En sortant de Châlons, on côtoie la rive droite de la Saône; on passe la *Corne* et la *Crosne*, rivières. — à Sencey, poste, on laisse à droite, avant Tournus, la route de St.-Gengoux................ On arrive à

Tournus, ville agréablement située sur la *Saône*, sur laquelle on a construit un quai et un beau pont de bois, formant l'avenue de la route de Lons-le-Saulnier par Louhans; elle fait commerce en vins et en grains, et a des promenades. C'est la patrie du peintre Greuse.

En sortant de Tournus, on voit la poste et plusieurs auberges. De la porte de Mâcon, on passe devant le Palais-Royal; pont sur la *Dolive*, rivière, pente rapide; demi-lieue de bois et de bruyères à traverser; pont et ruisseau d'*Erebie*; vignoble, prairie, marais à traverser. — à St.-Oyen; ruisseau de *Bourhon*; prairie...... On arrive à

Saint-Albin, remarquable par le joli costume des villageoises, qui portent de petits chapeaux en forme de disque, et penchés avec abandon sur une oreille comme ceux des bergères de théâtre. Presque vis-à-vis ce village est la petite ville de *Pont-de-Vaux*, de 3000 habitans, et la patrie du général Joubert. Toute la contrée, depuis Châlons jusqu'à Mâcon, en longeant la rive droite de la Seine, et à quelques lieues à droite de la chaîne des montagnes des Charolais, est regardée comme un des meilleurs et des plus beaux pays de la France. Il doit sa richesse aux vastes prairies entre la route et la Saône, et aux abondans vignobles qui couvrent ses coteaux.

— En sortant de St.-Albin, on va à Mouge; belle vue sur toute la Bresse; on passe entre des vignes et la Saône; côte. — à St.-Jean-de-Priche; ensuite vignes: faubourg St.-Antoine, boulevart................ On arrive à

Mâcon. Cette ville, le chef-lieu de Saône-et-Loire, sur la rive droite de la *Saône*, avec un superbe quai, possède de très-beaux édifices, parmi lesquels on remarque l'hôtel-de-ville, l'ancien palais Montrevel, la salle de Comédie, des bains publics. Dans toute la longueur du quai on découvre une partie de la chaîne des Alpes. Mâcon a de vilaines rues. Elle fait un grand commerce en vin et en raisiné, appelé *cotignac de Mâcon* dans le pays. Elle fut plusieurs fois ravagée par les barbares sous Attila et dans les guerres de religion, et le vainqueur en fit le théâtre de l'affreux supplice inventé par le fanatisme, sous le nom de *sauternes*. — *Auberges*: le Sauvage, l'hôtel de l'Europe. Populat. 11,000 hab.

De Mâcon à Buse, plaines presque continues, et aussi agréables que fertiles. La route est belle en été et boueuse en hiver. Elle côtoie la rive droite de la Saône.

De Mâcon, on sort par la porte Saint-Clément ou par la nouvelle, sur le quai; prairie. — à Saint-Clément; un peu après on aperçoit le Mont-d'Or, qui est près de Lyon; on passe plusieurs ponts sur la petite *Grosne*. — à Varennes. — à Crèche, gros vignoble; l'on traverse la rivière de *Dorlay*; côte de Dracy-les-Oliviers, bon vin; vignes et château de Loyse. — à Poulenevaux; on passe devant des auberges; pont et rivière *Mauvaise*; côte de vignes, 8 lieues de plaine à traverser. — à la Maison-Blanche, poste; on passe devant une auberge d'où on voit le Mont-d'Or.

On entre dans le département du RHONE. On passe les rivières d'*Ouby*, de *Boutecrot* et d'*Ardière*; auberge, canal de Belleville; on traverse la route de Belleville à Beaujeu; on passe la *Meberine*, la *Nerval* et la *Vauzonne*. — à St.-George-de-Roguains, poste; 1 lieue de sables à traverser; pont et rivière de *Nézeron* à passer. — au faubourg de la Croix Fleurie. . . . . On arrive à

VILLEFRANCHE. Cette ville, sur le *Morgon*, a une rue très-large qui ressemble à une place. Elle possède des filatures et des fabriques de toile de coton, connues sous le nom de *toile de Villefranche*. On ne voit nulle part de plus belles femmes. *La lieue d'Anse à Villefranche est la plus belle lieue du monde*, dit le proverbe: on parcourt la plaine délicieuse qui sépare les deux villes, au milieu de haies vives, d'arbres fruitiers, de prairies verdoyantes. Sa richesse en égale la beauté. Après Anse, les vignobles, les collines sont agréablement parsemés d'une quantité innombrable de maisons de plaisance, dont quelques-unes, plus groupées les unes que les autres, forment, par leur réunion, le joli village de *Lucenay*, au milieu duquel domine un superbe château.

De l'autre côté de la Saône, qui coule à une demi-lieue

d'Anse, s'élève en amphithéâtre sur la pente d'une colline couronnée des débris d'un château gothique; la petite ville de *Trévoux*, connue par le Journal des savans et le Dictionnaire de la langue française, imprimés dans cette ville.

Après les *Echelles*, on côtoie le *Mont-d'Or*, dont le sommet, couvert de bois, nourrit des troupeaux de chèvres, et fournit les fromages connus à Lyon sous le nom de fromages du *Mont-d'Or*, qu'il ne faut pas confondre avec ceux du même nom en Auvergne. Cette montagne fournit de belles pierres de taille qui sont recherchées et d'un grand usage à Lyon.

Une descente presque continuelle conduit de Limonest à Lyon, à travers les vignes, les bosquets, les vergers, les jardins et les maisons de plaisance, qui ornent les rives de la Saône aux environs de cette ville. On côtoie, à gauche, le vallon romantique de *Rochecardon*. Un sentier conduit les curieux, qui peuvent, en suivant le vallon jusqu'aux bords de la Saône, se rendre à Lyon par une charmante promenade. Chaque site, chaque maison qu'on voit dans ce vallon mystérieux, qui fut le séjour de J.-J. Rousseau, provoque une question, et demande un guide. Près de la maison où il logeait, on voit une filature nouvellement établie et destinée aux fabriques de crêpes. C'est surtout le bois et la fontaine du *Roset*, qui faisaient les délices de Rousseau. On y arrive par un sentier escarpé et bizarrement taillé dans le roc. On trouve inscrit le nom du philosophe sur une pierre au milieu d'une foule d'autres. Un sycomore porte son épigraphe si connue: *Vitam impendere vero*.

Peu de voyageurs seront disposés à quitter leur route pour les sentiers de Rochecardon, par l'inconvénient d'abandonner sa voiture et la facilité de faire cette promenade en partant de Lyon. Ceux qui s'y décideront seront dédommagés de leurs peines: les beaux aspects des deux rives de la Saône, l'île *Barbe* et les nombreuses maisons de plaisance qui frappent la vue de toutes parts, seront pour eux un surcroît de jouissance. Les plus remarquables de ces maisons sont d'abord le *Roset*, attenant au bois de ce nom, ensuite, sur l'autre rive, le *Vernet*, la plus belle de toutes; plus loin, celle de M. *Merlinot*, élevée sur un amphithéâtre de terrasses; enfin, la tour gothique de la *belle Allemande*, condamnée par un mari jaloux à y finir ses jours. La maison de la *Claire*, la dernière et la plus vantée de toutes celles de la rive droite, n'est remarquable que par ses jardins, plantés par le Nôtre. En approchant de

Lyon, on passe entre cette dernière maison et le château de M. *Duchère*, qui, placé entre les deux routes de Paris, et près de leur jonction, est remarquable par la grandeur et plus encore par la régularité de l'édifice. Ce vaste château fut, pendant le siége de Lyon, lors de la révolution, un des principaux avant-postes des assiégés et ensuite des assiégeans. La place de la Pyramide, où commence le faubourg de Lyon, est en face et à quelques portées de fusil de ce château. . . . . On arrive à
Lyon. (*voy.* page 114).

2e. route par *Fontainebleau, Nevers et Moulins*, 119 l.

NOMS des relais.	DISTANCES en lieues.	NOMS des relais.	DISTANCES en lieues.
Villejuif.	2	St.-Imbert.	2 $\frac{1}{2}$
Fromenteau.	2 $\frac{1}{2}$	Villeneuve-sur-Allier.	3
Essone.	3	Moulins.	3
Ponthierry.	2 $\frac{1}{2}$	Bessay.	4
Chailly.	2	Varennes.	4
Fontainebleau.	2 $\frac{1}{2}$	St.-Gérand-le-Puy.	3
Nemours.	4	La Palisse.	2 $\frac{1}{2}$
La Croisière.	3	Droiturier.	2 $\frac{1}{2}$
Fontenay.	2	S.-Martin-d'Estréaux.	2
Puits-Lalaude.	2	La Pacaudière.	2
Montargis.	2	St.-Germain-l'Espinasse.	3
La Commodité.	2 $\frac{1}{2}$	Roanne.	3
Nogent-sur-Vernisson.	2	S.-Symphorien-de-Lay.	4
La Bussière.	3	Pain-Bouchain.	3
Briare.	3	Tarare.	3
Neuvi-sur-Loire	4	Les Arnas.	3
Cône.	3 $\frac{1}{2}$	Salvagny.	4
Pouilly.	3 $\frac{1}{2}$	Lyon.	3
La Charité.	3 $\frac{1}{2}$		
Nevers.	3		
Pougues.	3		
Magny.	3		
St.-Pierre-le-Moutier.	3		

59 postes $\frac{1}{2}$, 119 l.

Topographie de la route.

On sort de Paris par le fauboug St.-Marceau et la barrière d'Italie, par où J.-J. Rousseau fit sa première entrée à Paris, et dont l'aspect de ce triste et sale faubourg lui fit une si profonde impression, que tout ce qu'il y vit depuis de magnifique ne put le faire revenir : cette entrée est toujours la même ; on l'évite en suivant les boulevarts.

On voit l'Hôpital général et le faubourg St.-Antoine ; Ménil-Montant et Belleville sont au-dessus ; on longe la Maison-Blanche, les cabarets et guinguettes ; à droite, est la route d'Orléans, entre laquelle et celle qu'on suit serpente la petite rivière de Bièvre : à droite, route pavée du Grand-Gentilly : on voit à droite, sur une éminence, au bout d'une jolie avenue en berceau, l'hôpital de Bicêtre ; pépinière et vignes, côte de Villejuif, du haut de laquelle on jouit d'une belle vue : la route est alignée aux tours Notre-Dame de Paris. . . . . On arrive à

VILLEJUIF. Ce village, avec une seule rue, est remarquable par l'obélisque à l'entrée, situé sur le tertre à gauche ; il marque l'extrémité septentrionale de la base d'un triangle, qui a servi à mesurer un arc du méridien, base dont l'extrémité opposée est déterminée par un obélisque semblable qu'on voit à Juvisy : entre le premier obélisque et le château, on découvre tout Paris.

Après Villejuif, on traverse les deux routes de Sceaux et de Versailles à Choisy, près l'avenue du château d'Athis ; à gauche, l'on passe du département de la Seine dans celui de SEINE-ET-OISE. Quelque temps après on laisse à droite les deux embranchemens qui conduisent à Lonjumeau et à Arpajon. — à Fromenteau, poste, hameau agréable, près de Juvisy, où passait autrefois la route ; après Fromenteau, on passe la rivière d'*Orge* sur un beau pont, d'une hauteur peu commune et curieux par ses arcades élevées les unes sur les autres ; l'on y remarque deux belles fontaines, surmontées de deux groupes, dont un représente le Temps qui porte le médaillon de Louis XV, par Coustou. La route traverse la vallée par une longue chaussée, qui, percée de plusieurs conduits pour l'écoulement des eaux, ressemble à une continuité de ponts.

On passe un autre pont sur un bras de l'*Orge* : à droite, *Viry*, connu par ses excellens fromages : à droite, route de Fleury, plaine de Ris. — à Ris ; côte ; on rase la Borde et Champrosay : on laisse à droite la route de la Ferté-Aleps : on voit à gauche les beaux parcs de Gros-Bourg, de Petit-

Bourg et de Neuf-Bourg. Soisy et Etiolle sont de l'autre côté de la Seine. . . . . On arrive à

Essone, village sur la *Juine* ou *Essone*, avec une très-longue et belle rue tirée au cordeau ; sur les deux bras de la rivière sont plusieurs établissemens considérables et voisins d'Essone ; savoir : filature de coton, une fabrique de cuivre, une poudrerie royale, et auprès une belle manufacture de toiles peintes dans le genre de celles de Jouy dont elle dépend. On y remarque la machine à blanchir, inventée par MM. Chaptal et Berthollet.

En sortant d'Essone on passe la rivière ; pente rapide ; un peu après on suit la Juine, riv. — à Pressoir-Pront, ferme : à droite, la route de la Ferté-Aleps. — au Plessis-Chenet ; belle vue ; on côtoie les parcs du château de la Maison-Rouge et de Tilly à gauche.

On entre dans le département de SEINE-ET-MARNE. On découvre à gauche le château de St.-Assise, habité autrefois par le duc d'Orléans, et dont le parc longe la Seine. On rase le parc des Bordes ; pente rapide. — à Ponthierry, poste, où l'on passe la riv. d'*Ecolle* ; un peu après on laisse à gauche l'ancienne route de Bourgogne. — à Pringy : à Chailly, poste connue par ses chevaux blancs.

A un quart de lieu de ce village, on s'enfonce dans la forêt de *Fontainebleau*, qui a 12 l. de tour et 34,000 arp. ; elle est remarquable par la singularité et la variété de ses sites pittoresques : là, des roches informes, noirâtres, cariées, et couvertes de mousses et de lichens ; ici des blocs énormes de grès entassés irrégulièrement ; là, d'arides sables ; ici, des terrains où croissent les plus beaux bois ; en sortant d'une vallée fertile, on se trouve dans un désert inhabitable. Ces ruines de la nature, et le désordre sauvage qui règne à l'entour, font penser aux révolutions qui ont bouleversé le globe.

On passe à la Roche-Châtillon ; plaine de Clairbois : on est entre le rocher de Cuvier et ceux de Plattières d'Aspremont ; tranchée et rocher du mont St.-Père ; fourche du Grand-Veneur, rocher du Grand-Fouteau ; pente rapide et tranchée de la Tête-à-l'âne ; d'où l'on découvre Fontainebleau ; demi-lune et route d'Arbonne : on passe entre les bois de la Tranchée et les Champs. . . . . On arrive à

FONTAINEBLEAU. Cette ville, avec des rues larges et droites, et des maisons bien bâties, partie en pierre, partie en brique, doit toute son importance à son château antique, séjour de plusieurs rois de France, qui offre une masse confuse d'édifices de différentes architectures qui portent le style des différentes époques où ils ont été construits. Cet assemblage a néanmoins un air imposant de grandeur et de majesté qui décèle la demeure des rois. Le château a deux entrées, dont la principale, celle de la cour du Cheval-Blanc, vient d'être embellie d'une grille qui borde l'avenue méridionale de la ville. La cour offre un vaste carré, dont l'aspect n'est point noble. Les deux ailes, de construction moderne, qui règnent à droite et à gauche, ont aussi leur noblesse : on entre dans ce château par un escalier extérieur en fer à cheval.

Des diverses galeries qui décoraient l'intérieur, celle de François Ier. est la seule conservée. On y voit le buste de ce roi guerrier ; on y conserve avec respect, dans leur état de vétusté, les tableaux à fresque, de la Primatie et de Rosso, qui subsistent depuis trois siècles. C'est dans la galerie des Cerfs que fut assassiné, par ordre de Christine de Suède, dite la Philosophe, l'infortuné Monadelchi, son favori.

On remarque aussi la grande chapelle, ornée d'anciennes peintures, et celle St.-Saturnin, dont on vient de faire une belle bibliothèque. Les dehors du château offrent plusieurs pièces d'eau, dont la plus grande, située entre le parterre et le parc, est un bassin de 600 toises de long sur 20 de large.

Cette ville possède deux belles casernes, des bains publics, une manufacture de porcelaine et une de faïence anglaise ; son raisin est célèbre et connu sous le nom de *Chasselas de Fontainebleau*. Les auberges y sont nombreuses et très-chères ; les principales sont la Galère, l'hôtel de France, l'hôtel du Dauphin. — Pop. 9,000 hab.

La route de Paris à Lyon par Fontainebleau, communique ici, d'un côté, par Melun ; de l'autre, par Moret avec celle de Paris à Lyon par Auxerre ; cette dernière communication forme, avec la route d'Orléans et celle dont nous venons de parler, l'étoile qu'on remarque en sortant par l'avenue méridionale de la ville. L'obélisque, au centre de l'étoile, a été érigé à la naissance du dauphin, fils de Louis XVI.

En sortant de Fontainebleau, on rentre dans la forêt, qui offre, dans cette partie de 2 l. qu'on parcourt, des éminences escarpées qui, à une demi-lieue, rendent l'effet des hautes crêtes des Alpes ou des Pyrénées, aperçues de 12 à 15 l. Cet effet est favorisé encore par la teinte grisâtre des rochers. Au-delà de la croix près du village de Bourron, on quitte la forêt pour descendre dans les plaines de Nemours, et une lieue plus loin le pavé de Paris pour s'enfoncer dans des sables mouvans en été, fermes en hiver, et

boueux seulement à la suite des grandes pluies........
.... On arrive à
Nemours. Cette ville qu'on traverse par une large et assez belle rue, est bien percée et assez bien bâtie; la riv. de *Loing* et le canal de *Briare* la baignent. On remarque le nouveau pont de pierre d'une très-belle construction, dont les arches sont extrêmement surbaissées; elle a d'assez bonnes auberges. Le château de Nemours, long-temps habité par les ducs de ce nom, n'a plus rien de remarquable. Cette ville a des tanneries importantes et des fabriques de couvertures de laine. Pop. 3,600 hab.

Après Nemours, on revoit de nouveaux entassemens de rochers qui règnent de temps en temps le long de cette route, qui côtoie des landes et la rive droite du Loing par un chemin ombragé et agréable en été, mais boueux en hiver.
— à Grandelle.............................. On arrive à
Soupe, hameau qu'on traverse, et où plusieurs diligences relayent. Il fabrique de l'acier, des limes, cylindres, essieux, ressorts de voitures.

On entre après la Croisière, poste, dans le département du LOIRET. — à Dordives; on longe toujours le Loing, et la route est ombragée par deux allées qui offrent une véritable promenade; on passe la *Bièdre*, riv...... On arrive à

Fontenay, petit hameau, avec une bonne auberge. On attribue à César le vieux pont de pierre, en face de cet endroit. Sa construction, et surtout les arcades en ogives, le font passer pour gothique.

A mesure qu'on s'éloigne de Nemours, le pays perd de son âpreté. Les grès entassés deviennent plus rares, et disparaissent insensiblement. On rencontre la pierre à fusil, qui sert à l'entretien de la route; au-delà et près de la rivière on aperçoit parfois le canal qui les alimente, et qui se confond de temps en temps avec elle. — Au Puits-Lalaude, poste; on côtoie la forêt de Montargis de 7 l. de tour, et dont les sites n'offrent rien de remarquable. Une demi-lieue avant Montargis, on aperçoit les célèbres papeteries de *Buge* et de l'*Anglée* C'est près du nouveau bâtiment que se réunissent les canaux d'*Orléans* et de *Briare*, au milieu d'une vaste étendue de prairies qui se prolonge jusque sous les murs de *Montargis*......... On arrive à

Montargis. Cette ville, assez mal bâtie, mais assez bien percée, est agréablement située sur les bords du *Loing* et du canal de *Briare*, qui lui servent de promenade. La route y traverse tous les deux. Le château, bâti par Charles V, a fait long-temps partie du domaine de la couronne, et les rois y tinrent souvent leur cour. Les reines y venaient faire leurs couches, à cause de la pureté de l'air, ce qui fit appeler cette ville le *berceau des enfans de France.* Mais dans ce temps il n'y avait pas de canal, qui rend le pays malsain, et occasione beaucoup de fièvres intermittentes. Le château a été démoli. Les Anglais furent obligés d'en lever le siége en 1427, après avoir été battus; et ce premier succès releva les espérances de la France et du roi Charles VII. Il récompensa la fidélité de cette ville en l'affranchissant d'impôts. Elle commerce en bois et en grains. — *Auberges*: La Ville de Lyon, la Madelène, l'Ange, le Cheval-Blanc. — On récolte du safran dans ses environs, d'assez bons vins blancs et d'excellent beurre, qui se vend à Paris. Montargis est la patrie de la fameuse quiétiste La Motte-Guyon. Populat. 7,500 hab.

En sortant de Montargis, on va à la Commodité, poste; pays plat, sablonneux et peu fertile: les chevaux labourent avec les bœufs — à Mormant. — aux Chauffours; on longe l'étang. A une lieue de *Nogent*, poste, mauvais village avec une bonne auberge, et sur le bord du canal, on voit dans l'enclos d'un château appelé *Chenevier*, d'assez beaux restes d'un édifice qu'on reconnaît, à sa construction et à sa forme demi-circulaire, pour un théâtre romain. Ce monument est un des plus remarquables de la France. Un théâtre en ruine annonce une ville. On remarque dans ses environs des décombres qu'on regarde comme des restes de bains. On a bâti à côté de ces monumens une maison de plaisance, habitée par un amateur des arts qui s'empresse de recueillir les voyageurs et les curieux.

Après Nogent, on passe le *Vernisson*, riv. — aux Besars, hameau et auberge; on traverse le bois de Buis--Morand. Après la Bussière, poste: le pays est plat et triste; mais du haut de la colline qui descend à Briare, on découvre tout à coup un nouveau sol et un nouveau ciel: de rians coteaux de vignes, des plaines fertiles et le tableau des bords de la Loire, sur laquelle l'on découvre une multitude de voiles éparses, spectacle vraiment pittoresque qu'on ne retrouve sur aucun autre fleuve de France. — à Trousse-Barrière; on passe le canal de *Briare*. . . . . On arrive à

BRIARE, bourg avec une seule rue assez belle, devenu célèbre pour avoir donné son nom au canal qui, en se réunissant à la Loire, établit la communication de ce fleuve avec la Seine. Du pont sur lequel on traverse le canal en arrivant à Briare, le voyageur voit au-dessous de lui une foule de barques qui attendent le signal du départ, et plusieurs écluses, qui donnent une idée de l'art ingénieux au moyen duquel on fait franchir aux canaux les montagnes et les vallées. Celui de *Briare*, commencé par Sully, est le premier ouvrage important de ce genre qui ait été entrepris en France : l'exécution, interrompue pendant sa retraite, fut reprise sous Louis XIII par Guyon et Bouteroue, à qui ce monarque en céda l'entreprise.

Après Briare, plaine entrecoupée de collines et de champs entremêlés de vignes. — à Housson. . . . . On arrive à

Boni. Grand et joli bourg. On voit reparaître la Loire qu'on a perdue de vue depuis Briare. Pop. 1,200 hab.

Après Boni, l'on passe à Villeneuve, et l'on entre après dans le département de la NIÈVRE. — à Neuvi, bourg et poste : on y trouve des auberges. La route voisine de la Loire qui sépare les deux départemens de la Nièvre et du Cher, est toujours agréable. On aperçoit sur la rive gauche, au milieu de riches campagnes, un vaste château flanqué de quatre tours. — à Lasserre. . . . . On arrive à

CÔNE. Cette ville est située près de la Loire et à l'embouchure de la Novain. On remarque la salle d'audience du tribunal, la salle de spectacle, une grue nouvellement construite pour enlever et embarquer d'énormes pièces de fer. Elle fabrique quincaillerie, coutellerie, clouterie et toutes les ferrures des vaisseaux. On découvre vers l'O., sur la rive gauche de la Loire, les collines du Berry. On jouit bien de cette vue de la promenade située entre les forges et le fleuve.

En sortant de Cône, côte, belle plaine, agréable et fertile; pente. — à Maltaverne; côte et vallons. — aux Bertiers; on voit la vigne. . . . . On arrive à

POUILLY, joli bourg avec une bonne auberge, qui fournit un bon vin capiteux. Pop. 2,500 hab.

Après Pouilly, on traverse des vignes. — à Merès ; forges, plaine ; la route est bordée de vignes. . . . . On arrive à

LA CHARITÉ. Cette ville, mal percée et mal bâtie, est agréablement située au bord de la *Loire*, au pied d'un coteau de vignes. Elle a un beau quai sur la Loire, et deux ponts construits sur les deux bras de ce fleuve, qui forment une île. Elle commerce en fer et en bois. Pop. 4,000 hab.

En sortant de la Charité, on longe la Loire. — à Munot. — à Pougues, poste et joli village, connu par ses eaux minérales abandonnées ; la route s'élève insensiblement à travers les vignes jusqu'au sommet d'une colline, d'où l'œil découvre un des plus riches points de vue de la France ; après, descente, vallon et côte. . . . . On arrive à

NEVERS. Cette ville, chef-lieu de la Nièvre, au confluent de la *Nièvre* et de la *Loire*, par où l'on passe par une porte en arc de triomphe, n'est belle que de loin : sa position en amphithéâtre sur la rive droite de la Loire, offre un bel aspect; mais elle donne une pente rapide aux rues tortueuses et mal pavées. On remarque une belle caserne de cavalerie, le clocher de la cathédrale, la grande place où l'on voit le vieux château des ducs de Nevers. Elle a des fabriques de verre et d'émail, de faïence grossière et une fonderie de canons pour la marine, sur la Nièvre, où l'on voit sur ses bords, à diverses distances, un grand nombre de forges, dont la principale est celle de *Guérini*, consacrée aux ancres et aux boulets. Cet établissement, le plus grand de ce genre en France, est le chef-lieu des autres ateliers du département, qui occupent tous ensemble 1500 ouvriers. Il en emploie lui seul 400. Outre les ancres et les boulets, on y fabrique les chaînes d'amarrage et tout ce qui tient à la ferrure des vaisseaux. Les mines ne sont pas éloignées des forges, qui sont la source du commerce et de la prospérité de Nevers. Le transport des marchandises pour Paris se fait par le canal de Briare, et pour Orléans et Nantes par la Loire. — *Auberges* : l'hôtel royal, l'hôtel du lion d'or, d'où partent les voitures publiques pour Lyon et Clermont. — Cette ville est la patrie de maître Adam, dit *le menuisier de Nevers*. Pop. 12,000 hab.

En sortant de Nevers on passe la *Loire* sur un beau pont. Belle avenue construite en ligne droite et en chaussée à travers des prairies arrosées et trop souvent inondées par le fleuve. Belle vue sur Nevers ; côte, pente rapide. — à Magny, poste; pente, vallon, plaine à traverser; descente, vallon et rivière du *Cheneau*; autre vallon, côte, plaine, et pente rapide . . . . On arrive à
SAINT-PIERRE-LE-MOUTIER, petite ville de 2000 hab. On y voit un étang considérable qui nuit à la salubrité de l'air.

En sortant de là, on laisse à droite la route de Bourbon-l'Archambaud, petite ville à 5 l. S.-O. de St.-Pierre, et célèbre par ses eaux minérales. Les voyageurs, qui s'y rendent de Paris, abrègent leur chemin par cette direction d'environ 5 l. A l'E. de Saint-Pierre, la route est couverte d'étangs et de forêts qui ont attiré plusieurs forges, dont les plus considérables sont *Parence* et *Tabourneau*. La route entre Saint-Pierre et Saint-Imbert est assez difficile, à cause des sables. — à Saint-Imbert, poste et maison isolée. A un quart de lieue de là est la mine de fer de la *Garde*.

On entre dans le département de l'ALLIER. — à la Ville-Neuve-sur-Allier, poste; pente rapide. — à la Grange-Caton . . . . On arrive à
MOULINS. Cette ville, chef-lieu de l'Allier et auparavant

capitale du Bourbonnais, est située sur l'*Allier*, et est mieux bâtie, mieux percée et mieux située que Nevers; on y voit toutes les maisons bâties en brique, et l'on y compte beaucoup d'hôtels. La plupart des façades offrent des compartimens, les uns en losange, les autres en zigzags, formés par la combinaison des briques noires et rouges, ornemens bizarres qui attristent la ville. On remarque le superbe pont de pierre de treize arches, une belle caserne de cavalerie, les fontaines et le mausolée élevé par la princesse des Ursins à Henri de Montmorency, son époux, décapité à Toulouse, sous Richelieu. Il est situé dans le collége royal, ci-devant lycée. Elle possède une riche bibliothèque publique, de charmantes promenades et une petite salle de spectacle. Son commerce consiste en grains, vins, fers, bois, charbon de terre, et soie. Elle possède des fabriques de coutellerie qu'on estime, de faïence, et des manufactures de toiles; de bas de coton et fil; les ciseaux surtout passent pour être de la meilleure qualité. Cette ville est la patrie de Renaudin, sculpteur, des maréchaux de Villars et de Berwick. Ses habitans et ceux des environs se distinguent par leurs mœurs douces et leur franchise. Les paysannes portent de grands chapeaux de paille, en forme de bateau, qui leur siéent très-bien. Ses environs renferment des forges et des carrières de marbre rouge, jaune et bleu. Pop. 13,800 hab.

En sortant de Moulins, on passe vis-à-vis de la Motte-Brisson; côte. — à Toulon; pente rapide. — à Beauregard; on passe la rivière de *Sonate*; côte, on longe Moutchemin; vallée. Dans cette partie, la route est plate et très-belle, la campagne fertile et riante comme tous les environs de Moulins. On aperçoit rarement l'Allier dont on côtoie la rive droite; mais on découvre les charmans coteaux qui bordent la rive gauche; ils sont parsemés de vignes et de bosquets, de bourgs et de villages, de châteaux et de domaines. La rive droite que l'on longe est encore plus belle. — à Bessay, poste; on traverse la rivière de *Beleau*; côte, pont, étangs, côte. — à Saint-Loup. — à Chazeuille. — à Vouroux. — à Varenne, poste; on passe le *Valençon*; on quitte l'Allier; la route forme un coude à Chazeuille sur la gauche: on découvre à droite la montagne du *Puy-de-Dôme* au milieu de la chaîne dont il fait partie; plus loin le Mont-d'Or offre ses cimes neigeuses et borne l'horizon: à gauche on voit le beau château moderne de *Gaiete*, converti en hôpital. Au bout de deux lieues l'on monte et l'on redescend une colline, du haut de laquelle la vue embrasse les montagnes de l'Auvergne à droite: celles du Forez en face, et une vaste plaine qui s'étend à gauche jusqu'à la Loire. — aux Étourneaux. — à Saint-

Gérand-le-Puy, poste et bourg avec une bonne auberge; vallons et coteaux à traverser. — à Périgny; montagne et petit bois; vallons et coteaux à passer; côte : à droite chemin de *Vichy*, célèbre par ses eaux thermales, qui sont propres à la guérison des paralysies, des rhumatismes et des obstructions; bois et pente rapide. . . . . On arrive à

La Plaisse. Cette ville fait le commerce de blé, chanvre et toile. Elle a beaucoup d'auberges. Pop. 1800 hab.

En sortant de cette ville, on passe devant la poste et le château; on traverse la *Bèbre*, rivière; montagnes, bois de Mauvet à franchir en passant le ruisseau de *Blavan* sur le pont de la Vallée, remarquable par son élévation; côte. — à Droiturier, poste; on longe le bois de la Gregoulle. — à Boisdrat; bois et château des Meuniers, vallon, étang, côte. — à Saint-Martin d'Estréaux, poste, environné de montagnes dont les cimes ont de 3 à 400 toises au-dessus de la mer. On voit un commencement de nouvelle route entreprise avant la révolution; elle abrège d'un quart de lieue, évite deux coups de collier très-difficiles, et n'offre dans sa ligne presque droite, qu'une pente insensible.

On entre dans le département de la LOIRE. Côte; vallon, pont près du Gard, côte. — à Gatheron; vallon, pente rapide, montagne, belle vue. — à la Pacaudière, poste où finit le rameau de montagne qu'on a franchi depuis Droiturier; vallons. — à Tourzye; pont de la *Picatière*, côtes, vallons. — à Changy; on passe la rivière de *Tressone*. — aux Mariolus; côte. — à Saint-Forjeux-l'Espinasse; pont, côtes. — à Saint-Germain-l'Espinasse, poste; pont et rivière de *Pèlerin* à passer, côte, petit bois et pente rapide de Fourchambeuf. — à Damet; belle vue sur la Loire; pont de la forêt et rivière d'*Houdan*. . . . . On arrive à

Roanne. Cette ville, sur la rive gauche de la *Loire*, est très-peuplée et fort commerçante. Vue de loin, elle ressemble à un grand village; elle a cependant des rues larges et assez droites, des maisons bien bâties, une salle de spectacle et des bains publics. On charge dans son port toutes les marchandises qui proviennent de Lyon, des départemens du Languedoc et de la Provence, ainsi que du Levant, et qui descendent à Paris par le canal de Briare. On récolte dans ses environs des vins assez estimés, et surtout ceux de Renaison et de Saint-André. Elle fabrique des toiles de coton. — *Auberges* : hôtels de Flandres, du Renard, du Parc. Pop. 8,000 hab.

En sortant de Roanne, on passe un beau pont de bois sur la *Loire*; coteau, plaines de 2 l., pont. — à Cholet; on côtoie la rivière du *Rhin* qu'on passe deux fois; autre pont sur le *Gand*, rivière. — à Étivaux; on longe le Gand, rivière; côte; on passe près de Sainte-Marguerite-de-Néaux. . . . . On arrive à

SAINT-SYMPHORIEN-DE-LAYE. Ce bourg fabrique des toiles de coton, et possède des mines de houille.

En sortant de ce bourg, on passe un pont et près de plusieurs étangs; côte. — à Chassir, hameau; pente rapide, prairie; côte. — à la Roche, hameau. — à la Fontaine, hameau. — à Pain-Bouchain, poste; on traverse la grande chaîne de montagnes, qui sépare le bassin de la Méditerranée de celui de l'Océan, et les eaux de la Loire de celles de la Saône; on passe à la Chapelle, au bas du tertre qui fait le point de partage. Les cimes de ces montagnes ne passent qu'à 4 à 500 toises au-dessus du niveau de la mer. On parvient au sommet de la montagne de *Tarare* par une rampe courte, et facile en été, mais difficile en hiver, à cause des neiges qui encombrent quelquefois la route. Les poteaux plantés de distance en distance guident les voyageurs.

On entre dans le département du RHONE. Prairie le long de la Tardine. — à Perelle. . . . .: On arrive à

TARARE. Ce bourg, situé sur la *Tardine*, dans une vallée au pied de la montagne du même nom, commerce en indiennes, toiles de coton et mousselines. Il a des blanchisseries, des tanneries et de bonnes auberges. Pop 3000 hab.

En quittant Tarare, on longe la prairie et la Tardine, en passant à la Grange-Cloarde : à droite la montagne de Crivilly, au bas de Flein. On longe toujours le ruisseau à droite, et pendant environ une lieue le pied de la montagne à gauche. La route, en général d'une pente insensible, se trouve si rapide et si resserrée entre le talus et le précipice, que c'est un passage vraiment dangereux pour les voitures. Il est prudent d'aller à pied. — au pont Charrat. — aux Arnas, poste; vallon et côte. — à Bully; vallon; on longe toujours la Tardine. . . . . On arrive à

ARBRÈLE, au confluent de la *Tardine* et de la *Brevenne*, petite ville de 2,000 hab. Les mines et la fonderie de cuivre de *Chessy* à une lieue N.-E. de l'Arbrêle méritent d'être vues; on peut s'y faire conduire par la poste. Le site en est très-beau, les ateliers considérables et les excavations immenses. Les mines de *Saint-Bel*, situées à la même distance du côté opposé de l'Arbrêle sont moins considérables. On y extrait la couperose, le vert-de-gris et le vitriol.

Après l'Arbrêle on gravit la montagne de ce nom par une rampe rapide. On trouve après, plusieurs descentes plus ou moins difficiles; pont et rivière de la *Brevenne*. — à Sainte-

Magdelène; pente rapide; côte. — à la Tour de Salvagny, poste; vallon et bois à côtoyer. — à Pinet : on voit à droite le château de Charbonnières, célèbre à Lyon par les eaux minérales de son parc. La beauté du pays va toujours croissant et offre bientôt une des plus délicieuses contrées de la France. La ville s'annonce de loin par la riche enceinte de maisons de campagne qui l'entourent. On rejoint la route de Paris par Mâcon; place de la Pyramide, faubourg de Vaize à traverser. . . . . On arrive à

Lyon. Cette ville, chef-lieu du Rhône, est une des plus considérables de la France, au confluent de la *Saône* et du *Rhône*, dans la position la plus avantageuse pour le commerce. Elle est en général bien bâtie, mais les maisons manquent de gaieté, lors même qu'elles ont de belles façades; elles ont 5 à 6 étages beaucoup plus élevés les uns sur les autres que ceux des maisons de Paris. La tristesse des maisons est encore augmentée par celle des rues étroites, et le pavé, de cailloux roulés et arrondis dans les torrens, est incommode pour les gens de pied. On trouve encore dans cette ville quelques vestiges des magnifiques ouvrages dont les Romains l'avoient embellie. Ses édifices remarquables sont l'hôtel-de-ville, où l'on montre un taurobole antique, bien conservé, et sous le vestibule la table de bronze sur laquelle est gravée la harangue que l'empereur Claude prononça dans le sénat romain en faveur de la ville de Lyon : les salles sont décorées de tableaux de Blanchet; la façade, le frontispice, le grand escalier, la grande salle, la cour, où l'on a conservé les deux groupes de bronze de Coustou qui ornaient la place de Bellecour, sont superbes. La bibliothèque du collége est la plus belle des départemens, le vaisseau en est magnifique; elle renferme 120,000 volumes, au nombre desquels sont plus de 800 manuscrits dans toutes les langues, entre autres un superbe Dictionnaire de li-King, livre de loi des Chinois, et les antiquités d'Herculanum, ouvrage donné par le roi de Naples.

On admire le grand hôpital, la plus belle maison de Lyon. Il n'a pas son pareil en France; il forme une immense façade d'ordre ionique sur le quai du Rhône, et fait plus d'honneur à Soufflot que le grand théâtre. Sur le pavillon du milieu s'élève un dôme quadrangulaire, couronné des emblèmes de la médecine, et du milieu duquel on voit les lits les plus éloignés. Il est écrasé, parce que l'économie des administrateurs a supprimé un troisième étage de colonnes, porté dans le plan de l'architecte. On distingue dans l'intérieur de cet hospice un bel escalier, à la voûte duquel on a représenté le crocodile qu'on dit avoir été pris dans le Rhône au commencement du dernier siècle; ensuite la grandeur et la distribution des salles, qui font toutes face à un autel placé sous le dôme, enfin une excellente tenue, une propreté extrême, et une administration sage et paternelle faite pour servir de modèle. Il faut voir aussi l'église de Saint-Paul: le tableau du grand autel est de le Brun; celles des ci-devant Feuillans, où reposent les cendres de Cinq-Mars et de Thou, que Richelieu fit exécuter sur la place des Terreaux; de Saint-Nizier, bâtie dans le quatorzième siècle, du collége, dont la nef est assez belle; de la cathédrale, remarquable par son architecture moresque et par sa fameuse horloge, ouvrage étonnant par sa complication; d'Enay, où l'on voit la belle Mosaïque découverte en 1806, rue de Pusy, dans le jardin de M. Macors.

L'église d'Enay, bâtie sur les débris du temple d'Auguste, n'offre d'autres vestiges de cet édifice que les quatre colonnes de marbre granit qui soutiennent le petit dôme, et qui, dans leur origine, faisaient partie d'un autel dédié à Auguste. Visitez les ruines d'un ancien aqueduc: l'un des réservoirs est encore assez entier: on l'appelle la *grotte Bazelle*; les moulins pour l'organsinage et le dévidage des soies, à l'hôtel de Milan, où l'on voit des milliers de bobines et de dévidoirs se garnir et se dégarnir comme par des mains invisibles: leur bourdonnement ressemble au bruit d'une cataracte; les places des Terreaux et de Bellecour. Au milieu de cette dernière on doit rétablir la statue équestre de Louis XIV. Cette dernière avait été dévastée par le vandalisme révolutionnaire après le terrible siége de Lyon en 1793. On a reconstruit cette place dernièrement. Cette ville fut occupée, en 1815, par les alliés, qui la respectèrent. Pierre-Encise, ci-devant prison d'état, était couronné par une grande tour ronde, dont les proportions étaient d'une symétrie frappante; on y montait par 120 marches taillées dans le roc. Ce rocher va disparaître; c'est une carrière qu'on ne craint pas d'exploiter. On a terminé le pont et le quai de l'Archevêché sur la Saône. Les promenades sont: les Brotteaux, les bords de la Saône, l'allée Perrache. On aperçoit du quai du Rhône le Mont-Blanc, par un temps clair, et de l'autre côté du fleuve les Brotteaux. L'on jouit d'une vue fort riche sur la montagne de Fourvières. Le chemin est pénible, mais la belle vue dédommage amplement. Lyon y paraît petit: on n'en distingue bien que la partie resserrée entre la Saône et le Rhône. Cette montagne renferme encore dans son sein des marques du grand incendie sous le règne de Néron, et dont parle Sénèque; de beaux restes d'aqueducs près de l'église Saint-

Irénée, une belle Mosaïque dans la maison Cassère, quelques vestiges de théâtre dans l'enclos des Minimes, des réservoirs souterrains dans celui des Ursulines, ainsi que dans la maison des antiquailles, construite sur les ruines du palais des empereurs romains; on y trouve des monceaux de charbon, des métaux fondus, des vases brisés, etc. Le coteau de la *Croix-Rousse* oppose, sur la rive orientale de la Saône, ses pittoresques escarpemens à ceux de la rive occidentale dans l'intérieur de Lyon. Les uns et les autres, répétés dans les eaux de cette rivière, y produisent un effet vraiment magnifique, quand elle est éclairée par les rayons du soleil. Le grand arc de cercle qu'elle décrit autour de la montagne de Fourvières, ajoute encore à ce tableau, embelli du riche amphithéâtre de verdure qu'offre cette montagne.

En face de la place de Belle-Cour, on jouit d'un horizon immense : à partir du Rhône, on découvre les vastes campagnes du Dauphiné; au-delà, les montagnes de la Chartreuse et celles de Chambéry qui en font partie; plus loin les Alpes. Ce quartier est habité par les riches propriétaires; on y remarque quelques beaux hôtels, notamment celui de Malte : le quartier St.-Clair, dont le quai est un des plus beaux de France, répond à celui de la Chaussée-d'Antin de Paris. Il est situé au pied de la montagne de la Croix-Rousse, et habité par le haut comm.; le quai est le Boulevart italien de Lyon; on distingue, dans ce quartier, la maison de Tolosan, dont la magnifique façade frappa l'empereur d'Autriche, Joseph II. Les ponts de bois sont nombreux dans cette ville, et frappent les étrangers par la hardiesse de leur construction : le plus remarquable est le pont Morand sur le Rhône; il conduit de la place St.-Clair à la promenade et au faubourg des Brotteaux; il a bravé les hivers les plus rigoureux, sa charpente effraie par son étonnante légèreté, et n'en supporte pas moins le poids des plus lourdes voitures; les piétons y passent librement sur de larges trottoirs en briques; le pont de pierre de la Guillotière est plus solide que beau; le nouveau pont de l'Archevêché ne laisse rien à désirer.

Les environs de Lyon méritent bien que les voyageurs y fassent quelques excursions : quel contraste entre le sombre intérieur de Lyon et ses rians paysages! Aussi les Lyonnais aiment-ils passionnément la campagne, et ils possèdent l'art de l'embellir; le chemin des *Étroits*, sentier qui règne entre la Saône et le coteau, depuis Lyon jusqu'au pont de la Mulotière, est une promenade qui tente plus les curieux qu'elle ne les satisfait : on y voit une grotte formée dans les

Poudingues, du haut de laquelle s'échappe une fontaine. J.-J. Rousseau passa une nuit dans ce chemin avec deux pièces de six blancs dans sa poche ; il faut voir aussi l'île Barbe, Chaponnot, le Mont-Cindre et le Mont-d'Or. On compare cette ville à celle de Rouen, qui est pour le coton ce que Lyon est pour la soie. Les établissemens utiles et littéraires sont : le collége royal, ci-devant lycée, l'académie, l'école vétérinaire, l'athénée, la société d'agriculture et la société de médecine, la bourse, la chambre de commerce. La ville de Lyon a un hôtel des monnaies pour la fabrication des espèces marquées D, et une loterie royale dont on fait le tirage trois fois par mois. Cette ville est la patrie des sculpteurs Coustou, Coysevox, Audran, de Jussieu, de Tourette, de Rozier, de Bourgelat, de Terrasson, de Bergasse. Lyon est la ville commerçante qui cultive le plus les arts et les sciences. Les Lyonnais sont actifs, laborieux, bons calculateurs, et sages dans leurs spéculations. Elle est très-importante comme ville manufacturière et commerçante. La Saône, le Rhône et la Loire lui offrent de grandes facilités pour le transport de ses marchandises. Le produit de ses manufactures est immense, et ne le cède à aucune autre ville d'Europe. C'est surtout par ses fabriques de riches étoffes de soie que la ville de Lyon a acquis une grande prépondérance parmi les autres villes. Elle a un commerce d'entrepôt; elle fournit des grains de toute espèce, et des vins excellens, qui sont connus sous le nom de *vins de rivage*, et qui se recueillent le long du Rhône et de la Saône, des marrons qu'elle tire de très-loin. Elle a aussi des fabriques d'indiennes, rubans, velours de soie de toute espèce, de broderies, de galons d'or et d'argent; de toiles peintes, de papiers peints, passemens, gazes, crêpes, chapellerie, bas de soie et autres ouvrages de bonneterie, orfévrerie; l'imprimerie et la librairie y fleurissent. Pop. 100,000 hab.

VOITURES PUBLIQUES DE TRANSPORT. — *Entreprise générale des messageries*, à Paris, rue Notre-Dame-des-Victoires.

A Lyon, quai et maison Saint-Benoît.

SERVICE PAR LE BOURBONNAIS. — *Lyon* (Bremond, *directeur*), place des Terreaux, maison Antonio, du côté des cafés.

Bonafous, Bourg et comp., entrepreneurs de messageries et de roulage, rue du Bât-d'Argent. — Diligence en quatre jours et demi en été, et quatre jours en hiver, pour Turin et retour. — Deux fourgons à relais, en six jours fixes, pour Milan, par Chambéry, Turin et Verceil, et retour en quatre jours, partant également tous les jours, et allant sans débâcher en été. — Par roulage ordinaire, ils expédient plusieurs fois par semaine, tant pour l'Italie que pour l'intérieur. Leur bureau, à Turin, est chez Bonafous frères et comp., maison Cumiana, derrière le palais Carignan; et dans les autres villes d'Italie, chez les principaux commissionnaires.

Dubost, Cheze et Marcelin, entrepreneurs des coches de l'ordinaire, partant tous les jours pairs de Lyon pour Châlons, à 4 heures du matin, allant en 60 heures de Lyon à Châlons, et en 48 heures de Châlons à Lyon, port Neuville.

Compagnie Grün. Messagerie de Besançon, Strasbourg, Landau, Mayence, etc., quai St.-Clair, à l'ancien bureau.

Il part tous les jours une diligence en poste.

Gaillard frères et comp. quai Saint-Clair.

Les voitures de cet établissement desservent la route de Lyon à Genève.

Le trajet se fait en 24 à 26 heures.

Richard Galline et comp., entrepreneurs des coches du Rhône et messageries du Midi, successeurs de MM. Dervieux, expédient tous les jours une diligence pour Marseille, et, trois fois la semaine, un coche d'eau pour Avignon. — En temps de foire de Beaucaire, leurs coches partent tous les jours.

Entrepreneurs des voitures par eau de Lyon à Châlons-sur-Saône. Capelin fils et comp.

(*Voy.*, pour les autres routes de Lyon par Dijon, l'Itinéraire du royaume de France.)

DEUXIÈME SECTION.
VOYAGE DE LYON A TURIN, 81 l.

NOMS des relais.	DISTANCES en lieues.	NOMS des relais.	DISTANCES en lieues.
Bron.	2	Aiguebelle.	3
S.-Laurent-des-Mûres	2	La Chapelle.	4
La Verpillière.	3	S.-Jean de-Maurienne.	5
La Tour-du-Pin	4	S.-Michel.	4
Le Gaz.	2	Modane.	5
Pont-de-Beauvoisin.	2 ½	Le Verney.	4
Les Échelles de Savoie (poste étrangère).	4	Lans-le-Bourg.	4
		Mont-Cenis.	6
		Molaret.	6
		Suze.	4
S.-Thibaud-de-Coux, Id.	3	S-George.	3
Chambéry.	3	S.-Antonin.	2
Montmélian.	4	Avigliano.	3
Maltaverne.	3	Rivoli.	3
		Turin.	3 ½

40 postes ½, 81

Topographie de la route.

On sort de Lyon par le faubourg de la Guillotière; on passe devant le Picpus. — à la Tournelle. — à Blanche; demi-lieue de bois à traverser.

On entre dans le département de l'ISÈRE. — A Rabusin, beau chemin, ombragé de mûriers et de noyers, très-uni jusqu'à Bourgoin. Les maisons sont bâties en terre ou *pisé*, suivant l'expression du pays, mais mieux faites que dans aucune partie de la France. — à Bron, poste dans une ferme isolée. — à Genas; on longe des bruyères. — aux Mûres. — à Saint-Laurent-des-Mûres, poste éloignée de la route. — à Saint-Bonnet : à g. les bois de Planeise. — A Pouilleu, ham.: à dr. route d'Heyrieux. — à la Verpillière, poste et village où l'on trouve une auberge passable et située entre un joli coteau qui borde la route à dr., et une vaste prairie qui règne à gauche jusqu'à Bourgoin. Les herbages de ces prairies étaient aussi mauvais que les exhalaisons en étaient malsaines. Ces terres, connues sous le nom de *Marais de Bourgoin*, viennent d'être défrichées par le desséchement qui en a été ordonné.

Au-delà des marais on voit une chaîne de montagnes calcaires, qui les accompagne jusqu'auprès du Rhône. On suit le pied des collines qui bordent les marais jusqu'à Bourgoin; on passe aux Bussière, à la Ladrière, à la Maladière. . . . . On arrive à

Bourgoin. Cette petite ville, agréablement située sur plusieurs rivières limpides et au milieu de coteaux verdoyans, a de larges rues. Elle renferme des manufactures de toile d'emballage, d'indiennes, deux papeteries, des moulins considérables, d'une mécanique particulière, qui produisent une qualité supérieure de farine. Elle commerce en grains et en chanvres.

En sortant de Bourgoin, on passe un pont : à gauche route de Saint-Chef et du Mortel; pont, Mont-Gauchon-sur-Bourbre, marais à traverser, côte de vignes. — à Ruy; pont et ruisseau d'*Enfer* : à droite les bois de Ladras. — à Coiranne. — à Vauchère. — à Sessieux. — à Saint-Joseph, hameau. — à Pelvrin; on passe la rivière de *Bourbre*. . . . . On arrive à

La Tour-du-Pin, sur la rive droite de la *Bourbre*. — Pop. 1600 hab.

En sortant de la Tour-du-Pin, on laisse à droite la route de Grenoble. — à Saint-Didier; pont et ruisseau de *Jaillet*; bois. — à Renard; on passe de nouveau la *Bourbre*. — au Gaz, poste. — aux Abrets; côte à passer entre les bois. — à Sablon; pont et rivière de *Bièvre*. — à Fessaux. — à Guillon. — à la Guinguette; descente rapide, du haut de laquelle on découvre le *Rhône*, les montagnes du Bugey, celles de la Chartreuse et de la Savoie. . . . . On arrive au

Pont-de-Beauvoisin. Cette petite ville séparait autrefois le territoire de France du duché de Savoie. Le voyageur qui passe de France en Italie, par la route de Lyon, s'aperçoit, en arrivant dans cet endroit, d'un changement sensible dans le site, le climat et la population. Les montagnes de la Savoie présentent un spectacle nouveau. Les bois, les rochers, les précipices, les cascades et les torrens, offrent un coup d'œil agréable à ceux qui se plaisent à observer, même les belles horreurs de la nature. La route est cependant bonne, sûre, et même belle dans quelques endroits. Le Pont-de-

Beauvoisin est connu dans l'Itinéraire d'Antonin, sous le nom de *Labiscor*; il est situé sur le *Guiers*, qui prend sa source sur les confins de la Savoie et du Dauphiné, et servait de ce côté, à marquer les limites de juridiction. Il a des filatures de chanvre : on y élève des vers à soie. Pop. 1200 habitans.

En quittant le pont de Beauvoisin, on remarque que les hommes et les femmes plus particulièrement exposés par leur condition à l'action immédiate de l'air, ont généralement le teint plus brun que ceux qui habitent la partie du Dauphiné qui avoisine le *Rhône* : cette différence devient plus sensible à mesure qu'on s'enfonce dans les montagnes, principalement dans la Maurienne, jusqu'à ce qu'on ait passé le Mont-Cenis.

En poursuivant sa route, on passe le *Guiers* sur un beau pont de bois, d'une seule arche : on jouit de la vue d'un pays riche et fertile, et on traverse une plaine bien cultivée, couverte de toute espèce d'arbres fruitiers, de vignes, de troupeaux et de bétail.

On entre en SAVOIE; on se trouve entre la rivière de Guiers et la montagne de rochers. A peine a-t-on fait deux lieues, qu'on arrive au passage de la *Chaille*.

C'est une gorge affreuse, au fond de laquelle le *Guiers* roule ses eaux entre deux montagnes, d'une pente extrêmement rapide et d'une élévation prodigieuse. Ce passage frappe tous les voyageurs : J.-J. Rousseau en est resté stupéfait et l'a décrit. Le trajet en a été rendu facile par la grande et belle route que le gouvernement Sarde a fait ouvrir à travers le flanc de la montagne, qui domine la rive droite du torrent. Il est bordé de parapets qui le rendent plus sûr, et permettent aux voyageurs d'observer sans danger la profondeur du précipice. Dans les temps des glaces et de la fonte des neiges, il se détache souvent des roches des masses énormes, capables d'écraser tout ce qu'elles rencontrent dans leur chute . . . . On arrive aux

ÉCHELLES. C'est un bourg de 1,200 hab., situé dans la plaine, sur la rive droite du *Guiers*, qu'on voit sortir avec impétuosité des montagnes de la Chartreuse, dont nous avons parlé. Les habitans veulent l'ériger en ville : sur les hauteurs voisines, on voit les ruines de quelques anciens châteaux qui servaient autrefois à défendre le passage. A cinq cents pas environ de ce bourg, on commence à monter la montagne escarpée, dite de la *Grotte* ou *des Échelles*, par un chemin rapide, mais beau, large et pavé en grande partie. Pour le rendre praticable aux voitures, il a fallu couper des rochers dans une longueur d'environ mille perches. Cette entreprise honorera éternellement la mémoire de Charles-Emmanuel, second duc de Savoie, qui fit creuser cette route en 1670. On voit avec étonnement des masses énormes de rochers taillés à pic des deux côtés de la route, à plus de cent pas de hauteur dans toute la longueur du chemin, qui est assez large pour que deux chaises de poste ordinaires y puissent passer de front. Napoléon a amélioré et a surpassé l'ouvrage d'Emmanuel, et cette route est maintenant superbe et très-sûre. En sortant de ce chemin creux, on côtoie une montagne très-haute, et dans une atmosphère très-froide. A la fin de juin, tandis que dans le reste de la Savoie les blés sont fauchés et déjà serrés, dans cet endroit ils sont encore verts. En approchant de Chambéry, le terrain baisse de niveau, et le climat devient plus doux. Avant St.-Thibaud-de-Coux, on voit sur la droite, à peu de distance du chemin, une très-belle cascade d'un volume d'eau peu considérable, mais très-limpide ; sa chute perpendiculaire peut s'évaluer d'environ 120 pieds de haut ; elle est très-agréable à voir, surtout quand elle est frappée des rayons du soleil, et qu'elle rend les couleurs de l'arc-en-ciel. Ce sont en partie les eaux de cette cascade qui forment l'*Albano*, qui passe à Chambéry. La campagne des environs de cette ville est très-fertile, et cultivée avec une industrie qui fait plaisir à voir : la grande quantité de mûriers annonce au voyageur qu'on y élève beaucoup de vers à soie, production abondante de la Savoie.

On passe entre la Grotte et le pont Saint-Martin ; pont et rivière de *Vere*. — à Saint-Thibaud-de-Coux, poste. — à Saint-François ; au pont neuf, sur l'*Isère* ; pont et rivière d'*Yère*. . . . . On arrive à CHAMBÉRY, agréablement située sur les deux petites riv. de l'*Albano* et de la *Leisse* ; elle offre des aspects aussi variés, que sa culture des tableaux pittoresques. La plupart des maisons sont élevées ordinairement de trois étages, et couvertes d'une ardoise commune. On remarque la promenade du *Vernay* et celle sur la terrasse ; la caserne nouvellement construite, l'escalier du château, la fontaine de la place de l'Ans, le portail de la *Ste.-Chapelle*. Popul. 10,000 hab. Auberges, St.-Jean-Baptiste, les Quatre-Nations. Les hauteurs qui environnent Chambéry, composées de coteaux, de collines et de montagnes, couvertes de vignobles, de vergers et de châtaigniers, de pâturages, de forêts de sapins et de rochers vers les cimes, offrent des formes et des points de vue aussi multipliés qu'extraordinaires. La plus remarquable de toutes, quoiqu'elle ne soit pas la plus élevée, est la *Dent de Ni*-

volet ; elle fait partie de la chaîne des Beauges, qui sépare le bassin de Chambéry de celui d'Annecy. C'est une excursion et un objet de curiosité pour tous les voyageurs. La montée est de 4 heures, et si escarpée à la fin, qu'il faut gravir des pieds et des mains pour arriver au sommet, qui offre un plateau uniforme, élevé de 1,400 mètres au-dessus de la Méditerranée, et une vue admirable sur la ville, le bassin de Chambéry, sur les montagnes des environs et sur les Alpes, dont on découvre les principales cimes.

A une demi-lieue de Chambéry, sont les eaux sulfureuses de *Boisse*, bonnes aux estomacs débiles. Plus loin, il faut voir le site appelé *Bout du monde*, qui plaît au voyageur, ami de la nature sauvage. C'est une gorge resserrée entre deux montagnes coupées à pic, et fermée à son extrémité supérieure par une masse énorme de rochers, du haut desquels se précipitent en cascades des ruisseaux, qui forment par leur confluent la *Leisse*. A une lieue, vers le Sud, on découvre les abîmes de *Myans*, au pied de la montagne de Grenier, où fut engloutie, en 1249, une ville du nom de St.-André, avec 16 villages. Les irrégularités du sol attestent la fidélité de l'historien. Mais, de tous les sites voisins de Chambéry, le plus intéressant, tant par lui-même que par les souvenirs qu'il rappelle, c'est celui des *Charmettes*, maison isolée à un quart de lieue de la ville, célèbre par le séjour de J.-J. Rousseau et de madame de Varens.

En sortant de Chambéry, on parcourt, jusqu'à Montmélian, une plaine fraîche, variée et bien cultivée, qui ressemble à une vallée par sa position entre les montagnes de Grenier, qu'on voit à une demi-lieue de distance, et celle des Beauges ou de Montmélian, dont on longe à g. le pied couvert de vignes. Cette plaine sépare le bassin de Chambéry de celui de l'Isère. Les deux chaînes des Beauges et de Grenier diffèrent, dans leur conformation, des Alpes dont on voit se déployer, au-delà de l'Isère, une première chaîne. Elles offrent des terrasses bordées de corniches, qui, séparées les unes des autres par de profondes anfractuosités, sont tantôt horizontales et tantôt plus ou moins inclinées. . . . . On arrive à MONTMÉLIAN. Cette ville, par où l'on arrive par un chemin bordé et ombragé qui aboutit directement en face du roc escarpé sur lequel s'élevait son fort, consiste en deux petites rues qui se croisent en forme de T : sa position est aussi heureuse sous le rapport de la défense, que sous celui de la perspective, par la réunion de quatre vallées ou bassins, et des quatre groupes de montagnes qui les séparent. Dans cet endroit, on voit la chaîne des Beauges se replier tout-à-coup par un angle aigu vers l'E., en présentant au S. un flanc très-escarpé, surtout dans la partie supérieure. La partie inférieure, partout où la main de l'homme a pu atteindre, est couverte de riches vignobles, qui produisent les vins les plus estimés de la Savoie. Montmélian occupe l'étroit espace qui se trouve entre le pied de cette saillie des Beauges et la rive droite de l'Isère; l'autre rive est bordée en cet endroit par les collines qui forment le premier gradin des Alpes. Ainsi resserrée, la vallée de l'Isère s'ouvre subitement au-dessus comme au-dessous de ce défilé, en deux larges plaines aussi belles qu'étendues, malgré les ravages trop fréquens de la rivière qui les arrose.

La première, connue sous le nom de *vallée de l'Isère*, ou de *Combe de Savoie*, se joint en face de Montmélian avec celle de la Maurienne ouverte au S.-E., et se prolonge elle-même vers l'E., en se rétrécissant toutefois un peu au bout de quelques lieues, jusqu'à Conflans, où commence la vallée de la Tarantaise.

La seconde, à la naissance de laquelle s'ouvre, vers le N., le bassin de Chambéry, est la fameuse et superbe vallée du *Grésivaudan*. Elle se prolonge dans la direction du S. jusqu'à Grenoble, entre cette longue ramification des Alpes, qui suit la rive gauche de l'Isère, et les montagnes de Grenier joignant celles de la Grande-Chartreuse, qui règnent sur la rive opposée.

Les vallées de la Combe de Savoie et de la Tarantaise sont parcourues dans toute leur longueur par la route qui conduit au Petit-St.-Bernard, l'un des passages de France en Italie.

La première est la plus riche, la seconde la plus belle que renferme le revers septentrional des Alpes.

Après avoir traversé l'Isère sur un mauvais pont de pierre, on s'élève, par une pente assez rapide, sur une colline des plus agréables, qui domine à gauche le vaste et beau bassin où s'opère la jonction de l'Arque et de l'Isère. Vers le milieu de la montée, au village de *Planèze*, la route qu'on suit se joint à celle de Grenoble en Italie, par le Mont-Cenis. La terre est couverte de prairies, de noyers, de châtaigniers, de vignes, de treillages, et de tous les genres de culture, jusqu'au hameau de *Maltaverne*. Le pays décline ensuite graduellement jusqu'à *Aiguebelle*, où la vallée, resserrée tout à coup, devient une véritable gorge des Alpes. C'est par là qu'on y pénètre, et ce village peut en être considéré comme la porte. Il est situé sur la rive gauche de *l'Isère*, et compte 7 à 800 hab., la plupart aisés, quelques-uns riches ; ses maisons peintes contrastent avec la pauvreté de la Savoie, comme sa large rue avec le resserrement de la vallée. Il a un bureau de poste, plusieurs auberges et deux fonderies, l'une de cuivre, l'autre de fer, qui tirent leur minerai des montagnes voisines.

En sortant d'Aiguebelle, le voyageur s'enfonce dans les Alpes, dont il va franchir au Mont-Cenis la chaîne centrale, après avoir remonté, pendant 25 ou 26 l., la vallée de la Maurienne, et traversé nombre de fois, sur différens ponts, le torrent qui la ravage ; elle se change fréquemment en défilés. Au sortir même d'Aiguebelle, on rencontre un gros rocher qui en remplit toute la largeur, au point qu'on a eu de la peine à y pratiquer le passage du grand chemin. Elle s'élargit ensuite pour se rétrécir de nouveau aux approches de St.-Jean. La hauteur des montagnes qui la bordent des deux côtés varie entre 2 et 3,000 mètres. Elles sont en certaines parties nues et décharnées ; dans d'autres, verdoyantes de prairies et de culture, de châtaigniers et de sapins ; partout escarpées, et d'une variété continuelle.

On traverse le hameau d'*Epierre*, et ensuite le village de la *Chambre*. Le premier renferme une fonderie de fer. On passe au hameau de la *Chapelle*. Tous ces lieux sont d'un aspect extrêmement misérable : des habitans malpropres, déguenillés, parmi lesquels on compte beaucoup de crétins et de goîtreux ; des habitations analogues, mal construites, encore plus mal entretenues, dont plusieurs tombant en ruines, sont moins des chaumières que des masures ; des prairies couvertes de gravier ou de marécages : tel est le triste spectacle qui accompagne le voyageur depuis Aiguebelle jusqu'à St.-Jean-de-Maurienne.

Le village de la *Chambre*, qu'on traverse par une large rue, a cependant quelque chose de moins hideux. La nouvelle route, qui longe et digue le torrent, garantira la vallée des débordemens auxquels elle est en proie, et des stagnations qui en résultent.

Entre la Chambre et St.-Jean, on côtoie le pied de la montagne de *Rocheray*. . . . . On arrive à St.-Jean-de-Maurienne, qui occupe à peu près le milieu de cette vallée. C'est une petite ville de 2000 hab. : l'intérieur n'offre que de vilaines maisons et de vilaines rues ; mais les dehors en sont frais et rians. Le faubourg où passe la route est assez agréablement bâti, et l'on y trouve quelques auberges passables. La vallée, en cet endroit, s'ouvre en un petit bassin couvert de prés, d'arbres fruitiers et de superbes noyers.

En sortant de St.-Jean, la vallée se rétrécit entre de

hautes montagnes. Elle continue à s'élever rapidement ; mais les montagnes s'élèvent dans la même proportion. De plus vastes tapis de neige frappent les regards du voyageur, qui se rapproche insensiblement de la région où la nature a établi leur éternel empire. C'est un beau contraste que le voisinage des neiges et des riches productions de la nature. Les vallées et les montagnes des Alpes multiplient ce rapprochement au point d'offrir à la fois, dans un même tableau, les quatre saisons de l'année.

En sortant de St.-Jean-de-Maurienne, on traverse, sur un pont de pierre, l'*Arvan*, et un peu plus loin l'*Arque*, sur un autre pont, en face duquel un ruisseau d'eau pétrifiante court avec rapidité lui porter son tribut, dans un canal de tuf qu'il s'est construit lui-même par ses dépôts calcaires. Sans cesse exhaussé par la continuité des mêmes dépôts, cette espèce d'aqueduc présente une longue muraille ; c'est le phénomène de la fontaine pétrifiante de Clermont qui a produit le pont naturel, si fameux en France, sous le nom de *Pont de pierre*. (*Voy.* l'Itin. de France.)

Presqu'à mi-chemin de St.-Jean à St.-Michel, on traverse le village de *St.-Julien*, dont les environs produisent un vin délicat et très-estimé dans la Savoie, sous le nom de *vin de St.-Julien*.

Cette distance est entrecoupée de ruisseaux, qui tout à fait imperceptibles en été et en automne, deviennent, dans le temps de la fonte des neiges, de si fougueux torrens, que la route en est quelquefois interceptée. . . . . On arrive à

St.-Michel, joli village, peuplé d'environ 600 habitans. La route le traverse en deux haies de jolies maisons, dont plusieurs sont des auberges ; mais c'est surtout par son site qu'il plaît aux voyageurs. Entouré d'une enceinte riante de vergers et de prairies, il semble sortir du milieu d'un bouquet de verdure.

Le nombre des crétins et goîtreux diminue à mesure qu'on approche de la chaîne centrale. On ne voit plus aussi ni beau village, ni beau pays, ni belle nature. Les vignes se montrent encore auprès de Saint-André ; qu'on laisse à peu de distance sur la gauche, pour passer à *Franco*, hameau voisin qui offre la ressource d'une auberge ; celui des *Frenets*, où elle passe ensuite, n'en offre d'aucune espèce ; celui des *Fourneaux*, qu'on trouve près de Modane, doit son nom aux deux fourneaux qu'il renferme. Il y a aussi une forge. Le minerai s'extrait dans les montagnes voisines. . . . . On arrive à

Modane, bourg, avec une médiocre auberge, un bureau

de poste et 1000 habitans, la plupart muletiers, charretiers ou cabaretiers. On y cultive beaucoup le chanvre. Une froidure plus vive et plus soutenue, jointe à un sol des plus arides, n'admet d'autre récolte que celle du foin, de l'avoine et du seigle, ni, pour ainsi dire, d'autres arbres que le sapin, le mélèze et le pin de montagne.

La vallée se rétrécit par les bases et s'élargit par les sommets, qui présentent un grand évasement, pendant que l'Arque ne roule plus ses flots que dans une étroite gorge, dont elle occupe tout le fond.

La nouvelle route, qui borde presque toujours la rive droite de ce torrent, avant Modane, ne pouvant plus le suivre au-delà, a été taillée, pendant l'espace d'une lieue, dans la montagne de Gypse, dont il ronge la base. Elle laisse ensuite à gauche Villaroudin, et à droite Bramant, deux chétifs hameaux. Entre les deux, elle travers, presque sans aucune pente, la forêt de Bramant, jadis renommée par les rampes étroites et rapides qu'il fallait sans cesse ou monter ou descendre, ainsi que par le précipice qui les bordait et menaçait continuellement les voyageurs.

Le *Verney* est un aussi triste hameau que Bramant et Villaroudin.

Bientôt après l'œil se fixe, au-delà du torrent, sur la double cascade de *St.-Benoît*, la plus belle de cette vallée, et l'une des plus belles des Alpes. Les deux chutes dont elle se compose lui donnent un caractère particulier. Elles se sont creusé toutes les deux un profond abîme dont on n'aperçoit pas le fond, et où elles paraissent s'engloutir. On éprouve le regret de ne point passer assez près pour pouvoir en mesurer des yeux la profondeur, et l'on cède quelquefois à la curiosité de se rapprocher de cette scène intéressante pour mieux en jouir. . . . . On arrive à

Termignon, bourg qu'on trouve une lieue avant celui de Lans-le-Bourg. Il est bâti sur un terre-plein en demi-cercle, et sur la rive droite de l'*Arque*, non loin de son confluent avec un autre torrent (la Leisse), presque aussi fort et tout aussi impétueux, qu'on traverse en arrivant. Il a l'air d'un hameau, et l'étendue d'une petite ville. Les maisons sont très-basses, et renferment de nombreux dépôts de marchandises, auxquels donne lieu le passage du Mont-Cenis. On vante la beauté des femmes. La vallée d'où sort ce torrent s'ouvre à gauche vers la Tarantaise.

La route actuelle longe le torrent, et n'a aucune montée considérable. . . . . On arrive à

Lans-le-Bourg, situé au pied même du Mont-Cenis, bourg à peu de chose près aussi considérable, et encore plus triste, s'il est possible, que Termignon. Ce sont deux bien affreux séjours.

« La nombreuse population de l'un et de l'autre est une circonstance très-favorable aux voyageurs, portés la plupart à regarder les 2000 habitans qui la composent comme deux mille victimes dévouées à leur service. Effectivement, tout ce qu'il y a d'hommes jeunes parmi eux, sert à faciliter le trajet de la montagne, en s'occupant sans cesse, pendant huit à neuf mois de l'année, à déblayer les neiges pour ouvrir la route, que sans cesse elles encombrent, et en aidant les voyageurs de tous les secours dont ils ont besoin.

Avant cette nouvelle route, qui a permis aux voitures de rouler sur le Mont-Cenis, ils les démontaient toutes, et les transportaient, à dos de mulet, ainsi que les malles des voyageurs, au-delà du col, tandis que d'autres transportaient les voyageurs eux-mêmes dans des chaises à porteur, ou les *ramassaient*, c'est-à-dire, les glissaient en traîneau du haut en bas de la montagne.

Actuellement qu'ils ne démontent plus les voitures, ils les accompagnent pour les empêcher de verser ou enfoncer dans la neige, en les soutenant, les uns à droite, les autres à gauche, au risque d'en être écrasés. Ils continuent aussi à conduire, quoique un peu moins fréquemment, les voyageurs en traîneau.

Le voyageur qui se présente au pied du Mont-Cenis se voit assailli d'un grand nombre de conducteurs. Lans-le-Bourg a un bureau de poste et quelques auberges passables. La hauteur de ce lieu, au-dessus du niveau de la mer, est de 712 toises.

La vallée de la Maurienne ne finit pas, comme on pourrait le croire, à Lans-le-Bourg; c'est bien là qu'on la quitte, pour traverser le Mont-Cenis.

Les habitans sont contens de leur sort, pourvu qu'ils ne meurent ni de faim ni de froid. Étant plus aisés dans la Haute-Maurienne, à cause du passage du Mont-Cenis, ils y sont aussi moins mal vêtus, et moins sujets à la malpropreté, défaut naturel de la Savoie. Cette partie de la vallée, d'après les mêmes causes, et à raison du passage du Mont-Cenis, éprouve aussi moins d'émigrations.

Le séjour des grandes villes ne corrompt point les mœurs des francs et laborieux Savoyards. La dépravation y est trop loin d'eux pour pouvoir les atteindre : ils s'y rendent recommandables par leur fidélité, et rentrent dans leurs montagnes, aussi simples, la plupart, qu'ils en sont sortis. Les mœurs m'ont paru d'autant plus pures, qu'on approche davantage de la chaîne centrale. Elles semblent suivre la proportion du physique, aussi beau dans la Haute-Maurienne, qu'il l'est peu dans la basse. Les habitans de Termignon et de Lans-le-Bourg sont grands et bien faits. Les crétins et les goîtreux, si communs entre Aiguebelle et St.-Jean-de-Maurienne, sont inconnus parmi eux.

On n'aperçoit dans toute la Maurienne, depuis Aiguebelle jusqu'au Mont-Cenis, aucune maison de campagne, aucun château, ni moderne ni gothique. La ville de St.-Jean renferme seulement quelques familles nobles, mais hors de la ville, tout est peuple.

Une chose faite pour étonner les étrangers, en Savoie, c'est d'y entendre les paysans parler mieux le français que ceux de la France, qui même, comme on sait, ne le parlent pas du tout dans certaines provinces. Le peuple savoyard a cependant son patois, assez semblable à celui de nos départemens méridionaux.

La nouvelle route ouverte l'espace de 9 lieues dans les montagnes, joint la vallée de l'*Arque*, dans la Savoie, à celle de la *Doire-Ripaire* ou Doria-Riparia, dans le Piémont. Elle commence à *Lans-le-Bourg* sur la rive droite de l'*Arque*, à laquelle communique un beau pont en charpente d'une seule travée avec culées en maçonnerie. La route se développe en cet endroit sur le flanc de la montagne en six rampes, dans des prairies et dans des bois de sapins et de mélèzes, jusqu'au point le plus élevé du col.

En face du pont à gauche, une place circulaire est terminée par un contre-mur qui retient les terres de la montagne, et au milieu duquel jaillit une nappe d'eau qui coule par-dessous la place. La pente de la route depuis Lans-le-Bourg jusqu'au point culminant, est de 5 pouces par toise.

Les paliers des rampes sont bornés du côté de Lans-le-Villars en remontant la vallée de l'Arque, par un ravin profond, où coule le *Lamet*, ruisseau. . . . . On arrive à

LA RAMASSE. Ce lieu, avant l'ouverture de la nouvelle route, était célèbre en hiver. Assis sur une frêle chaise de bois, placée sur un traîneau conduit par un seul homme, on pouvait arriver à Lans-le-Bourg en 7 minutes, c'est-à-dire faire plus de deux lieues dans ce court espace de temps. Cette descente très-rapide était très-dangereuse : le moindre coup de pied donné à faux, la plus petite maladresse pouvait précipiter les voyageurs dans les ravins ou les briser contre les rochers. Aujourd'hui on peut faire sans danger ce trajet en traîneau par la nouvelle route ; la vitesse est beaucoup moindre, le mouvement plus uniforme et plus doux. Voyager ainsi c'est se faire *ramasser*. Le vent qui vient du

Piémont est plus violent à la Ramasse que partout ailleurs.

„ Du point *Culminant*, ou le plus élevé de la route, dominé par de plus hautes montagnes, on parcourt le plateau du Mont-Cenis qui s'étend jusqu'à la Grand'-Croix. On a ici dirigé la route de manière à éviter quelques avalanches, qui rendaient l'ancien chemin dangereux; et bientôt on découvre le lac du *Mont-Cenis*, dont les eaux limpides réfléchissent les montagnes qui l'entourent. Elle est assise sur un terrain d'une singulière conformation : sur une étendue de plus de 800 toises de longueur, l'espace compris entre le pied de la montagne à gauche et le bord du lac sont pour ainsi dire criblés de puits naturels, dont plusieurs ont une profondeur considérable; ceux-ci offrent des bords escarpés et déchirés, comme si, par un vide souterrain, la masse s'était affaissée tout à coup; d'autres, recouverts encore de terre végétale, présentent les formes d'un cône régulier. Ces puits sont en général remplis de neige qui s'y conserve pendant l'hiver, et que la chaleur de l'été fait fondre en partie.

En face du lac on voit le hameau des *Tavernettes*, situé au pied d'un des pics qui dominent le plateau. Il est composé de 5 à 6 maisons, qui sont autant d'auberges ou tavernes: d'où lui est venu le nom de *Tavernettes*. On appelle depuis ce lieu *Mont-Cenis*. La hauteur de la montagne du même nom est de 983 toises au-dessus de la mer, prise du lac. Avant d'arriver à cet endroit, on a fait une contre-pente très douce pour éviter à gauche le pied de la montagne, et à droite les puits dont nous venons de parler. Depuis les Tavernettes, la route faite en remblais présente deux belles lignes droites raccordées par deux grandes courbes. A l'extrémité du lac du côté du Piémont, et parallèlement à la route, on rencontre à gauche les bâtimens de l'*Hospice*, dont nous parlerons bientôt plus en détail. En face de l'autre côté du lac se présente la gorge du petit *Mont-Cenis*, fertile en bons pâturages. C'est aussi de cette vallée que viennent les vents les plus violens qui soufflent sur le plateau du Mont-Cenis.

„ Le pont de la *Rouche* a 10 mètres. Ce torrent suit à peu près la direction de la route nouvelle, et se joint à la Cenise avant le hameau de la Grand'-Croix.

„ Le petit pont actuel de la Grand'-Croix sur la *Cenise*, sert provisoirement à la route, quoiqu'il se présente obliquement sur sa direction; on doit le reconstruire en pierre dans cette campagne.

Ici finit le plateau du Mont-Cenis, et commence la pente du côté du Piémont.

Au-dessus de la *Plaine St.-Nicolas*, la route a été ouverte sur une longueur de 240 mètres dans un rocher de granit nu, à pic, et d'une élévation considérable, que les chamois même ne pouvaient gravir. Des *encorbellemens* commencés à de grandes hauteurs, ont permis de donner au plan de la route qui coupe les rochers en écharpe, la longueur de 10 mètres; et pour garantir les voyageurs de la chute fréquente des pierres qui, des parties supérieures du rocher, pendent sur leur tête, on y a projeté des voûtes en maçonnerie, dont la construction a commencé en 1810, et a été achevée en 1811. Au milieu de ces encorbellemens, le rocher a offert du côté du précipice une masse assez saillante pour s'y enfoncer en galerie sur une longueur de 44 mètres. On doit, au moyen de paliers pratiqués au-dessus de la route, arrêter les avalanches dangereuses. L'aspect sauvage de la plaine St.-Nicolas, même dans la belle saison, est très-imposant.

De la galerie au hameau de *Bart*, la route présente de beaux développemens et de belles pentes. Vis-à-vis le village de la Ferrière qu'elle domine, elle est ouverte sur une longueur de 72 mètres, dans un rocher de granit très-dur et vertical. Au hameau de Barton traverse un ruisseau au moyen d'un petit pont en charpente; la route se développe ensuite sur un terrain mêlé de rochers. Dans quelques endroits les terres supérieures éboulent fréquemment, malgré les talus, à cause de la grande hauteur de la coupure et des sources qui pénètrent la montagne de leurs eaux; un mur d'épaulement élevé de 3 mètres au dessus du sol de la chaussée, et de 200 mètres de longueur, retient les éboulis continuels qui se formaient dans la combe dite de *Clauet*, et rend superbe une partie de route qui, avant cette construction, était difficilement praticable en hiver.

On entre en PIÉMONT. Avant d'arriver au palier du Mollaret, on découvre en face les riches coteaux de *Chaumont*, au pied desquels coule la Doire Ripaire, qui descend du *Mont-Genèvre*, et à gauche la vallée de la Cenise jusqu'à Suze. De la poste de Mollaret à la sortie de la combe de *Giaglione*, à l'exception de la partie horizontale de St.-Martin, la route est ouverte dans des rochers sur le bord d'un précipice épouvantable; des parapets en maçonnerie font la sûreté des voyageurs. Du Mollaret on aperçoit toute la vallée de la Cenise, les villages de Novalaise et de Venaus.

Après St.-Martin, la route passe sous l'avalanche de *Venaus*, qui prend naissance à une hauteur très-grande, et se forme d'un immense bassin qui a pour issue un canal étroit et tortueux; elle est en partie arrêtée par la route, qui lui oppose un rempart, et le surplus s'étend encore à une distance considérable, quelquefois même jusqu'au hameau qui se trouve dans la plaine de la Cenise.

Cette avalanche qui tombe toutes les années, et souvent même deux fois l'an, occupe sur la chaussée une largeur de 70 mètres; et comme son origine est à une très-grande distance de la route, elle fait entendre lors de sa chute un grand bruit semblable au roulement lointain du tonnerre, plus d'un quart-d'heure avant qu'elle y soit arrivée; ce temps est beaucoup plus que suffisant pour traverser au pas même l'étendue qu'elle occupe, et pour se mettre entièrement hors de ses atteintes. Par la suite on évitera cette avalanche au moyen d'une galerie en combe ouverte dans le rocher.

A la combe de *Giuglione*, on a construit des paliers dans une gorge étroite, qui sert de lit à une avalanche, que par ce moyen on espère arrêter avant qu'elle arrive à la route. En sortant de ce lieu, la route se replie en quatre rampes, jusque vis-à-vis la fontaine du village du même nom. Elle est ouverte dans un coteau charmant, couvert de la plus belle végétation; la vue pittoresque de la vallée de la Doire et de la colline de Turin, qui terminent l'horizon, embellit la route.

La route continue depuis le pont de St.-Roch, jusqu'à l'entrée du faubourg de Suze; elle suit la rive gauche de la Doire. Toute cette route fut terminée en 1811, et n'a plus besoin que d'entretien.

Déjà l'on peut dire avec vérité qu'il n'y a plus d'Alpes depuis Lans-le-Bourg jusqu'à Suze, puisque ce passage est converti en une route spacieuse et commode, où les voitures passent dans toutes les saisons.

Quelque prévoyance cependant qu'on ait eue, il a été impossible pour les parties hautes de les mettre à couvert de l'impétuosité des vents, qui accumulent les neiges. Mais Napoléon a fait établir sur la partie la plus élevée du Mont-Cenis des maisons de refuge qui servent d'asile aux voyageurs, et de logement aux cantonniers chargés de l'entretien de la route.

Cet établissement de cantonniers est intéressant sous tous les rapports; ce sont autant de petits hospices confiés à la femme de l'un des cantonniers qui a mérité le privilége de tenir auberge en jouissance de la franchise de tous droits pour détailler.

Les maisons de refuge déjà établies sont au nombre de 25; elles ne conservent pas entre elles la même distance : leur situation a été fixée eu égard aux difficultés que présentaient les divers points de la route, qui d'ailleurs est désignée partout où il est besoin par des balises assez rapprochées pour que le voyageur, même en temps de brouillards, puisse être dirigé par ce moyen au moins d'un refuge à l'autre. Ces refuges sur la partie du plateau doivent, à cet effet, être munis d'une cloche, pour diriger par l'ouïe la personne qui ne pourrait l'être par la vue.

Pendant l'hiver, tous les cantonniers sont occupés au déblai des neiges et à porter aux voyageurs les secours dont ils peuvent avoir besoin. Pendant l'été, ils travaillent à l'entretien de la route.

Le roi de Sardaigne a conservé l'organisation des cantonniers. Il en a réduit le nombre à 52, qui ne forment plus que 2 compagnies.

Napoléon a rétabli sur le plateau du Mont-Cenis l'hospice fondé par Charlemagne. Il offre des logemens commodes, et des écuries magnifiques pour 300 chevaux. Il a des casernes d'infanterie et une église. On peut y loger 2,212 hommes, dont 1200 au grenier sur de la paille.

Les religieux de l'hospice du Mont-Cenis exercent dès à présent l'hospitalité de la manière la plus noble et la plus digne de leur institution. On a établi, au profit de l'hospice et pour l'entretien de la route, une taxe, maintenue par le roi de Sardaigne, savoir :

Par cheval et mulet . . . . 2 fr.
Par charrette ou voiture non suspendue . . . . . 3 fr.
Par voiture suspendue . . . . 6 fr.

On arrive à Suze. Cette petite ville est située dans le fond de la vallée, au pied de plusieurs rochers plus ou moins pittoresques, près du confluent de la *Cenise* et de la *Doire*, et sur l'embranchement des deux routes du Mont-Cenis et du Mont-Genèvre, qui suivent le cours de ces deux rivières. Le *Pas-de-Suze*, regardé comme la porte de l'Italie, était défendu par le fort de la *Brunette*, qui a été démoli par le traité de 1796, et dont il ne subsiste plus que la maison du commandant. C'est la première ville du Piémont, à 2 lieues ½ environ des frontières du Dauphiné. La tradition vulgaire est qu'Hercule y passa pour pénétrer dans les Gaules, et Annibal pour passer en Italie. Il faut voir l'arc de triomphe construit en l'honneur d'Auguste, et situé dans l'enclos de l'ancien château. Quoiqu'il soit un peu endommagé, il conserve cependant la beauté de proportion et le goût de l'architecture romaine. Cette ville doit son origine à une colonie romaine, qui s'y établit sous le règne d'Auguste, lorsque ce prince fit ouvrir une route pour entrer en Dauphiné. Pop. 2,000 hab. Le territoire de cette ville fournit un marbre renommé, sous le nom de *vert de Suze*. Il produit aussi le meilleur vin du Piémont.

Si le voyageur oubliait qu'il est en Italie, il serait réveillé de cet oubli en voyant son postillon ôter son chapeau devant les madones placées de loin en loin sur le bord de la route. Ce sont des oratoires construits quelquefois en petites chapelles, quelquefois en simples niches, et consacrées à la vierge.

La route suit d'abord sur la rive gauche, ensuite sur la rive droite de la Doire, la vallée de ce nom, qui offre un verger continuel dans la première lieue. La vue est ensuite attristée par la nudité des plaines de Bussolino, qu'un torrent couvre fréquemment de ses graviers : le très-petit et très-vilain bourg de ce nom, où l'on passe la Doire, est peuplé de 5 à 600 habitans et dépourvu de ressources. On y remarque un château gothique en ruine. Le pays reprend ensuite sa fraîcheur et sa fertilité. On commence à voir la vigne mariée à l'ormeau, le terrain couvert de blés et de mûriers qui annoncent l'abondance, et l'excellente qualité des soies du Piémont. Il s'améliore à mesure qu'on avance, les canaux d'arrosage qu'on tire de la Doire l'enrichissent et l'embellissent à la fois, nous verrons ces canaux, qui continuent jusque dans la jolie plaine de Turin, l'arroser et la féconder de même. . . . . On arrive à St-George, hameau de 4 à 500 habitans, où l'on voit un reste de château gothique comme à Bussolino ; *St.-Antonin* est un bourg de 6 à 700 âmes, qui renferme une auberge passable.

A peu de distance au delà, on trouve le village de *Vayez*, connu par ses carrières de granit, que signalent aux yeux du voyageur les nombreuses colonnes qu'il voit éparses au bord de la route.

Le bourg de *St-Ambroise*, qu'on traverse peu de temps après, renferme 7 ou 800 habitans ; on y trouve une auberge passable. On remarque la nouvelle église, de figure octogone et d'un bon goût, bâtie sur le dessin d'un simple maçon. Il est dominé par un ancien couvent de bénédictins, qui s'élève de la manière la plus pittoresque sur la montagne haute et pyramidale de *St.-Michel*, dont il semble former le sommet.

Avigliano est un lieu plus considérable que les précédens. Il renferme 1,000 habitans, une boîte aux lettres, une auberge et beaucoup de filatures de soie.

A ¼ de l. sur la droite sont deux lacs très-poissonneux qui se dégorgent l'un dans l'autre. C'est une très-courte et très-agréable excursion qu'on peut faire dans sa voiture. Après ce bourg, la vallée s'élargit tellement, qu'on est tenté de se croire déjà dans les plaines du Piémont, qui cependant ne commencent réellement qu'à Rivoli. La montagne qui la borde, en s'abaissant et s'éloignant sans cesse de l'autre côté de la Doire, finit par une haute et noire cime d'une forme presque conique, d'une nudité complète et d'un aspect extraordinaire.

A une lieue et demie S. S. O. d'Avigliano, le bourg de *Giaveno* est remarquable par de nombreux établissemens de forges . . . . On arrive à

RIVOLI, la seconde ville qu'on trouve entre le Mont-Cenis et Turin. Elle a 5,000 habitans, et un château royal situé sur une éminence, d'où il commande la ville et la plaine. L'édifice en est très-vaste, quoiqu'il ne soit pas achevé. Il a servi de retraite, ou, pour mieux dire, de prison à Victor Amédée II.

Une allée large et parfaitement alignée, faisant face au beau dôme de la *Superga* qui s'élève majestueusement sur la colline de Turin, est la route qui conduit à cette ville, au milieu d'une plaine riche et fertile, arrosée par un grand nombre de canaux, creusés exprès pour y répandre les eaux de la Doire. C'est là que commence la riche plaine de la *Lombardie*, qui s'étend jusqu'à Venise.

La pyramide qui s'élève à gauche de la route, près de l'entrée de Turin, indique une des deux extrémités de la base d'un triangle par lequel le P. Beccaria détermina le méridien de Turin. L'autre extrémité de la même base est marquée par une pyramide semblable, qui échappe à l'attention du voyageur à Rivoli.

La vallée de Suse est de moitié plus courte que celle de la Maurienne. Cette observation faite également par M. de Saussure dans toute l'étendue de la chaîne, lui a prouvé que les Alpes ont une pente plus brusque sur leur revers méridional, que sur le revers opposé. . . . . . . On arrive à

TURIN. (*Voyez* Tableau des Capitales, page 38.)

N° 2.
ROUTE DE TURIN A MILAN.

NOMS des relais.	POSTES.	TEMPS EN VOYAGE.	
		heures.	minutes.
Settimo.	1 ½	1	15
Chivasco.	2 ½	1	15
Cigliano.	3	4	
St.-Germain.	1 ½	1	20
Verceil (a).	1	1	40
Orfengo.	1 ½	1	40
Novare (b).	2	2	
Bufalora.	1	1	20
Sedriano.	1 ½	1	20
Milan.	1 ½	1	15
94 milles 98 milles anglais	16	17	5

Topographie.

Auberges. (a) Le Lion d'or et les Trois Rois ; (b) les Trois Rois, le Poisson d'or, le Faucon.

On rencontre fréquemment sur cette route des rivières et des canaux dont le passage, qu'il faut payer, retarde le voyageur ; toutefois le chemin est commode, plat et bordé d'arbres bien rangés. De Turin à *Settimo* la route est commode et bien entretenue, la campagne fertile et cultivée avec industrie. On passe la *Dora*, la *Stura*, le *Molone*, l'*Orco*, la *Dora Baltea*, rivières qui descendent des Alpes. Du lit de la *Dora* et de la *Stura* l'on tire des pierres qui servent à paver les rues . . . . On arrive à

CHIVASCO, petite ville assez commerçante, du côté du Milanais. Son territoire est moins cultivé, et même un peu stérile, quoiqu'il soit arrosé par plusieurs rivières et ruisseaux, et par le canal qui communique d'Ivrée à Verceil. Toute cette partie de la Lombardie est une plaine très-riche et très-fertile. On peut aller de Cigliano à *Ivrée*, 3 postes, par une autre route de poste, et par une autre route à *Biella*, 3 poste ¼.

Verceil est une ville assez considérable, bien bâtie sur un terrain élevé et dans une situation riante, au confluent de la *Cerva* et de la *Sesia*. Elle paraît bien peuplée et commerçante. On y voit quelques beaux édifices, dignes d'être remarqués, entre autres la cathédrale, d'architecture moderne, et les deux chapelles qu'elle renferme, où l'on vénère les corps de saint Eusèbe, protecteur de la ville, et du B. Amédée, de la famille de Savoie; St.-André, d'architecture gothique; St.-Christophe, ornée de peintures, parmi lesquelles on en distingue quelques-unes du fameux *Gaudens*; Ste.-Marie-Majeure, où l'on admire un superbe pavé de marbre, représentant l'histoire de Judith; l'hôpital, édifice vaste et bien construit, avec un musée et divers jardins, dont un de botanique; enfin le palais public, autrefois résidence du gouverneur. Dans le trésor de la cathédrale, on montre un manuscrit du 4°. siècle, qui contient l'évangile de saint Marc en latin. Quelques personnes veulent que ce soit l'autographe de cet évangéliste.

En sortant de Verceil, on passe la *Sesia* à gué, et en barque dans les grosses eaux. Depuis le mois d'avril jusqu'au mois de septembre, toute la campagne ressemble à un vaste marais; l'air y est en conséquence humide : on voit les plantations de riz. On voyage dans une plaine arrosée par divers canaux depuis Verceil. On passe la *Gogna* entre Orfengo et Novare . . . . On arrive à

Novare, ancienne ville, bien bâtie, sur une hauteur, défendue par un vieux château et quelques fortifications. Devant le château est une belle place d'armes, en face de laquelle est le théâtre neuf. La cathédrale, la basilique de St.-Gaudens et les églises des anciens dominicains et barnabites méritent d'être vues. On voit près de la cathédrale quelques monumens qui attestent l'antiquité de cette ville. On distingue entre autres palais celui de la famille Bellini, remarquable par la richesse et la beauté de ses appartemens, et par sa galerie où sont rangés avec art plusieurs tableaux des meilleurs maîtres. Cette ville est peu peuplée. Elle a un mille et demi de circuit sur ses remparts. Cependant le commerce s'y soutient, et les deux foires qui s'y tiennent en août et en septembre contribuent beaucoup à l'entretenir en activité.

De Novare au Tessin il y a environ 5 milles, sur un terrain fertile et gras, arrosé par la rivière *Tredoppio* et par le canal de *Sforzesca*, qu'il faut également passer.

On passe en barque le *Tessin*, un des plus beaux fleuves d'Italie, mais qui parfois déborde tellement qu'il devient très-difficile à passer. Des bandes de voleurs et de gens sans aveu se rassemblent souvent sur les bords du Tessin, à cause de la facilité qu'ils ont de passer d'une frontière à une autre. La vigilance du gouvernement rend cependant le chemin sûr. On passe le *Ticinetto*, canal par le moyen duquel se fait le commerce de Milan avec le lac Majeur, et par conséquent celui de l'Italie avec la Suisse et l'Allemagne. . . . . On arrive à Milan. (*Voy.* le Tableau des Capitales, page 40.)

N°. 3.
ROUTE DE PARIS A MILAN
par le Simplon, 211 l. ½.

PREMIÈRE SECTION.
VOYAGE DE PARIS A GENÈVE, 126 l. ½.

NOMS des relais.	DISTANCES en lieues.	NOMS des relais.	DISTANCES en lieues.
Charenton.	2	Ampilly.	2 ½
Grosbois.	3	Chanceaux.	3 ½
Brie-Comte-Robert.	2	S.-Seine.	3
Guignes.	4	Le Val-de-Suzon.	3 ½
Mormant.	2	Dijon.	4
Nangis.	3	Genlis.	4
La Mais.-Roug.	3	Auxonne.	3 ½
Provins.	3	Dole.	4
Nog.-sur-Seine.	4	Mont-sous-Vaudrey.	4 ½
Pont-sur-Seine.	2	Poligny.	5
Les Granges.	3	Champagnole.	5
Les Grès.	4	Maison-Neuve.	3
Troyes.	4	S.-Laurent.	3
S.-Parre.	4 ½	Morez.	3
Bar-sur-Seine.	3	Les Rousses.	3
Mussy-sur-Seine.	5	La Vattay.	3 ½
Chatillon-sur-Seine.	4	Gex.	4
S.-Marc.	5	Genève.	4
		63 postes ¼,	126 l. ½

Topographie de la route.

On sort de Paris par le faubourg St.-Antoine. On passe devant la manufacture des glaces, le marais et barrière de Reuilly; on longe le mur et le pavillon de l'ancienne maison royale de Rambouillet, plus loin St.-Bonnet et l'hôpital; vallée de Fécamp, pente douce, rue directe à la Seine; on passe devant plusieurs auberges, d'où l'on aperçoit la montagne de Montmartre; on côtoie les murs du parc et du château de Bercy, demi-lune en face du château : belle vue.—à Charenton, poste, pente rapide; on passe la Marne : on laisse à droite la route de Melun, et l'on prend à gauche. — à Alfort. — à Créteil; on traverse la route de Choisy à Tournans et Rosoy.

On entre dans le département de SEINE-ET-OISE ; pont et marais à passer; pente rapide. — à Boissy-St.-Léger; demi-lune, où viennent aboutir cinq routes dont la principale est celle de Brunoy. — à Grosbois. On quitte le bois de la Grange; pente douce, demi-lune : on passe le *Réveillon*, ruisseau; pente rapide.

On entre dans le département de SEINE-ET-MARNE.
....On arrive à
BRIE-COMTE-ROBERT. Cette petite ville, sur la rive droite de l'*Yères*, commerce en blé et en fromage.

En la quittant, à gauche, route de Meaux en face de celle de Melun, qui traverse la ville de Brie. — à Panfou : pente rapide, prairie, vignes; ruisseau le long de la route des Carrières, demi-lune. — aux Étarts; prairie et deux ponts à passer, ruisseau, coteau. On passe l'*Yères*, riv. sur le Pont-des-Seigneurs; vallon; on traverse la route de Melun et de Meaux. — à Guignes, poste; devant la poste. — à la Baraque. — à Mormant, devant la poste et l'église; plusieurs ponts, marre, vallon, autre pont et prairie à passer : à gauche, route de Rosoy à Nangis. — à la Picardie, hameau : à droite, route de Montereau. — à Nangis, poste; vallons. — à la Maison-Rouge, poste; demi-lune : belle vue, vallon, coteau. — à Vullaine, vallon, côte et belle vue sur Provins et les environs, pente douce; on traverse la route de Provins à la Ferté-Gaucher et à Donnemarie; pente rapide; carrières, et chemin qui mène à la ville haute de Provins : on laisse à droite la route de Provins à Montereau.
....On arrive à
PROVINS, ancienne ville sur la *Vouzie*. Elle est divisée en haute et basse ville. On y fait d'excellentes conserves de roses et de violettes. Elle commerce en blé, farines, laines; elle fabrique droguets et étoffes de coton. Elle possède des tanneries et des eaux minérales. Pop. 5,500 hab.

On sort de Provins par la porte de Troyes; on passe la *Vouzie*, riv. : la route suit entre cette rivière et la montagne ; pente rapide. — à Sordun ; vallon, pente rapide : à gauche les carrières de grès ; vallon, pente ; on traverse la forêt de Sordun ; belle vue, pente longue et fort rapide, fin de la forêt ; on longe Plessis-Mériot ; carrières de grès.

On entre dans le département de l'AUBE. Pont et prairie à passer ; on passe entre Mériot et Jaillac. — au faubourg des Ponts : à gauche, route de Sézanne ; pont sur un bras de la *Seine*, belle vue, île, pont et porte de Provins. . . . .
. . . . On arrive à

NOGENT-SUR-SEINE. Cette ville commerce en bois et en grains. Pop. 3 200 hab.

En sortant de cette ville, demi-lune et ancien chemin de Troyes, pont sur la rivière d'*Ardusson*. — à la Chapelle ; auberges ; on longe le bois de l'Étoile sur la côte. — à la Garenne. — au château de Pont-sur-Seine, poste ; pente rapide, vallon et pont, vallon, côte. — à Crancey. — à St.-Hilaire ; pont sur le ruisseau de *Gelanne*, pente rapide. — à Faverolles, hameau ; belle vue, pente rapide. — au Pont-au-Bique : on longe des clos. — aux Granges, devant la poste : on passe à Maizières ; plaine à traverser. — à Châtres : à gauche, route de Méry-sur-Seine et de Châlons ; pente ; on longe la montagne de la Boëte ; vallon, côte, autre vallon. — aux Grés, poste ; on aperçoit la tour de St.-Pierre-de-Troyes ; pente rapide ; vignes à traverser, faub. St-Martin ; on passe la riv. de *Becon* ; demi-lune et boulevart de Troyes : à droite route de Sens qui traverse le faub. de Ste.-Savine ; porte de Paris . . . . On arrive à

TROYES. Cette ville, chef-lieu de l'*Aube*, et auparavant capitale de la Champagne, est située sur la *Seine*. Elle a un siége épiscopal et un tribunal de commerce. Ses maisons sont construites en bois. Les eaux des puits sont très-propres à dégorger les étoffes, ainsi qu'à teindre les laines, soies et fils, et à tanner les cuirs. Elle a des fabriques de toiles, de coton et de bonneterie, de futaines, basins, serges, mousselinettes, piqués, draps de coton, molletons, espagnolettes, mouchoirs, siamoises, ratines, béges, toiles peintes, papier. On en tire aussi des grains et de bonne charcuterie, et ses environs abondent en vins, fruits et légumes. Cette ville est la patrie de Girardon, célèbre sculpteur, et de Mignard, habile peintre. On remarque le grand portail de la cathédrale, la construction hardie de la nef et du chœur, les vitraux, l'orgue ; la façade et la grande salle de l'hôtel-de-ville, le portail de St.-Nicolas, le baptême du Christ, par Mignard, une salle de spectacle, les sites, et les promenades très-agréables aux environs de la ville ; la construction ingénieuse des boucheries, où les mouches n'entrent jamais. — *Auberges* : Hôtels du commerce, du Bougelot, du Mulet, du Petit-Louvre.

Voitures publiques. Guérin et Rémond font partir pour Paris deux voitures, les 5, 10, 15, 20, 25 et 30 de chaque mois; elles repartent de Paris pour Troyes, les 4, 9, 14, 24 et 29. Elles descendent chez Jomain, fils aîné, et Salomon, à Paris, rue de la Verrerie, n° 30.

On sort de Troyes par le faub. de Croncels; on passe vis-à-vis de Saulte ; gorge profonde. — à Bréviande, hameau. — au péage de Troyes; on passe la *Hurande*, riv.; pente rapide : route de Tonnerre par Chaourse, qu'on laisse à droite; pente rapide ; on traverse la riv. de *Lozain*; pente rapide : à gauche, route qui communique à celle de Langres; 3 l. de plaine à traverser. — à la grande Vacherie. — à St.-Parre-les-Vaudes, devant la poste; on longe la Seine, riv.; on passe la *Sarce*, riv.; pente rapide. — à Virey; on passe entre les jardins de Bar-sur-Seine et devant la Maladrie : on laisse à droite la route de Chaourse, Tonnerre, Joigny, etc.; porte de Troyes. . . . . On arrive à

BAR-SUR-SEINE. Cette ville fabrique bonneterie, papiers et coutellerie. La Seine doit être incessamment rendue navigable à cette ville, à commencer de Châtillon. Popul., 2,300 hab.

On sort de cette ville par la porte de Châtillon; on longe la côte de roche; on passe la *Seine* au confluent de l'*Ource*. — à Polizot ; commencement du vallon de la Seine, on passe entre les côtes de roches et de vignes. — à Polizy. — à Buxeuil; on côtoie la Seine; on est entre la côte de vignes de Buxeuil et le bois de Thouen. — à Neuville-sur-Seine. — à Gyé, gros vignoble. — à Courteron ; on passe entre la Seine et la côte de rochers et de bois; pont. — à Mussy-sur-Seine, poste; on traverse un bras de la *Seine*, qu'on côtoie ensuite. — à Gomméville.

On entre dans le département de la COTE-D'OR. — à Villiers-le-Potras; pente rapide le long des rochers. — à Courcelles-les-Rancs. — à Mouliot. — à Courcelle-Prévoir : on passe la *Seine*; belle avenue. . . . . On arrive à

CHATILLON-SUR-SEINE. Cette ville est située sur une espèce d'amphithéâtre et divisée par la *Seine*, qui y sera bientôt navigable. Les mines de fer et les forges sont très-abondantes dans les environs de cette ville. On y fabrique des draps communs, serges, bonneterie, droguets. Elle a des papeteries, une filature de coton, des tanneries très-estimées. — *Auberges* : Hôtels de la Côte-d'or, du Cerf-volant, de la Poste aux chevaux, du Lion d'or. Pop. 4,000 hab.

On sort de Châtillon par la porte Dijonnaise : on laisse à droite la route de Montbard ; on passe entre les rochers de la Seine. — à Buncey ; pente rapide, vallon, un quart de lieue de la basse forêt à passer. — à Nod. — à Aisey-le-Duc ; au bas chemin ; on passe la *Seine*, au confluent de la *Brevon*. — à Vaurois ; gorge entre des bois et des rochers. — à Semond. — à St.-Marc, poste ; côte roide ; on est vis-à-vis de St.-Hubert. — à Toutifaut ; pente rapide, belle vue, vallon, prairie, côte. — à Ampilly-le-Haut, poste, et village avec une fonderie ; on longe le bois de Fays. — à la Perrière ; on côtoie un bois ; pente rapide de la côte de Courceaux : à droite, route de Tonnerre ; pente rapide et commencement de la grande chaîne de montagnes qu'il faut franchir. — à Chanceaux, poste : à une demi-lieue à droite est la source de la Seine : sommet de la grande chaîne de montagnes qui sépare l'Océan de la Méditerranée ; belle vue, descente rapide de la montagne de St.-Seine. — à St.-Seine, poste et bourg avec forges. Pop. 1000 hab. ; côte et rochers vifs à monter. — à Cestre ; 1 l. de bois et pente rapide à passer. . . . . On arrive au

VAL-SUZON-LE-HAUT, village près le Suzon. On trouve dans la vallée de son nom des carrières de marbre gris, barriolé de veines couleur de fer.

En sortant de ce village on passe devant la poste et le *Suzon*, riv. ; montagne de rochers vifs à franchir ; bois, côte ; on côtoie les carrières de Talant. — au Port-Guillaume. . . . . On arrive à

DIJON, capitale de la Bourgogne et chef-lieu de la Côte-d'Or. Elle est située dans une plaine agréable et fertile, entre les riv. d'*Ouche* et du *Suzon*. Le château, l'hôpital, la rue de Condé, les trois portails de l'église de St.-Michel, de Hugues Sambin, l'émule et l'ami de Michel-Ange ; le portail de l'église de Notre-Dame, chef-d'œuvre d'architecture gothique, mais où le vandalisme a détruit l'harmonie, en brisant les statues qui étaient dans les pendentifs ; le ci-devant palais des gouverneurs ; la grande place, ci-devant ornée d'une belle statue équestre de Louis XIV, sont dignes de fixer l'attention des voyageurs. La Chartreuse, jadis si renommée par sa bonne chère, ses palais, sa basilique, ses mausolées, a été dévastée par le vandalisme révolutionnaire. On regrette surtout les tombeaux en marbre de Paros des ducs de Bourgogne, qui marquaient éminemment entre les productions des arts. Elle périt dans ces temps de désordre, cette boiserie inestimable qu'offrait l'intérieur de la cathédrale ; mais les deux éclatans chefs-d'œuvre des arts existent encore, la flèche de St.-Bénigne et celle de St.-Jean : la première est à coup sûr la plus belle flèche qui soit en Europe; elle est élevée de 375 pieds, à compter du pavé ; l'autre s'élance à près de 300 pieds de hauteur. Les avenues de Dijon sont autant de promenades, et la promenade du Cours est l'une des plus belles de la France. Il faut voir le *canal de Bourgogne*, dont la partie entre St.-Jean-de-Losne et Dijon est terminée depuis 1807 et livrée à la navigation. Cette ville possède un musée qui contient nombre de tableaux et une collection de sculptures et d'estampes. On remarque aussi les promenades charmantes du Parc, de l'Arquebuse, de la Retraite, du Cours Fleury, de Tivoli qui mérite d'être vu. Cette ville s'honore d'avoir donné la naissance à Bossuet, Buffon, Crébillon, Daubenton, Papillon, Piron, Rameau, Saumaise, Bouhier et Fréret. Son commerce est considérable en grains; vins, laines, pastels, bougies qui égalent celles du Mans. On y fabrique toiles peintes, velours de coton, mousselines, couvertures de laine, draps, molletons, flanelles, cartes à jouer, bas de laine et de soie, moutarde. Elle a des filatures de coton, des blanchisseries de cire, des tanneries, des faïenceries, des clouteries, une superbe pépinière de mûriers, et une fontaine minérale appelée *Sainte-Anne*. — *Voitures publiques*, rue des Champs; diligences pour Paris, tous les jours; pour Besançon, tous les jours; pour Châlons-sur-Saône et Lyon, tous les 2 jours; pour Langres et Nancy, tous les 2 jours. A l'hôtel de la Galère, on trouve, tous les 4 jours, des diligences pour Paris par Troyes et par Besançon. Il y a dans Dijon un cercle de négocians : chaque membre peut y conduire un étranger. — *Principales auberges* : Hôtel du prince Condé, hôtel du comte d'Artois, hôtel du Parc, St.-André, hôtel de la Galère, hôtel de la ville de Lyon. — Pop. 21,600 hab. (*Voyez*, pour les autres routes de Paris à Dijon, l'Itinéraire de France.)

On sort de Dijon par la porte de Dole, et on laisse à droite la route de Cîteaux et St.-Jean-de-Losne; faubourg St.-Pierre; route nouvelle qui fait le tour de la ville; vignes et plusieurs vallons à passer. — à Neuilly, — à Crimolois; bois à côtoyer. — à Fauverney; 3 l. de plaine à traverser; on passe la riv. de *Norge*. — à Genlis, poste. — à Foigny; on traverse le canal et la riv. de *Bille*. — à Longeau ; on côtoie Pleuvault et Fonfrant. — à Soirans, sur l'*Arnisson* que l'on passe ; côte ; 1 l. des bois Boutran à traverser ; belle vue sur Auxonne et la vallée de la Saône ; prairie à traverser sur la levée de trois quarts de lieue, en passant sur 18 arches par où s'écoulent les eaux dans les débordemens de la Saône : à droite, route du Polygone et de St.-Jean-de-Losne ; on passe le beau pont sur la *Saône* ; porte de France. . . . . On arrive à

Auxonne, sur la rive gauche de la *Saône*, avec un château, un arsenal, une école d'artillerie, une fonderie de canons et des magasins à poudre et salpêtre. Elle commerce en grains, draps, serges, vins et bois. — *Auberges* : le Grand-Cerf, le Mont-Jura, le Soleil d'or. Pop. 5000 hab.

On passe devant la poste et on sort par la porte du Comté ; pont sur les fossés, vallon : à droite, les bois de Rosières ; côte, bois. — à la Baraque ; prairie ; on longe les bois de la Crochère. — au Pont-Neuf, sur la *Veze*, riv. ; côte, vallon, côte à traverser.

On entre dans le département du JURA. On passe entre les bois de Sampans, où il y a des mines de fer, et ceux de Farasse ; on rase la fontaine et le village de Vermont : à gauche, le mont Fexit, Jouhe, et le mont Croupon. — à Sampans ; côte de rochers d'une lieue de traverse ; on passe vis-à-vis des carrières de marbre fin et jaspé, etc. ; belle vue à l'O. — à Monnières ; rochers et pente rapide, sommet de la montagne qui sépare le *Doubs* de l'*Ognon* ; vue très-étendue de tous côtés ; côte de vignes roide à monter : à droite, le mont Plumont : on laisse à droite la route de Châlons ; porte d'Arans ou de Mont-Roland. . . . . On arrive à

Dole. Cette ville, sur la rive droite du *Doubs*, fabrique des boules de bleu céleste, des pierres bleues ; elle a des forges, une verrerie et des mines de charbon de terre. Elle était autrefois très-forte ; mais Louis XIV en fit démolir les fortifications en 1674. On remarque l'église Notre-Dame, le collége, un des plus beaux de France ; la promenade magnifique appelée le *Cours*, le canal du Rhin : il commence au-dessous de Dole, à la Saône, se lie au canal de Bourgogne, en s'abouchant avec lui à St.-Jean-de-Losne, remonte le Doubs, en passant par Besançon, jusqu'à Montbelliard, où il prend les eaux de l'Halène ; il remonte ensuite le vallon de l'Outran, arrive à Valdieu, point de partage ; ensuite il descend les vallées de la Largue et de l'Ill, passe à Mulhausen, d'où un embranchement se dirige sur Huningue et Bâle, où se fait une prise d'eau dans le Rhin ; le canal principal se continue, en passant à Neuf-Brisach, laissant à gauche le canal de ce nom, et à droite Markolsheim ; il passe à Krafft et arrive à Strasbourg, où il entre dans la rivière de l'Ill. Les travaux sur toute la ligne ont été poussés avec grande activité, et on espère qu'il sera achevé.

ROUTE DE PARIS A MILAN. 145

Ce canal a pour objet de faciliter, du côté du Rhin, le transport des denrées des contrées voisines, qui viennent par ce fleuve, que l'on ne peut remonter que très-difficilement depuis Strasbourg jusqu'à Bâle. Les départemens du Midi, ceux du Jura, du Doubs, de la Côte-d'Or, des Haut et Bas-Rhin, y trouveront un grand avantage pour le transport des produits de leur sol et de leur industrie, par leur communication avec la Suisse et l'Allemagne.

On découvre, dans les environs de Dole, des restes de la voie superbe que les Romains avaient fait ouvrir de Lyon aux rives du Rhin. Pop. 8,200.

En sortant de Dole, on passe la rivière du *Doubs*. — à la Bedugue. — à Boichot. — à Poiset : à gauche, la forêt de Chaux ; on traverse la rivière de *Clause* ; une lieue de plaine à traverser, pont et rivière de *Louve* ; île, prairie ; on passe la *Cuisance*, rivière, et à l'ancien lit de cette rivière ; côte roide. On traverse la forêt de Rahon : on laisse à droite la route de Lons-le-Saulnier ; vallon. — à Nevy : à droite, belle vue entre la côte et et la rivière de *Cuisance*. — à Souvans. — à Mont-sous-Vaudrey, poste ; une lieue de bois. — à Aumont sur la Grozanne ; côte de vignes. — à Montolier. — aux Milières ; traverse du bois de la Chaux. — à Tourmont ; pont et rivière de *Glantine* ; faubourg du vieil Hôpital. . . . . On arrive à

POLIGNY, jolie petite ville, située près la source de la *Glantine*, au pied des montagnes. Elle domine une plaine immense. Elle fabrique de la faïence et de la colle forte. Pop. 5,300 hab.

On sort de Poligny par le faubourg de Treux, et on passe devant L'Ermitage ; on traverse la rivière des *Heureux* ; côte de vignes ; on franchit une lieue des bois de Poligny. — à Montrond ; gorge entre la montagne de Leure ; demi-lieue de bois entre la Faye et Montrond à passer : on laisse à droite la route de Salins à Besançon ; pont de Gratteroche sur l'*Anguillon*. . . . . On arrive à

CHAMPAGNOLE. Ce bourg, sur la rive droite de l'*Ain*, a plusieurs forges et un haut fourneau ; il fabrique des pointes de Paris et des aiguilles de bas. On trouve, près de cet endroit, sur la rive gauche de l'Ain, une belle manufacture de filerie et de fil d'archal, dont on fait beaucoup d'envois à Paris. Pop. 1,500 hab.

En sortant de Champagnole, on laisse à gauche la route de Pontarlier ; on passe le *Dain*, rivière qui coule entre les rochers ; côte : à droite, route de Lons-le-Saulnier ; côte, pont et ruisseau du *Martinet*. — à Pize ; montagne de roche et bois à traverser ; vallon, colline de 3 quarts de lieue entre les rochers. — à Belliande ; pont et rivière de *Dombief*, rocher énorme et bois de la côte ; pont, rivière et cascade de la *Dombief*. — à Maison-Neuve, poste. — à la Grange-Neuve ; on passe près de la montagne de Rachet. — à Cernois, hameau entre deux monts. — à la Grange-sur-le-Villard ; on passe de nouveau la *Dombief*. — à Morillon ; pont de *Leme*. — aux Rossets — aux Jaurats. — à St.-Laurent, poste ; on passe de nouveau la *Leme* ; une lieue de bois et montagne de la Joux à traverser. — à la Combe-Froide ; côte de roches à passer. — à Morbier ; gorge, montagne, pont et ruisseau d'*Evalade* ; on traverse 5 lieues de colline entre des rochers, en passant au Bas-Morez. . . . . On arrive à

Morez. Ce bourg, situé sur un torrent nommé le *Bief de la Chaille*, se trouve au fond d'une gorge très-longue, et qui donne assez d'espace pour deux rangs de maisons et la rue qui les sépare. Les montagnes qui forment cette gorge s'élèvent de part et d'autre presque aussi perpendiculairement que deux murs. Morez est renommé par ses fabriques d'horlogerie, de tourne-broches à poids, à ressort et à remontoir, semblables aux montres, et à rouages en cuivre. Ils se placent à terre sur les foyers, et se déplacent quand on n'en a plus besoin. Il possède de belles clouteries, une manufacture d'épingles blanches, de montures de lunettes et de cadrans d'émail pour les pendules et les montres ; une filature de coton, des tanneries et chamoiseries. Pop. 1,200 habitans.

En sortant de Morez, on passe entre les rochers et vis-à-vis des Couloirs ; côte de Geuland ; on est devant la Doy, dans un fond ; on tourne autour du Rezoux, haute montagne, et on passe vis-à-vis du Pratelet, de Geuland et de Sagy ; montagne à franchir, vallon, étang, autre montagne. — aux Rousses, poste ; un peu après, on traverse plusieurs vallées. — à la Vattay, poste.

On entre dans le département de l'AIN. On franchit le Mont-Jura. — à Gex, poste ; montagne à côtoyer. — à Signy. — à Ornex ; on passe près de Ferney, bourg devenu célèbre par le long séjour que Voltaire y a fait. On y voit encore son château ; côte. . . . . On arrive à

Genève en SUISSE. *Voyez*, pour sa description, le Manuel du voyage en Suisse, par Ebel.

Auberges : Les Balances, l'Écu de Genève, l'Écu de France, la Couronne, l'Hôtel d'Angleterre ou Secheron.

DEUXIÈME SECTION.

VOYAGE DE GENÈVE A MILAN par le Simplon, 87 l. ½.

NOMS des relais.	DISTANCES en lieues.	NOMS des relais.	DISTANCES en lieues.
Dovaine.	5	Viége.	4
Thonon.	4	Glis ou Brigue.	2 ½
Evian.	3	Simpeln.	9
S.-Gingoulph.	3	Domo d'Ossola.	6
Vionnaz.	4	Vogogna.	2 ½
S.-Maurice.	4	Bavino.	4
Martigny.	4	Belgirate.	2
Riddes.	4	Cesto Calende.	3
Sion.	4	Cascina.	4
Sierre.	4	Rho.	3
Tourtemagne.	4	Milan.	2 ½
		42 postes ¼,	85 ½ l.

Topographie de la route.

En sortant de Genève, la route longe la rive méridionale du lac, qui a la forme d'un croissant. Sa longueur, sur sa rive septentrionale, est de 18 lieues, et sa plus grande largeur, de 3 lieues un quart, entre Rolle et Thonon. Les montagnes qui bordent ce lac offrent des aspects différens : du côté de la Suisse, les collines du pays de Vaud se couvrent de riches vignobles, qui répandent l'aisance dans toute la contrée, peuplée de jolies villes, d'une multitude de villages qui ornent ce pays bien cultivé. Du côté de la Savoie s'élèvent des montagnes plus variées et moins fertiles : des rochers immenses semblent se précipiter dans le lac, et viennent réfléchir dans les eaux leurs masses noirâtres, couronnées de pics inaccessibles. On passe près de Marcla un fort bras de rivière. . . . . . On arrive à Thonon, capitale du Chablais. Cette ville est agréablement située sur le lac de Genève.

La place du château est dans une situation remarquable. On aperçoit à quelque distance le couvent de *Ripaille*. La grandeur de ce monastère et la beauté de son parc y attirent les voyageurs.

A un quart de lieue de cette ville, on traverse la *Drance* sur un pont fort long et très-étroit. Après avoir passé cette rivière, la route, qui jusqu'alors avait été monotone, change tout à coup. Des collines chargées d'arbres s'élèvent à la droite du voyageur, et de beaux noyers forment au-dessus de sa tête d'épais berceaux de verdure. On passe à la source *Amphion*, connue par ses eaux minérales autrefois très-fréquentées ; quelques habitans de Genève et de la Savoie s'y rendent encore dans les mois de juillet et d'août. On arrive à Évian, ville remarquable par les rochers de Meillerie. On y fabrique des toiles et des tissus de coton. Popul. 1,500 habitans.

En sortant de cette ville, commence la nouvelle route, chef-d'œuvre du génie français, exécutée et terminée en moins de trois ans, large partout de 24 pieds, et située entre le lac et les collines de St.-Paul. Ses bords, qu'embellissent déjà la fraîcheur des ondes et l'ombre des bois châtaigniers qui dominent le chemin, sont encore remarquables par le mouvement et la vie qui les animent. L'on rencontre à peu de distance, à gauche, les villages de Grande-Rive, Petite-Rive et la Tour-Ronde, habités par des pêcheurs, dont les filets couvrent le rivage ; de longues écorces dont on fabrique des cordes, sont suspendues aux arbres de la route. Des bois lancés des sommités voisines sont rassemblés en tas sur la grève, et y attendent les bateaux qui doivent les porter sur la rive opposée.

Après la Tour-Ronde, on trouve le village de *Meillerie*. Là, les travaux de la route deviennent remarquables. C'est du lac, au-dessus duquel elle est élevée de 32 pieds, qu'on peut le mieux la juger ; on la voit suivre les flancs de la montagne à travers les forêts et les rochers, coupés quelquefois à la hauteur de 35 mètres. Des ponts sont placés sur les torrens : de belles chaussées soutiennent les terres. Très-près de St.-Gingoulph on a laissé subsister, du côté du lac, un rocher qui s'élève tout couronné de verdure, et qui retrace les obstacles que la nature opposait à la construction du chemin. On ne peut trop admirer le soin avec lequel on a songé aux moindres détails de la route. Le cours des ruisseaux, qui descendent en grand nombre des sommités, est dirigé par des canaux ou des aquéducs construits avec élégance ; des murs en talus contiennent le lac ; des bornes sont placées dans les endroits escarpés. Autrefois les voitures et les chevaux même ne pouvaient arriver que jusqu'à la Tour-Ronde. On voit serpenter encore le petit sentier qui servait aux bûcherons et aux pêcheurs habitans de ces lieux. Tantôt il est aux pieds du voyageur côtoyant la grève, tantôt au-dessus de sa tête, au milieu des bois.

Près de Meillerie, les montagnes, couvertes de houx et de sapins, se rapprochent de la route. Le lac, d'une immense profondeur, vient battre les rochers à pic dans lesquels elle est taillée. J.-J. Rousseau a rendu ces lieux célèbres dans sa Nouvelle Héloïse.

On entre dans le Vallais; on passe à *St.-Gingoulph*. Du port de cette ville partent la plupart de ces bâtimens qui viennent embellir la vaste étendue du lac. Des bateaux remplis de poisson; des barques chargées de bois, de chaux, se rendent presque tous les jours à Genève ou dans les villes voisines.

La largeur du lac, près du village de Boveret, diminue d'une manière sensible, et les bords opposés, qui jusqu'alors sont à demi cachés par la vapeur, paraissent distinctement. On découvre la ville de Vevey, le château de Chillon; les vallées et les torrens qui sillonnent les montagnes du canton de Vaud.

A quelque distance de Boveret, où l'on passe, la vallée est extrêmement resserrée entre le Rhône et la montagne. Un château, nommé la *Porte de Cé*, au travers duquel la route passe sur un pont-levis, ferme le pays. Ce site est remarquable. Près de ce fort est un bac pour passer le Rhône. De l'autre côté de la porte de Cé, la vallée s'élargit; l'on voit de grandes prairies couvertes d'arbres fruitiers, parsemées d'habitations et de jardins bien cultivés, que séparent de légères claies de sapins.

On traverse les beaux villages de *Vouvri* et de *Monthey*. On rencontre des crétins en assez grand nombre. On les voit ordinairement devant leurs portes, exposés au soleil, et couchés au milieu de la boue, dans une entière inaction. Les signes extérieurs de leur difformité sont des goîtres énormes, un teint olivâtre et des traits épatés. On remarque parmi eux différens degrés d'abrutissement. Quelques-uns peuvent être employés aux travaux de la campagne; mais un grand nombre sont incapables de grandes occupations. M. de Saussure donne pour cause du crétinisme la chaleur et la stagnation de l'air du fond de la vallée; mais cette infirmité diminue sensiblement par la précaution que prennent les habitans aisés de faire élever sur la montagne leurs enfans jusqu'à l'âge de 10 à 12 ans. On arrive à St.-Maurice, petite ville sur le *Rhône*, défendue par un château, et presque toute bâtie dans le roc. Elle est située au pied d'une longue chaîne de rochers escarpés, qui ne laissent que l'espace d'un chemin entre eux et le fleuve. L'entrée de cette ville ressemble beaucoup à celle de la porte de Cé. La dent de la *Morcle* et la dent du *Midi* rétrécissent le passage, et semblent vouloir fermer le pays une seconde fois.

Le beau pont qui est jeté sur les bases de ces deux montagnes réunit le Vallais et le canton de Vaud. Il a 200 pieds de long et une seule arche. Au milieu est une petite chapelle, dans laquelle les Vallaisans disent la messe. On attribue la construction de ce pont et du château qui le commande, à Jules César. St.-Maurice est dominé par de hauts rochers qui surplombent. Les arbres qui y croissent forment des berceaux au-dessus de la première rue. C'est près de cette ville que fut massacrée la légion thébéenne, par les ordres de l'empereur Maximien.

Sur les rocs à pic qui dominent St.-Maurice, on voit une église et un petit bâtiment habité par un ermite. Le pays qui s'étend entre la ville et Martigny est stérile ; des ronces couvrent la vallée. La belle cascade de *Pissevache* embellit ces lieux sauvages. La *Salanche*, qui la forme, tombe perpendiculairement d'une hauteur de 300 pieds. L'onde, en se brisant dans sa chute, se transforme en une gaze brillante qui voile le rocher.

Le Rhône, dont on suit les rives, charrie une grande quantité de bois ; ses bords et ses îles en sont couverts. Vis-à-vis de Martigny l'on voit les villages de Branson et de Fouilly, situés dans la partie la plus chaude du Vallais. Les vins du premier endroit sont estimés. . . . . . On arrive à

Martigny, située à la réunion des routes de France, d'Italie, de Chamounix, et à l'entrée de la grande vallée du Rhône. Ce fleuve, qui prend sa source dans la montagne de la Fourche à l'extrémité du Vallais, et dont le cours, jusqu'à son entrée dans le lac de Genève, détermine l'étendue, repoussé par la montagne, a été obligé, de là, de se diriger vers le Nord. Martigny est un double bourg, dont l'un porte le nom de ville et l'autre celui de forteresse. Ils sont environ à un quart de lieue l'un de l'autre, et séparés par la Drance, qui, venant du grand St.-Bernard, va se jeter dans le Rhône à une lieue plus loin. On recueille dans cette partie du Vallais, deux vins exquis et renommés que l'on appelle *Coquempin* et vin de *La Marque*.

La vallée du Rhône est plus grande que toutes celles de la Suisse. Depuis les monts de la Fourche, où elle commence, jusqu'au lac de Genève, où elle se termine, on compte

36 lieues. C'est aussi une des plus profondes, car le bas est peu élevé au-dessus de la mer, tandis que le *Mont-Rose*, de 2,400 toises, le *Mont-Cervin* et les autres cimes qui dominent le pays, sont du nombre des montagnes les plus élevées de l'ancien continent; aussi le Vallais, situé sous une latitude tempérée, réunit-il les productions des climats brûlans et celles des régions glacées. Dans les mois d'été, les rayons du soleil, réfléchis et concentrés par ces hautes montagnes, y produisent une chaleur extraordinaire, y font germer l'aloès et la figue d'Inde, y mûrissent le raisin, qui donne un vin très-fort, tandis que, sur la cime de ces mêmes montagnes, croissent le génipi et le rodendron. Le voyageur accablé, que le souffle d'aucun vent ne vient rafraîchir, côtoie lentement ces rochers brûlans. Fatigué par des troupes d'insectes qui voltigent autour de lui; étourdi des cris de la cigale, il se croit sous le soleil des pays méridionaux. Ce pays est aussi le séjour des nuages, attirés par les pics élevés. Ces nuées, arrêtées par le Vallais, y séjournent long-temps, et se répandent enfin en torrens de pluie. Les montagnes versent toutes leurs eaux dans le fond de la vallée, où une grande partie demeure stagnante dans les marais qui bordent le Rhône.

En sortant de Martigny, on voit des rochers stériles et taillés à pic. Des marais occupent une partie du bas de la vallée. Le pays change ensuite : on découvre de beaux pâturages. Des vignes, soutenues par de petits murs, s'élèvent en terrasses les unes au-dessus des autres, et tapissent le bas des montagnes tournées vers le midi. Des villages, des églises, des oratoires, remarquables par leur blancheur, décorent les cimes qui commandent Sion. . . . On arrive à

Sion. Cette ville, chef-lieu du Vallais, est située près du *Rhône*, dans une belle plaine, entre deux montagnes, sur lequelles il y a deux forts. Les rues y sont larges et les maisons bien bâties. Sur la cime d'un énorme rocher est le palais de l'évêque. On voit dans cette ville des crétins, sourds, muets, imbéciles et presque insensibles aux coups. Ils ont des goîtres qui leur pendent jusqu'à la ceinture. On ne trouve en eux aucune trace de raisonnement, mais ils sont pleins d'activité pour ce qui regarde les besoins corporels. On découvre encore des ruines du temps des Romains. Vis-à-vis de Sion, de l'autre côté du Rhône, on remarque dans un village un couvent taillé tout entier dans le roc, avec caves, cuisine, réfectoire, églises, cellules, etc.; mais il est désert à cause de l'humidité qui y règne.

Après Sion, on passe à *Sierre*, dans une situation agréable. On y voit une église et des bâtimens plus ornés que dans la reste du Vallais ; c'est le séjour des gens les plus riches du pays. De Sion à Brigg, l'on remarque le théâtre des batailles livrées entre les Vallaisans et les Français dans la sanglante guerre de 1798.

Après Sierre, de hauts monticules de sable s'élèvent en cônes dans la vallée ; le lit du fleuve se couvre de petites îles verdoyantes formées par des troncs d'arbres et des sapins entraînés par le courant. A gauche, on découvre la ville de *Leuck*, placée sur les flancs de la montagne, et fortifiée par un antique château qui appartenait autrefois à l'évêque. L'habillement, la figure et le langage des habitans ne sont pas moins remarquables que le pays qu'ils habitent ; ils parlent l'allemand du moyen âge.

On passe à *Turtmann*, et on voit une cascade aussi belle que celle de Pissevache, dans une situation plus remarquable ; un sentier étroit et glissant conduit dans un fond garni de hauts rochers qui semblent avoir été ainsi disposés pour former un amphithéâtre autour du torrent, qui se précipite en grandes masses, avec un bruit majestueux.

On passe au bourg de *Viége*, situé à l'entrée des vallées de Sass et de St.-Nicolas ; il s'étend sur la rivière qui en descend. Deux églises d'une architecture remarquable, dans la partie la plus élevée du village, se dessinent sur les montagnes que domine le Mont-Rose.

Après Viége, on trouve de grandes prairies marécageuses ; on atteint le fond de la vallée ; elle s'élargit à son extrémité, et se couvre de verdure ; la ville de *Brieg* et ses tours surmontées d'énormes globes de fer-blanc, paraissent aux pieds des Glaciers, au milieu des prairies, des bois et des bosquets. A gauche est le joli village de Naters ; le Rhône, qui l'arrose, descend des sommités de la Fourche et des sombres vallées de l'Axe ; à droite on aperçoit déjà les premiers travaux du Simplon, le beau pont construit dans la *Saltine* ; le chemin qui s'élève insensiblement perce les sombres forêts de sapins. . . . . On arrive au

SIMPLON ou Simplom (en italien, Sempione ; en latin, Mons Sempronius, Cæpionis, Scipionis mons), montagne située dans la chaîne des Hautes-Alpes, entre le Vallais et le Piémont ; on y trouve un grand passage pour entrer en Italie. Au pied du revers septentrional est situé le bourg de *Brieg*, et du côté du S. la ville de *Domo d'Ossola*. Le passage de cette montagne est du nombre des plus intéressans qu'il y ait dans toute la chaîne des Alpes. Le revers méridional surtout offre une multitude de sites sauvages, et porte partout les traces des plus affreuses dévastations.

Description du chemin. On compte 14 l. de Brieg à Domo

d'Ossola, en passant par le Simplon. L'ancienne route, ainsi que tous les autres passages des Alpes de la Suisse, ne pouvait être fréquentée que par les voyageurs à pied ou à cheval. Elle subsiste encore depuis Brieg jusqu'au col de la montagne, que l'on passe un peu avant d'arriver à l'hospice, et elle est de 2 l. plus courte que la nouvelle.

L'ancienne route. — On commence à monter immédiatement en sortant de Brieg, d'où l'on gagne le pont de la *Kunter* en 1 h. ½. De-là aux *Tavernettes* (en allemand, *im Grund*), 1 l. ¼. Au pont de Kanter, on trouve un sentier pour aller dans la vallée de même nom, laquelle est fort peu connue des étrangers. Entre le pont et les Tavernettes, le chemin est borné à droite par des parois de rocher, et à gauche par d'affreux précipices, au fond desquels coule la Saltine. A peu de distance au-dessus du pont, on arrive à une place qui fut autrefois le théâtre d'une épouvantable chute de montagne. Là, le chemin n'avait qu'un pied de largeur. Au reste, ce mauvais pas était bientôt franchi. Delà jusqu'aux Tavernettes, on trouve plusieurs endroits d'où l'œil plonge au travers du défilé de la Saltine sur le clocher de Brieg, et sur une partie de la vallée, dans laquelle on découvre le Rhône. Avant d'arriver aux Tavernettes, on passe un pont construit sur la Saltine, qui descend du glacier de même nom que l'on laisse sur la gauche. Les Tavernettes sont à la hauteur de 4,890 p. au-dessus de la mer ; de-là jusqu'au col, il y a ¾ de l. ou 1 l. de distance ; on passe d'abord au travers d'une forêt où la montée est très-roide, et ensuite sur des surfaces sphéroïdes d'un granit nu et poli. La hauteur absolue du col est de 6,174 p au-dessus de la mer, on y jouit d'un coup d'œil magnifique sur les montagnes et sur les glaciers dont on est environné de toutes parts, et notamment sur la chaîne des Alpes qui séparent le Vallais du C. de Berne ; quand le temps est clair, on y distingue les glaciers de la vallée de Lotsæh. Les pics de Müder et de Hips s'élèvent à l'E. ; c'est là qu'est situé le glacier du *Kaltwasser*, d'où l'on voit descendre quatre cascades. On aperçoit à l'O. l'Eritz-Horn au-dessous duquel s'étend la vallée de Nantz du côté du couchant. Enfin, le Fletsch-Horn, montagne couverte de glaciers, s'élève au S. Depuis le col jusqu'à l'ancien *hospice*, desservi par deux ecclésiastiques, ¾ l. Ensuite on traverse une contrée couverte de marais et de bois, dont la pente est presque insensible, et après avoir passé par Kron et Senkelbach, on arrive au village de *Simpeln*, 2 l.

Particularités du village de Simpeln et de ses environs. — Ce village est situé à 4,548 p. au-dessus de la mer ; l'hiver y dure 8 mois, et jamais le chemin n'est plus fréquenté que pendant cette saison, durant laquelle il y passe environ 200 chevaux par semaine. La poste à cheval fait la route deux fois tous les huit jours. Les cimes du *Simplon* sont chargées de six glaciers. Le premier, nommé glacier de *Rosboden*, n'est qu'à 1 l. du village, et à ¼ du chemin du côté de Brieg. On va d'abord jusqu'à une maison isolée, qu'on appelle *am Senk*, et l'on passe le ruisseau du Senkelbach, au bout d'une ½ h. de marche. Alors, on se détourne à gauche, et l'on arrive aussi en ½ h. au bord du glacier qui descend du Fletschberg, au S.-O. duquel s'étend la vallée de Sass du côté du Monté-Moro. Il faut prendre un guide à Simpeln, de peur de tomber dans quelque fente; car le glacier est tellement couvert de débris, que l'on n'aperçoit pas les dangers qu'on y court. Les moraines (*gouffrelignes*) parallèles qu'on trouve à l'O. sur le sommet du glacier, méritent l'attention de l'observateur; je n'en ai vu nulle part d'aussi grandes. Il en est de même de la belle glace d'un vert bleuâtre qu'on voit sous le tas de décombres, et qui ressemble à une énorme masse de cristal.

La nouvelle route. — Dès l'an 1801, Napoléon a fait travailler à la construction d'une chaussée magnifique, qui va de *Glis* à *Domo d'Ossola* en passant le Simplon, et qui fut terminée au mois d'octobre 1805. Cette route, qui rappelle les plus beaux ouvrages des Romains, a été construite aux dépens des gouvernemens de France et du royaume d'Italie; sa largeur est de 25 p., et elle n'offre nulle part plus de 2 pouces ½ de pente par toise, de sorte qu'en descendant le Simplon de l'un et de l'autre côté de la montagne, il est inutile d'enrayer les voitures. Les travaux ont été exécutés du côté du Vallais par des ingénieurs français, et ceux du revers méridional par des ingénieurs italiens; ces derniers ont eu plus de difficultés à vaincre, obligés comme ils l'étaient, de travailler sans cesse sur les espèces de roches les plus dures et les plus réfractaires, au lieu que le revers septentrional est assez généralement composé de schistes et d'ardoises qui en plusieurs endroits sont dans un état de décomposition. Cette magnifique chaussée, ses ponts, ses nombreuses galeries percées dans le roc vif, sont du nombre des monumens les plus remarquables de ce genre, et doivent, indépendamment des beautés que la nature déploie dans ces contrées, y attirer de toutes parts les voyageurs. De tous les chemins frayés dans les Alpes entre la Suisse et l'Italie, c'est le seul que puissent franchir l'artillerie et les chariots les plus grands et les plus lourds. En 1814, plusieurs points de la nouvelle route sont devenus impraticables. Malheureusement, il y a lieu de craindre que si l'on n'y consacre pas de 5o à 80 mille livres de réparations annuelles, les avalanches, les torrens, les chutes de rochers et les éboulemens de terres, dont ces hautes montagnes sont si souvent le théâtre, n'aient bientôt rendu impraticable et entièrement détruit cette magnifique route. Dès l'an 1807, le pont de l'Oesbach fut emporté par une avalanche. Un de mes amis qui venait d'Italie, fut obligé de faire démonter sa voiture au village de Simpeln, pour la transporter à Brieg, opération qui lui coûta 12 louis pour ce trajet de 6 l., indépendamment de 2 louis ½ qu'il avait dépensés à Domo d'Ossola. La nouvelle route commence à Glis (1), et laisse Brieg à la distance d'un ¼ l. On passe d'abord la Saltine sur un pont couvert, d'une hauteur et d'une beauté peu communes, puis on se rend au hameau de Ried, 1 l. ½ ; on traverse une forêt de mélèzes, dont la longueur est d'une ½ l., et après avoir côtoyé d'épouvantables précipices, on atteint la première galerie, dont la longueur est de 10 pas, 1 l. Ensuite on passe la Kanter sur un pont de 80 p. de hauteur, et au bout d'une demi-heure de marche, on arrive auprès de quelques maisons isolées que l'on appelle *Persal*; dans celle de l'inspecteur de la route, on trouve quelques particuliers du C. de Vaud, qui reçoivent amicalement les voyageurs, et leur fournissent des rafraîchissemens. A quelques cents pas du pont de la Kanter, on voit encore les cabanes qu'habitaient les Français sous les ordres du général Béthencourt en 1800 Au-delà de Persal, le chemin, toujours suspendu sur le bord de l'abîme, serpente en longues sinuosités jusqu'au pont de l'Oesbash ½ l.; et de-là à celui de la Saltine, qui tous deux sont situés dans la contrée la plus exposée aux lavanges; après quoi, on entre dans la seconde galerie, dont la longueur est de 30 pas. On laisse à gauche le glacier de Kaltwasser, duquel on voit descendre 4 cascades, dont les eaux traversent la route dans des aqueducs d'une fort belle construction, et vont se précipiter dans l'abîme. Vient ensuite la troisième galerie, longue de 50 pas, au sortir de laquelle on ne tarde pas d'atteindre le point le plus élevé du passage qui est indiqué par une espèce de pierre milliaire. On compte 1 l. ½ depuis Persal jusqu'à ce col, d'où l'on voit encore au-dessous de soi, sur la droite, l'ancien hospice, et à gauche les fondemens du nouveau couvent. Après avoir

---

(1) Les voyageurs qui ont passé la nuit à Brieg, n'ont pas besoin de retourner à Glis pour prendre la route du Simplon, car on a établi un chemin de traverse qui va la rejoindre à une certaine hauteur, et qui est également praticable pour les voitures.

passé le pont du Senkelbach au lieu nommé *am Senk*, on arrive au village de *Simpeln*, distant de 1 l. ½ du col, et de 8 l de Glis et de Brieg. De Simpeln, on en compte 6 jusqu'à *Domo d'Ossola*; dans cette partie de la route l'ancien chemin, dans lequel on observait aussi des galeries, n'existe plus; ainsi, nous nous contenterons de donner la description de la nouvelle route, qui est généralement beaucoup plus remarquable sur le revers méridional que du côté du Vallais. Au sortir de Simpeln, on passe successivement les ponts du *Lowibach* et du *Kronbach*, et l'on arrive à *Gsteig* (ou im Goutz) ¾ l., où la réunion du Kronbach et de la Quirna, qui descend du glacier de Lavin le long d'une gorge creusée dans les rochers de la droite, forme la Veniola (autrement nommée Vedro ou Diverio), dont on suit les bords jusqu'à 1 l. en avant de Domo. De Gsteig à *Gunt* ou *Gondo*, ou Rouden, auberge isolée, 1 l. ½. On y voit une tour qui a 7 étages. De-là, on entre dans une gorge très-étroite, où le chemin serpente de l'une à l'autre rive de la Veniola, au moyen de plusieurs ponts. On y passe la quatrième galerie, dont la longueur est de 80 pas; ensuite, on rencontre la magnifique cascade du *Frissinone* ou *Alpirnbach*, à côté de laquelle on entre dans la cinquième galerie, qui est la plus longue de toutes; elle a 202 pas de long. — On observe près de Gondo une belle cascade formée par le torrent qui sort de la gorge de Zwischbergen, dans laquelle on trouve une mine d'or appartenant à M. le baron Stockalper de Brieg, et que suit un sentier qui aboutit à la vallée de Saas, l'une des deux principales ramifications de la grande vallée de Visp, qui débouche près du bourg de même nom, à 3 l. au-dessous de Brieg. Le torrent de *Zwischbergen* charrie des paillettes d'or. Avant l'établissement de la chaussée, toutes les marchandises étaient transportées à dos de mulets; à cette époque, lorsqu'il survenait un temps orageux, l'on cherchait un asile à l'auberge de Gondo, où des centaines de bêtes de somme étaient quelquefois obligées de passer plusieurs jours de suite. A ¼ l. au-dessous de Gondo, on trouve une petite chapelle bâtie sur les confins du Vallais et de l'Italie. Le premier village italien se nomme *San-Marco*; vient ensuite *Isella*, ou Dazio, où l'on visite les voyageurs. Le hameau de Trasqueras est situé sur la hauteur. — On entre bientôt dans l'effroyable gorge des Yéselles, qui va aboutir à *Divedro*, lieu situé à 2 l. de Gondo, à 1782 p. au-dessus de la mer; on y trouve une auberge passable, et, malgré les tristes rochers dont il est entouré de toutes parts, ce village occupe un petit district agréable et fertile. Ensuite, on longe une vallée étroite et sauvage (*Val-Divedro*), où l'on rencontre deux ponts, ainsi que la sixième et dernière galerie, qui a 80 pas de longueur, et l'on arrive à *Crevola*, au bout de 2 h. de marche. On laisse de côté les hameaux de Varzo et de Murcantino. A Crevola, on passe la *Veriola* sur un pont qui est un chef-d'œuvre d'architecture, et dont la longueur est de 60 pas. De là à *Domo d'Ossola*, petite ville avec d'assez bonnes auberges, 1 l. C'est au débouché du Val-Divedro, que les Vallaisans livrèrent en 1487 une bataille aux Milanais, et que les femmes de Domo tirèrent une épouvantable vengeance des outrages qu'elles avaient éprouvés de la part des premiers. — Rien de plus nu et de plus affreux, rien qui porte l'empreinte de la destruction d'une manière plus effrayante, que les gorges qui mènent de *Crevola* jusqu'à *Divedro* et de Divedro jusqu'à *Gsteig*; il est impossible d'en tracer la plus faible esquisse. Lorsque je traversai ces deux gorges, j'y trouvai sept croix, monumens de la fin tragique de tout autant de voyageurs. Quand il survient quelque orage à la suite de plusieurs jours de pluie, il faut rester à Domo d'Ossola, si l'on ne veut s'exposer au danger d'être assommé par les pierres qui se précipitent du haut des montagnes. La vallée est étroite; les rochers sont pour la plupart brisés, et les blocs des hauteurs, rendus glissans par les pluies et détachés par les coups de vent, tombent le long de la paroi, comme une grêle de pierres. Il y a aussi, au printemps et en hiver, des semaines entières pendant lesquelles ce chemin est excessivement dangereux, à cause des lavanges qui y tombent fréquemment dans cette saison.

Les environs de la ville sont plantés de vignes qui, soutenues par de petits piliers de granit, s'élèvent en treille à la hauteur de 6 ou 7 pieds.

En sortant de Domo d'Ossola, un chemin en droite ligne conduit à *Villa*, où l'on passe un torrent sur un beau pont; le village se déploie à la droite, et quelques édifices s'élèvent avec élégance sur une colline boisée qui le domine; la route traverse ensuite des terrains pierreux... On arrive à Masone, sur les bords de la *Toccia*, que l'on passe sur un pont.

Vis-à-vis de Masone, on voit le village de Pic de Mulière, où s'ouvre la vallée du Mont-Rose; cette montagne est élevée de 2,430 toises au-dessus de la mer, hauteur qui ne le cède que peu à celle du Mont-Blanc. Cette enceinte renferme des prairies parsemées de pins et de mélèzes, au milieu desquels est situé le village de Macugnaga; les pentes escarpées et les glaciers qui le dominent, forment le second degré de l'amphithéâtre et s'élèvent peu à peu jusqu'aux cimes de la montagne: cette vallée est remarquable par la beauté de sa végédition, et plus encore par ses mines d'or; la pyrite qui contient le métal se trouve dans du granit veiné; le capitaine Testoni, qui exploitait ces mines, avait entièrement épuisé ses ressources, et allait être forcé d'abandonner son entreprise, lorsqu'il tomba sur un filon, dont il retira en 22 jours 189 marcs d'or pur; depuis, il a fait une fortune immense. On passe à *Fariolo*.

Sur les bords de la *Toccia*, quelquefois les voyageurs abandonnent leur voiture, prennent un bateau et descendent la rivière jusqu'au lac *Majeur*; la route par terre ne présente rien de remarquable; on laisse à quelque distance la carrière de marbre blanc dont est construite la cathédrale de Milan, les blocs qu'on en tire descendent la *Toccia* et le *Tessin*, et vont se rendre à Milan, où ils sont travaillés. La forme du lac Majeur est irrégulière; de la route on ne peut découvrir que le bras où sont situées les îles Borromées; la première qu'on aperçoit est l'*Isola Madre*, située à 1 demi-lieue du rivage et garantie des vents du nord par les montagnes voisines; les plantes des pays chauds y trouvent une température qui leur est convenable, y croissent sans culture, et tapissent de leurs larges feuilles les rochers qui terminent l'île.

L'*Isola Bella* est plus rapprochée du rivage que l'Isola Madre; elle est beaucoup plus ornée : le palais est habité chaque année pendant quelques semaines par la famille Borromée. Près de l'Isola Bella est l'île des *Pêcheurs*, qui, par la simplicité de ses bâtimens et par la pauvreté de ceux qui y vivent, semble être placée exprès pour rehausser la magnificence de sa voisine.

L'Isola Bella et l'Isola Madre, vues du lac, font un charmant effet, et en les décorant on a plus travaillé pour le plaisir de ceux qui viennent les voir, que pour ceux qui les habitent. Ces voûtes régulières, ces terrasses qui s'élèvent majestueusement au milieu du lac; ces statues qui se peignent dans les eaux; ces arbres des pays méridionaux qui croissent à l'entour, comme si, dans ce lieu seul de toute la contrée, les rigueurs de l'hiver étaient inconnues, donnent à l'*Isola Bella* quelque chose d'enchanté.

Les environs du lac Majeur présentent des tableaux rians et animés; les montagnes qui le dominent n'offrent point ces déchiremens que l'on voit dans le sein des Alpes; le châtaignier, le pâle olivier, la vigne qui s'élève sur les mûriers ou qui s'arrondit en berceaux, couvrent les collines et les embellissent par le contraste de différentes teintes de verdure; plusieurs petites villes, une foule de villages éclatans de blancheur, des édifices remarquables par la légèreté de leurs toits, l'élégance et la variété de leur construction, décorent les bords du lac.

Les bateaux du lac Majeur peuvent remonter la *Toccia*; ils descendent aussi le *Tessin*, d'où un canal les conduit à Milan; ils y apportent du poisson, du charbon, du bois, du foin. . . . . On arrive à

Belginate. L'auberge de la poste de cette ville est la meilleure. Les bords du lac sont encaissés dans des murs d'une grande hauteur; car les travaux de la route ne se terminent point à la sortie du Simplon, et l'on admire jusqu'à Somma, village à quelques lieues de Milan, la beauté des ponts, des aqueducs et des autres ouvrages. On voit croître le blé de Turquie, le panais, le millet, les figuiers, qui fournissent des fruits excellens. . . . . On arrive à

Arona. A quelques lieues de cette ville, on traverse sur un bac le *Tessin* à sa sortie du lac Majeur; la ville de Sesto s'étend sur les bords de la rive opposée, et se peint dans les eaux du fleuve; une petite île de verdure sépare les flots et encadre les cimes des glaciers, qui s'élèvent dans le lointain.

En sortant de Sesto, on entre dans les plaines de la Lombardie; aucune montagne n'y borne l'horizon; de vastes champs de maïs, de panais, de millet, bordent le chemin, et ne sont entrecoupés que par des treilles et des plantations de mûriers blancs. On passe à *Somma*, *Gallarate*, *Castellanza* où l'on traverse l'*Olona*. On peut s'écarter du chemin pour visiter *Lainate*, maison de campagne du marquis de Litta, remarquable par la beauté des jardins et par celle des bains ornés de mosaïques. . . . . On arrive à

Rho, gros bourg, près duquel on rencontre le beau temple de Notre-Dame-des-Miracles. Dans cette église majestueuse, de *Pelegrin Tibaldi*, on admire les beaux tableaux de *Camille Procaccini*, du *Figino*, du *Morazzone* et du *Lanzano*.

En sortant de Rho, la route est droite jusqu'auprès du pont de l'Archette, et offre une largeur de 60 brasses milanaises, en y comprenant les allées latérales. On entre par le grand arc de triomphe, et. . . . . On arrive à

Milan. (*Voyez* le tableau des capitales, page 40.)

COMMUNICATION DE GENÈVE A CHAMBÉRY.

NOMS des relais.	DISTANCES en lieues.	NOMS des relais.	DISTANCES en lieues.
Luizet.	4	Albens.	3
Frangy.	3	Aix.	4
Mionas.	3	Chambéry.	4
Rumilly.	2½		
		11 postes ¼, 23 l. ½	

Topographie.

En sortant de Genève, on passe le Rhône à une l. environ de cette ville. On passe à *Carrouge*, renommé par son horlogerie. On trouve deux chemins. Avant d'arriver à la poste de Frangy, on laisse sur la droite Chaumont, situé sur une montagne, à 7 l. de Genève. Après Frangy, on passe l'*Usse*, qui sort d'un lac, arrose Annecy et va se jeter dans le Rhône. . . . . On arrive à Rumilly ou Romilly, dans l'Albanais; c'est une petite mais agréable ville, située dans une plaine élevée, au confluent du *Seran* et de la *Nephe* : on y voit encore les ruines de ses fortifications, rasées par Louis VIII en 1630.

Près du lac du Bourget, on trouve la petite et ancienne ville d'*Aix*, fameuse par ses bains d'eaux minérales, qui y attirent un grand nombre d'étrangers, et qu'on croit avoir été construits par les Romains, et réparés par l'empereur Gratien.

En approchant de Chambéry, la culture et la fertilité offrent un coup d'œil agréable : on jouit de plusieurs points de vue curieux, quoique bornés par les montagnes. La grande quantité de mûriers qu'on voit, donne une idée du commerce de soie qu'on fait dans le pays. . . . . . On arrive à
Chambéry (*Voyez* page 122).

Il y a un autre chemin qui passe par Annecy, et se réunit au premier au-dessous de Rumilly, et mène à *Chablaix*, 1 poste; *La Caille*, 1 p. ; *Annecy*, 1 p.; *St.-Félix*, 1 p. ; *Aix*, 1 p. ½; *Chambery*, 1 p. ¼.

De *Chambéry* à *Turin*. (*Voyez* page 123.)

No. 4.
ROUTE DE PARIS A MILAN
par le Mont-Cenis, 245 l. (*V*. p. 90 et 136.)

No. 5.
ROUTE DE TURIN A GÊNES.

NOMS des relais.	DISTANCES en postes.	TEMPS EN VOYAGE.	
		heures.	minutes.
Truffarello.	1 ¼	»	20
Poirino.	1 ½	1	40
Dusino.	1 ¼	1	30
Gambetta.	1	1	30
Asti (*a*).	2	1	20
Felissano.	1 ½	1	20
Annone.	1 ¼	2	20
Alexandrie (*b*).	2 ¼	2	35
Novi (*c*).	2	2	10
Voltaggio.	2	2	40
Campo-Marone (*d*).	2	2	»
Gênes (*e*).	1 ½	1	20
105 milles géogr. 105 milles, ital. 122 milles angl.	21 ¼	21	20

Auberges. (*a*) La Rose rouge et le Lion d'or; (*b*) les Trois Rois et l'hôtel d'Angleterre; (*c*) l'Auberge royale, rue Ghirardenghi, et hors de la ville, sur le chemin de Gênes, la Poste; (*d*) la Poste; (*e*) la Croix de Malte, l'hôtel de Londres, et les Quatre-Nations.

Topographie de la route.

Après avoir traversé le Pô au sortir de Turin sur un joli pont, qui fait face à la Vigne de la Reine, maison de Plaisance déjà décrite (*V*. page 38), on suit à droite un chemin agréable qui domine en terrasse sur le fleuve, et qui est dominé lui-même à gauche par la charmante colline de Turin.

Au bout d'une demi-lieue, on voit sur la rive opposée, dans un site des plus frais, la maison royale du *Valentin*. Une lieue plus loin, on traverse la petite ville de *Montcalier*, dont nous avons parlé à l'article *Turin*. Elle n'est remarquable que par cet imposant édifice, dont elle ne partage qu'à demi l'heureuse situation, se trouvant placée au dessous, et bien moins aérée.

Truffarello est un village peu considérable et sans ressource. On peut se rendre de là, par une route de 3 lieues, qui n'est qu'un chemin de traverse, quoique ligne de poste, à *Chieri*, ou Quiers, ville assez considérable, qui a une communication plus directe avec Turin par la montagne de la Superga.

Elle est riche et bien bâtie, dans une plaine assez agréable ; on y remarque une jolie église, et une jolie porte de ville, construite en arc de triomphe. En continuant notre route, après avoir remonté quelque temps la rive droite du Pô pour l'abandonner, on prend à gauche, par une plaine bien cultivée, la direction de *Poirino*, bourg de 3,000 habitans avec bureau de poste. Dans le temps des pluies, le chemin est impraticable, et alors il vaut mieux s'en aller à Alexandrie par Casal, quoiqu'il faille passer plusieurs rivières à gué, et que les postes y soient mal servies.

Même plaine pendant la première distance. Au bout de 2 lieues on traverse le bourg de *Villanova*, de 2,000 habit. par une rue droite. On passe à *Dusino*, ferme isolée aussi bien que *Gambetta*. Aux deux tiers de l'intervalle qui sépare ces deux fermes, le village de *Villefranche*, perché sur une jolie colline qui domine la route à droite, offre un coup d'œil assez gracieux, et un meilleur emplacement que Gambetta pour la poste.

La route s'enfonce dans de petites collines qui se rattachent sur la gauche à celle de Turin, dont la plus haute cime, couronnée par le majestueux dôme de la *Superga*, se montre encore dans un lointain de 5 à 6 lieues. Ces collines qui présentent des aspects variés, se couvrent de vignes en approchant d'*Asti*. . . . . On arrive à

Asti, ville de 10,000 habitans, située près du Tanaro. Elle est entourée de grandes et mauvaises murailles, qui lui donnent une enceinte presque aussi étendue que celle de Turin. Le quartier des gens riches est bien bâti, mais peu peuplé. Les rues sont étroites, le peuple pauvre, sans industrie et sans commerce. On remarque le dôme d'architecture moderne, St.-Second, N.-D. dite la *Consolata*, et hors la ville St.-Barthélemy, ci-devant des bénédictins.

Cette ville, célèbre jadis par ses cent tours, n'en possède plus qu'une trentaine, dont le nombre et la hauteur diminuent encore journellement. On remarque dans le nombre des hôtels celui de ce fameux Alfiéri, le plus célèbre poëte tragique. Asti est le siége d'un évêché. Les vins rouges et blancs d'Asti sont réputés, à juste titre, les meilleurs du Piémont.

La plaine du Tanaro, fertile en blés, est exclusivement consacrée à ce genre de culture.

Outre la route qu'on suit, Asti en a une de 7 l. sur *Acqui*, petite ville, et une de 5 lieues sur Alba, autre petite ville de 2,000 hab. où l'on peut se rendre aussi de Cherasco. Patrie de l'empereur Pertinax, elle est sans doute la plus ancienne ville d'Italie, si sa fondation remonte à Janus. Connue des Romains sous le nom d'*Alba Pompeia*, elle doit ce nom à son restaurateur Pompeius Strabon, père du grand Pompée.

On traverse une plaine riche en blé, très-peu boisée et fort triste. Sa monotonie paraît augmenter avec sa fertilité, à mesure qu'on avance. Bordée à peu de distance à gauche par une chaîne de collines, elle s'étend, à droite, à perte de vue, jusqu'aux Apennins, qu'on ne distingue que dans les temps les plus clairs.

On passe à *Annone*, hameau, *Quatordio* et *Felissano*, bourgs de 1,200 habitans. A mi-chemin de Felissano à Alexandrie, on trouve *Solero*, bourg de 1,200 habitans.

La ville d'Alexandrie vue de loin présente l'effet d'un grand village au milieu d'une grande plaine. Un quart de lieue avant d'y arriver, on trouve un embranchement formé par quatre routes : celle qui est en face se dirige sur la citadelle; celle qu'on prend à droite mène à la ville; celle qu'on laisse à gauche conduit à Casal.

Le pont couvert sur lequel on traverse le Tanaro, après avoir passé les fortifications de la place, est le plus beau du Piémont. Remarquable par sa hauteur et par sa solidité, il l'est encore plus que le toit qui, régnant dans toute sa longueur, en fait une véritable galerie. . . . . . On arrive à Alexandrie, par la rue large et belle qu'on vient de percer depuis le pont jusqu'à cette place, est l'une des plus belles de l'Italie. Une allée d'acacias l'entoure et sert de promenade.

Le palais royal, ci-devant de Ghilini, en orne un côté; on remarque sur un autre côté l'hôtel de ville et la salle de spectacle, assez belle intérieurement. Les églises de St.-Alexandre, des ex-servites, de St.-Laurent, le théâtre moderne, méritent d'être vus. Le reste de la ville a peu de quoi satisfaire les regards du voyageur, si l'on excepte cependant la caserne, dite des jésuites, et l'hôpital civil, qui sont deux vastes et beaux édifices.

Alexandrie n'est ni une belle ville, quoique percée de rues la plupart droites et assez larges, ni une grande ville, quoiqu'elle prétende l'être autant que Turin.

En revanche elle est célèbre, comme une des plus fortes places de l'Europe, tant par sa citadelle que par elle-même, tant par les forts et les ouvrages avancés qui l'entourent, que par ses travaux intérieurs, dont le plus remarquable est l'éclusement du Tanaro. Les remparts sont, avec la grande place, les uniques promenades de cette ville. Elle possède une école d'artillerie, des bains publics, d'assez mauvaises et très-chères auberges, un cabinet littéraire et une très-petite bibliothèque publique. Son commerce peu considérable consiste en soie filée. Les filatures sont établies la plupart hors de la ville. Il s'y tient en avril et en octobre deux foires qui y attirent un grand nombre d'étrangers. A l'exception d'une rue, les autres offrent peu de boutiques, ce qui les rend assez tristes. Les maisons sont toutes en briques ainsi que les remparts. Alexandrie de la Paille est célèbre dans l'histoire des guerres d'Italie, par les nombreux siéges qu'elle a soutenus. C'est la patrie de George Merula, savant du quinzième siècle. Pop. 25,000 habitans.

D'Alexandrie on peut aller à *Valence*, 4 l. ¼ par une route de poste. Le chemin est coupé de collines et de vignobles. On traverse ensuite un vallon délicieux, par lequel on débouche dans la plaine de Valence.

Cette ville, située sur la rive droite du *Pô*, a un château. On traverse le fleuve pour se rendre à *Mortara*, 6 l. ¼.

Presqu'à la sortie d'Alexandrie on passe le *Tanaro* : quant au pays, il n'est ni beau ni bon. C'est une vaste plaine dépouillée d'arbres, assez cultivée malgré sa nature sablonneuse, et plus fertilisée que fertile.

On traverse au bout d'un quart de lieue la *Bormida*, et une demi-lieue plus loin *Marengo*, hameau jadis obscur, mais célèbre aujourd'hui par la victoire complète remportée sur les Autrichiens en 1800, par Napoléon. Entre Alexandrie et Novi, il ne faut pas négliger de visiter l'ancienne abbaye del *Bosco* des Dominicains. On y voit de bons tableaux et de belles sculptures de Michel-Ange.

La plaine de Marengo, qui est la même que celle d'Alexandrie, n'est belle que pour les batailles : point de bois, point de vergers, point de haies vives, peu de vignes ; mais de tout côté des champs à perte de vue. Elle se termine aux Apennins, que le voyageur a sans cesse en perspective jusqu'à Novi, où il se trouve au pied de la chaîne.

Ces montagnes, privées des vastes forêts qui décorent les sommités moyennes, et des neiges éternelles qui tapissent les crêtes supérieures des Alpes ou des Pyrénées, offrent, par leur attristante nudité, par leur faible élévation, en comparaison de ces chaînes primitives, et par leurs flancs grisâtres, sillonnés de ravins, un aspect horrible sans être une belle horreur. Fatigués de cette vue, les yeux se reposent avec plaisir sur les coteaux de vignes qui les précèdent, et qui entourent à moitié la ville de Novi.

On laisse à Marengo la route de Parme, et au village de Pozzolo, vers le milieu de la distance, l'embranchement de la route de Milan à Gênes. . . . . On arrive à Novi, ville de 6000 habitans. Les superbes maisons qui décorent cette ville, sont habitées pendant l'automne par de riches Génois. Il ne reste du vieux château de Novi qu'une tour bien conservée, située sur une éminence, et remarquable par son élévation.

Cette ville fait encore un peu de commerce d'entrepôt pour les transports, lesquels n'ont lieu qu'à dos de mulets, au travers des Apennins, c'est-à-dire, depuis Novi jusqu'à Gênes. Elle a donné son nom à une bataille gagnée en l'an 7 de la république par les Autrichiens et les Russes sur les Français, qui y perdirent le général Joubert. C'est de Novi que doit partir la nouvelle route de Gênes par Serravalle. La soie blanche de cette ville jouit d'une grande réputation dans le commerce.

Après avoir traversé les vignobles, les vergers, et les châtaigneraies de Novi, le voyageur pénètre, par une suite continuelle de montées et de descentes, de gorges et de ravins, de passages étroits et difficiles, dans le cœur des Apennins. Le bourg de Gavi de 1,600 habitans, qu'on trouve au milieu de la distance, est connu par le fort qui le domine, et qui passe pour n'avoir jamais été pris. Il y a une assez bonne auberge. *Voltaggio* en offre deux non moins bonnes, avec 1,200 habitans. Il y a, près de ce bourg, une source d'eau minérale sulfureuse.

La montée et la descente de la *Bocchetta* composent toute cette distance. Ce passage était autrefois dangereux, à cause des assassinats qui s'y commettaient. La poste n'y emploie que des chevaux de la première force, dont on est encore obligé de doubler le nombre, ainsi que celui des postillons, à cause de la longueur et de la rapidité des pentes.

On avance dans une gorge étroite, tantôt au milieu des bois, tantôt le long des prés solitaires qui bordent le Lemmo; et on s'étonne de voir aussi boisé ce passage, quand on a remarqué de loin la nudité, qui semble être l'unique partage de ces montagnes; mais à cette distance on n'en voit point les gorges; on ne voit que les cimes.

Le voyageur ne s'étonne pas moins de rencontrer fréquemment des habitations le long de cette sauvage vallée. Elles s'éclaircissent à mesure qu'on avance: elles cessent entièrement à peu de distance du col, près duquel s'élève à gauche, sur un roc isolé, une maison bâtie pour un corps-de-garde, aspect à la fois pittoresque et rassurant. Le col de la Bocchetta est le point où l'on traverse les Apennins. Sa hauteur perpendiculaire de 777 mètres au-dessus du niveau de la mer, est peu inférieure à l'élévation générale de toute la chaîne.

Le col de la route projetée par Serravalle sera infiniment moins élevé, puisque les mesures ne le portent qu'à 469 mètres au-dessus du niveau de la mer.

Le point où la nouvelle route doit traverser l'Apennin, étant plus bas que la Bocchetta, sera moins sujet aux tourmentes qui règnent fréquemment sur ce dernier passage, mais il n'offrira pas, dit-on, un aussi beau point de vue. Outre la Méditerranée qu'on découvre de toutes les hauteurs de l'Apennin septentrional, la Bocchetta présente un aspect qui lui est particulier. La vallée de la *Polcevera*, qui s'étend depuis ce col jusqu'à la mer, dans une longueur de quelques lieues, est aussi sauvage, aussi stérile par sa nature, que toutes les vallées et toutes les croupes, tant septentrionales que méridionales de cette partie des Apennins, mais l'industrie et la magnificence génoises lui ont presque donné une autre nature. Le voyageur enchanté de ce joli bassin regrette de le voir borné à si peu de distance, et comme arrêté tout d'un coup par la mer. L'infertilité y lutte partout contre les efforts de l'art; mais elle est partout vaincue, excepté dans les parties de la vallée sujettes aux ravages du torrent, dont le lit large et pierreux la couvre presque en entier, repousse toute végétation, et présente une vue attristante.

La nudité naturelle à ces montagnes se montre aussi sur

quelques croupes incultes, et perce à travers la végétation même, dans les pentes cultivées, où la maigreur des arbres accuse celle du sol. Il n'y a point de perspective comparable à celle qui s'offre inopinément du haut de la Bocchetta. Le paysage qu'on a sous les yeux vous conduit à la superbe Gênes, placée sur la pointe orientale du croissant, dont il présente la forme pittoresque. On n'aperçoit cette cité, encore éloignée de 6 lieues, que d'une manière bien imparfaite du haut de la Bocchetta, ou, pour mieux dire, on ne l'aperçoit pas du tout; car ce qu'on entrevoit n'est que son faubourg. La mer, qu'on découvre à perte de vue de cette hauteur, ne se montre le plus souvent que comme un brouillard épais, qui se dissipe à mesure qu'on approche; mais, par un temps clair et un ciel pur, on la voit briller comme une glace.

Le revers méridional de la Bocchetta plus animé, plus cultivé que le côté du nord à cause du voisinage de Gênes, offre encore une plus grande différence dans la température, puisqu'on y voit non-seulement l'olivier, mais l'oranger et le citronnier en pleine terre, tandis que le revers septentrional souffre à peine la culture du noyer et du mûrier. Ce sont, pour ainsi dire, deux zones différentes. Toutes les chaînes de montagnes qui ont leur direction de l'E. à l'O., offrent également deux températures, mais pas aussi tranchées.

La vallée de la Polcevera, beaucoup plus évasée que celle du Lemmo, est aussi beaucoup moins longue, parce que la pente du S. finit plus brusquement que celle du N.

On a passé le danger des assassinats quand on a franchi le col. Un pays si découvert et si vivant n'est plus favorable aux voleurs. Après une descente de 2 l., qui offre plusieurs rampes extrêmement rapides, et quelques villages, on arrive à celui de *Campo Marone*, où commencent les maisons de plaisance, qui décorent cette partie du revers des Apennins. Les châtaigniers qui règnent jusque-là, s'y mêlent aux oliviers, qui règnent ensuite depuis là jusqu'à Gênes.

La route de Campo Marone à Gênes offre une superbe route, dirigée en pente insensible, le long de la rive gauche de la Polcevera, dont le large lit toujours caillouteux et presque toujours à sec, servait de route, avant qu'un Doge, de la maison de Cambiaso, eût songé à faire construire cette belle levée, il y a près d'un demi-siècle. Les voyageurs longent, en la parcourant, un grand nombre de maisons de campagne et de jardins, et en découvrent des milliers de côté et d'autre. On traverse plusieurs villages qui en sont remplis, notamment *Ponte decimo* et *Rivarolo* où doit aboutir la nouvelle route. L'œil est enchanté des beaux points de vue : l'air se remplit de vapeurs balsamiques ; à la place des ombrages touffus, une gaze verdoyante s'étend, à longs replis, sur la terre parfumée. Ce n'est point la verdure ordinaire des campagnes, mais celle des jardins ; ce ne sont point nos jardins d'Europe, mais ceux de l'Asie, de l'Egypte, de l'Archipel. A l'oranger, au citronnier, au grenadier, les Génois aiment à marier les pins, les cyprès et toute cette populeuse famille d'arbres mélancoliques, enlevés aux forêts du Liban ou du Caucase, arbres d'éternelle, mais attristante verdure, dont « il semble, dit Dupaty, que les » autres saisons n'ont pas voulu pour les laisser à l'hiver. » Ces arbres exotiques et peu ombreux, sont, avec le figuier et le pampre d'Europe, presque les seuls qui entourent les palais des Génois tant à la campagne qu'à la ville. Tout le reste est donné à la magnificence ; tout le reste est marbre, sculpture et peinture.

Dès qu'on a quitté les bords de la Polcevera, on laisse à droite le pont de Cornegliano pour prendre à gauche, le long du rivage de la mer, la direction de la ville. . . . . .
. . . . On arrive à

Gênes. Le faubourg de St.-Pierre d'Arena, par où l'on entre, paraît avoir au moins 1 l. de long. Les palais, en assez grand nombre, qui en bordent l'étroite rue, ont perdu la fraîcheur des peintures extérieures qui en faisaient la véritable beauté. Au lieu de cette rue, souvent embarrassée, on en peut suivre une autre qui règne en forme de quai sur le rivage de la mer ; et ce spectacle toujours imposant, dont la beauté ne saurait s'affaiblir, dédommage, avec usure, le voyageur de celui des maisons déjà vieillies et dégradées qui portent le titre de palais dans la rue principale.

Au bout de ce faubourg, l'Apennin projette jusque dans la mer une longue arête de rocher, au travers de laquelle on a été obligé de creuser une profonde échancrure pour le passage de la route.

Ainsi détachée de la montagne, l'extrémité de cette roche s'élève isolément et d'une manière pittoresque au bord de la mer. Sur sa cime s'élance, à une hauteur prodigieuse, la tour de la Lanterne, dont le sommet, consacré au fanal qui indique le port aux navigateurs pendant la nuit, offre un des points de vue les plus intéressans de Gênes. Dans l'échancrure du roc est pratiquée la première porte de cette ville sous le nom de *Porte de la Lanterne*.

C'est après l'avoir passée que le voyageur voit se déployer le superbe amphithéâtre que forme, par sa position, cette ancienne maîtresse des mers. Cette vue est d'autant plus frappante, qu'outre la magnificence d'un tableau dans lequel figurent un si grand nombre de palais, la situation de Gênes est unique en son genre. On l'a comparée à celle de Naples.

Le ton sauvage, triste et monotone des Apennins contribue à faire ressortir la magnificence de Gênes. C'est la plus frappante opposition que puissent offrir la richesse de l'art et la pauvreté de la nature.

Entre la porte de la Lanterne et celle de St.-Thomas, est un second et très-long faubourg qui porte quatre noms différens, pris des quatre paroisses qui le composent. Au bout de ce faubourg, on trouve le palais du célèbre André. Ce palais, où ont logé Charles-Quint et Napoléon, n'est pas aussi beau qu'il est grand: on a prodigué dans l'intérieur les ornemens et les peintures; mais l'admiration ne se porte que sur le jardin où l'on voit, le long de la mer, une superbe colonnade surmontée d'une terrasse, le tout en marbre de Carare, et dans le bassin du milieu un Neptune colossal, sous la figure d'André Doria, également en marbre blanc, ainsi que les chevaux. Ce groupe est d'un bel effet, quoique d'une exécution médiocre.

La maison de plaisance en face de ce palais en dépend. Dans les jardins qui remontent de terrasse en terrasse, jusqu'au sommet de la colline, s'élève à mi-côte une mauvaise statue gigantesque de Jupiter, connue sous le nom de *Gigante* (le géant).

Au sortir de ces jardins on arrive à la porte St.-Thomas, qui n'a rien de remarquable. La place carrée et en partie plantée d'arbres, que l'on traverse, porte le nom d'*Aqua verde*; c'est la seule jolie place que possède cette ville. On passe de là dans la rue Balbi, au bout de laquelle, traversant une autre place, celle de la Nunciata, on se trouve dans la rue Novissima, puis dans la rue Nuova. C'est dans ces trois rues, qui n'en font à bien dire qu'une seule, que consiste presque en entier la superbe Gênes, puisque les principaux palais y sont réunis, à peu d'exceptions près. Les autres rues, étroites, avec des maisons très-élevées, lui donnent un air triste et sombre, et n'annoncent qu'une ville ordinaire, tandis que cette double enfilade d'édifices forme la plus magnifique rue de l'Univers. La peinture et la sculpture y présentent à l'envi les divers ordres d'architecture, exécutés là par le pinceau, ici par le ciseau des plus habiles artistes. Pas un palais qui ne soit orné de colonnes, pas une colonne qui ne soit de marbre, ou véritable, ou parfaitement imité en stuc. La variété de ces marbres, les uns naturels, les autres figurés à s'y tromper, et celle de tous les ornemens, tant en relief qu'en peinture, font l'effet d'une riche décoration de théâtre.

Tous les points où l'on arrête ses regards, sont des tableaux de perspective; divers sujets représentant des traits d'histoire ou de mythologie, ou bien quelques scènes de famille, sont peints dans les entre-colonnemens.

Les maisons qu'on pourrait appeler des muséums, renferment une immense quantité de tableaux et de portraits peints par les plus grands maîtres de toutes les écoles. (*Voyez* la description des beautés de Gênes et de ses environs.) Les indicateurs qui conduisent les curieux ne manquent pas de désigner à leur admiration les plus beaux morceaux.

Les palais Durazzo (rue Balbi), et Brignolet, dit *Palazzo rozzo* (rue Nuova), passent pour les plus riches en ce genre. Le premier qui est, en outre, le plus beau de Gênes par sa grandeur, sa belle cour terminée en fer à cheval, et ses belles terrasses de marbre, renferme une galerie plus admirée qu'admirable. On y remarque, parmi quelques morceaux antiques, un buste de Vitellius très-vanté, mais défiguré par l'idée bizarre d'un artiste moderne, qui l'a groupé avec le génie de la peinture. Le second est aussi l'un des plus beaux de Gênes, et peut-être celui dont la façade fait le plus d'effet: on l'appelle *Palazzo rozzo*, parce que les murs sont peints en rouge. En face est un autre palais Brignolet, non moins remarquable; il est renommé par l'excellente collection de tableaux qu'il renferme.

Un second palais Doria (même rue Nuova), se distingue aussi par sa façade, et le palais Serra par son salon, le plus riche sans doute qui soit au monde: seize colonnes d'ordre corinthien, cannelées et dorées, en sont le principal ornement: tout ce qui n'est pas dorure ou sculpture, est en lapis; c'est comme le fond du tableau. Ce salon somptueux a coûté un million au noble Spinola.

La maison de l'université, rue Balbi, est encore un des beaux palais de Gênes. On y admire les deux lions en marbre qui décorent le vestibule.

En général tous les vestibules, ainsi que les escaliers des palais de Gênes, offrent une noblesse d'architecture, un luxe de marbre, de colonnes et de statues, qui donnent la plus grande idée de la magnificence de l'intérieur. On pourrait encore compter au moins cinquante palais remarquables; nous n'en citerons plus qu'un, le palais ducal ou du doge.

Cet édifice public, habité autrefois par le doge, est précédé d'une grande et belle cour; sa façade imposante paraît en marbre de Carare veiné: elle est en stuc. Deux rangs de colonnes, l'un dorique, l'autre ionique, la décorent : chaque rang est surmonté d'un balcon en marbre ; au-dessus est un rang de pilastres, dont les intervalles sont ornés de statues : le tout est couronné de groupes et de trophées. Le grand escalier et la salle du grand conseil sont ce qu'il y a de plus beau dans l'intérieur ; la salle surtout est digne de l'admiration des étrangers, par les trente-huit colonnes de marbre *Brocatelle* qui l'enrichissent. On montre aussi dans ce palais la salle du petit conseil et celle du petit arsenal. Sur la porte de cette dernière on fait remarquer une proue de navire ancien (*rostrum*), qui fut trouvée dans le port de Gênes, et qu'on croit unique au monde : c'est une pièce de fer terminée en groin ou hure de sanglier. Une particularité en même temps qu'un inconvénient de ce palais, c'est d'être tellement contigu aux prisons, que les deux bâtimens semblent n'en faire qu'un.

Les palais de Gênes, dont les propriétaires n'habitent que les plus hauts étages, sont, ainsi que toute la ville, couverts en ardoise grise, nommée *Lavagna*, du nom de la carrière d'où on l'extrait, dans la rivière du Levant.

Trois hôpitaux, savoir : le grand hôpital, celui des incurables, et celui qu'on nomme l'*Albergo dei poveri*, méritent l'attention des étrangers par leur tenue, leur grandeur et leur distribution. On remarque dans tous les trois de vastes salles ornées de statues colossales, représentant les divers bienfaiteurs de la maison. Si les deux premiers ne sont beaux qu'intérieurement, le troisième s'annonce comme un château, par sa magnifique façade et sa noble avenue. On y emploie un nombre considérable d'orphelins à des filatures de laine, à des ouvrages en broderie, etc.

Parmi les églises, on remarque celle de l'hospice, qui n'est qu'une chapelle, où l'on admire une vierge de *Michel-Ange*, et une assomption du *Puget* ; l'église de *Carignan*, où l'on arrive par un pont d'une hauteur prodigieuse, qui réunit deux montagnes : elle est enrichie de deux autres chefs-d'œuvre du même Puget : ce sont deux statues colossales, l'une de St.-Sébastien, l'autre de l'évêque Alexandre Savoli, parent du fondateur de l'église, qui est elle-même un ouvrage de ce grand artiste. Belle de forme, simple d'ornemens, elle ne renferme qu'un petit nombre de tableaux, qui sont de Charles Maratte, de Guercino, de Procaccino, etc.

L'église de la *Nunciata*, dont la façade n'a pas été terminée, se distingue par sa grandeur, par ses belles colonnes ioniques de marbre blanc incrusté de marbre rouge dans toutes les canelures, et généralement par une profusion de marbre et d'or, qui la fait accuser d'être trop riche. On y voit au-dessus de la grande porte une cène qu'on regarde comme le chef-d'œuvre du Procaccino.

La cathédrale est un édifice gothique revêtu de marbre noir et blanc, tant en dedans qu'en dehors, et pavée de même. Des colonnes de porphyre ornent la nef et la chapelle de St.-Jean.

Après ces trois églises principales, les amateurs doivent voir encore celle de *St.-Ambroise*, riche à la fois de marbre, de dorure et de peinture, et celle de *St.-Cyr*, riche de son architecture et de ses fresques. Parmi les tableaux qui décorent la première, on distingue une Circoncision et un saint Ignace de Rubens, avec une Assomption du Guide.

On voit dans celle de *San-Stephano alle porte*, un tableau dont la partie supérieure est de *Jules Romain*, et le reste de *Raphaël*. Il représente la lapidation de saint Étienne. C'est l'unique morceau de Raphaël que j'aie vu à Gênes, et sans doute le seul qu'il y ait.

La double enceinte des fortifications de la ville appelle ensuite leur attention. L'enceinte extérieure, le *nuove mura*, embrasse, dans un circuit de 4 l., la cime d'une montagne.

La visite de ces fortifications exige le sacrifice d'une journée entière. Il faut en consacrer une autre à voir le port et tout ce qui l'entoure. Une épaisse muraille le borde dans toute sa longueur, de manière que les maisons, dont les façades sembleraient devoir orner des quais, et jouir du coup d'œil de la mer, n'ont d'autre vue que celle de ces hauts et vilains remparts, qui les masqueraient totalement, si elles ne s'élevaient encore plus haut, de manière qu'on découvre au moins la mer, des étages supérieurs. Sur ces murailles sont pratiquées d'étroites terrasses, garnies de parapets, qui offrent de beaux points de vue maritimes, et par cette raison d'agréables promenades. C'est de là seulement qu'on voit le port, les darses, l'arsenal, les vaisseaux, etc.

Rien de tout cela ne se voit de la ville, bâtie cependant tout à l'entour, sur un croissant de 1800 toises d'ouverture. Ce port fermé par deux môles peut recevoir des vaisseaux de quatre-vingts canons. Quoique l'entrée en soit grande, puisqu'elle a 350 toises d'un môle à l'autre, elle est assez difficile. C'est à une lieue en mer que la vue embrasse parfaitement tout l'amphithéâtre de Gênes; et les voyageurs font souvent cette excursion maritime, pour jouir d'un spectacle qui a quelque chose de magique, par l'heureux assemblage de tant d'objets, de sites et d'oppositions.

Ce qu'on nomme le *Port-franc* est un quartier clos et percé de rues droites qui renferment divers pavillons destinés aux magasins des négocians. C'est l'entrepôt de toutes les marchandises qui arrivent à Gênes. Comme toutes les affaires se font au Port-franc, on peut juger du mouvement qui doit y régner en temps de paix. Les voyageurs observent avec surprise que le port de Gênes, au lieu d'être ouvert de tous côtés, en vertu de sa franchise, est au contraire fermé de murs qui en interdisent la vue aux habitans, et l'entrée aux vaisseaux par toute autre porte que celle du Port-franc.

Tout près du Port-franc est la petite place *Banchi*, ainsi nommée de la fameuse banque Saint-George, dont la vaste salle, ornée de statues représentant les fondateurs et bienfaiteurs de l'établissement, mérite d'être vue. On remarque aussi la loge ou bourse, qui offre une voûte très-hardie, soutenue par de belles colonnes de marbre.

Parmi les théâtres de Gênes, on remarque celui de St.-Augustin.

Les promenades sont les allées de l'*Acqua-Verde*, fréquentées tous les soirs par le beau monde, les murailles du port, qui sont les promenades de toutes les classes, de tous les jours et de toutes les heures. Chemin faisant, on aperçoit le fameux pont de Carignan; et sur la hauteur la belle église dont il porte le nom. Le pont sert lui-même de promenade en été : après les chaleurs brûlantes du jour, on court y chercher l'air; et l'on ne manque guères de l'y trouver, soit sur le pont même, soit sur la place qui entoure l'église, soit sur la petite terrasse qui est un peu au-delà.

Les allées de l'*Acqua-Sola* offrent à la fois l'air, la vue, l'ombrage et la pelouse, heureuse réunion qu'on ne trouve dans aucune autre promenade de Gênes. C'est aussi la plus fréquentée, et même la seule.

Le *mezzaro* que portent les dames de Gênes quand elles vont à pied, est un voile de mousseline blanche, de deux ou trois aunes. L'art de la plus fine coquetterie préside à la manière de couvrir la tête, les épaules et les bras du mezzaro, ou de les dévoiler. Le sigisbéisme n'est nulle part plus en vogue qu'à Gênes. Le *sigisbéisme* représente à peu près à Gênes l'*ami de la maison* de Paris.

Les Genois se distinguent par leur industrie et leur activité. Ils ne le cèdent peut-être, à cet égard, qu'aux seuls Hollandais.

Leur amour pour les arts se manifeste par les nombreux chefs-d'œuvre de peinture, de sculpture et d'architecture dont ils ont enrichi leur ville. Ils possèdent dans ce moment de bons marbriers, d'excellens ébénistes, de bons ouvriers en corail; l'orfévrerie y est portée à un assez haut degré de perfection. Les fleurs artificielles de Gênes sont connues et recherchées dans toute l'Europe, notamment en France; ce qui n'empêche pas, chose remarquable, que celles de Lyon ne soient recherchées à Gênes. Cette ville travaille la soie avec succès, elle la tire du Piémont. Ses velours et ses damas sont renommés, ses bas de soie le sont moins. On y fabrique aussi des vases, tasses et tabatières en bois verni imitant la faïence, dont on estime l'extrême légèreté, l'élégance, et même la solidité.

Les pâtes de Gênes passent pour les meilleures de l'Italie. On attribue, dit Lalande, leur bonté à la qualité des eaux, non à la manière de les préparer. L'exportation des huiles d'olive que produit en abondance l'aride côte de Gênes, s'élève, d'après les calculs du même auteur, au terme moyen de 13,000,000 de France par an. Les oranges, limons, citrons et cédrats qu'on cultive sur la même côte, sont pour ses habitans une autre branche de commerce. Il y a, dans les environs de cette ville, beaucoup de papeteries, dont les produits, médiocres en qualité, s'exportaient autrefois dans l'Espagne et le Portugal.

A l'exception de l'huile et d'un peu de vin, le commerce d'importation embrasse à Gênes tous les objets de première nécessité, et toutes les productions tant du Levant que des deux Indes; elles s'expédient ensuite, par terre, dans l'intérieur de l'Italie, et par mer, dans toute l'Europe.

Gênes joue un assez grand rôle dans l'histoire d'Italie. Plusieurs auteurs latins la mentionnent, notamment Tito-Live, qui en parle dès la seconde guerre punique, sous le nom de *Genua*. Trois fois détruite, savoir: par les Carthaginois, par les Lombards, et par les Sarrasins, elle a toujours été promptement rétablie.

C'est au milieu des troubles et des révolutions qui la firent si souvent passer de la liberté à des maîtres, et d'un maître à l'autre, qu'on la voit disputer aux Pisans, et partager avec les Vénitiens l'empire de la Méditerranée. Les chaînes suspendues en divers quartiers de la ville sont des fragmens de celle qui fermait le port de Pise, et des trophées qui rappellent la destruction de ce port, dans le treizième siècle, par la flotte des Génois. Leurs conquêtes se sont étendues jusqu'à la Crimée. Une partie des îles de la Méditerranée et plusieurs échelles du Levant leur appartenaient.

Maîtres de tant de pays, ils ne l'étaient pas d'eux-mêmes, et ils s'affaiblissaient par des pertes continuelles, lorsque enfin le célèbre André Doria, suspendit, en 1528, le cours de tant de révolutions, rendit la liberté à sa patrie, et posa les bases du gouvernement qu'elle a conservé jusqu'à nos jours. Depuis cette époque, la république de Gênes, plus jalouse de fleurir par le commerce que par la guerre, ne fournit, jusqu'à la révolution française, que trois grands événemens à l'histoire. Le premier est le bombardement de 1684, qui réduisit un quartier en cendres, et força le doge à venir, contre les lois constitutives de son pays, faire ses soumissions en personne à Louis XIV. Le second est la prise de la ville, en septembre 1746, par les Autrichiens, qui en furent chassés le 5 décembre suivant, par une insurrection populaire. Le troisième, le siége que les Français soutinrent dans cette ville, en 1800, contre les Autrichiens, qui ne la prirent que par famine.

Cette ville, peuplée d'environ 100,000 habitans, possède, avec son université, une académie, une bibliothèque publique peu considérable et une école de marine. Elle offre aux voyageurs deux établissemens de bains, dont un sur la mer, et plusieurs bonnes auberges, dont les principales ont même quelque chose de la magnificence des palais, par leurs grands vestibules et leurs beaux escaliers en marbre ornés de bustes et de statues. Elles offrent, avec tout ce luxe, peu de commodités et d'agrémens, quoiqu'elles l'emportent peut-être sous ce rapport sur toutes ou presque toutes celles de l'Italie. Les chambres sont ordinairement grandes, hautes, voûtées et peintes à la manière des anciens.

La cuisine est meilleure à Gênes, dans les auberges, qu'en Piémont.

COMMUNICATION DE TURIN A CASAL.

NOMS des relais.	DISTANCES en postes.	TEMPS EN ROUTE.	
		heures.	minutes.
Septimo.	1 $\frac{1}{2}$	1	15
Chivasco.	1 $\frac{1}{2}$	1	25
Crescentino.	2 $\frac{1}{4}$	1	30
Trino.	2 $\frac{1}{4}$	2	30
Casal (a).	2 $\frac{1}{4}$	2	25
	9 $\frac{3}{4}$	9	5

Topographie.

Auberge. (a) Les Trois Rois.

Le passage des rivières qu'on rencontre fréquemment sur cette route, fait perdre beaucoup de temps; les postes y sont mal servies.

De Turin à Chivasco (*Voyez* page 136).

Trino est une place forte du Montferrat, située près du Pô.

Casal, capit. du Montferrat, située sur le *Pô*, était autrefois une ville très-forte, et qui a soutenu plusieurs siéges. On remarque dans la cathédrale, très-ancienne, une chapelle fort riche en marbre, où l'on vénère le corps de St.-Evase. Les autres églises sont Ste.-Catherine, de forme ronde, entièrement peinte, St.-Paul, des ci-devant Barnabites, l'ancienne église des Dominicains, et N.-D.-des-Douleurs, aussi de forme ronde. Parmi les édifices publics, on distingue le collége, le théâtre et le magasin des grains, hors de la porte du Pô.

COMMUNICATION DE CASAL A GÊNES.

NOMS des relais.	DISTANCES en postes.	TEMPS EN ROUTE.	
		heures.	minutes.
S.-Salvadore.	2 1/4	2	15
Alexandrie.	1 1/4	1	20
Tortone.	2	2	»
La Bettola.	2	2	»
Novi.	1	1	»
Voltaggio.	2	1	30
Campo-Marone.	2	2	35
Gênes.	1 1/2	2	»
	14 1/4	14	22

Topographie.

Alexandrie (*Voyez* page 163).

Tortone Cette ville, autrefois très-peuplée, est maintenant peu considérable; elle possède quelques belles maisons.

La Scrivia, qui coule près du chemin, le coupe au-dessus de Rivolta, et va se jeter dans le Pô. On trouve dans ce pays des mines de fer.

De Novi à Gênes (*Voyez* page 165).

COMMUNICATION D'ALEXANDRIE A SAVONE.

Acqui	4
Spigno	3
Dego	$1\frac{1}{4}$
Carcare	$1\frac{1}{2}$
Savone	3
	$13\frac{1}{4}$

Topographie.

En sortant d'Alexandrie, on traverse une plaine continuelle et peu intéressante le long de la rive gauche de la Bormida. On passe à la *Gamaliere*, et ensuite à *Cassina*. On arrive à *Acqui*, ville pauvre et peu peuplée. Elle est remarquable par des bains d'eaux thermales, à $\frac{1}{4}$ de lieue vers le S.; et par un reste d'aqueduc romain, du même côté, qui traverse la Bormida sur des arcades ruinées. Les eaux des bains, très-fréquentées, sont bonnes contre les douleurs rhumatismales et les blessures. On a trouvé dans les environs des inscriptions, des mosaïques et ustensiles qui prouvent son antiquité.

En sortant d'Acqui, on côtoie sans cesse la Bormida, qui coule avec beaucoup de lenteur. Son bassin est si large, qu'il ressemble plus à une plaine qu'à une vallée, et les Apennins, d'où elle sort, sont si abaissés dans cette partie, que ce sont plutôt des collines que des montagnes. On passe à *Spigno*, grand village, pittoresquement situé. Ensuite plaine ou vallée qui monte insensiblement, à mesure qu'on approche de la chaîne centrale. *Dego* est un village situé sur un rocher très-élevé et escarpé. On traverse le village de *Cairo*, avant d'arriver à celui de Carcare, où la route qu'on suit s'embranche avec celle de Paris à Savone par Fenestrelles et Mondovi.

(*Voyez*, pour le reste de la route, celle de Gênes à Antibes par la rivière du Ponent, page 180.)

N. B. On peut aller de Turin à Mondovi par une route de poste qu'on trouve à *Asti*, savoir, de Turin à Asti (*Voyez* page 162), 8 p. $\frac{1}{2}$.

D'Asti à Alba	3 p.
Quierasque	2
Bène	1
Mondovi	1
	7

et l'on peut retourner à *Turin* par une autre route qui fait partie de celle de Turin à Nice, en allant

De Mondovi à Fossano	2 p.
Savigliano	1
Racconis	1
Carignan	1
Turin	1
	12 l... 6

En suivant cette route, on voit plusieurs villes. *Alba* (*Alba Pompeia*), petite ville sur le *Tanaro*, autrefois considérable, n'offre aujourd'hui rien de remarquable au voyageur.

Mondovi (*Mons civis*) est situé sur une colline, au pied de l'Apennin, à 2 lieues du *Tanaro*. Cette ville fut la patrie du cardinal Jean *Bona*, célèbre par sa piété et par ses œuvres. Les environs de cette ville produisent beaucoup de vin. Après avoir passé la *Stura*, on arrive à *Fossano*, petite ville renommée pour ses bains, dont les eaux sont très salutaires. Entre Racconnis et Carignan on passe le *Pô*.

Plus on s'approche de ce fleuve, plus la campagne devient fertile et riante. A *Carignan*, éloigné de 2 lieues de Carmagnole qu'on laisse à droite de l'autre côté du Pô, on voit le terrain devenir de plus en plus fécond, couvert de pâturages et de grandes plantations de mûriers. La vue de ce pays donne une idée de sa richesse. La position de Carignan est avantageuse, et cet endroit est célèbre par les sièges qu'il a soutenus.

N°. 6.
ROUTE DE TURIN À PLAISANCE,
par Alexandrie et Tortone.

NOMS des relais.	DISTANCES en postes.	TEMPS EN VOYAGE.	
		heures	minutes
Trufarello.	1	1	20
Poirino.	1 1/2	1	40
Dusino.	1	1	30
La Gambetta.	1	1	30
Asti.	2	1	20
Felizzano.	1 1/2	1	20
Annone.	1	2	20
Alexandrie.	2 1/4	2	35
Tortone.	2	2	
Voghera.	1 1/2	2	40
Broni.	2 1/4	2	55
Château-S.-Jean.	1	1	50
Plaisance.	2	2	
112 milles ital. 127 milles angl.	22 1/2	26	

Topographie.

Auberges. — (a) La Rose rouge, le Lion d'or; (b) la Poste; (c) le Maure; (d) la Poste, St. Marc.

Il y a deux chemins différens pour aller à Alexandrie, l'un par *Asti*, l'autre par *Casal*; dans les saisons pluvieuses, il faut prendre le second, le premier étant alors presque impraticable. (*Voyez* page 163).

Château-St.-Jean est un petit bourg qui n'a rien de remarquable. Les deux dernières postes se font sur une route commode, au milieu d'une campagne fertile, arrosée par la *Tidona*, la *Nuretta*, et près de Plaisance par la *Trebbia*, célèbre chez les anciens et chez les modernes par les nombreuses batailles qui se sont données sur ses bords... On arrive à PLAISANCE (*Voyez* page 189).

On peut aisément aller de Plaisance à Milan en 6 ou 7 heures, en prenant la route suivante :

ITALIE SEPTENTRIONALE.

De Plaisance à Zorlesco. . . 1 p.
Lodi 1
Marignan . . 1
Milan . . . 1

Il y a un peu plus de 30 milles.

N°. 7.
ROUTE DE GÊNES A ANTIBES,
par la rivière du Ponent.

NOMS des relais.	DISTANCES en postes.	TEMPS EN VOYAGE.	
		heures.	minutes.
Sestri di Ponente.	1	1	
Voltri.	1	1	25
Arezzano.	1	1	30
Varaggio.	1	1	35
Savone.	1	1	20
Noli.	1	1	30
Finale.	1	1	25
Albenga.	1	1	30
Alassio.	1	1	45
Oneille.	1	1	35
Port Maurice.	1	1	40
S.-Remo.	1	1	40
Vintimille.	1	2	20
Mentone.	1	1	35
Monaco.	1	1	30
Villefranche.	1	1	35
Nice.	1	1	25
Antibes.	2	4	
182 milles ital.	19	30	20
188 milles angl.			

Topographie.

Auberges. (a) Sainte-Marthe et la Croix de Malte. On rencontre plusieurs villes sur cette route, mais on n'y trouve que des auberges fort médiocres.

Le voyage de Gênes à Antibes se fait aisément par mer en frétant une felouque ou bateau couvert, dirigé par un patron et huit ou douze rameurs. Ces barques, tantôt à la voile, tantôt à la rame, font le trajet en deux jours, si toutefois la mer est calme; car autrement elles ne se hasardent pas à partir. Comme elles longent sans cesse la côte, si la mer grossit pendant le voyage, elles prennent terre facilement; en effet, une felouque ne pourrait tenir la mer dans un gros temps. Le transport coûte environ 8 sequins ou 4 louis.

Quoique le voyage par terre soit bien plus incommode, il est cependant agréable, la rivière étant presque toute cultivée comme un jardin, partout où la nature et l'exposition méridionale du terrain le permettent; et cela avec une variété qui charme, et rend moins sensibles les désagrémens du chemin. Les plantations s'étendent jusqu'aux sommets des collines, qui sont couvertes de villages, de châteaux, d'églises et de maisons de campagne.

Le faubourg de St.-Pierre d'Aréna présente un spectacle charmant au voyageur, qui ne peut se lasser d'admirer la magnificence des palais et des maisons de plaisance, et la beauté des jardins. Jusqu'à Savone, la campagne offre l'aspect le plus riant, et montre jusqu'où peut aller la nature aidée de l'art et de l'industrie des hommes.

Presqu'à moitié chemin de Savone à Noli, on trouve le fort de *Vado* (*Vada sabbatia*), qui sert à défendre la côte. . . . . On arrive à Noli, résidence épiscopale, autrefois petite république de pêcheurs, soumis cependant à celle de Gênes, mais très-attachés à leurs priviléges; elle fait maintenant partie de la Ligurie. Cette ville est assez bien bâtie, défendue par un château, et a un petit port. Le peuple y est grossier, et la pêche est son principal moyen de subsistance.

De *Finale* on passe à *Albenga*, petite ville épiscopale, située sur la côte. Ses campagnes produisent une grande quantité de chanvre. On voit ensuite le petit village d'*Alassio*, à quelque distance de la côte. . . . . . On arrive à Oneille, petite ville, avec un port de peu d'étendue. Ses habitans sont courageux, adonnés à la marine et au commerce. La campagne abonde en olives, qui produisent la meilleure huile de toute la rivière. Il part de cet endroit une route qui mène à Tende.

En avançant vers *San-Remo*, on jouit du coup d'œil des collines couvertes d'orangers, de cédrats, de pommes et d'oliviers. . . . . On arrive à Monaco, autrefois principauté, maintenant très-petite ville, située sur un rocher qui s'avance dans la mer. Elle présente un coup d'œil vraiment pittoresque. Ses habitans ne montent pas au nombre de mille. On l'appelait autrefois *Templum Herculis Monaci*. . . . . On arrive à

Nice, ville avec un port sur la Méditerranée, défendue par une citadelle bâtie sur un rocher escarpé. On y remarque l'église de Santa-Reparata, l'escalier du rempart, les ruines et antiquités à Cimier, Cemenalium, à ¼ de lieue sur une charmante colline ; les ruines d'un temple, non loin de la bastide de *Ferreri*, et de l'abbaye de Saint-Pont ; le port de *Villefranche*, à une demi-lieue de Nice ; la rade est une des plus belles de l'Europe, cent vaisseaux de ligne pourraient y mouiller à leur aise ; le fanal, le fort de Montalban.

Les promenades de cette ville sont : la terrasse le long de la mer, d'où l'on découvre dans un temps clair les montagnes de Corse, la promenade des oliviers, les bastides ou petites maisons de campagne peintes de différentes couleurs, qui couvrent les coteaux ; le chemin du Var est aussi une promenade favorite, soit par les charmans points de vue dont on y jouit, soit pour l'agrément de se promener dans une forêt délicieuse, qui se trouve le long du Var, à une lieue de Nice. Elle a un siège épiscopal, un tribunal de commerce et un bon port. Elle commerce en soie, huile, oranges et citrons, anchois et savon. Cette ville est la patrie de Dominique Cassini, premier astronome de son temps. Cette ville jouit du plus beau climat de l'Europe : l'hiver ne s'y fait pas sentir ; aussi les étrangers et surtout les Anglais y viennent-ils en foule. Pop. 19,645 habit.

Entre Nice et Antibes, on passe le *Var* sur un pont de bois fort long ; on peut aussi le passer à gué ; mais le courant est quelquefois si rapide, qu'il faut prendre garde que la force de l'eau ne renverse la voiture . . . . . On arrive à

Antibes. *Voyez* l'Itinéraire de la France.

N°. 8.
ROUTE D'ANTIBES A GÊNES,
par le col de Tende.

NOMS des relais.	DISTANCES en postes.	TEMPS EN VOYAGE.	
		heures.	minutes.
Nice (a).	2	4	
Scarena.	2	3	30
Sospello.	2	3	30
Breglio.	2	4	
Tende.	2 ¾	3	50
Limone.	3	5	
Bourg-S.-Dalmaze.	1	4	45
Coni (b).	1	1	31
Centale.	1	2	
Savigliano.	2	1	8
Racconis.	1	2	23
Poirino.	3	2	
Dusino.	1	1	10
Gambetta.	1		10
Asti (c).	1		8
Quatordio.	3	1	15
Alexandrie (d).	2	1	37
Novi (e).	3	2	
Voltaggio.	2	2	10
Campo-Marone (f).	2	4	40
Gênes.	1	1	45
242 milles ital. 248 milles angl.	39 ½	54	31

Topographie.

Auberges. — (a) Le Dauphin ; (b) la Poste ; (c) *la Rosa rossa* et le Lion d'Or ; (d) les Trois Rois et l'auberge d'Angleterre ; (e) l'auberge royale, rue Girardenghi, et hors de la ville, pour aller à Gênes, la poste ; (f) la poste.

En sortant de Nice on commence à voyager à travers

les montagnes de *Scarena*, qui sont très-élevées et très-rapides. Ce passage se fait maintenant sur une très-belle route, praticable pour toutes les voitures, que l'on a ouverte nouvellement: auparavant, par l'ancien chemin, on voyageait sur des mulets ou en chaise à porteurs: on envoyait sa voiture à Gênes par mer, et l'on en prenait une autre à la poste de *Coni*. . . . . On arrive à

La Chiandola dans une situation vraiment pittoresque. A environ 3 milles, on voit le bourg et la forteresse de *Saorgio*, construite sur la cime d'une montagne, de sorte qu'elle semble presque suspendue en l'air. Jusqu'à Tende la route côtoie sans cesse un torrent. . . . . On arrive à

Tende, autrefois capitale d'un comté, et maintenant ville peu considérable, qui donne le nom de col de Tende à ce passage des Alpes que l'on fait en 5 heures, savoir: trois pour monter, et deux pour descendre. Le passage du col de Tende était autrefois plus incommode que celui du Mont-Cenis: si la montagne est couverte de glace, on peut descendre en traîneau. A peu de distance de Tende, on trouve une route de traverse qui mène à Oneille, et de là à Gênes.

De *Borgo Limone* à Coni on aperçoit, à la distance de 40 milles, le *Mont Viso*, où le Pô prend sa source: on découvre aussi le *Poggio melone*, et le *Mont-Cenis* à 70 milles. La vallée entre Borgo Limone et Coni est arrosée en partie par le *Gesso*, qui fertilise toute cette partie du Piémont, et en partie par la *Varmenagna*, dont les eaux contribuent beaucoup à rendre si abondantes les récoltes de blé et de foin dans ce pays.

A partir du canal navigable qui contribue à faire fleurir le commerce de ce pays, on trouve un chemin plus commode, qui dédommage le voyageur des désagrémens qu'il a éprouvés. On jouit de la vue d'une belle plaine, produisant en abondance le blé et le chanvre, et couverte de mûriers, de vignes et d'excellens pâturages.

De *Racconis* à *Poirino* on voit la superbe église de *Superga*, et *Chiers* près de Turin. A *Racconis* on trouve une route de poste qui mène à Carignan, et de là à Turin; à *Poirino* on entre dans la grande route de Turin à Gênes.

(Voyez page 162 pour le reste de la route.)

N° 9.
ROUTE DE GÊNES A MILAN, 27 l. $\frac{1}{2}$.

NOMS des relais.	DISTANCES en postes.	TEMPS EN VOYAGE.	
		heures	minutes.
Campo-Mar. (a)	1 $\frac{1}{2}$	2	
Voltaggio.	2	2	40
Novi (b).	2	2	25
Tortone (c).	2	1	55
Voghera (d).	1 $\frac{1}{2}$	1	35
Pancarara.	2	2	18
Pavie (e).	1	2	
Binasco.	1 $\frac{1}{2}$	1	5
Milan (f).	1 $\frac{1}{2}$	1	40
99 milles ital. 83 milles angl.	13 $\frac{1}{4}$	17	38

Topographie.

Auberges: (a) la Poste; (b) l'auberge Royale, rue Ghirardenghi, et hors de la ville, la Poste; (c) la Poste; (d) le Maure; (e) la Poste et la Croix Blanche; (f) l'auberge Royale, les Trois-Rois et les Puits.

De Gênes à Tortone (*V.* pages 165 et 176), et lisez la route en sens inverse.

Tortone, grande ville, autrefois bien peuplée, n'est plus importante aujourd'hui. En passant dans cette ville, on y voit quelques maisons bien bâties. Les étrangers sont généralement mécontens des habitans, qui vendent au prix de l'or les plus légers services.

A 6 milles au-delà de *Tortone*, et à 4 en deçà de *Voghera*, on passe le *Curone*. La route continue au milieu d'une plaine fertile, bien cultivée et coupée par plusieurs torrens, dont le passage présente quelque danger dans les temps pluvieux. Le grand nombre de mûriers plantés dans la campagne, donne une idée du commerce de soie qui se fait dans ce pays. . . . . On arrive à

16*

VOGHERA la dernière place du Piémont, sur les confins du Plaisantin et du Pavesan. Sa situation est agréable et riante. La cathédrale est d'architecture moderne, et mérite d'être vue. Il part de cette ville une route qui mène directement à Plaisance, par *Bronio* et Château Saint-Jean.

On passe la *Staffora* sur un pont, et en approchant de Pavie, on passe aussi le *Pô*, et ensuite un bras du *Tessin*. Arrivé à cette ville, où le Tessin est large et profond, et porte même de gros bateaux destinés à l'importation et l'exportation des denrées; on y entre par un grand pont recouvert en partie de marbre, et long de 340 pas. Ce pont est une des choses que l'on vante le plus à Pavie: il établit la communication entre la ville et un grand faubourg entouré de murs. . . . . On arrive a PAVIE, autrefois métropole et résidence des rois lombards: c'est une ville très-ancienne, située dans une belle plaine, sur le *Tessin*. Son territoire est si fertile, qu'on l'appelle le jardin du Milanais. On y voit de grands édifices, des rues larges et bien alignées, des places assez vastes; mais partout les points de vue sont négligés. La place la plus remarquable dans le centre de la ville, est entourée d'un vaste portique, et ornée d'une ancienne statue équestre, qu'on dit être celle de Marc-Aurèle Antonin. Le cheval est d'un très-beau travail; mais la figure de l'empereur est une statue bien médiocre en comparaison de celle du Capitole. On remarque quelques tours fort hautes, monumens gothiques, et l'on montre aux étrangers celle où fut renfermé le consul et littérateur Boèce. La cathédrale, nouvellement rebâtie, est d'un mauvais dessin; ce qu'il y reste d'ancien, porte à croire que ce temple était un édifice gothique et pesant. On y conserve une prétendue lance de Roland, qui n'est autre chose que le mât d'une grosse barque armé d'une pointe de fer. L'église de Saint-Pierre, où l'on prétend que se conserve le corps de Saint-Augustin, ornée de marbres et de statues, est d'une belle structure, ainsi que le couvent. Celle des Dominicains mérite aussi d'être remarquée: on y voit quelques bons tableaux et une chapelle tout en marbre, d'un fort beau travail. Aux Augustins on voit entre autres tombeaux celui de Boèce. Dans la partie haute de la ville est la citadelle : elle a été plusieurs fois assiégée et prise d'assaut dans les guerres d'Italie. Le général Lautrec l'abandonna au pillage, en 1527, pour venger l'affront fait au roi François Ier. dans la bataille qu'il y perdit en 1525, et où il fut fait prisonnier. C'est de ce pillage que date la décadence de Pavie. Son université a toujours été célèbre par les grands hommes qu'elle a produits et qui soutiennent encore la réputation de cet utile institut. On remarque particulièrement la bibliothèque, le musée d'histoire naturelle, le jardin botanique; et entre autres colléges le collége Borroméi. Pour la richesse intérieure et la magnificence des appartemens et galeries, on distingue les palais Botta et Bellisome; et pour l'architecture et la décoration des jardins, ceux de Maino et d'Ollevano. Le théâtre, de construction moderne, et ouvert depuis 1773, est aussi fort beau. Les habitans de Pavie sont en général d'une belle carnation: la jeunesse a un air de fraîcheur et de santé qui fait plaisir à voir. On remarque chez le peuple même une retenue et une réserve extraordinaires. Les mères ont un soin jaloux de leurs filles, et les promenades n'ont pas cet air de gaieté et de liberté qu'on remarque ailleurs. Le luxe qu'on observe dans les habits, même de la classe des artisans, annonce la richesse de ce pays, qui en effet abonde en vins, fromages, blé, chanvre, etc.

En sortant de Pavie on voit les ruines d'un parc enceint de murs, d'environ 20 milles de circonférence, célèbre par la victoire que Charles-Quint y remporta sur François Ier.

A 3 milles environ de Pavie, à quelque distance du grand chemin, on trouve le monastère de la célèbre Chartreuse, supprimée par Joseph II, et réputée la plus belle de l'Europe. Cet édifice annonce la plus grande magnificence: la peinture, la sculpture et l'architecture ont concouru à l'envi à l'embellissement de l'église et du monastère. Un jour entier ne suffit pas à un voyageur pour en observer en détail toutes les beautés.

De Pavie à Milan on voyage dans une belle plaine d'environ 20 milles de longueur. Ce pays fertile offre partout le coup d'œil le plus agréable; la route est bordée d'arbres plantés sur plusieurs rangs, et l'on voit à chaque pas des canaux qui, se répandant dans les campagnes, y portent la fraîcheur et l'abondance.

Binasco, bourg situé dans la même plaine que Pavie et Milan, est remarquable par ses riches et agricoles habitans, qui fabriquent de bons fromages.

Milan, capitale du royaume Lombardo-Vénitien: *voyez le tableau des capitales*, page 40.

N°. 10.
ROUTE DE MILAN A BOLOGNE.

NOMS des relais.	DISTANCES en postes.	TEMPS EN VOYAGE.	
		heures.	minutes.
Marignan.	1 1/2	2	5
Lodi (a).	1 1/4	1	35
Casal-Pusterlengo	1 1/4	1	40
Plaisance (b).	1 1/4	2	35
Fiorenzola (c).	2	2	10
Borgo-St Donino.	1	1	10
Castel-Guelfo.	1	1	5
Parme (d).	1	1	50
St.-Hilaire.	1	1	5
Reggio (e).	1	1	30
Rubiera.	1	1	30
Modène (f).	1	2	10
La Samoggia.	1	2	10
Bologne (g).	1 1/2	2	
233 milles ital. 149 milles angl.	17 1/4	24	35

Topographie.

Auberges : (a) le Soleil, les Trois-Rois ; (b) Saint-Marc ; (c) la Poste ; (d) la Poste, le Paon ; (e) la Poste, le Lis ; (f) la grande Auberge ; (g) l'Auberge Royale, les Pélerins.

La partie du Milanais qu'on traverse en prenant la route de Bologne, est très-riche, et de la plus grande fertilité : partout des champs, des canaux d'arrosage, des haies vives, des treillages vigoureux, des arbres de toute espèce : point de jachères ne frappent la vue. La route est superbe ; et de nombreux et beaux villages ajoutent à la beauté de la campagne.

Marignan, sur le *Lambro*, est célèbre par la victoire que François 1er. y remporta sur les Suisses, en 1515. Dans un pays aussi bien cultivé, on cherche en vain les traces des retranchemens, pour fixer le lieu où s'engagea cette action mémorable. On y trouve un grand nombre de boutiques, de cafés et d'auberges.

En sortant de Marignan, on passe le *Lambro*.

Il y a deux *Lodi*; l'un à droite, sur le *Sillaro*, appelé le vieux *Lodi*, gros village où l'on voit les ruines de quelques vieux édifices. En avançant vers le nouveau *Lodi*, on trouve quelques tombeaux antiques. . . . . On arrive à

Lodi, ville moderne, petite, mais bien bâtie, située de l'autre côté, sur une éminence, près de l'*Adda*; elle est entourée de murailles, et renferme environ 12,000 habitans. On y voit de beaux et vastes palais, entre autres celui des Merlino, celui des Barni, qui n'est pas encore achevé; celui de l'évêque, également imparfait; une jolie place ornée de portiques, le grand hôpital; et hors de la porte de l'Adda une fabrique considérable de faïence, à l'instar de celle de Faenza. Dans le Dôme, on vénère le corps de Saint-Bassan; l'église la plus remarquable est celle de l'Incoronata, octogone, d'architecture de Bramante, et peinte, partie à fresque et partie à l'huile, par Callisto, élève du Titien. Cette ville est célèbre par la victoire remportée en 1796 par Bonaparte sur les Autrichiens, et appelée *l'affaire du pont de Lodi*. Ce pont, défendu par 10,000 hommes, et une artillerie formidable, fut en un instant forcé, les batteries enlevées, et l'armée entièrement culbutée. . . . .

On peut arroser tout le Lodesan par le moyen de quelques canaux. Cette petite province nourrit ordinairement près de 30,000 vaches; et son fromage, dit le *Parmesan*, principale ressource des habitans, qui en font un grand commerce, est supérieur en qualité à celui du Pavesan et de plusieurs endroits du Milanais.

Hors Lodi, à *Mairana*, on trouve une route de poste qui conduit à Mantoue par Crémone. A l'est de Lodi est une autre route qui, par Crème, Brescia et Vérone, mène à Venise. Il en part aussi une troisième qui mène à Pavie.

En poursuivant sa route par *Casal-Pusterlengo*, on ne rencontre rien qui mérite d'être observé; mais le chemin jusqu'à Plaisance est commode, toujours au milieu d'un pays riche et fertile. . . . . On arrive à

PLAISANCE, sur la rive droite du *Pô*, dans une plaine vaste et riche; cette ville est bâtie en brique, sans en excepter les palais très-nombreux, dont on compte jusqu'à 100. On remarque la rue du Cours, large, longue et tirée au cordeau, qui ressemble plus à un chemin qu'à une rue. La place du palais public, où l'on voit les statues équestres des deux Farnèse ; deux autres places plus grandes et moins régulières, qui offrent encore chacune un édifice remarquable, l'un moderne, et l'autre gothique, savoir : le palais ducal, d'une grandeur considérable, et la cathédrale, d'un mauvais goût. La jolie église de St.-Augustin fait honneur à Vignola. Plaisance est une ville fortifiée sans être une place forte; ses remparts lui servent de promenade. On a planté d'arbres la partie voisine de la rue du Cours, qui sert elle-même de promenade à l'époque du carnaval. Elle a quelques filatures de soie.

A Plaisance commence l'ancienne route Émilienne, construite sous le consulat de Lépide et de Flaminius; elle conduit de Plaisance jusqu'en Romagne. La voie Flaminienne conduit de la Romagne jusqu'à Rome. En sortant de Florence, la route est toujours plate jusqu'à Parme et Bologne.

Environ à un demi-mille en deçà de Plaisance, on passe le *Pô*. A 3 ou 4 lieues sur la droite de la route, on voit la chaîne de l'Apennin; on découvre au pied des montagnes plusieurs maisons de campagne et châteaux de belle apparence; à gauche est la plaine qu'arrose le Pô.

A moitié chemin de Plaisance à Fiorenzola, on traverse sur un pont de pierre le torrent de la *Nura*, dans un bourg qui en a pris le nom de *Ponte-Nura*; et en arrivant à Fiorenzola, on passe la *Larda*, à travers un lit presque toujours à sec en été, et sur un étroit pont de pierre en hiver . . . . On arrive à

FIORENZOLA, petite ville de 3,000 habitans, avec deux auberges. A 15 milles de cette ville on visite les ruines de l'ancienne *Velleia*. A peu de distance, le long de la voie Flaminienne, on voit une ancienne abbaye, dont le monastère est très-vaste. C'est dans cet endroit même que Sylla défit l'armée de Carbon. . . . . On arrive à

BORGO SAN-DONINO, situé sur le *Surone*. Cette petite ville de 3,000 habitans n'a aucune trace d'antiquité; mais on trouve, à quelques milles de distance, des ruines qu'on dit être celles de l'ancienne *Julia Chrisopolis*. A S.-Donino, la place, le dôme, et le collége tenu autrefois par les Jésuites, sont à remarquer. Peu avant Borgo, on traverse une route de Gênes à Crémone, qui n'est faite que dans l'état de Parme, savoir : d'un côté jusqu'à *Bardi*, petite ville dans les montagnes, de l'autre jusqu'au Pô, en passant par *Busseto*, autre petite ville commerçante.

Cinq milles plus loin on traverse le *Taro*, torrent très-difficile à passer lorsqu'il est grossi par les pluies. Le pays du côté de la montagne offre des coups d'œil agréables, et la campagne est couverte de villages et d'habitations.

Castel-Guelfo, maison isolée avec une auberge, est situé sur le *Taro*: on prétend que c'est de là que prit son nom le fameux parti des Guelphes.

Dans la vallée entre le *Taro* et la *Parma*, on voit encore les vignes plantées de la manière qu'enseigne Virgile. Les habitans de la vallée du Taro annoncent, au premier coup d'œil, la richesse et l'abondance. Les paysannes sont vêtues avec une élégance pittoresque; elles ont un air de gaieté, sont bien faites, et d'une figure agréable. . . . On arrive à

PARME: *voyez* sa description à la route de Florence à Parme par Pontremoli.

De Parme on peut, en passant par Colorno, maison de campagne délicieuse, et par *Casal Maggiore*, gros bourg à deux postes de Parme, aller à *Bozzolo*, et de là à *Mantoue*; de Casal Maggiore à *Bozzolo* on compte une poste et demie.

On va aussi de Parme à Mantoue en prenant par *Sorbolo*, où l'on passe le pont d'Enza, par Brescello, Guastalle, etc. De Parme à *Brescello* on compte deux postes, et une seulement de Brescello à Guastalle. On voit toujours la même plaine, dont la beauté semble croître avec la fertilité à mesure qu'on avance. Ce sont des prairies délicieuses, toutes bordées de haies vives, toutes parsemées de vigoureux arbres, enlacés de ceps d'une végétation non moins florissante. L'épais ombrage qu'ils répandent, et de nombreux canaux d'irrigation entretiennent partout, avec la verdure et la fraîcheur, un printemps presque éternel. On trouve à chaque pas ou de jolis hameaux entourés de touffes d'arbres, ou des maisons de laboureurs qui ressemblent, pour leur propreté et les bosquets qui les entourent, à des maisons de campagne. L'imagination a peine à se figurer un pays plus riant que celui que traverse cette route, surtout après la *Lenza*, torrent qu'on passe en arrivant à St.-Hilaire, sur un pont aussi long qu'étroit. On traverse sur un autre pont le *Crostolo*. . . . . On arrive à

REGGIO (*Regium Lepidi*), sur le *Crostolo*, ville qui renferme environ 16,000 habitans. Dans la cathédrale, il faut voir la Vierge dite de la Giarra, et surtout la chapelle de la Mort, curieuse par les peintures qu'on y conserve. Les habitans de Reggio ont de l'esprit et du courage, et sont adonnés au commerce, qui se soutient au moyen d'une foire qui s'y tient dans le printemps. On montre aux étrangers un bas-relief représentant un soldat légionnaire, qu'on a pris pour une figure de Brennus; mais c'est un morceau d'antiquité peu remarquable. On veut que Reggio, plutôt que *Scandiano*, soit la patrie du fameux Louis Aristote, né en 1474. Il faut voir le Musée d'Histoire naturelle du célèbre Spallanzani, acquis par le gouvernement pour servir à l'instruction publique. Elle possède une belle salle de comédie. C'est la patrie du Tasse.

Entre Reggio et Modène, le chemin passe à une lieue de *Corrège*, endroit connu pour avoir donné naissance au fameux peintre Antoine *Allegri*. Après *Rubiera*, vieux château fort, les voyageurs sont obligés de s'en faire ouvrir les portes, quand ils arrivent de nuit. On traverse sur un superbe pont le torrent de la *Secchia*, moyennant un péage de 1 f. 25 c. pour les voitures à deux roues. . . . On arrive à Modène, jolie ville, peu grande, mais bien peuplée, avec 23,000 habitans. Elle est célèbre dans l'histoire pour avoir donné asile à Brutus après le meurtre de César. Elle est située dans une plaine très-fertile, au milieu de fraîches prairies; ses rues, pavées de cailloux de rivière, sont incommodes pour les piétons; on admire la *strada maestra*, superbe rue où est placée la statue équestre de l'ancien duc. On se promène sous les portiques; celui du collége est le plus beau, et en même temps le plus fréquenté. Cette ville est entourée de jolis remparts, et défendue par une citadelle. Modène a été tellement embellie depuis quelques années, qu'on y distingue la ville vieille et la nouvelle. Le palais ducal sert aujourd'hui aux affaires publiques et à l'institut du génie. Cet édifice, qui annonce plus de magnificence que de perfection, est composé de quatre ordres d'architecture, le dorique, l'ionique, le corinthien et le composite; il est situé dans la plus belle partie de la ville. On y chercherait en vain cette belle collection de tableaux et de raretés précieuses qui l'ornait autrefois. Auguste, roi de Pologne et électeur de Saxe, fit l'acquisition de cent des meilleurs tableaux, entre autres la Nuit, du Corrège, au prix de 50,000 livres sterling. Le reste des riches ameublemens a été également enlevé pendant les dernières révolutions d'Italie. Les églises, pour la plupart, n'offrent rien de remarquable, si on excepte St.-Vincent et St.-Augustin. La cathédrale elle-même est un édifice obscur et d'un mauvais goût gothique. La seule chose qu'il y ait à remarquer, c'est la présentation de Jésus-Christ au temple, tableau de *Guidorem*. La tour, tout en marbre, est une des plus hautes d'Italie. La bibliothéque de Modène est une des plus célèbres, riche en manuscrits et éditions les plus rares. Cette ville a une université assez renommée, appelée aujourd'hui le Lycée; un collége bien administré, d'où sont sortis de bons élèves qui se sont distingués, soit dans les belles-lettres, soit dans les sciences, la politique et les armes; un théâtre bien décoré, et imitant en quelque sorte les anciens amphithéâtres. Le *sceau*, devenu si célèbre par le poëme du *Tassoni*, natif lui-même de Modène, est le trophée d'une victoire remportée par les Modénois sur les habitans de Bologne, au centre même de cette dernière ville, vers le milieu du 10ᵉ siècle. L'eau qu'on boit à Modène est excellente, et le naturaliste observera sans doute avec intérêt les champs, les montagnes, les sources et les eaux thermales des environs, en prenant pour guide ce qu'en ont écrit Bernardin Remazzini et Antonio Vallisnieri. Le pétrole, ou huile de pierre des environs de Modène, est aussi connu des physiciens. Cette ville possède des bains publics et l'une des meilleures auberges de l'Italie; elle a produit beaucoup de personnages illustres dans les sciences, les lettres et les arts, entre autres le savant Muratori, l'architecte Vignole. Les femmes de Modène ont un singulier costume; elles s'enveloppent le corps et la tête d'une ample capote de soie ou de voile, qui les fait ressembler à de vieilles femmes ou à des masques en dominos.

A *Sassuolo*, à 10 milles de Modène, on verra avec plaisir une campagne délicieuse et un magnifique palais.

La nouvelle route de Modène à Pistoie, quoique montueuse, est bonne et commode. Avant d'arriver à *Boscolungo* on trouve un chemin de traverse qui mène aux *Filigare*, sur la grande route de Florence à Bologne. Près de Boscolungo est le petit lac *Scaffajolo*, au N. duquel on voit les bains de la *Porretta*, sur le *Rheno*, au pied d'une montagne, d'où descend cette rivière. Ces bains sont très-estimés; l'eau s'enflamme à l'approche d'une lumière, comme l'*Acquabuja* de *Pietramala*. Du lieu où sont situés ces bains s'élève une vapeur ou gaz inflammable, dont le feu étant bien allumé dure plusieurs mois.

Entre *Boscolungo* et *Saint-Marcello*, on passe le *Sestajone* et *la Lima* sur deux beaux ponts que le grand-duc Léopold fit construire sur les dessins de l'abbé Zimenès. *Voyez* la route de Pistoie à Florence.

Après Modène, la route continue d'être roulante et agréable, et la plaine se montre toujours riante. On passe le *Panaro* sur un beau pont de trois arcades, en payant 25 sous de Milan. En arrivant à Castel-Franco, on laisse à gauche le fort Urbain, bâti par le pape Urbain VIII, près du champ de bataille où les consuls Fulvius et Pansa furent défaits par Marc Antoine. Il fut pris par les Russes sur les Français, qui s'y étaient retranchés lors de leurs revers dans la campagne de 1799.

On traverse le *Reno* sur un pont très-beau, mais très-étroit, 2 milles avant Bologne. Le péage est de 22 sous de Milan. . . . . On arrive à Bologne, ville grande, riche et bien peuplée, au pied de l'Apennin; elle est située sur la petite rivière appelée le *Rheno*. Son climat est sain; elle a 6 milles de circuit et deux milles de long sur un de large; sa population est de 60,000 âmes. Les édifices publics sont remarquables, tant par l'architecture que par leurs ornemens. Les portiques rendent cette ville peu gaie, mais sont très-commodes pour les piétons. Le palais public, sur la grande place, est très-vaste, et renferme de beaux tableaux et diverses fresques des meilleurs maîtres. Les plus beaux monumens d'architecture sont: le palais Caprara, la façade et l'escalier du palais Ranuzzi, et la fontaine de marbre sur la place du Géan de Jean de Bologne. On voit dans cette ville plusieurs œuvres de ce célèbre sculpteur; entre autres, le Neptune en bronze de la fontaine, qui est un chef-d'œuvre. La cathédrale de St.-Pierre est un temple d'un beau dessin. On admire la nef, et, dans le chœur, une fresque représentant l'Annonciation, dernière œuvre de Louis Carrache; et dans le chapitre, St. Pierre et la Ste. Vierge, exprimant leur douleur de la mort de Jésus-Christ, peints par le même. Dans l'église de St.-Pétrone, d'architecture gothique, est la fameuse méridienne, tracée par le célèbre Dominico Cassini, dont le gnomon a 83 pieds de hauteur et 206 de longueur. On remarque l'ancienne et magnifique église des Célestins, et leur monastère; celui de St.-Sauveur, qui renferme une belle bibliothèque et un musée curieux; l'église de St.-Dominique, où l'on vénère le corps de ce saint; la bibliothèque du couvent; l'antique église souterraine de St.-Procolo, des bénédictins, et plusieurs autres, qui toutes renferment de belles peintures.

Les palais, ainsi que les églises, sont ornés de tableaux excellens; mais les plus belles collections sont dans les palais Zambeccari et Sampierri. On y admire un très-beau crucifix d'ivoire de Jean de Bologne; les travaux d'Hercule, et plusieurs autres tableaux des trois frères Carrache; l'enlèvement de Proserpine, dell' Albano; St. Paul, faisant des reproches à St. Pierre, chef-d'œuvre de Guido Reni; Agar, chassée par Abraham, et plusieurs autres tableaux du Guerchin et des meilleurs peintres d'Italie.

Les deux tours de Bologne, celle des *Asinelli* et la tour penchée, méritent l'attention des voyageurs: la première, par sa prodigieuse hauteur et sa structure déliée et élégante; la seconde, haute de 140 pieds, parce qu'elle est inclinée comme le clocher de Pise, ayant une pente de huit à neuf pieds. Cette ville a un hôtel des monnaies.

Bologne a été célèbre en tout temps dans les annales des sciences et des beaux-arts. Elle a une fameuse université et un institut ou académie très-renommée. Le collége *dei Dotti* tient ses séances dans cette ville. L'édifice *dello studio*; le musée de l'institut, plein de productions rares de la nature et des arts ; la bibliothéque, riche de 140,000 vol. et d'une grande quantité de manuscrits, entre autres les autographes de Massili, qui en fut le fondateur ; ceux d'*Aldovrandi*, le naturaliste, en 187 volumes *in-fol.*, etc.; l'observatoire, la chambre d'accouchemens, le théâtre anatomique, orné des statues des divers professeurs en médecine, et le jardin botanique, sont autant d'établissemens publics qui méritent d'être vus. Le théâtre public est un des plus beaux et des plus vastes d'Italie. Il a été construit sur le dessin du fameux décorateur *Bibbiena*.

Hors de Bologne, il faut observer le monastère de la Chartreuse, celui des Olivétains de St.-Michel *in Bosco*, d'où l'on a une superbe vue sur la ville. Les beaux portiques de l'église sont peints par *Charles Cignagni*, et les cloîtres par Louis *Carrache*; enfin, la Notre-Dame-della-Guardia, dite de St.-Luc, à laquelle on va par un portique de 700 arcades et de trois milles de longueur. Un canal de navigation, entretenu par des eaux peu abondantes, procure à cette ville une communication avantageuse avec le Pô.

Le commerce de Bologne est très-considérable, et les arts y sont très-cultivés. Les manufactures de soie, de crêpes, de voiles, de fleurs artificielles, etc., y sont très-florissantes, ainsi que les fabriques de papier, de savonnettes, de liqueurs, etc. Les saucissons de Bologne, appelés *mortadellas*, sont très-renommés. On veut que les eaux du Rheno aient une propriété particulière pour la préparation de la soie. La pierre phosphorique de Bologne, qu'on rend telle moyennant une opération chimique de calcination, se trouve sur le mont *Paterno*, à trois milles de la ville.

Les Bolonais sont industrieux, d'un caractère franc, gai et tranquille, courageux dans leurs entreprises, aimant les spectacles comme tous les Italiens. On voit à Bologne des personnes d'une belle peau. Les femmes y sont aimables, et plus gracieuses que belles. La campagne, aux environs est fertile, bien cultivée, et d'un aspect assez riant, surtout du côté de la *Montagnuola*. Cette ville est à 9 lieues S. E. de Modène, 10 S. O. de Ferrare, 15 O. de Ravenne, 19 N. de Florence, 70 N. ¼ O. de Rome.

(*) Cette ville est la patrie du poëte Manfredi, des peintres Le Guide, le Dominiquin, l'Albane et les trois Carrache.

N°. II.

ROUTE DE MILAN AUX ÎLES BORROMÉES ET DES ÎLES BORROMÉES A MILAN, par Côme.

NOMS des relais.	DISTANCES en milles ital.	TEMPS EN VOYAGE.	
		heures	minutes.
Seriano.		3	
Tradate.		1	30
Varèse.		2	
Laveno.		2	
Côme.		1	15
Milan.			15
	37 ½	10	
De l'Ile-Mère à Laveno.			
Varèse.			
Côme.			
Milan.			
	51	15	30

Topographie.

Il n'y a pas de voyageur instruit qui, s'il s'arrête quelque temps à Milan, ne soit curieux de voir les *îles Borromées*, situées dans le lac Majeur (*lacus Verbanus*), au pied des Alpes Rhétiennes.

Outre la route indiquée ci-dessus, il y en a une autre de traverse d'environ 30 milles, jusqu'à *Sesto*, village sur le *Tessin*, qui sort du lac un mille plus haut. En s'embarquant à Sesto, sur cette rivière, on la remonte l'espace d'environ un mille ; on entre dans le lac et on aborde aux îles Borromées.

Le pays qu'on traverse en suivant la route indiquée dans l'Itinéraire, par *Varèse*, jusqu'au lac Majeur, ne présente pas un coup d'œil aussi riant que les autres parties du Mlanais. La meilleure production de ce pays est son vin, qui est assez estimé. Les routes sont presque partout bordées de châtaigniers et de marronniers. On voit aussi des plantations de mûriers, qui y viennent très-bien. Les habitans les cultivent avec beaucoup de soin et de précaution, pour les préserver de tout accident, surtout dans le pays qui avoisine le lac Majeur et les Alpes, et dont le climat est plus froid. On y recueille aussi des soies de très-belle qualité.

Varèse, à 32 milles de Milan, a des édifices modernes, surtout un palais situé sur une hauteur, avec des jardins délicieux, ornés de fontaines, et un petit théâtre.

A *Laveno*, on s'embarque sur le lac. Ceux qui vont de Milan à Turin peuvent s'embarquer à Laveno, pour aller à *Arone*, et visiter les îles Borromées, en traversant le lac Majeur. Le prix ordinaire est de 10 à 15 fr. de France. Le prix commun, pour une barque à quatre rameurs, est de 18 fr. Il faut, 1°. choisir la barque la plus large et la plus solide, parce que la navigation, sur ce lac, est quelquefois orageuse, et faire prix pour quatre rameurs; 2°. retenir pour tout le jour la barque à son service. De l'Ile-Belle à *Arone*, on compte dix milles, et de là à Novare 24 milles d'un très-beau chemin; tandis que, pour aller de Laveno à Novare, par Varèse et Sesto, il y a plus de 40 milles, et l'on est obligé de passer le Tessin, qui grossit souvent et devient difficile à traverser.

Le *lac Majeur*, ainsi nommé parce qu'il est le plus grand des trois lacs de la Lombardie, s'étend du N. au S. Il a environ 39 milles de long sur 5 à 6 de large. Il est élevé de 654 pieds au-dessus du niveau de la mer. La *Magia* et la *Verzasca* se jettent dans ce lac, et le Tessin le traverse. Ses eaux sont très-limpides, et l'on y pêche d'excellens poissons. La navigation y est moins dangereuse que sur le lac de Côme, parce qu'on y emploie de meilleures rames; cependant les voiles sont tout aussi défectueuses, car les bateliers ne se servent jamais de voiles triangulaires. Plusieurs autres rivières considérables vont se jeter dans ce lac, telles que la *Toccia* ou *Tosa*, et l'écoulement du petit lac de *Mergozzo* à l'Ouest. Du côté du Sud, les eaux qui sortent du lac d'*Orta*, et qui se jettent dans la *Toccia*, au N. E. la *Tresa*, qui amène au lac Majeur l'excédent des eaux de celui de *Lugano*, et à l'Est l'écoulement des lacs de *Varèse*, de *Monate* et de *Comabio*. Ainsi ce lac reçoit les eaux de la vaste enceinte des montagnes qui commence au S. E. du mont *Rose*, comprend le *Simplon*, le *Griès*, le *St.-Gothard*, le *Lucmanier*, le *Moschelhorn*, le *Bernardin*, le *Gamoghe* et le *Jœrisberg*, et va aboutir aux montagnes qui séparent le lac de *Côme* de celui de *Lugano*. Le *Tessin* sort du lac au S. E., à l'extrémité de cette enceinte. Il forme une rivière considérable, et va se jeter dans le *Pô*, à 3 milles d'Italie, au-dessous de *Pavie*. La longueur de son cours, depuis le lac jusqu'à l'endroit où il tombe dans ce fleuve est de 55 milles, et le niveau du lac est de 95 toises plus élevé que celui du *Pô*, au confluent des deux rivières. Une majesté sauvage, jointe aux beautés d'une nature douce et riante, telles qu'on les rencontre dans l'heureux sol de *l'Italie*, caractérisent ce lac. La vue y est tantôt resserrée dans les plus étroites limites, et tantôt elle embrasse un horizon immense. De hautes montagnes l'entourent au S.-O., à l'O., au N. et au N.-E. Celles de l'E. et du S. s'abaissent par degrés jusques aux plaines de la *Lombardie*. Au N.-E., entre *Magadino* et *Laveno*, les montagnes sombres et sauvages du *Gamborogno* s'élèvent rapidement du sein des ondes jusqu'à la hauteur de 6000 pieds au-dessus de leur surface. Les flancs boisés du *Pino*, et le mont *Canobbio*, semblent fermer le lac, de sorte que sa partie septentrionale forme un bassin de 3 lieues de longueur, lequel porte le nom de lac de *Locarno*. Ce bassin, situé sur le territoire de la Suisse, est excessivement poissonneux (*Voy.* l'itinéraire de ce pays pour les détails sur les beautés de cette partie du lac). Au-dessous de *Canobbio* et de *Luino*, le lac s'élargit vers le S.-O., et forme un golfe ovale de 2 à 3 lieues de largeur. Sur ses rives, on voit briller les villes de *Palanza* et d'*Intra* ; l'*Isola-Bella*, l'*Isola-Madre*, l'*Isola di San Giovanni* et *di San Michele*, et plus de la rive méridionale, l'*Isola de' Conigli* (l'île des lapins) semblent nager sur sa surface. Ce beau lac nourrit un grand nombre d'espèces de poissons, entre autres celui que l'on appelle *agone* (*Cyprinus Agone*), qui ressemble à la sardine, et dont on fait grand cas. On y prend aussi des truites d'une grandeur peu commune, et des anguilles de 30 livres. Il faut voir les magnifiques carrières de granit de *Baveno*, et les riches marbrières de *Candoglia*. On voit, à environ 5 milles sur la rive occidentale du lac, dans une situation agréable, la petite ville d'*Arone*, qui a donné naissance à St. Charles Borromée. Les principaux édifices de cette ville méritent d'être vus pour la beauté de leur architecture.

En face, sur la rive orientale, est la ville d'*Anghiera*, et sur une hauteur qui domine le lac, on voit les ruines d'un vieux château fort.

Dans le fond d'un golfe formé par ce lac, à l'O., sont situées les îles Borromées. Elles sont au nombre de trois, et appartiennent à la famille de ce nom.

L'*Isola-Bella* (l'Ile-Belle), quoique plus petite que l'Ile-Mère, la surpasse en agrément et en élégance.

Cette île est composée de dix terrasses voûtées qui s'élèvent les unes au-dessus des autres, et dont la plus haute a 120 pieds au-dessus de la surface du lac, et 40 pieds en carré. Un Pégase placé au haut de cette terrasse, donne à l'île entière la forme d'une pyramide aux yeux de ceux qui viennent y aborder du côté de l'E. Au couchant, on voit sortir des ondes du lac un vaste palais qui n'est pas encore entièrement achevé. Dans un des berceaux des terrasses, le fondateur a fait consigner sur le marbre le but de cette création. L'inscription est conçue à peu près en ces termes : *C'est ainsi qu'en mettant en œuvre ces rocs bruts, il imprimait à ses loisirs le sceau de la dignité, et donnait à ses délassemens le caractère d'une grandeur majestueuse.* Les mosaïques ou *sale terrene* sont les appartemens qui occupent la partie inférieure du palais, et dont les murs imitent les parois de brèche d'une grotte naturelle. On y voit de belles copies en marbre d'antiques célèbres, un buste d'Achille très-estimé, un dauphin en marbre blanc qui verse de l'eau dans une vaste conque, etc. Les autres appartemens du palais contiennent des tableaux de *Luca Giordano*, de *Procaccini*, de *Schidoni*, du *Titien*, de *Lebrun* et de divers autres maîtres. On voit dans ces trois petites chambres plusieurs paysages du chevalier *Tempesta*, peintre fameux, qui avait été exilé dans cette île après avoir assassiné sa femme pour en épouser une plus belle. — Dans la proximité de l'Isola-Bella, la profondeur du lac est de 600 pieds; mais entre les îles elle n'est que de 18 pieds. Toute l'île est couverte de bosquets et de berceaux composés d'orangers, de citronniers, de grenadiers, de cédrats, de lauriers, d'oliviers, de cyprès, de vignes, de rosiers, de jasmins, de myrtes et de câpriers. Elle est embellie par des fontaines, des statues, et peuplée de superbes faisans. Les orangers et les citronniers y végètent presque aussi vigoureusement qu'à *Naples* et à *Palerme*, et leurs troncs prennent jusqu'à un pied de diamètre. On récolte annuellement de 30 à 36,000 oranges et citrons dans cette île. Là, sur des orangers chargés en même temps de fleurs et de fruits, on voit fleurir la vigne et s'épanouir les boutons de la rose et du jasmin. On y cueille des cédrats, sorte de gros citrons d'un pied de longueur sur 8 pouces de diamètre. Pendant le temps de la floraison, les doux parfums de ces jardins s'étendent à une grande distance sur le lac, et flattent l'odorat des voyageurs qui approchent de l'île, surtout le matin. En hiver, on recouvre de planches toutes les différentes variétés d'orangers et de citronniers. Les autres plantes que l'on cultive en pleine terre y passent sans inconvénient la mauvaise saison. L'acanthe, la valériane rouge, le câprier, le tracheline bleu croissent et fleurissent naturellement sur les murs. La vue dont on jouit sur la plus haute terrasse est d'une beauté et d'une étendue surprenantes. Au N. on voit l'*Isola-Madre*, et plus près du rivage, l'île de *San Giovanni* et de *San Micheli* sortir du milieu des ondes. Sur les rives du lac on découvre les villes de *Palanza* et d'*Intra*, et le gracieux coteau de *Castagnuola*, couvert de couvens, de villages et de maisons de campagne, ainsi que le *monte Rosso* et le *Simolo*. Plus loin, à l'horizon, les hautes et sombres montagnes des vallées d'*Intrasca* et de *Vichezza*. A droite de l'*Isola-Madre*, la partie du lac qui s'étend du côté de *Locarno*, avec les rochers escarpés de *Pino* et de *Gamborogno*, au-dessus desquels s'élèvent les montagnes des vallées de *Verzasca* et de *Magia*. Au N.-E., l'*Orsero*, au pied duquel la *Tresa* va se jeter dans le lac. Plus au S., *Laveno*, au-dessus duquel s'élève le *Monte Beusser*. A l'E., les collines enchantées de *Varèse*, que couronnent une multitude de chapelles, de tours et de maisons de plaisance. A l'E, les regards errent sur le lac du côté de *Sesto*, et jusque dans les plaines de la *Lombardie* (??). Au S. E., les croupes verdoyantes du mont *Vergante*, au pied duquel on voit *Stresa*, *Campino* et la belle *villa Bolongaro*. A l'O., on aperçoit, à la distance d'un $\frac{1}{4}$ de lieue, la petite île de' *Pescatori* ou *isola Superiore*. Le village et la petite église qui en occupent presque tout le sol font un effet des plus gracieux. Au-delà, les montagnes coniques de *Montorsano* et de *Castello di Fariolo*, entre lesquelles la *Toccia* se jette dans le lac près de *Cavedone*, et au N.-O. le golfe par lequel le lac *Majeur* communique avec celui de *Mergozzo*. De hautes montagnes qui se perdent dans un lointain obscur, et les sommités argentées des Alpes forment l'arrière-fond de ce tableau magnifique. C'est le matin qu'il convient de contempler la vue superbe que les Alpes de la Suisse et du *Piémont* présentent au spectateur placé sur ces gradins. On y distingue les deux sommités du *Simplon*, et une pointe neigée qui fait probablement partie du *Mont-Rose*, et quelques portions du *St.-Gothard*. Les basses montagnes cachent tout le reste de la chaîne. Quant aux plaines de la Lombardie, il est absolument impossible de les voir. La vue de *Laveno* et de la *Lombardie* se montre avec plus d'avantage aux rayons du soleil sur son déclin.

L'*Ile-Mère*, plus grande, irrégulière et plus agreste, est

située à un mille plus loin du côté du N. Elle est composée de sept terrasses, au haut desquelles s'élève un palais. Les faisans et les pintades la peuplent. Elle a ses beautés dans un genre différent : on a voulu réunir l'utile et l'agréable. On peut regarder l'autre comme l'ouvrage de l'art, et celle-ci comme celui de la simple nature. Se faisant ressortir mutuellement, l'une sert d'ornement à l'autre, et elles concourent toutes deux à orner le superbe bassin du lac. On recueille aussi en abondance, dans l'Ile-Mère, des oranges et une espèce de citron d'une grosseur extraordinaire et d'une odeur exquise. Il y a un petit théâtre d'un bon goût où l'on a joué les comédies de Goldoni, quelques-unes même de Molière et de Regnard. On y voit aussi une maison de construction moderne.

La troisième île n'a rien de curieux. Située, comme les deux autres, sur un rocher, elle est à peu de distance et à l'E., de l'Ile-Belle. On voit dans cette île quelques maisons de paysans et une église. Comme elle est beaucoup plus près de terre, les habitans vont cultiver les vignes et les champs qui sont sur la côte.

Ces îles sont vraiment curieuses, et semblent ornées d'après les belles descriptions de l'Arioste et du Tasse. Elles donnent une idée des îles merveilleuses qu'habitaient Alcine, Calypso et les fées, dont les poètes ont tant célébré les enchantemens.

En revenant de Varèse, on peut aller voir *Côme*, et de là retourner à Milan.

Côme est situé au pied de montagnes élevées, à l'extrémité méridionale du lac, auquel elle donne son nom et où l'*Adda* prend sa source. Cette ville est bien peuplée ; ses habitans sont très-industrieux, et ont la réputation d'être bons soldats. Le voisinage des montagnes les rend moins civilisés que les Milanais. Elle se vante d'une antiquité très-reculée, et a donné naissance à *Célius*, le poète comique ; à Pline le jeune, et à Paul Giovio, qui en fut évêque, et dont on peut voir la belle maison de campagne, bâtie sur une presqu'île sur les bords du lac, et enrichie d'une bibliothèque considérable et d'un cabinet curieux. Consultez pour ce voyage, aux îles et Côme, *Viaggio ai tre Laghi Maggiore, di Lugano e di Como*, etc., *di Carlo Amoretti*. Milano, 1803, avec trois cartes. La cathédrale, réparée aux dépens d'Odescalchi, pape, sous le nom d'Innocent XI, mérite quelque attention. Les Cômois se signalèrent par leur fidélité envers les Romains, lorsque Annibal prit la ville et la détruisit ; rebâtie bientôt après, elle fut appelée *Novo-Comum*.

Curiosités. — Côme est le siége d'un évêque. — On voit, dans cette ville, la cathédrale en marbre. — Une belle inscription romaine à l'hôtel de ville. — Plusieurs anciennes inscriptions sur le marbre dans le palais épiscopal et dans les palais *Tridi* et *Giovio*. — D'excellens tableaux dans les palais et dans les églises — Huit grandes colonnes de marbre (des carrières de *Mandello*, sur le bras du lac de *Lecco*) dans l'église du *Crocifisso*. — Un superbe cabinet d'histoire naturelle et d'instrumens de physique, chez M. le chanoine *Gattoni*. — Le jardin de *Passalacqua*, et le jardin botanique de M. *Galeazzo Fumagalli*. — Les manufactures de soieries, où l'on peut voir tous les procédés en usage pour la manipulation de la soie. — Au faubourg de *Vico*, de magnifiques campagnes, et le palais de *Grumello* qu'habite M. *Jean Giovio* (*Jove*), auteur du *Commentario di Como e del Lario*, dans lequel on trouve la description de toutes les curiosités de Côme et de son lac. — L'*Odescalchi*, palais situé sur la rive du lac; on l'appelle aussi *al Ulmo* à cause des superbes ormeaux dont ses environs sont plantés. C'est aussi là qu'étoit le fameux ormeau que *Pline le jeune* célèbre dans la 3e. lettre du liv. i de ses épitres. — Les palais *Resta*, *Salaza*, *Villani*, *Fossani* ou *Gallia* (autrefois la demeure du célèbre *Paolo Giovio*), *Rezzonico*, *Carminati*, *Baldovini*, et *Barbo*. — Non loin du faubourg de *Vico*, le mont *Lampino* (*Mons Olympinus*). — Le village de *St.-Agostino* (autrefois nommé *Colognola*), à droite de la ville : c'est là que commence le beau coteau de *Geno* où l'on voit la *Villa Menafoglio*, et au-delà duquel est située la belle maison de campagne de la famille *Verri*, et plus bas la *Villa Rezzonico*. Cette dernière est ornée de beaux tableaux; il y a aussi des peintures en fresque de *Morazzoni* dans l'église de St.-Augustin. On aperçoit *San Donato* non loin d'une grotte, vers le milieu de la montagne, et *Brunate* sur la hauteur. — Le jardin botanique du savant *Cigalini*, à *Bernate* près de Côme — Les environs de la ville, et les rives du lac offrent un grand nombre d'oliviers, de mûriers et de toutes sortes d'arbres fruitiers. La rive orientale, surtout du côté de *Canzo* où les montagnes la garantissent du vent du Nord, est extraordinairement fertile. Les Milanais possèdent beaucoup de maisons de campagne sur les bords du lac, telles que la *Villa Pliniana*; elle vaut la peine d'y faire une partie de bateau (*Voy.* l'art. suivant). Les montagnes de l'Est sont situées dans le triangle qui s'étend entre les deux golfes que forme le lac, l'un du côté de Côme, et l'autre du côté de *Lecco*. Ces montagnes renferment la *Val-Assina* et plusieurs petits lacs très-poissonneux; on y trouve beaucoup de forêts composées de toutes sortes d'arbres de bois blanc, quantité de châtaigners et de noyers, des pâturages alpins, et du gibier en abondance. Il y a beaucoup de serpens sur les revers méridionaux de ces montagnes, surtout sur le mont *Cornuto di Canzo* (3,612 pieds au-dessus du lac, selon *Oriani*). — Les truffes de Côme sont très-estimées. Les hommes de Côme, de *Canzo* et de tous les environs, sont tellement dans l'habitude de s'absenter du pays, que pour l'ordinaire l'on en trouve à peine un sur dix dans ses foyers. La plupart des marchands de baromètres, de microscopes, d'images, et de cartes de géographie, qui parcourent la Suisse et l'Allemagne sont des environs de Côme. Du temps des empereurs romains, les habitans de ce pays fournissaient déjà toute l'Italie de maçons; et, sous les rois lombards, les artisans de cette profession étaient connus sous le nom de *Magistri Comacenses*.

Cette ville a produit les deux *Pline*; *Paul Jove*, historien et panégyriste de Charles-Quint; *Clément XIII* (*Rezzonico*) et *Innocent XI* (*Odescalchi*), tous deux papes; le grand physicien *Volta*, qui y est établi depuis l'an 1802; le fameux *Canova*, le plus grand sculpteur des modernes; la signora *Leni Perpenti* qui, en 1805, a retrouvé l'art de filer l'amianthe et d'en faire de la toile.

Chemins. — De Côme à *Ripa* près Chiavenna, par le lac. On fait le trajet en 10 h. quand le vent est favorable. (Le bateau public qui va de Ripa à Côme part tous les vendredis vers les 8 h. du soir. On s'arrête 1 h. ou 2 à *Domaso* où l'on soupe, et l'on arrive à Côme vers les 10 ou 11 h. du matin. Chaque passager paye 2 livres de Milan pour le trajet.) *Voy.* l'art. suivant. A la *Pliniana*, 2 l. — A *Mendrisio*, 2 l. De toutes les villes de la Suisse, c'est celle qui est située le plus au S. — A *Varèse*, 8 l. — A *Lecco*, lieu situé à l'extrémité du bras oriental du lac de Côme, par *San Martino*, *Cassano*, *Albese*, *Erba*, *Incino*; puis en se dirigeant à gauche par *Canzo* et par la *Val-Assina*, ou bien à droite par *Suello*, *Valmadrera* et *Malgrate* à *Lecco*. De Côme à *Milan*, 10 l. ou 3 postes. On loue, sur le pied d'un louis, une voiture à deux chevaux pour faire cette course. Le chemin le plus commode passe par *San Carpofore*, au-dessous de la tour de *Baradello*, par les vallées resserrées où l'on trouve beaucoup de tourbe, par *Fino*, *Barlassina*, *Bovisio* et *Dergano*. L'autre chemin, plus court mais plus pénible, passe par *Trecallo*, *Canturio* dont la tour servait de vedette pendant les guerres civiles entre Côme et Milan (on y voit des fabriques de fer établies dès le 10e. siècle); par *Mariano*: le jardin *Trotti* à *Verano* mérite d'être visité); par *Segreno* et *Desio* (lieu illustré en 1277 par la destruction des *della Torre*, souverains de Milan, et par la victoire des *Visconti* qui y fondèrent leur puissance; on y voit plusieurs inscriptions latines sur les murs extérieurs de l'église; près de *Desio* est située la *Villa Cusani*; cette campagne et ses jardins sont les plus magnifiques de toute la Lombardie; on y voit aussi une inscription romaine); par *Nova* et *Cusani* (où il y a de beaux tableaux, par exemple de *Spagnoletto*, dans le palais *Onodei*), et enfin par *Nigna da* à *Milan*, où l'on arrive après avoir passé le *Seveso*.

Côme (le lac de), *lacus Larius*. Sa surface est de 654 p. au-dessus du niveau de la mer; il a 9 à 10 l. de long sur 1 l. de largeur. De toutes parts il est environné de montagnes, dont les plus hautes, telles que le *Legnone*, situées autour de sa partie supérieure, s'élèvent jusqu'à 8077 p. au-dessus de sa surface. Le mont *Grigna*, au-dessus de *Bellano*, a 6805 p. Les montagnes des bords de la partie inférieure du lac sont moins hautes; le mont *Ceramede* qui s'élève au-dessus de *Tremezzo*, sur la rive occidentale, a 3456 p., et le *Corno di Canzo*, situé sur la rive opposée, au-dessus de *Veleso*, en a 3612. Le lac se partage au S. en deux bras de 4 l. de longueur; le bras occidental aboutit à *Côme*, et le bras oriental à *Lecco*.

Description physique. — Les principales rivières qui tombent dans le lac de Côme sont l'*Adda*, la *Lira* et la *Mera*; la première vient de *Bormio* et de la *Valtelline*, et les deux autres amènent au lac toutes les eaux du *Splughen*, du *Septimer*, du *Maloja*, d'une grande partie de la chaîne de *Bernina*, des montagnes de *Bormio* et du revers septentrional de la chaîne du *Legnone*; 64 autres rivières moins considérables se jettent dans le lac, dont le bras occidental n'a pas d'écoulement; l'*Adda* sort de l'autre golfe près de *Lecco*. Quelquefois, après la fonte des neiges, le lac s'élève de 15 p. ¼ au-dessus de son niveau ordinaire. La crue des eaux n'est nulle part aussi considérable que dans le bras de Côme, parce que l'eau n'y trouve pas d'écoulement. Quelquefois le lac s'élève sans qu'il y ait eu de fonte de neiges, et voici quelle en est la cause: dans le golfe de Côme, les eaux descendent du côté de la ville le long de la rive occidentale; puis elles remontent, en suivant la rive opposée, du côté de *Bellagio*, d'où elles refluent dans le bras de *Lecco*. Mais quand le vent du N. souffle avec violence, elles sont repoussées à l'E. de Côme vers *Bellagio*, et il en est de même lorsque les vents du S. font remonter les eaux dans le bras de *Lecco*; ce qui empêche que celles qui viennent du côté de

Côme ne puissent y entrer. Quelquefois le lac offre des crues et des baisses qui se succèdent rapidement et sans cause apparente, comme on l'observe sur ceux de *Genève* et de *Constance*. — Pour l'ordinaire, le vent du N., que l'on appelle *Tivano*, a coutume de se lever vers le soir et de souffler jusqu'au lever du soleil ; le calme règne jusqu'à midi, où il fait place au vent du S.-O., qui porte le nom de *Breva*. Du reste, cet ordre est interrompu par la pluie et la grêle qui tombent sur les montagnes voisines du lac, et par les orages qui occasionnent des coups de vents imprévus, indépendamment des vents impétueux qui sortent des débouchés de plusieurs vallées. Outre cela, les vents de montagnes, qui descendent quelquefois verticalement le long des parois des rochers, sont assez dangereux. Les barques et les bateaux du lac de Côme ne sont ni assez larges ni assez profonds, et il conviendrait de substituer des voiles latines aux voiles carrées dont on s'y sert. Cependant il n'arrive guère de malheur si ce n'est à des bateliers ivres. — M. *Volta* a trouvé que la température du lac, à la profondeur de 3 à 400 p., était de 5 degrés, comme dans celui de *Genève* et dans les autres lacs de la Suisse, selon les observations de M. *de Saussure*.

Beautés du lac. — De tous les points, les regards embrassent à la fois l'ensemble des rives du lac. De la hauteur de 8 à 9000 p., les montagnes des *Grisons* et de la *Valteline* descendent en gradins jusque sur le rivage, où, du côté de Côme et de *Lecco*, elles font place à des collines de 1000 à 2000 p. d'élévation. Du pied des glaciers, des rocs de granit à la tête chenue, et des sombres forêts de sapins, on se voit, au bout d'une traversée de 9 l., transporté comme par enchantement sous le beau ciel de l'Italie, au sein d'une nature gracieuse, embellie de tous côtés par les mains de l'art et du goût. Partout on voit briller des maisons de campagne superbes entourées d'une forêt de piniers, de cyprès, de lauriers, de figuiers et d'oliviers, et l'orange y mûrit à côté de la vigne. Rien de plus délicieux pour l'ami de la nature que de voyager sur ce beau lac. Ceux qui viennent de *Chiavenna* s'embarquent à *Ripa* (V. *Côme*, art. chemins). Si l'on vient de la *Valteline*, on prend le bateau à *Colico* ou *al Passo* ; de là on se rend à *Domaso*, sur la rive occidentale, où l'on trouve toujours des barques et de bons bateliers. Il faut au moins deux jours pour bien voir toutes les beautés et les curiosités du lac et de ses deux golfes. Ceux qui ne veulent visiter qu'une partie de ses rives, peuvent s'arranger pour aller dîner de *Domaso* à *Cadenobbia*, où l'on trouve une fort bonne auberge ; l'après-midi on visite la *Villa Pliniana*, et l'on arrive le soir à *Côme*. Comme *Cadenobbia* est également distant des deux extrémités du lac, ce lieu offre une excellente station aux voyageurs, qui ont le loisir de parcourir en détail toutes les contrées qui avoisinent ce beau bassin.

Quand on s'embarque à *Ripa*, on voit déboucher à gauche la vallée de *Codera*, et près de *Vercelli*, celle de *Ratti*. A droite, entre *Bugiallo* et *Sorico*, on trouve une source d'eaux minérales, et à *San Fedelino*, une carrière de granit blanc. — A *Gera*, un affinage de sel pour les Grisons. *Domaso* et divers autres lieux voisins offrent des moulins à scier, et des machines à filer la soie. Vis-à-vis de là, *l'Adda* se jette dans le lac, non loin de *Colico* et des ruines du fort de *Fuentes*. Les grands marais de *l'Adda* exhalent des vapeurs pestilentielles dont l'influence maligne empoisonne l'air jusqu'aux environs de *Gera* et de *Colico* sur la rive orientale. Le mont *Legnone* s'élève à la hauteur de 8077 p. au-dessus du lac. C'est la dernière haute montagne qu'il y ait sur cette rive du côté de l'Italie. Non loin de *Colico* on trouve le petit lac de *Piona*, où il y a des carrières de marbre. Après *Domaso* vient *Gravedona*, grand village situé sur la partie la plus large du lac, et au débouché d'une vallée populeuse. Ce lieu est abrité au N. par de hautes montagnes, entre autres par le *Pian-di-Livio* et le *Sasso-acuto*. A l'opposite s'élève *Mezzodi*. Le duc d'*Avito* possède un palais à *Gravedona*; on y voit aussi une église abandonnée, qui renferme deux inscriptions du 5ᵉ. siècle, et des peintures en fresque très-anciennes; il y en a aussi dans l'église du village de *Peglio*, qui dépend de la vallée de *Gravedona*. Les femmes de *Gravedona* portent des espèces de frocs de capucins, et se nomment *Frati*, usage provenu d'un vœu fait par leurs ancêtres. Depuis ce village, on peut se rendre à *Bellinzone* par un chemin qui passe sur le mont de *San Giorgio*. (V. *Jœrisberg*), et traverse la vallée de *Marobia*. Au-delà de *Gravedona* est situé *Dungo*, au débouché d'une vallée populeuse; on y voit les fonderies où l'on met en œuvre la mine de fer qu'on exploite dans la montagne entre *Dungo* et le village de *Musso* qui vient ensuite. Un chemin qui traverse les Alpes du *Pessola*, conduit aussi depuis ce lieu, par la vallée de *Morabia*, à *Bellinzone*.

Après *Dungo*, on rencontre *Pianella*, et sur la hauteur les ruines mémorables du château de *Musso*. On y voit le ruisseau de *Carlazzo* et les carrières de marbre d'où l'on a tiré les matériaux pour la construction de la cathédrale de Côme. Vis-à-vis sont situés sur la rive orientale *Dorio*, *Coreno* (Corinthus) et *Dervio* (Delphos). Au-dessus de ce dernier village s'élève le *Legnoncino* à 4,677 pieds au-dessus du lac, lequel est, dit-on, plus profond dans ce lieu que partout ailleurs. C'est aussi là qu'est l'embouchure du *Varrone*, rivière qui sort de la vallée du même nom, dans laquelle on exploite beaucoup de mines de fer, et d'où l'on va par le *Pizzo de' tre Signori* à *Morbegno* dans la *Valteline*. Après *Musso*, on trouve sur la rive occidentale *Rezzonico* (*Rhætionicum*), berceau de l'illustre famille qui en porte le nom; *Gaëta*, dont les rochers rougeâtres s'appellent *Sassi ranci*, et où le ruisseau d'*Acqua-seria* tombe dans le lac. Vis-à-vis, on voit *Bellano*, au-dessus duquel domine le mont *Grigna* (6,805 p.). C'est-là que la *Pioverna*, au sortir de la vallée de *Sassina*, se jette dans le lac par une fente de roche, en formant une chute verticale de 200 p. de hauteur. Cette cascade, dont l'aspect est également sublime et effrayant, est connue sous le nom de l'*Orrido di Bellano*. Un pont suspendu par des chaînes au-dessus de l'abîme dans lequel le torrent s'élance, aboutit à un escalier taillé dans le roc, au haut duquel on a pratiqué un balcon. Là, l'œil plonge verticalement au fond du précipice, d'où l'on entend sortir un bruit semblable à celui du tonnerre. Tout près de là est située la *Villa Rondani*, au milieu des sites les plus gracieux; on y voit très-bien la chute d'eau. Le chemin qui va dans la *Val-Sassina* passe par un pont construit sur la *Pioverna*, d'où l'on jouit aussi d'une superbe vue. *Bellano* est un lieu commerçant où il y a plusieurs manufactures de soie; le chemin de la *Val-Sassina* y passe : il est escarpé et pénible. Cette vallée est fameuse dans l'histoire. Entre *Bellano* et *Cultonio* le rivage est d'une grande beauté; on y voit des carrières de marbre noir au bord du lac. — Après *Gaëta*, sur la rive occidentale, suivent *Nobiale* et *Menagio*, grand village situé à l'embouchure du ruisseau de *Sanagra*. Des maisons de campagnes voisines, la plus belle est la *Villa Quaita*. Un chemin qui part de *Menagio* mène à *Porlezzo* au bord du lac de *Lugano* et à la *Val-Cavargna* (*Voy.* là Suisse, p. 401). On peut y passer à cheval. Après *Menagio* vient *Cadenobbia* où l'on trouve la meilleure auberge qu'il y ait sur les rives du lac et d'où l'on découvre les vues les plus étendues sur l'un et l'autre bord au N. et au S. Au-dessus de *Cadenobbia* est situé le grand village de *Grianta* où il y a de vastes grottes remplies d'ammonites et d'autres pétrifications dans la pierre calcaire. Sur la rive opposée on voit à la même hauteur *Varena*, village considérable, bâti depuis le XIIe. siècle, par les habitans de l'île de *San Giovanni* (*Voy.* plus bas). Les trois montagnes pointues qui s'élèvent au-dessus de ce lieu portent les noms de *Grigna* et *Grignone*; plus haut, du côté du nord, est le *Moncodine* (plus de 6000 p. au-dessus du lac), sur lequel il y a un glacier. La *Villa Serponti* et ses jardins méritent d'être vus. Le climat de *Varena* est si chaud que l'*Agave* d'Amérique y croît et y fleurit même quelquefois parmi les rochers, et que l'Azédarach, arbrisseau originaire de la Syrie, s'y est acclimaté. Il y a dans ce lieu plusieurs ouvriers qui travaillent en marbre; les voyageurs peuvent voir dans leurs ateliers toutes les espèces de marbre que produisent les environs du lac. On remarque à peu de distance de *Varena*, du côté du midi, le ruisseau nommé *Fiume di Latte*, qui sort avec impétuosité d'une grotte située à 1000 p. au-dessus du lac. C'est une source périodique qui commence à couler au mois de mars; elle augmente avec les chaleurs, et disparaît en automne. On prétend qu'elle provient d'un glacier situé au-dessus de *Varena*. Non loin de ce ruisseau sont situés *Capuano* et la *Villa Serbelloni* où l'on voit de belles cascades artificielles; on y a découvert un pavé en mosaïque, et selon *Boldoni* la *Comoedia Plinia* était dans ce lieu. C'est entre *Capuano* et la *Punta di Bellagio* que s'ouvre le bras oriental du lac ou golfe de *Lecco*. Le long de la *Punta di Bellagio*, les rives sont couvertes d'écueils et de parois de rocs escarpés couronnés d'oliviers. A l'E. (de l'isthme) on remarque la magnifique *Villa Giulia di Vinini*, qui communique par une belle avenue, avec le village de *Bellagio* sur le golfe de Côme. Sur la hauteur du promontoire s'élève le palais *Serbelloni*, d'où l'on découvre une partie de l'un et de l'autre golfe: ce palais est situé vis-à-vis du *Fiume di Latte* dont on entend le bruit à $\frac{1}{4}$ l. de distance. Sur la cime des rochers coupés à pic du rivage est un bosquet de sapins, d'où l'abîme qu'on a au-dessous de soi offre un aspect effrayant. C'est là qu'était, selon l'opinion de *Giovio*, la *Tragoedia Plinia*. Il existe dans le palais *Serbelloni* une inscription tronquée, où il est fait mention d'un *M. Plinius*. Les *Villa Ciceri*, *Trotti*, et autres campagnes qui appartiennent à des Milanais, embellissent *Bellagio*. De ce village part un chemin qui mène au haut de la vallée d'*Assina* et à la source du *Lambro* (*V*. Lecco.). On remarque sur la rive orientale du golfe de *Lecco* et au-delà de *Capuano*, les villages d'*Ierna* et d'*Olcio*, où les bords du lac sont tellement escarpés, qu'il est difficile d'y aborder. *Mandello*, dans une contrée fertile; le palais *Airoldi*, l'un des plus beaux qu'il y ait sur le lac de Côme; la carrière d'où l'on a tiré les huit belles colonnes de marbre de l'église du St.-Crucifix à Côme. *Bacha*: sur la hauteur un couvent abandonné, nommé *San Martino* et *Lecco* (*Voy*. cet article). Depuis *Lecco*, en remontant le long de la rive occidentale: *Malgrate* et *Pare*, où l'on fait un grand commerce en soie ; entre ces deux villages, l'écoulement du petit lac d'*Oggiono* ; sur la hauteur, *Valmadrera* et les *Corni di Canzo* ; *Onno* et *Vassena*, chétifs hameaux situés sur l'escarpement du rivage.—Depuis *Onno* on peut se rendre dans la *Val Assina* ; *Limonta* fut donné en 835 à des moines par l'empereur *Lothaire*, à charge d'y élever des oliviers pour entretenir d'huile l'autel de St.-Ambroise à *Milan*. Ce lieu rapporte d'excellens marrons, dont on fait des présens dans les pays voisins ; *Punta di Bellagio*. — Au-delà de *Cadenobbia*, la contrée et le golfe qui s'y trouve portent le nom de *Tramezzina* jusqu'au cap *Lavedo* ; ce nom vient de celui du village de *Tramezzo* que l'on rencontre après *Cadenobbia*. Ce district est le plus agréable de toute la haute Italie. Le climat en est si doux que même en hiver on n'a pas besoin d'y couvrir les orangers. Les Milanais y possèdent quantité de maisons de campagne. On voit à *Tramezzo* les *Villa Brentani, Mainoni, Carli, Rosales*, etc. La *Villa Biglia* ou *Clerici* est bâtie dans le goût du commencement du XVIIIe siècle ; la plus belle de ces campagnes est celle qu'on nomme *Quiete Serbelloni*. Au-dessus de *Tramezzo* s'élève le mont *Ceramède* à la hauteur de 3,456 pieds au-dessus du lac ; on y voit plusieurs grottes remplies de coquillages pétrifiés. Après *Tramezzo* vient *San Lorenzo*, lieu remarquable par son ancien cimetière, dans lequel les ossemens se couvrent d'un enduit de sélénite. Sur la hauteur est situé *Bolsanigo*, près duquel est le *Sasso delle stampe*, où le vulgaire prétend reconnaître les traces des pieds de toutes sortes d'animaux. — *Portezza* ; *Lenno* (Lemnos), où l'on voit un petit temple souterrain orné de colonnes, avec un autel. On y lit une épigramme de *Vibius Cominianus* en l'honneur de Diane. Ce temple est l'ouvrage des Romains. Au-dessus s'élève une autre église avec laquelle il communique au moyen de quatre tuyaux quadrangulaires dont on ignore l'usage. Un peu plus loin est *Villa*, où l'on voit des restes de colonnes dans le lac, quand les eaux sont basses. Selon *Giovio*, c'est là qu'était la *Comœdia Plinii*. Sur la hauteur est le ci-devant couvent d'*Acquafredda*, près duquel on voit sortir des rochers une abondante source qui passe pour l'écoulement du petit lac de *Piano. Campo* ; où il y a aussi un couvent sécularisé, et sur le cap *Lavedo*, *Balbianello* bâti par le cardinal *Duri*, qui mourut à *Campo*, en 1796. On y remarque un excellent port, un fanal et de superbes points de vue. *Balbiano*, magnifique *Villa*, qui appartenait au cardinal *Durini*, et plus anciennement aux fameux *Benedetto* et *Paolo Giovio*. Ce lieu est situé à l'embouchure du ruisseau de *Perlana* dont on suit les bords pour pénétrer dans une vallée extrêmement sauvage et pittoresque. En face de *Balbiano*, l'on voit l'île de *San Giovanni*. Après *Balbiano*, viennent *Spurano*, *Sala* et *Cologna*; derrière cet endroit est une belle cascade entourée d'oliviers; plus loin, une seconde cascade plus considérable, au-dessus de laquelle on a construit un pont élevé à l'usage des gens à pied. *Argegno* où les bateliers ont coutume de s'arrêter. On y trouve un chemin commode, qui mène dans la belle et fertile vallée d'*Intelvi*, d'où l'on peut se rendre soit à *Osteno*, soit à *Campione*, soit à *Melano*, sur le lac de *Lugano*, soit sur le mont *Generoso*, et de là par la *Val Maggia* à *Balerna* et à *Mendrisio*. Sur la rive opposée s'élèvent les montagnes de la *Val-Assina*; d'affreux rochers remplis de cavernes, et connus sous le nom de *Grosgallia*, y forment les bords du lac qui, dans dans ces lieux, est extrêmement profond. Les maisons isolées que l'on y voit s'appellent *Lesseno*. — Après *Argegno* vient *Brieno*, où les rives sont très-escarpées. Les lauriers y réussissent mieux que dans aucune autre partie des bords du lac. — *Germanello* sur la *Punta di Torriglia*, où le lac est plus étroit que partout ailleurs. Droit vis-à-vis est situé *Nesso* (Naxos), où il y a une belle cascade; de là on va dans la *Val Assina*, à *Erno*, *Velleso*, etc. Non loin de *Nesso* est la source de *Fugaseria*, laquelle est quelquefois intermittente. — Au-delà de *Germanello*, on trouve *Laglio*. *Carate* et *Urio* où l'on voit une fort belle *Villa*, une grotte nommée *Strona*, et des carrières d'ardoises. Sur la rive opposée, on voit à cette hauteur quelques maisons qui font partie des villages de *Careno*, *Pognana*, *Pallanza*, *Lemna* et *Molina*, lesquels sont situés sur les collines; on y remarque aussi la *Villa Pliniana*, la plus connue de toutes les maisons de campagnes des bords de ce lac. Des deux côtés on voit couler des ruisseaux qui forment des chutes, et sur lesquels on a pratiqué des ponts et des galeries au milieu d'une forêt de lauriers, de cyprès, de châtaigniers, de mûriers, de peupliers et de vignes, où l'on trouve une grande variété de beaux points de vue. Dans le palais même jaillit la source périodique, d'où cette *Villa* a pris le nom de *Pliniana*; non qu'un des deux Pline ait possédé un domaine en ces lieux, mais parce qu'il en est fait mention dans les écrits du naturaliste, et que Pline le jeune en a donné la description dans une de ses lettres, où il cherche à expliquer le phénomène qu'offre cette source (Pl. Lib. IV, Epist. 30.). L'on a gravé la traduction italienne de cette lettre sur une table de marbre noir que l'on voit dans le portique même, où coule la fontaine merveilleuse. Ainsi, depuis plus de 18 siècles, l'eau de cette source augmente tous les jours pendant quelques heures, et diminue pendant un plus grand nombre d'heures, sans toutefois manquer jamais entièrement. Les montagnes calcaires qui s'élèvent au-dessus de la Pliniana renferment beaucoup de cavernes pleines d'eau. La véritable cause des intermittences de cette source est encore inconnue; le chevalier *Amoretti*, célèbre naturaliste milanais, qui l'a observée pendant plusieurs mois, croit pouvoir expliquer le phénomène au moyen des effets des vents du soir. — Après *Urio* vient *Maltrasio*, situé au pied du pittoresque *Bisbino* et sur les bords d'un ruisseau. On y remarque la superbe *Villa Passalacqua*, et sur un petit cap à quelque distance du village la *Villa Muggiasca*. Il y a plusieurs grottes dans les environs, entre autres, celles que l'on nomme *Pertugio della volpe*, laquelle est extrêmement vaste et fort longue; elle est située au-dessus de *Rovenna*. Plusieurs de ces grottes servent de caves, et sont connues sous le nom de *Ventaroli*, à cause de l'air froid qui en sort. La plus basse et la plus spacieuse de toutes est au pied d'une paroi de rocs coupés à pic, à 150 p. au-dessus du lac. Par une température de 20 degrés, le thermomètre de Réaumur n'en indiquait que 8 dans cette cave. Quand le mont *Bisbino* a la tête couverte de nuages et de brouillards, c'est signe de pluie. — On trouve ensuite *Garvo* et le palais *Calderara* avec ses beaux jardins et ses cascades; puis le ci-devant château de *Cernobio* qui sert aujourd'hui de demeure aux meilleurs bateliers du lac. Ce lieu est situé à l'embouchure de la *Breggia*, qui prend sa source dans la *Val d'Intelvi* et traverse la *Val Maggia*. Il sort de cette vallée des coups de vents dangereux, et l'on prend beaucoup de truites, en automne, à l'embouchure de la rivière. Au-dessus de *Cernobio* on trouve une source minérale nommée *la Colletta*. Viennent ensuite les habitations de *Tavernola* sur le penchant du mont *Lampino* et le *Vico-di-Borgo* de Côme. Vis-à-vis de Cernobio on voit *Torno*, dont la situation est superbe, et où l'on remarque les beaux jardins *Ruspini* et *Conarisi*; *Perlasca*, avec la magnifique *Villa-Tanzi*, dont les jardins et les serres renferment une multitude de plantes rares et curieuses de l'un et de l'autre continent. Ces jardins sont ornés de rochers, de grottes, de fontaines, de bosquets, etc. En faisant partir un coup de canon du haut du château on entend un écho magnifique. — Au-delà de *Perlasca* sont situées les maisons de *Blevio*, le village de *Santo Agostino*, plus haut celui de *San Donato*, et tout en haut celui de *Brunate*; puis le beau cap Geno, avec la *Zilla Menafoglia*, les campagnes *Verri* et *Rezzonico*, et enfin *Côme*. (*Voy.* plus haut).

Les montagnes voisines du lac de Côme nourrissent des ours, des chamois, des loups, des blaireaux, des marmottes dans les marais de *Colico*, et toutes les espèces de volatiles des Alpes. On voit quelquefois sur le lac divers oiseaux de mer très-rares, tels que des pélicans, des cygnes, des flamingos, etc. On prétend que le nom latin de ce lac (Latius) dérive de celui d'une sorte de mouette que l'on y voit quelquefois par milliers. Au nombre des meilleurs poissons du lac sont la *truite-saumonée* (*talmo-trutta*, *la trotta*), le brochet (*esox lucius*, *il lucio*), la perche (*perca asper*, *il persico*) et l'*ablette aux yeux rouges* (*cyprinus rutilus-idus*, *il pico ou encobia*). L'*agone* (*cyprinus agone*, *der hegling*) apprêté tout frais à la matelote est aussi un poisson très-estimé.

N°. 12.
ROUTE DE MILAN À MANTOUE.

NOMS des relais.	DISTANCES en postes.	TEMPS EN VOYAGE	
		heures.	minutes.
Marignan.	1 1/2	2	30
Lodi (a).	1	1	40
Casal-Pusterlengo.	1 1/2	2	
Pizzighittone.	1	1	30
Acquanera.	1	1	40
Cremone (b).	1	1	35
Cicognolo.	1 1/2	2	
S.-Lorenzo.	1	1	35
Bozzolo.	1 1/2	2	
Castelluchio.	1 1/2	2	
Mantoue (c).	1	1	30
95 milles.	13 1/2	20	

Topographie.

Auberges : (a) le Soleil, les Trois-Rois ; (b) la Colombe, le Chapeau ; (c) les Trois-Couronnes, la Croix Verte, le Lion d'Or, l'Albergo grande.

De Milan à *Casal-Pusterlengo*, Voy. la route de Milan à Bologne, page 188.

ROUTE DE MILAN A MANTOUE.

Pizzighittone, place forte entre Lodi et Crémone, à la jonction du *Serio* et de l'*Adda*, est célèbre par ses fortifications et par les siéges qu'elle a soutenus. C'est dans cette ville que François Ier. fut conduit prisonnier, et détenu jusqu'à ce que Charles-Quint le fit passer en Espagne.

Crémone, ville ancienne, entourée de murailles et de fossés, avec quelques bastions et une bonne forteresse, est située dans une plaine délicieuse arrosée par le Pô. Elle offre un coup d'œil agréable, ses rues étant droites et larges, et ses maisons belles en apparence. Un canal qui communique avec l'*Oglio* traverse la ville et remplit d'eau les fossés. Crémone a près de 5 milles de circuit, et renferme environ 20,000 habitans. On y voit des palais très-vastes, mais presque tous gothiques et d'un mauvais goût. La grande tour est une des plus hautes d'Italie, et orne la place dite du Capitaine. Pour arriver jusqu'aux cloches, il faut monter 498 marches. Les églises les plus remarquables sont : la cathédrale, belle et vaste, où l'on admire un crucifiement peint par Pordenone ; St.-Pierre, St.-Dominique, et l'église des Augustins, dont le couvent renferme une bonne bibliothèque. Les meilleurs tableaux du Pérugin, qui se trouvaient à Crémone, ont été transportés à Paris par les Français, dans la dernière guerre, et rendus par ces derniers. En 1702, le prince Eugène surprit dans cette ville et y fit prisonnier le maréchal de Villeroi. Les violons et autres instrumens de musique de ce pays sont estimés, et on en fait un assez grand commerce. Il s'y fait aussi un trafic considérable de lin qui est très-estimé, d'huile, de miel et de cire.

Les Crémonais sont adroits et industrieux, et leur pays abonde en blé, vins, fruits et fromages, etc.

De Crémone on va à *Bozzolo* par une nouvelle route de poste, en passant par *Cicognolo* et St.-Laurent. A Bozzolo, on laisse sur la droite le fort de *Canneto*, sur l'Oglio, dans le Mantouan.

Mantoue est situé au milieu d'un lac formé par les eaux du *Mincio*, et dans un circuit d'environ 5 milles renferme près de 16,000 habitans. Il reste encore dans cette ville plusieurs monumens curieux de la grandeur des Gonzagues, ses anciens souverains. Le palais du même nom renferme une collection de curiosités. La plupart des rues sont larges, bien alignées, et même bien pavées. Les places sont grandes et régulières, et les édifices publics sont d'un beau dessin. Le palais ci-devant National est vaste, et renferme de belles peintures de Jules Romain. La cathédrale a sept nefs, construites sur les dessins de cet artiste, qui l'a de plus ornée de peintures. Elle est d'une belle architecture, qui tient du goût antique et du moderne, et renferme plusieurs bons tableaux. On y vénère le corps de St. Anselme, évêque de Lucques. L'église de St.-André est aussi d'une belle construction. Outre plusieurs bons tableaux, on y remarque des peintures de Jules Romain. On voit, dans cette église, les tombeaux de Jean-Baptiste Mantouan, homme de lettres, et d'André Montegua, peintre célèbre. Le corps de Jules Romain repose dans l'église de St.-Barnaba, où Charles Cignani peignit les noces de Cana. Près de cette église est la maison que Jules habitait. Dans l'église des Théatins on admire quelques peintures des meilleurs maîtres. Le palais royal du T, résidence des anciens ducs, et ainsi nommé à cause de sa structure, était le plus bel édifice de Mantoue. Le dessin et les ornemens étaient de Jules Romain, qui, pendant son séjour dans cette ville, l'enrichit de plusieurs de ses productions. Quelques appartemens existent encore; mais la grande salle, dévastée, et le palais, viennent d'être réparés et embellis. C'est aussi à Mantoue que le poëte Bernardo Tasso termina ses jours. Il est enterré dans l'église de St.-Égide. Le voyageur instruit trouve peu de monumens qui lui rappellent la mémoire du premier poëte latin. Les Mantouans ont élevé au père de la poésie épique un monument digne de lui. La Virgiliana est une maison de plaisance des anciens ducs. C'est dans cet endroit, dit-on, que Virgile venoit se livrer aux Muses, dans une grotte qui n'existe plus. Le village d'*Ande* ou *Pietole* fut le lieu qui vit naître ce grand poëte. La république italienne lui a fait ériger un monument. Quoique entourée de bonnes murailles, flanquée de tours, et défendue par de bonnes fortifications et par une bonne citadelle, Mantoue n'est pourtant pas imprenable, et plusieurs fois elle a été forcée de se rendre aux armées qui l'assiégeaient. Le général Bonaparte s'en rendit maître en 1797. Les guerres d'Italie, en occasionant une diminution considérable dans sa population, y ont fait languir l'industrie et le commerce, principalement celui de la soie. Cette ville a une académie virgilienne et un musée. Du pont de St.-George, surtout dans la soirée, on jouit d'une belle vue alpine.

N°. 13.
ROUTE DE MILAN A VENISE,
par Vérone.

NOMS des relais.	DISTANCES en postes.	TEMPS EN VOYAGE.	
		heures.	minutes.
Colombarolo.	1 ¼	1	30
Vaprio.	1 ¼	1	5
Osio.	1	2	
Bergame (a).	1	1	20
Cavernago.	1	1	5
Palazzolo.	1 ½	1	30
Ospedaletto.	1 ½	1	30
Brescia (b).	1	1	30
Pont-S.-Marc.	1 ⅔	1	30
Desenzano.	1	1	45
Castel-Nuovo.	1 ¼	2	15
Vérone (c).	1 ½	1	45
Caldiero.	1	1	30
Montebello.	1 ½	1	45
Vicence (d).	1	1	30
Aslesega.	1	2	
Padoue (e).	1	1	40
Dolo.	1 ½	1	40
Fusina.	1	1	30
Venise (f). Par eau, 6 milles.	1	1	
183 milles ital. 135 milles angl.	25 ¼	31	20

Topographie.

Auberges : (a) l'Auberge Royale ; (b) la Tour ; (c) les deux Tours ; (d) le Chapeau Rouge ; l'Écu de France ; (e) l'Aigle d'Or ; (f) le Grand Paris ; Petrillo, au Lion Blanc ; les

Trois-Rois, l'Écu de France, la Reine d'Angleterre, la Grande-Bretagne, la Scala.

On peut abréger ce voyage d'une poste et demie en allant de Milan à *Palazzolo*, et laissant la route qui va de la Canonica à Bergame. En pareil cas, on loge à la poste à Desenzano et à Palazzolo.

On peut aller de Milan à Mantoue sans passer par Bergame, en prenant la route suivante :

Colombarolo. . . .	1 ½
Cassano.	1.
Caravaggio. . . .	1
Antegnato	1.
Chiari	1
	5 ½

Près de la *Canonica*, on passe l'*Adda* (*Adua*) en barque. On voit près de là le beau palais *Caravaggio*. Les bords de l'Adda offrent de charmans points de vue, et sont meublés de maisons de campagne, de jardins et de bosquets.

En entrant dans le Bergamasc, on jouit de la vue d'un pays fertile et bien peuplé, cultivé par des habitans industrieux. La plaine, principalement arrosée par plusieurs canaux, récompense abondamment, par sa fertilité, l'industrie et les soins de ses cultivateurs. Les communes entre lesquelles est partagé le territoire de Bergame, semblent se disputer à l'envi l'honneur de porter l'agriculture à son plus haut degré de perfection. En général, cette contrée présente au philosophe qui sait apprécier la véritable richesse, un spectacle infiniment plus agréable que toute la pompe des églises et la magnificence des palais. A mesure qu'on approche de Bergame, on découvre dans toute sa beauté la ville et ses faubourgs, situés sur une montagne, au sommet de laquelle est le château, et qui domine une plaine couverte d'arbres à perte de vue..... On arrive à BERGAME, ville grande et bien fortifiée, qui n'est pas peuplée en proportion. On voit beaucoup de ses habitans l'abandonner pour aller à Milan et ailleurs chercher des ressources. La cathédrale, vaste et bien bâtie, renferme des tableaux modernes de l'école vénitienne. On y conserve les corps de plusieurs saints, entre autres celui de saint Alexandre, protecteur de la ville. Les meilleurs tableaux néanmoins sont à Ste.-Marie-Majeure, où l'on en voit de Léonard Bassan, de Jules Romain, du chevalier Liberi, de Luc Jordan, de Malinconico, de Tiepoletto. On voit aussi 4 tableaux en marqueterie très-estimés dans leur genre. Dans cette église est le mausolée du capitaine Collione, qu'on dit avoir été le premier à employer les canons en rase campagne. A St.-Augustin, on voit le tombeau du fameux Calepin, augustin, dont le dictionnaire fit tant de bruit, et qui est regardé comme le patriarche des compilateurs de vocabulaires. Dans les palais Terzi, Massoli, Moroni, Sozzi, on voit aussi de bons tableaux. Le commerce de cette ville consiste en laine et en soie. Ses manufactures de draps sont très-estimées. Les principales denrées y sont le vin, l'huile, et des fruits excellens. Dans les campagnes on nourrit beaucoup de moutons. Le masque dit l'arlequin n'est autre chose qu'une imitation du maintien, de la prononciation et du patois des Bergamasques, qui ont beaucoup d'esprit et de finesse. Ils aiment l'industrie et le commerce, et vivant dans un air très-sain, ils sont robustes et bien faits.

De Bergame à Brescia on suit la chaîne des Alpes à deux ou trois milles de distance. La campagne est de ce côté également peuplée et fertile; grâces à l'industrie de ses habitans qui, par le choix des engrais et la distribution des eaux, ont fait un véritable jardin d'un pays naturellement peu fécond. La plaine qui se trouve entre la ville et les Alpes est riche et fort belle, et très-étendue de l'autre côté, où l'on découvre dans l'éloignement Crémone, à 30 milles de Bergame.

A la même distance de Bergame est la ville de *Brescia*, dans les environs de laquelle on trouve des mines fort riches, de fer et de cuivre.

En prenant la route du Tyrol on arrive au lac d'*Iseo*, qui prend le nom de la petite ville bâtie sur ses bords. . . . . On arrive à BRESCIA, ville considérable et ancienne, située au pied d'une montagne, entre la *Mella* et le *Naviglio*; dans un circuit de 4 milles, elle renferme environ 40 mille habitans. Elle est bien fortifiée et défendue par une bonne citadelle, bâtie sur une hauteur. Le palais de justice, situé sur la grande place et entouré de portiques, est l'édifice le plus remarquable par sa grandeur et par son architecture, où le goût gothique se trouve mêlé avec le grec; il renferme de belles fresques et plusieurs tableaux, dont plusieurs méritent d'être remarqués; la cathédrale est d'une structure moderne, mais noble et majestueuse: on y conserve une croix de matière diaphane, pour laquelle le peuple a une grande vénération. Dans les autres églises, principalement à St.-Nazzaro, aux Carmes et à Ste.-Afra, on remarque des tableaux de l'école vénitienne; dans cette dernière, on voit le martyre de sainte Afra, chef-d'œuvre de Paul Véronèse, et la femme adultère, excellent tableau du Titien. La maison des Avogadri possède aussi des tableaux précieux de Paul Véronèse, du Titien, etc. Parmi les plus beaux palais on distingue ceux de Martinengo, Giambara, Fenaroli, Barguani, Ugeri, Calini, Fè, Barbisoni, Cigola et Suardi, dans lesquels on admire aussi des tableaux du Bassan, du Tintoret, du Guerchin, de Palma, du Titien, du Perugin, de Salvador Rosa, de Rubens, d'André Sacchi, de Solimeni, du Guide et de Pompée Batoni, le dernier peintre romain. Le théâtre de Brescia est magnifique; les loges sont ornées noblement et avec goût. La collection de médailles du feu comte Mazzuccheli est célèbre: il faut voir aussi la bibliothèque publique, fondée par le cardinal Quirini; deux salles attenantes renferment des instrumens de physique, et des dessins et modèles pour l'étude des beaux-arts. Le commerce, l'industrie et les manufactures sont en vigueur à Brescia; leurs principaux objets sont les armes à feu, surtout les canons de fusil, qui sont fort estimés; les toiles de lin, les draps de laine, et les dentelles communes. Le peuple, généralement fier, robuste, industrieux et laborieux, a beaucoup d'analogie avec les Suisses. Les femmes sont aussi laborieuses et de bonne conduite, mais d'un caractère franc et gai.

Le Brescian, du côté des Alpes, est agréable et bien peuplé; la rivière de *Brescia* peut s'appeler un lieu de délices. Les mines de fer et de cuivre de ce pays y alimentent les travaux et le commerce. La *Valcamonica* et les environs du lac *Sonego*, fournissent des cristaux et des topazes.

Sur la route de Brescia à Vérone, on voit les collines des environs couvertes de maisons de campagne, d'arbres et de jardins; cette variété présente un spectacle agréable. Les montagnes sont pour la plupart stériles, mais elles renferment des carrières de marbre et de pierre de construction.

Après le *pont St.-Marc*, on côtoie le lac de *Garda*, qui a 35 milles de long de fond des Alpes jusqu'à *Peschiera*, et 14 environ dans sa plus grande largeur. Quoique ce lac ne soit pas le plus grand de l'Italie, il est cependant un des plus beaux. Ses eaux limpides et fort bonnes à boire, abondent en excellens poissons. On y remarque quelques sources d'eaux chaudes et sulfureuses, dont l'effervescence est très-sensible dans l'endroit où elles bouillonnent sur la surface de l'eau douce. Il y a sur ce lac un petit port, par le moyen duquel les habitans de ce pays font un petit commerce avec les Grisons et l'évêché de Trente. Près de la pointe de *Sermione*, on voit quelques ruines d'anciens édifices, qu'on appelle la maison ou les grottes de *Castello* : c'est peut-être la presqu'île de *Sirmio*, dont ce poëte faisait ses délices. Dès le temps de Virgile, le lac de Garde était connu sous le nom de *lacus Benacus*, et était sujet à des tempêtes.

Fluctibus et fremitu assurgens, Benace, marino.

On voit *Montebaldo*, en quelque sorte suspendu sur ce beau lac. Cette montagne, autrefois connue par ses bois de construction et ses rares plantes médicinales, est aujourd'hui dépouillée, et n'offre aux yeux du voyageur qu'un sommet aride.

Sur le *Mincio*, précisément à l'endroit où cette rivière sort du lac de Garde, est située la citadelle de *Peschiera*. Le bourg, qui n'est pas éloigné, est assez bien bâti.

On quitte avec peine les bords de ce lac, dont le coup d'œil est séduisant. La rive orientale offre des points de vue très-pittoresques, et celle du côté du couchant présente un spectacle riant et délicieux. De ce côté est la rivière de *Salo* ; la ville principale de *Salo*, bien bâtie, renferme environ 5 mille habitans. Dans une étendue d'environ 20 milles, tout le pays est un vaste jardin. Quoique Salo ne soit qu'à 12 milles de la route, il est rare que les voyageurs aillent la voir.

En quittant les bords du lac de *Garde*, on entre dans le Véronais, qui est une des contrées d'Italie les plus fertiles, abondante en blé, vin, fruits, huile, mûriers, bestiaux, etc.

Pendant quelques milles, le chemin traverse un pays aride et sablonneux, que son inégalité rend incapable d'être arrosé. Au nord de Vérone, sur la route de Trente, se trouve le fort de *Chiusa* ; et au midi, sur l'*Adige*, la forteresse de *Legnago*. . . . . On arrive à

VÉRONE, agréablement située sur l'*Adige* qui la traverse, une des plus anciennes villes d'Italie, et en même temps la plus belle de celles du second ordre. Elle renferme une population d'environ 50 mille âmes, dans un circuit de près de 6 milles, en y comprenant les faubourgs. On la divise en deux parties. L'une est nommée Vérone, et l'autre *Veronetta*. Vérone est la partie la plus considérable ; cette ville n'a plus qu'un seul souverain. Nous ferons parcourir à l'étranger, l'une après l'autre, les deux parties de la ville, et nous commencerons par la première partie, en supposant qu'il loge à l'auberge des deux Tours, ou à l'autre auberge dans la rue de Porte-Neuve. Les fortifications de Vérone, construites par Sanmicheli, sont considérables. On remarque la Porte-Neuve à droite de l'Adige, d'une architecture plus militaire, et plus convenable au nouveau système de fortification ; le château St.-Ange dont on voit les restes à gauche, et le bastion appelé le *bastion d'Espagne*, qui est regardé comme un chef-d'œuvre du temps où il fut construit, le tout dessiné par *Sanmicheli* ; c'est ce même artiste qui fit élever la porte del Pallio, ou Porta Stuppa, qui, malgré qu'elle soit encore imparfaite, rivalise avec les ouvrages des anciens dans ce genre. Parmi les monumens d'antiquité qu'on trouve dans cette partie de la ville, on remarque particulièrement les trois arcs de triomphe, le premier appelé *Porta de Borsari*, élevé sous l'empire de Gallien, l'an 252 ; le second, *Porta del Foro giudiciale*, et le troisième près de *Castel-Vecchio*, œuvre de *Vitruve*, élevé en l'honneur de la famille *Gavia* ; enfin l'amphithéâtre parfaitement conservé, dont on se sert encore à présent, et qui forme le plus bel ornement de Vérone : sa circonférence extérieure est de 1,331 pieds ; son plus grand diamètre est de 464, et le moindre de 367 ; l'axe le plus long de l'arène a 233 pieds, et le plus court 136 : on calcule que 23,484 personnes peuvent y être commodément assises. Près de cet amphithéâtre est le théâtre moderne, d'une belle construction, à cinq rangs de loges. L'entrée est un superbe portique ou péristyle de Palladio, orné d'inscriptions etrusques et de bas-reliefs antiques grecs et romains, rassemblés en cet endroit par les soins du marquis Maffei, auteur de l'ouvrage intitulé *Verona illustrata*. Outre les monumens publics, on voit chez les particuliers des galeries de tableaux et des cabinets curieux d'antiquités. Le palais Bevilacqua, que Maffei attribue à Sanmicheli, quoique d'autres en doutent, renferme plusieurs morceaux de sculpture antiques : on voit chez les Rotario une nombreuse collection de tableaux, et chez M. Gayzola un cabinet curieux ; le musée lapidaire du marquis Maffei est surtout digne d'attention. Sur la place dei Signori est le palais du conseil, édifice magnifique d'architecture de *Sansovino*, et dont la façade est ornée de plusieurs statues de bronze et de marbre, parmi lesquelles les meilleures sont de Jérôme Campagna. La salle du conseil et le portique qui la soutient, sont du frère *Giocondo*, commentateur de Vitruve, et qui répara l'arche du pont, dit *della Pietra*, attribué au même Vitruve. Les peintures de cette salle, représentant des faits de l'histoire de Vérone, sont de *Paoli* et de *Brusasorzi* : les mausolées des Scaligers sont des monumens curieux d'un mauvais goût ancien

Outre les ouvrages de Sanmicheli cités plus haut, les palais Canossa, Verzi et Pellegrini sont aussi de ce fameux architecte, dont les ouvrages rivalisent avec ceux de Palladio. Le palais Gherardini, depuis qu'il a perdu sa galerie, n'offre rien de bien remarquable. La cathédrale est du gothique le plus ancien ; on y admire un grand tableau de l'Assomption, du *Titien*, qui est un des meilleurs de cet artiste. On voit sur la porte du chœur un crucifix en bronze de *Sanmicheli*, et un crucifiement de *Bellino* dans la chapelle de St.-Nicolas. Le chapitre possède une bibliothéque riche en manuscrits : celle des écoles publiques mérite aussi d'être vue. L'église de St.-Zeno, décorée d'anciens ornemens gothiques, renferme le tombeau de Pepin. A St.-Bernardin on remarque la chapelle Varesca, qui est un des plus beaux ouvrages de Sanmicheli. On voit à Ste.-Anastase diverses bonnes peintures, entre autres la sainte du *Torelli*, Véronais ; J.-C. dans le jardin de Getsemani, de François *Bernardi* ; une flagellation de Claude *Ridolphi*, ainsi que plusieurs tableaux dans la sacristie et le réfectoire. Aux Capucins, on voit un Christ mort, d'Alexandre *Turchi*, surnommé l'*Orbetto* ; aux Carmes déchaussés, l'Annonciation de *Balestra* ; et le grand autel enrichi de marbres précieux ; à Ste.-Hélène, cette sainte avec la croix, la Vierge, et Constantin, de Felix *Brusasorzi* ; à Ste.-Euphémie, David tenant sa harpe, Moïse tenant les tables de la loi, de *Brusasorzi*, et saint Paul, de Baptiste *del Moro*. A St.-Jean, un baptême de J.-C., de *Farinati* ; et à l'hôpital de la Miséricorde, la descente de croix, de l'*Orbetto*. L'amateur d'histoire naturelle ne doit pas négliger de visiter le cabinet des fossiles de *Canossa*, très-riche en poissons pétrifiés du mont *Bolca*.

Les rues sont généralement belles, mais la plus remarquable est celle du *Corso* ; la place la plus grande est celle appelée la *place d'Armes*, où se tiennent deux foires, l'une au printemps et l'autre en automne. Cette ville a je ne sais quel air d'élégance et de grandeur qui plaît et qui frappe.

Veronetta possède aussi des monumens antiques et modernes des beaux-arts, dignes de fixer l'attention du voyageur. On y admire surtout les restes d'un ancien édifice ; quelques personnes prétendent que ce fut un capitole à l'instar de celui de Rome ; mais on croit, avec Bianchi, que ce fut, selon toute vraisemblance, une naumachie. Chez le comte Moscardi, on voit une belle collection de médailles, quelques anciennes inscriptions en marbres et d'autres objets d'antiquité et d'histoire naturelle. Les édifices de Sanmicheli qu'on trouve à Veronetta, sont le palais Pompei et la coupole de St.-George ; le corps de cette église, d'une belle architecture, est de *Sansovino*. On y admire deux tableaux de Paul *Cagliari*, surnommé le *Véronèse*; la famine de *Farinati*; la manne de *Brusasorzi*, et le baptême de J.-C. du *Tintoret*. Dans l'église des SS. Nazaire et Celse on remarque aussi une sainte famille de *Raphaël*; à Ste.-Marie-de-la-Victoire, la descente de croix, de Paul *Véronèse*; dans la sacristie; à Ste.-Marie in Organis, saint Bernard battu par les démons, de Luc *Jordan*; un Ange Gardien, du *Guerchin*; dans la sacristie, un saint François, de l'*Orbetto*; et dans l'église de St.-Paul, un tableau de Paul *Véronèse*. Du jardin du comte Giusti, on a une superbe vue de la ville et de tout le pays adjacent.

Les amours de *Roméo* et *Juliette* ont eu cette ville pour scène. On montre encore dans un jardin le prétendu sarcophage de Juliette. Vérone possède une académie philarmonique, des restes d'antiquités romaines, arco de Gava porta de Borsari, foro di Giudiziale Pantheon. A 3 lieues de la ville, du côté de Vicence, les eaux minérales de *Caldiero* sont très-estimées.

Les Véronais sont d'un caractère doux, et respectent la religion et les mœurs. Les femmes y sont bien faites et d'un beau teint; la société honnête, instruite et agréable; et le peuple très-actif; on prétend que le seul travail de la laine et de la soie occupe 20 mille ouvriers. Les gants de Vérone et les peaux qu'on y prépare sont fort estimés. L'air y est très-pur, et le terrain abondant en denrées excellentes, principalement en huile et en vins de fort bonne qualité. Dans le Véronais comme dans le Vicentin, on trouve des carrières de fort beau marbre.

Parmi les curiosités volcaniques de ce pays, *Ronca* et *Bolca* méritent une attention particulière. Ce dernier endroit, surtout, est un misérable village que jamais aucun étranger n'aurait envie de visiter, si les naturalistes n'y étaient attirés par la fameuse montagne où l'on trouve des poissons et des plantes pétrifiés. Les arêtes et les coquilles des poissons sont parfaitement conservées dans une pierre calcaire. On trouve quelquefois des os d'animaux étrangers et des feuilles exotiques. Il y a peu d'endroits où les traces et les effets d'un volcan soient aussi évidens et bien conservés qu'à Ronca; on y voit avec étonnement un grand nombre de coquilles de mer mêlées avec la lave.

De Vérone à Vicence, la route est bordée de mûriers entrelacés avec la vigne, dans une plaine fertile et agréable. On côtoie une chaîne de montagnes peu élevées et cultivées presque en totalité. A peu de distance, sur la gauche, elles vont joindre les *Alpes Trentines*, qui séparent l'Italie de l'Allemagne ; de l'autre côté elles s'étendent jusqu'à la mer Adriatique, entre le Padouan et la Polésine de *Rovigo*, en s'abaissant insensiblement. La plaine riche et cultivée s'étend ensuite jusqu'aux Apennins, au-delà de Bologne.

« Les montagnes du Véronais et du Vicentin sont formées de pierres calcaires, et fournissent de beaux marbres rouges, jaunes et de diverses couleurs. Dans les montagnes volcaniques près de Vicence, on trouve des calcédoines et autres curiosités naturelles. On peut en prendre une juste idée en visitant le Musée physique du docteur Antoine Turra, médecin de Vicence, et habile naturaliste ; on y admire une belle collection de fossiles, trouvés dans les montagnes calcaires du Vicentin, un grand nombre d'insectes, et une grande quantité de plantes sèches.

» Les monts *Euganei* méritent aussi de fixer l'attention du naturaliste curieux, qui y trouvera des pétrifications de testacés. En allant visiter ces montagnes, le voyageur n'oubliera pas d'aller à *Arquata*, jeter quelques fleurs sur la tombe du célèbre amant de Laure. . . . . . . On arrive à

VICENCE, agréablement située entre deux montagnes, sur le *Bacchiglione* qui la traverse, d'environ 4 milles de circuit ; elle renferme plus de 30,000 habitans, en comprenant ceux des faubourgs. Elle est la patrie du fameux architecte *Palladio*, qui l'a ornée de ses plus beaux ouvrages. On y voit la maison qu'il habitait, et qui est à la fois un modèle de simplicité et d'élégance. La place sur laquelle est situé le palais public, et la décoration extérieure de cet édifice, sont autant de monumens du talent de ce célèbre architecte. La grande salle, ou basilique du palais, est ornée de plusieurs tableaux, parmi lesquels on admire le jugement dernier du *Titien*, l'histoire de Noé, de *Bordone*, et une Vierge avec Jésus-Christ, saint Joseph, et d'autres personnages, composition extraordinaire de Jacques *Bassan*. Les palais construits par Palladio sont : le palais *Prefettizzio*, et ceux des comtes Chiericati, Barbarano, Orazio Porto, Tiene, Valmarana et Jérôme Franceschini. Dans les jardins du comte Valmarana, qui méritent d'être vus, est une belle galerie, qu'on attribue aussi à cet artiste, ainsi que le portique qui conduit à la Madonna-del-Monte, et l'arc de triomphe ; cette église célèbre est située sur une montagne à 2 milles de Vicence ; on y va par un long portique couvert. De la hauteur, on a une superbe vue de la campagne. La fameuse rotonde du marquis Capra, que lord Burlington a fait imiter à *Chiswick*, et qui est située près de la ville, est encore un ouvrage de Palladio. Les palais

Coldogno Capitaniato, Nievi et Trisino, méritent aussi d'être remarqués; les deux derniers sont bâtis sur les dessins de *Scamozzi*, qui est aussi l'auteur de la façade orientale du palais Pretorio. Le palais vieux, hors de la porte de Vicence, est aussi de belle architecture, et orné de fort belles peintures de Luc *Jordan*, de *Tiepolo*, de Salvator *Rosa*, etc. Le chef-d'œuvre de Palladio est le théâtre *Olympique*, construit sur les dessins, et d'après les proportions des anciens théâtres, transmises par Vitruve. Hors de la ville, on voit une vaste place appelée le *Champ de Mars*, à l'entrée de laquelle est une porte d'une noble architecture. La cathédrale, d'un goût gothique, n'a rien de remarquable que son grand autel enrichi de beaux marbres. Dans l'église de la Couronne on voit un beau tableau de Paul *Véronèse*, représentant l'adoration des Mages, un saint Antoine, de Léandre *Bassan*, et le baptême de J.-C. de Jean *Bellino*. On admire dans le réfectoire de Notre-Dame-du-Mont un Jésus-Christ à table avec saint Grégoire, de Paul *Véronèse*. On voit aussi à St.-Barthélemi un Christ descendu de croix, de *Buonconsiglio*, et une adoration des Mages, de Marcello *Figolino*; à Ste.-Blaise, la flagellation du *Guerchin*; au Corpus Domini, la descente de croix de Jean-Baptiste *Zilotti*; à Ste.-Croix le même sujet, par Jacques *Bassan*, et dans la sacristie un Christ mort, de Paul *Véronèse*; à St.-Michel, un saint Augustin en l'air, qui guérit des pestiférés, du *Tintoret*; à St.-Roch, ce saint qui guérit de la peste, de Jacques *Bassan*, et la piscine d'Antoine *Fasolo*. A St.-Éleutère et à Ste.-Marie de Campagnano, on voit aussi des peintures du *Bassan* et de *Pordenone*. Les machines à eau pour filer et tordre la soie, sont un objet qui peut intéresser le voyageur instruit. On fabrique à Vicence beaucoup de draps de soie, des fleurs artificielles, dont cette ville fait un commerce considérable avec l'Allemagne. Le Vicentin est si fertile, qu'on l'appelle avec raison le jardin de Venise. Dans les environs de la ville on trouve des pétrifications étonnantes, de belles pierres et des traces de volcans éteints. Le naturaliste pourra visiter la grotte *dei Cavoli*, les eaux minérales de *Recoaro*, les eaux tièdes de *St.-Pancruce de Barbarano*, les collines de *Bretto* et les montagnes au nord de la ville, qui lui offriront une quantité prodigieuse d'effets curieux de la nature. Le peuple de Vicence est fier et sensible aux offenses. Les femmes sont généralement belles et vêtues d'une manière plus svelte et décente que somptueuse.

Les environs que l'on remarque, sont la *rotonde* ou le casin du marquis Capra, de *Palladio*, à un mille de la ville;

l'arc de *Palladio*, à droite de la porte de la Madonna del Monte, et l'église de la *Madonna del Monte*; la vue de la rotonde et de l'église est immense, et l'une des plus belles de la Lombardie : la rotonde renferme 32 appartemens. La maison des comtes de *Caldagno*, qui a des peintures très-estimées; le labyrinthe ou la grotte de *Cavali*; la *terre de Vicence*, que l'on tire des mines de *Tretto* : on s'en sert pour la porcelaine de Venise. Les *sette communi* (ou les sept villages, entre Vicence et Vérone, habités par des descendans des Cimbres et des Teutons ; ils parlent encore l'ancien saxon); les colonnes de basalte et autres *débris de volcans*, dans la montagne du *Diable*, et les montagnes au S.-E. On y trouve de petits nœuds de calcédoine, depuis la grosseur d'un pois jusqu'au diamètre d'un pouce, couchés dans la lave. Ils sont généralement creux, et ce creux renferme quelquefois de l'eau. On les appelle alors *enhidry*.

De Vicence à Padoue il y a environ 18 milles d'Italie, qu'on fait en 4 h., sur une route droite et belle, au milieu d'une plaine très-fertile, arrosée par plusieurs ruisseaux et canaux, qui répandent leurs eaux dans toute la campagne. La quantité de mûriers qui bordent le chemin fait assez connaître au voyageur que le commerce de la soie est une des principales sources de la richesse du Vicentin. . . . . On arrive à

PADOUE, une des villes les plus anciennes d'Italie : *Antenor* en est regardé comme le fondateur. Située sur un terrain et dans un bon climat, elle est arrosée par le *Bacchiglione* et la *Brenta*. Son enceinte, d'environ 7 milles, est défendue par de bonnes fortifications; mais sa population, d'environ 40,000 âmes, n'est pas proportionnée à sa grandeur. La partie ancienne de la ville est mal bâtie; le peu de largeur des rues et les portiques sous lesquels les piétons se promènent, lui donnent un air triste et sombre. On trouve cependant en divers endroits de fort beaux édifices, entre autres le palais de la Justice, commencé par Pierre *Cozzo*, en 1172, et achevé en 1306 : on en admire surtout le salon, qui a environ 300 p. de long, 100 de large et autant de hauteur, sans autre soutien que les murs : on y remarque quelques peintures de *Giotto*, retouchées par *Zannoni* en 1762; un monument en mémoire de Tite-Live, et une inscription antique. L'université a été construite par *Palladio*; elle est composée des écoles publiques, du théâtre anatomique, de la salle de physique expérimentale, et du musée d'histoire naturelle, formé par les soins de *Vallisnieri*; objets qui méritent de fixer l'attention du voyageur. Le jardin botanique, disposé suivant le système de Tournefort, et situé entre St.-

Antoine et Ste.-Justine, dépend aussi de l'université. On doit voir également le laboratoire de chimie établi par le comte Marc *Carburi*, professeur de chimie, et sa collection de minéraux : les travaux anatomiques en cire, du docteur *Caldani*; la collection de pétrifications des montagnes du Véronais et du Vicentin, de M. *Vandelli*; et celle des productions des monts volcaniques, du marquis *Dondi-Orologio*. Entre autres établissemens d'utilité publique, on remarque le jardin économique, consacré aux expériences d'agriculture. Il y a encore plusieurs autres objets de curiosité, tels que l'amphithéâtre, appelé palais de l'*Arène*, qui conserve quelques traces d'antiquité, et qui sert pour les fêtes publiques; le palais où l'on voit la grande bibliothéque; le château des Munitions, le pont *Molino*; le pré de *Mars*; le palais *Zarabella*, et d'autres où l'on voit de bonnes peintures et des collections d'objets rares et curieux; les trois portes de Portello, de Savonarole et de St.-Jean; le théâtre, qui est fort beau, et le salon de la redoute. On remarque dans la cathédrale une célèbre vierge de *Giotto*; et une collection de peintures dans la sacristie : le chapitre possède une bibliothéque riche en manuscrits. Le séminaire, enrichi de bons tableaux, est un édifice superbe, auquel est jointe une célèbre imprimerie. L'église de St.-Gaétan est bâtie sur le dessin de Scamozzi. A Ste.-Croix, dans le couvent de la Madelaine, aux Ermites et dans quelques écoles, on conserve des tableaux précieux; mais les deux églises qui méritent une attention particulière, sont Ste.-Justine des Bénédictins, et St.-Antoine : la première est un temple d'un goût noble et singulier, orné avec simplicité et magnificence; elle fut construite par André *Riccio*, architecte de Padoue, sur les dessins de Palladio. Le martyre de la sainte, qu'on voit au fond du chœur, est un chef-d'œuvre de Paul Véronèse. On doit voir aussi le monastère et la bibliothéque. La seconde, dédiée au patron de la ville, est un bel édifice gothique, commencé par Nicolas *Pisano*, en 1255, et achevé en 1307, fort vaste et enrichi de peintures, de statues et de bas-reliefs. Elle a 6 coupoles et 4 orgues extraordinaires, auxquels sont employées continuellement 40 personnes. Le martyre de Ste.-Agathe, de *Tiepolo*, est le meilleur tableau qui soit dans cette église. La chapelle du saint est surprenante par le nombre de ses ornemens : on y admire un crucifix en bronze, de *Donatello*; saint Antoine qui relève un jeune homme, et autres bas-reliefs, de *Campagna*; et dans la chapelle de St.-Félix, un crucifiement de *Giotto*. Sur la place devant l'église on voit la statue équestre en bronze du général Gattamelata, coulée par *Donatello*. Le collége, près de l'église, est peint à fresque, par le *Titien* et d'autres, qui y ont représenté la vie et les miracles de saint Antoine. Les antiquaires peuvent remarquer près de l'église des Servites, deux anciens tombeaux. L'un est, à ce qu'on dit, le tombeau d'Antenor; l'autre est celui de *Tuolovato*, poëte de Padoue. On montre aux étrangers une maison qui fut, dit-on, celle que Tite-Live habitait. Outre l'honneur d'avoir donné naissance à ce fameux historien, Padoue a encore celui d'avoir donné asilo à deux hommes célèbres, à Pétrarque, qui fut chanoine de la cathédrale, et à Galilée, qui y fut lecteur de l'université jusqu'en 1610. On trouve à Padoue des marchands et des artisans de toute espèce. Autrefois les Padouans fournissaient aux Romains de belles tuniques de lin. Les étrangers qui aiment la tranquillité et la vie paisible, se plairont dans cette ville, où ils trouveront une société honnête, instruite et agréable. La campagne aux environs produit en abondance toute sorte de denrées; le vin, surtout le blanc, en est fort estimé. On y trouve à chaque pas des jardins et des maisons de plaisance. On voit avec plaisir la *Chartreuse* et le palais *Obizzi* à *Catajo*. A 6 milles environ de Padoue est le village d'*Albano*, célèbre dans l'antiquité par ses eaux minérales, appelées *Acquæ Aponi* : ces bains sont très-fréquentés. L'étranger peut aller à *Arqua*, visiter la maison de campagne et le tombeau de Pétrarque. Il faut voir la villa d'*Altiechiero*, à une lieue : M. Hancarville, propriétaire actuel, doit en donner une nouvelle description; l'*Arqua*, à 4 l., remarquable par le tombeau de Pétrarque, qui y mourut en 1374; les monts *Euganéens*, des volcans éteints qui méritent l'attention du naturaliste.

A *Sala*, éloigné de 8 milles de Padoue, est une belle maison de campagne qui appartient à la famille *Farsetti*. On y voit un palais orné de colonnes de granit et des plus beaux marbres, et un vaste jardin botanique où l'on cultive les plantes les plus rares.

On peut aller de Padoue à Venise, ou par la poste jusqu'à *Fusina*, et de là en gondole, dont le nolis coûte environ 12 livres; ou bien laissant sa voiture à Padoue, on peut, pour 3 ou 4 sequins, louer un *burchiello* ou *peotta*, à bord duquel on charge son bagage. On descend alors la *Brenta* en 8 heures, on traverse les lagunes, et l'on entre dans le grand canal de Venise.

En suivant de préférence la route de terre, le chemin côtoie sans cesse la *Brenta*. Une multitude de barques et de gondoles qui remontent ou descendent le canal, le peuple nombreux qu'on voit sur les bords, principalement dans les villages, et le spectacle charmant d'une campagne toujours fertile et riante, rendent ce voyage infiniment agréable.

De Padoue à *Dolo*, et de *Dolo* à *Fusina*, la route est bordée sans cesse de villages bien peuplés et de palais magnifiques, dont plusieurs, outre la beauté de leur architecture (pour la plupart ouvrages de Palladio), ont encore le mérite de renfermer de belles peintures. A *Noventa*, on voit le palais de Zuanelli; à *Stra*, celui des Pisani, et près de là celui de Tiépolo; à *Dolo*, le palais Tron; à la *Mira*, celui de Bembo; près de *Moranzano*, le palais Foscarini, de belle architecture, orné de peintures du *Titien* et de Paul *Véronèse*. De *Fusina* à Venise, le trajet est de 5 milles, et se fait en gondole. . . . . On arrive à

VENISE. Cette ville, une des deux capitales du royaume lombardo-vénitien, et une des plus belles du monde, est sans contredit unique par sa situation; elle offre au voyageur un coup d'œil qui le surprend. Grande, magnifique, riche, peuplée de 180,000 habitans, elle est bâtie sur des pilotis au milieu des eaux, dans une étendue d'environ 7 milles de circuit; elle est composée d'un grand nombre de petites îles, séparées par 400 canaux, et réunies par un plus grand nombre de ponts. Frappé d'étonnement en voyant s'élever au milieu des eaux une masse imposante d'édifices et de palais magnifiques, Sannazar en exprima sa surprise par cette fameuse épigramme :

Viderat Adriacis Venetam Neptunus in undis
 Stare urbem, et toto dicere jura mari.
Nunc mihi Tarpeias quantumvis, Jupiter, arces
 Objice et illa tui mœnia Martis, ait :
Si pelago Tibrim præfers, Urbem aspice utramque,
 Illam homines dices, hanc posuisse Deos.

Cette ville est d'un accès difficile, à cause des lagunes et des atterrissemens qu'il faut connaître : en y arrivant, on ne voit aucun appareil imposant de môles, de fortifications et de batteries. Un grand canal, qui a la forme d'une S, la divise en deux parties à peu près égales Presque au centre est le fameux pont de *Rialto*, formé d'une seule arche, de 89 p. de corde, et orné d'un double rang de boutiques. De quelque côté que l'étranger se tourne, partout s'offrent à ses yeux des morceaux d'architecture étonnans, des édifices qui retracent les beautés et la grâce du goût grec, soit dans les peintures, soit dans les statues. Je me borne à indiquer les endroits les plus remarquables, qui sont : la place St-

Marc, ornée de superbes édifices, et les quartiers de la Mercerie et de Rialto. Du haut de la tour carrée de St.-Marc, qui a 300 p. de haut, on a une vue superbe de toute la ville, qui, selon Lalande, a 2,000 toises dans sa plus grande longueur, et 1,500 dans sa plus grande largeur. C'est du haut de cette tour que Galilée faisait souvent ses observations astronomiques.

Les amateurs d'architecture verront avec plaisir les églises de St.-George-Majeur, du Rédempteur, de Ste.-Marie, de la Charité, le Zittelle, Ste.-Lucie; les palais Tiepolo et Grimani, et le palais Balbi, près du canal *Foscari*, tous édifices construits par *Palladio*; la Procuratorerie neuve, la Zecca, la Bibliothéque, les palais Cornaro, sur le grand canal, proche St.-Maurice; Delphino, sur la rive de *Biagio*; les églises de St.-François-de-la-Vigne, St.-Martin, près de l'arsenal; St.-Gimignano, place St.-Marc; le tombeau du doge Venier, à St.-Sauveur; le Collége St.-Jean-des-Esclavons, les Incurables, etc., d'architecture de *Sansovino*: le troisième ordre de la Procuratorerie neuve, le reste de la Bibliothéque St.-Marc, le Musée, et le tombeau du doge Nicolas de Ponte, dans l'église de Ste.-Marie-de-la-Charité, de *Scamozzi*; le palais Grimani, sur le grand canal, près de St.-Luc, et le palais Cornaro, à St.-Paul, de *Sanmicheli*; enfin, les églises des Scalzi et de la Salute, et les palais Pesaro et Rezzonico, de Baldassar *Longhena*.

Plusieurs couvens et monastères de Venise possèdent de bonnes bibliothéques, et les cloîtres méritent d'être vus, principalement les Dominicains, à St.-Jean et St.-Paul; les Observantins, à St.-François-de-la-Vigne, dans le quartier de Castello; dans celui de Ste.-Croix, St.-George-Majeur, des Bénédictins; St.-Michel-de-Murano, des Camaldules; le Zattere des Dominicains Observans, où est la riche bibliothéque d'Apostolo Zeno; la Salute des Stomaschi, dans le quartier de Dorsoduro, etc. Des statues antiques et modernes, des bas-reliefs, des peintures estimées, des colonnes précieuses, ornent le palais ducal, la grande place et l'église St.-Marc, de structure grecque, où repose le corps de ce saint, protecteur de la ville. On vient de replacer les quatre fameux chevaux de bronze doré, ouvrage de Lisippe, qui ornaient la façade de cette église. Conquis à Constantinople, dans le commencement du 13e. siècle, par les Français et les Vénitiens réunis, ils furent transportés dès lors à Venise, d'où ils ont été, dans la dernière guerre, à la fin du siècle passé, enlevés par les Français, et rendus en 1815. La bibliothéque de Venise est célèbre par la quantité de manuscrits grecs et latins qu'elle renferme, et par le nombre de statues grecques dont elle est ornée. Non-seulement les édifices publics, mais presque toutes les églises et tous les palais, sont ornés de tableaux, de fresques, de sculptures et de statues d'un grand prix, de marbres et de colonnes antiques bien travaillées. Dans l'église de St-George-Majeur, on voit des tableaux de *Bassano* et du *Tintoret*; dans le réfectoire, les noces de Cana de Paul *Véronèse*; et dans l'appartement de l'abbé, une nombreuse collection de tableaux de divers peintres. L'église de St.-Jean et St.-Paul est également riche en tableaux. A St.-Sébastien, où l'on montre le buste de Paul Véronèse, on admire plusieurs peintures de cet artiste célèbre. Les écoles appartenant aux Confraternités, et qui correspondent aux salles d'Incorporation de Londres, méritent toute l'attention des étrangers par les tableaux qu'elles renferment du Tintoret, de Paul Véronèse, du Titien, de Palma, et de Vittorio Carpacci. Le palais Barbarigo est appelé l'École du Titien, à cause de la quantité qu'il possède des tableaux de ce grand maître, mais qui y sont mal conservés. Il en renferme aussi de plusieurs autres peintres célèbres. Les autres palais qui méritent d'être vus par les morceaux curieux de peinture et de sculpture qu'ils renferment, sont : les palais Farsetti, Pisani Moretta, Labbia, Sagredo et Morosini. L'arsenal, qu'on regarde comme un des plus beaux de l'Europe, est construit sur une île qui a 5 milles de circuit. Venise a sept théâtres, mais qui ne sont ouverts tous en même temps que pendant le carnaval. Une des choses les plus singulières à Venise, ce sont les gondoles; on en trouve partout, et elles tiennent lieu de voitures pour se transporter promptement d'un bout de la ville à l'autre. Les gondoliers sont robustes, gais et spirituels, connus d'ailleurs pour leur fidélité; ils donnent souvent le spectacle d'une *regata*, ou course de bateaux, en se défiant mutuellement.

Parmi les îles des environs, *Malamocco*, autrefois résidence du doge, est très-grande et bien peuplée. Les deux lazarets, l'ancien et le nouveau, le premier pour les pestiférés, et le second pour la quarantaine, sont deux vastes édifices qui occupent deux autres îles. *Torcello*, *Murano*, *Mazorbo* et *Burano*, sont quatre îles au N.-E. de Venise. *Murano*, qui n'est éloignée que de 2 milles, est bâtie comme Venise, et renferme environ 6,000 habitans. On voit dans cette île la fabrique de verres et de cristaux, dont Venise fait un commerce considérable.

Les arts sont cultivés à Venise; la gravure en cuivre s'y est perfectionnée. Parmi les morceaux de sculpture, il faut remarquer les ouvrages récens du célèbre chevalier *Antoine*

Canova, qu'on peut appeler, avec raison, le premier sculpteur de notre siècle. La typographie, qui occupe tant de personnes dans cette ville, est une branche considérable de son commerce. Les bijoutiers y sont plus riches et en plus grand nombre que dans les autres villes d'Italie. Les velours, les bas de soie et les masques, sont aussi d'autres objets de commerce de quelque importance. On y fabrique des damas, des moquettes, des glaces, des ouvrages de verrerie, du cristal de Briasti, des télescopes de Domeneco Selva, de la porcelaine. La thériaque de Venise est renommée, ainsi que son marasquin et ses autres liqueurs. En un mot, on y trouve tout ce qui peut contribuer aux commodités de la vie et au luxe de la table. Pour vivre tranquillement à Venise, et s'y livrer au plaisir de la société, et à cette gaieté qui y semble naturelle, il faut se conformer aux usages du pays. La jeune noblesse joint à un caractère généralement doux un air aimable et intéressant. La jalousie ne paraît pas commune dans ce pays; les femmes mariées y jouissent de la plus grande liberté. Elles sont en général belles, bien faites, pleines de grâce et d'esprit, et d'une gaieté qui enchante; elles accueillent les étrangers avec beaucoup d'aménité, et s'intéressent à eux. Les demoiselles y mènent une vie très-retirée. L'air de Venise est sain; les femmes y vieillissent moins vite que dans les autres climats chauds de l'Italie, et les hommes y conservent de la fraîcheur et de la force jusqu'à un âge très-avancé. Gardez-vous bien de céder par des largesses aux importunités des sbirres-douaniers qui aborderont votre barque, si vous ne voulez augmenter les importuns. Plusieurs ponts sont sans parapet, et il arrive souvent, surtout à des étrangers, de se laisser tomber dans les canaux. Ces canaux sont très puans en été; on en est incommodé même au mois de mai, à l'heure de la basse-mer. On s'aperçoit du flux et reflux de la mer, deux fois le jour, à des heures qui varient sans cesse, comme le passage de la lune au méridien. Le grand canal présente un beau coup d'œil; il est large et profond, et le lieu de Venise le plus agréable et le plus sain. Un étranger peut louer une bonne chambre pour une ou deux livres, ou *lire* par jour, et faire un bon dîner pour 4 lire; ou il peut se procurer un joli appartement, et dîner, pour le prix de 8 à 11 lires par jour; le bois de chauffage coûtera environ 1 lire; les gages d'un domestique 16 lires par mois, si on le nourrit; ou 60 à 80 lires s'il se nourrit à ses frais. Le louage d'une gondole est de 10 lires par jour, ou 5 lires, s'il n'y a qu'un rameur, et 2 lires au gondolier qui sert de domestique de place; mais si on la tient constamment à louage, on paye 30 à 40 lires par mois pour la gondole, et

76 ou 80 pour un gondolier. Un simple particulier peut vivre avec un certain agrément, tenir un domestique et une gondole, pour environ 120 livres sterling, ou louis d'or par an; il faut y ajouter les dépenses pour habits, théâtre, café, etc., articles qui ne sont pas coûteux à Venise. S'il mange chez lui, ce qui lui sera difficile, à moins qu'il ne soit en famille, une cuisinière lui coûtera 11 lires par mois, et sa nourriture, ou 40 à 50 lires si elle se nourrit sur ses gages. Les gondoles, les seules voitures en usage à Venise, sont de petits bateaux longs et fort agiles, conduits ordinairement par deux gondoliers, qui rament l'un sur le devant, l'autre sur le derrière, chacun avec une seule rame. La poupe est armée d'un fer plat et recourbé comme une S. La gondole est totalement peinte en noir, et la petite chambre est tapissée d'un drap de la même couleur, avec des houpes et des franges; le siége du fond est très-large, et couvert de maroquin noir; sur les côtés sont deux places qu'on hausse ou qu'on baisse à volonté; la place d'honneur y est à gauche. Il faut prendre garde, en entrant dans la gondole, de ne pas y sauter trop vivement, parce qu'on courrait risque de faire crever les planches de ce frêle bâtiment. Il ne faut pas non plus mettre la tête ou les mains à la petite fenêtre, de peur que l'armature de fer d'une autre gondole ne les emporte dans le choc des rencontres. La boue grasse et onctueuse que laisse la mer sur les marches des maisons en se retirant, exige aussi les plus grandes précautions en sortant de la gondole, si l'on ne veut pas faire une culbute. Après Naples, Venise est l'endroit de toute l'Italie où la musique est la meilleure et la plus cultivée. Venise est aussi célèbre pour la comédie. Le théâtre de *Fenice* est le théâtre le plus magnifique. Le port de cette ville est franc, et sa marine commence à se relever.

N°. 14.
1re. ROUTE DE BOLOGNE À MANTOUE,
par la Mirandole.

NOMS des relais.	DISTANCES en postes.	TEMS EN VOYAGE.	
		heures.	minutes.
La Samoggia (a).	1 ½	2	
Modène (b).	1 ½	2	20
Buonporto.	1	2	15
La Mirandole (c).	2	2	30
La Concordia.	1	1	40
Quistello.	1 ½	2	
Governolo.	1	1	30
Mantoue (d).	1 ½	2	
95 milles	11	16	15

Topographie.

Auberges: (a) la Poste; (b) la grande Auberge; (c) la Poste; (d) l'Auberge Royale de Canossa, la Croix Verte, le Lion d'Or.

De Bologne à Modène, (*V*.) la route de Bologne à Florence par Modène, page 255.

Si l'on veut éviter de passer par Modène, on peut aller de Bologne à *Crevalcuore*; il y a deux postes; et de là à *Buonporto*, une poste; mais la route de Modène est la plus fréquentée.

Entre *Buonporto* et la Mirandole, on trouve *Medela*, village peu remarquable. . . . . On arrive à

LA MIRANDOLE, autrefois résidence des ducs de ce nom. Cette ville est célèbre pour avoir donné naissance au fameux Pic. On remarque encore les fortifications qui la défendaient; elles consistent en un petit fort, sept bastions et une citadelle.

Le village de *Quistello*, près de la *Secchia*, est connu par le combat du 15 septembre 1734, entre les Impériaux

20*

et les Français, lorsque le maréchal de Broglie y fut surpris. On arrive à Governolo, situé sur le *Mincio*, près du Pô, qui a beaucoup souffert pendant les différens siéges de Mantoue. On croit que c'est dans cet endroit que St.-Léon-le-Grand rencontra *Attila*, roi des Huns.

Voyez la description de Mantoue, à la route de Milan à Mantoue, page 213.

2e. ROUTE DE BOLOGNE A MANTOUE par Ferrare.

NOMS des relais.	DISTANCES en postes.	TEMPS EN VOYAGE.	
		heures.	minutes.
St.-George.	1 1/2	1	45
Cento (a).	1	1	15
St.-Charles.	1	1	20
Ferrare (b).	1 1/2	1 1/2	40
Palantone.	1	1	10
Massa.	1	1	25
Istiglia.	1	1	30
Governolo.	1	1	35
Mantoue (c).	1 1/2	1	40
80 milles ital. 92 milles angl.	10 1/2	13	20

Topographie.

Auberges: (a) la Poste ; (b) les Trois Maures et la Couronne ; (c) les Trois Couronnes, la Croix Verte, le Lion d'Or.

Ce voyage peut se faire en entier par eau ; mais si l'on préfère la voie de terre, la route par St.-George et *Cento* est la plus commode et la plus sûre ; celle de Bologne à Ferrare, par *Capo d'Argine* et *Mulalbergo*, étant souvent dégradée et inondée, au point que l'on est obligé, pour sa sûreté, de prendre des guides.

De Bologne à Ferrare on voyage dans une plaine naturellement fertile, mais qui serait susceptible d'une plus grande

culture. Hors de Bologne, on passe le *Naviglio* sur un pont, et l'on paye un péage. Passé *Saint-George*, on passe le *Reno* en barque; la route continue ensuite le long de cette rivière. .... On arrive à
CENTO, petite ville, mais célèbre pour avoir donné naissance à Jean-François Barbieri, dit le Guerchin. Les amateurs de la peinture pourront voir plusieurs beaux ouvrages de cet artiste fameux, et de quelques autres, dans les églises, et même dans les maisons particulières, surtout dans celle de M. *Chiarelli Pannini*. L'étranger pourra se procurer une description imprimée de ces peintures; mais il faut observer que les trois meilleurs tableaux du Guerchin furent transportés à Paris par les Français, sur la fin du dernier siècle, et rendus par eux en 1815.

De *Saint-Charles* à Ferrare la route est un peu meilleure, mais la campagne des environs de cette ville ne présente pas un coup d'œil bien riant; l'agriculture y semble totalement négligée. .... On arrive à
FERRARE, située sur un ancien bras du *Pô*, et presque dans le centre du Ferrarais, dans une plaine très-basse. Cette ville (surtout dans la partie neuve) a l'air noble et majestueux; ses fortifications sont assez considérables, et ses rues larges et droites; mais la population et l'industrie y sont dans un état de décadence et de langueur auquel elles furent réduites peu à peu depuis la fin du 16ᵉ siècle, où la maison des ducs d'Este s'éteignit. Elles commencent cependant à se ranimer peu à peu, grâce aux lois et aux soins du gouvernement. La grande étendue des marais voisins, et les terrains incultes des environs, rendent l'air de cette ville malsain. On voit à Ferrare de beaux édifices, et dans les églises des tableaux estimés, principalement du Guerchin et des Carraches. Il y en a dans la cathédrale, bâtie en forme de croix grecque et bien ornée, où l'on voit le tombeau de Lilio Greg. Giraldi; dans l'église des Théatins, et surtout dans celle des Bénédictins, où était autrefois le tombeau de l'Arioste, transporté dans le Lycée public. Outre la tombe de ce fameux poète, les amis des lettres verront avec plaisir dans l'église de St.-Dominique les tombeaux des deux Strozzi, poëtes célèbres, et ceux de Nicolas Leocinigo et de Celio Calcagnini, ainsi que ceux de plusieurs autres qui contribuèrent au rétablissement des sciences. Le château des anciens ducs, depuis palais du légat; les palais d'*Este*, *Villa*, *Pallavicini*, etc., sont des édifices remarquables. La Chartreuse de Ferrare est, dit-on, d'une étendue égale à la ville de la Mirandole. On doit voir aussi l'université ou Lycée, où l'on trouve une belle collection d'inscriptions, de mé-

dailles, et autres objets d'antiquité. On montre aux étrangers une maison qui appartenait autrefois aux *Guarini*, et dans laquelle fut représentée pour la première fois le *Pastor fido*. On voit aussi l'hôpital où le duc Alphonse fit enfermer le Tasse, sous prétexte de folie. Il ne manque à Ferrare qu'un air plus sain et une population plus nombreuse; la société y est fort aimable.

De Ferrare à *Palantone*, on passe le *Poetello* en barque, et après *Palantone* on traverse le Pô . . . . . . On arrive à MANTOUE. (*Voy.* page 213.)

N°. 15.

ROUTE DE MANTOUE A BOLOGNE.

NOMS des relais.	DISTANCES en postes.	TEMPS EN VOYAGE.	
		heures.	minutes.
S.-Benedetto (*a*).	2	2	
Novi (*b*).	1 1/2	1	40
Carpi (*c*).	1	1	20
Modène (*d*).	1 1/2	1	35
La Samoggia (*e*).	1	1	30
Bologne (*f*).	1	1	20
63 milles.	9	9	25

Topographie.

Auberges : (*a*) la Poste; (*b*) la Poste; (*c*) la Poste; (*d*) la grande Auberge; (*e*) la Poste; (*f*) le Pèlerin; l'Auberge Royale.

Après avoir passé le Pô, on trouve à peu de distance de cette rivière *San-Benedetto*, village bien peuplé. Il y a une abbaye de Bénédictins, avec une église, qui méritent d'être vues; l'orgue est très-estimé, et le monastère est fort vaste.

Entre *San-Benedetto* et *Novi*, on trouve une route de traverse le long de la rivière *Bagliata*, qui mène de la Mirandole à Guastalle, et de là par *Borgoforte* à Mantoue.

Carpi est une petite ville assez peuplée, entourée de bonnes murailles, et défendue par un château, située près d'un bras de la *Secchia*. Ses édifices n'offrent rien de remarquable.

De Modène à Bologne, (*V.*) la route de Bologne à Florence par Modène, page 255.

N°. 16.
ROUTE DE MANTOUE A BRESCIA.

NOMS des relais.	DISTANCES en postes.	TEMPS EN VOYAGE.	
		heures.	minutes.
Goito.	1 ½	2	
Castiglione (*a*).	1 ¼	2	10
Monte-Chiaro.	1	1	30
Brescia.	1 ½	1	50
39 milles.	5 ½	7	30

Topographie.

Auberges: (*a*) la Poste, la Tour.

La route de Mantoue à *Goito* est commode et agréable. Goito est situé sur le *Mincio*, entre le lac de Mantoue et le lac de Garde, au N. d'*Andes* ou *Pietole*, qui fut la patrie de Virgile. On y voit un beau château et un jardin délicieux.

Le *Castiglione* qu'on trouve sur cette route, est différent de celui qu'on appelle *Castiglione delle Stiviere*, anciennement *Castrum Stiliconis*, et qui est situé au N. de Mantoue.

De *Montechiaro* à *Brescia*, la route continue au milieu d'un pays fertile et bien peuplé. Avant d'arriver à cette ville on passe le *Naviglio*.

Voyez la description de Brescia, à la route de Milan à Vérone, page 217.

N°. 17.
ROUTE DE BOLOGNE A VENISE.

NOMS des relais.	DISTANCES en postes.	TEMPS EN VOYAGE.	
		heures.	minutes.
Capodargine.	1 1/2	1	45
Malabergo.	1	2	30
Ferrare (a).	1 1/2	1	50
Rovigo (b).	2	2	30
Monselice.	2	1	20
Padoue (c).	2 1/2	2	
Dolo.	1	1	45
Fusina.	1	1	20
Venise (d). Il y a 5 milles qui se font par eau.		1	
111 milles ital. 104 milles angl.	14	15	10

Topographie.

Auberges: (a) les Trois Maures; (b) la Poste; (c) l'Étoile d'Or; l'Aigle d'Or; (d) le Grand Paris, la Scala, la Reine d'Angleterre, l'Écu de France, la Grande-Bretagne, le Lion Blanc, les Trois Rois.

De Bologne à Ferrare, (*V.*) la route de Bologne à Mantoue par Ferrare, page 234.

Si l'on préfère continuer le voyage par eau, on peut aller en poste jusqu'à *Francolino*, à 5 milles de Ferrare, où l'on s'embarque; mais il faut arrêter son embarquement à Ferrare. On peut louer une *peotta* pour les domestiques et le bagage, à 7 sequins, et un *burchiello* pour soi, à 10 ou 12 sequins au plus. Le voyage est d'environ 80 milles, qu'on fait en près de 20 heures. En quittant la poste à Francolino, on paye poste et demie, suivant les règlemens établis en faveur des postes.

On s'embarque sur le Pô, ensuite par un canal on passe dans l'*Adige*; puis, par un autre canal, dans la *Brenta*, et l'on entre dans les lagunes. A 20 milles de Venise on trouve *Chioggia*; à 10 milles *Malamocco*, et plusieurs autres petites îles avant d'arriver à la capitale.

En suivant la voie de terre, à 4 ou 5 milles environ de Ferrare, on passe le *Pô* en barque, à *Ponte di Lagoscuro*, où il est fort large ; puis à *Passo Rosetti*; à 9 milles du Pô et 6 de *Rovigo*, on passe en barque le *canal Bianco*.

De Ferrare à *Rovigo* le chemin est difficile et tortueux. Les deux postes de Ferrare à Rovigo se payent à raison de 15 paoli ; mais en revenant de Rovigo à Ferrare on paye 2 postes et demie : c'est l'usage et le tarif du pays.

En entrant dans la *Polesine de Rovigo*, on s'aperçoit aisément que le terrain est beaucoup plus élevé que dans le Ferrarais. Ce pays, arrosé par un grand nombre de canaux, est d'une fertilité surprenante ; il produit en abondance, outre une grande quantité de chauvre, des grains et des fruits de toute espèce et d'excellente qualité ; on y voit aussi de fort belles prairies. Les routes sont cependant étroites et mal entretenues ; deux voitures peuvent à peine passer de front sur les plus belles. . . . . On arrive à Rovigo, ville ancienne, bâtie sur les ruines de l'ancienne *Adria*; elle est arrosée par un bras de l'*Adige*. Elle ne renferme rien de bien remarquable, et ne mérite pas que le voyageur s'y arrête uniquement pour l'observer. Le palais du Podestat est sur une grande place, dont le principal ornement est une colonne de pierre, surmontée par un lion de Saint-Marc. La cathédrale a été récemment réparée. A une extrémité de la ville on voit une grande chapelle ronde, entourée à l'extérieur d'une galerie, soutenue par des colonnes. Cette chapelle, où l'on vénère une fameuse image de la Vierge, est couverte d'*ex voto*, dont la plupart sont peints par des artistes de l'école vénitienne. Le territoire d'*Adria* était renommé dès le temps de Pline l'ancien, pour la bonté de ses vins. Aujourd'hui les vins de ce pays sont généralement médiocres ; on y fait cependant une espèce de vin blanc qui ressemble beaucoup au muscat. A 3 milles audelà de Rovigo on passe l'Adige ; pour être moins sensible au désagrément du chemin, il faut jeter les yeux sur les belles campagnes adjacentes, où l'on voit avec étonnement la force de la végétation.

A *Monselice*, on trouve un chemin commode qui côtoie un canal navigable, et conduit à Padoue ; de l'autre côté du canal est une autre route également belle, qui mène aussi à Padoue, en passant par Este. Sous le village de *Battaglia* on traverse un canal, le long duquel se trouvent des sources d'eaux minérales.

Sur ces deux routes, qui sont parallèles, on trouve un grand nombre de superbes maisons de campagne, appartenant pour la plupart à des familles nobles de Venise.

Le pays présente un coup d'œil agréable par sa fertilité.

De Padoue à Venise, (*V*.) la route de Milan à Venise par Vérone, page 225.

N°. 18.

ROUTE DE MANTOUE A VENISE.

NOMS des relais.	DISTANCES en postes.	TEMPS EN VOYAGE.	
		heures	minutes.
Castellaro.	1 ½	1	48
Sanguinetto.	1	1	45
Legnano.	1	1	
Montagnana.	1	1	35
Este.	1 ½	1	25
Monselice.	1 ½	1	
Padoue (*a*).	1 ½	2	
Stra	1	1	40
Alla-Mira	1	1	30
Fusina,	1	1	
Venise (*b*). Il y a 5 milles qui se font par eau			
85 milles ital. 97 milles angl	12	14	43

Topographie.

Auberges: (*a*) l'Aigle d'Or; (*b*) Dary près de Rialto; les Trois Rois; Petrillo, au Lion Blanc. Dans les autres endroits on loge à la poste.

En sortant de Mantoue, on passe par St.-George, qui est un des faubourgs fortifiés de cette ville. La route est souvent coupée par des rivières et des canaux.

Entre *Sanguinetto* et *Bevilacqua*, on voit *Legnago*, bonne forteresse sur l'*Adige*. A *Borgo-San-Marco*, on trouve la route de poste qui conduit à *Brescia*.

Este est un château assez considérable qui a donné naissance à la branche des ducs de Modène et de Ferrare qui en portaient le nom. La cathédrale, de forme ronde, est d'une belle architecture.

D'Este à Padoue, la route côtoie un canal navigable, de l'autre côté duquel est une autre route également belle, qui mène aussi à Padoue, en passant par un autre canal sous le village de *Battaglia*. Près de ce village, et le long du canal, on trouve des sources d'eaux minérales. Sur ces deux routes, et principalement sur les bords de la *Brenta*, on voit un grand nombre de superbes maisons de plaisance qui appartiennent pour la plupart à des familles vénitiennes. La fertilité de ce pays présente un spectacle agréable. *Monselice* est un gros bourg, avec un vieux château situé sur une colline.

De Padoue à Venise, (*V*.) la route de Milan à Venise par Vérone, page 227.

N° 19.
ROUTE DE MANTOUE A TRENTE.

NOMS des relais.	DISTANCES en postes.	TEMPS EN VOYAGE.	
		heures.	minutes.
Roverbella.	1	1	15
Vérone (a).	2 $\frac{1}{2}$	3	
Volarni.	1 $\frac{1}{2}$	2	25
Peri.	1	1	44
Halla.	1	2	36
Roveredo.	1 $\frac{1}{4}$	2	45
Caliano.	1	1	30
Trente (b).	1	2	
84 milles.	10 $\frac{1}{4}$	17	45

Topographie.

Auberges: (a) les Deux Tours, et l'Auberge; rue de la Porte-Neuve; (b) l'Hôtel d'Europe. Dans les autres endroits on trouve à la poste des auberges médiocres.

ITALIE SEPTENTRIONALE.

Voyez, pour la description de Vérone, la route de Milan à Vérone, page 219; et pour le reste du voyage (*V.*) la route suivante de Trente à Vérone.

Si quelqu'un préfère laisser Vérone de côté pour abréger la route, il peut passer de *Roverbella* à *Castelnuovo*, une poste et demie; à *Volarni*, une poste, et de là suivre la route indiquée dans l'Itinéraire ci-dessus. Avant d'arriver à *Roverbella*, on passe le *Pozzolo*, qui va se jeter dans le *Mincio*. Près de *Castelnuovo* on passe l'Adige, qu'on côtoie jusqu'à Trente.

N°. 20.
ROUTE DE TRENTE A VÉRONE.

NOMS des relais.	DISTANCES en postes.	TEMPS EN VOYAGE	
		heures.	minutes
Caliano.	1	1	50
Roveredo (*a*).	1 1/4	1	10
Halla (*b*).	1	2	40
Peri.	1	1	44
Volarni.	1 1/2	2	20
Vérone (*c*).	2 2/3	3	40
58 milles ital.	8 1/2	12	4

DE VÉRONE A VENISE.

Caldero.	1	1	30
Montebello.	1 1/2	1	50
Vicence (*d*).	1 1/2	1	50
Aslesega.	1 1/2	1	40
Padoue (*e*).	1	2	
Stra.	1	1	40
Alla-Mira.	1	1	30
Fusine.	1	1	
Venise (*f*). Il y a 5 milles qui se font par eau.		1	30
79 milles 1/2.	9	14	30

Topographie.

Auberges : (*a*) la Rose et la Couronne ; (*b*) la Couronne ; (*c*) les Deux Tours ; (*d*) le Chapeau Rouge ; l'Écu de France ; (*e*) l'Aigle d'Or ; (*f*) le Grand Paris ; Dary près Rialto, Petrillo au Lion Blanc, les Trois Rois. Dans les autres endroits, on loge à la poste.

Trente est située dans une vallée délicieuse, au pied des Alpes, entre l'Italie et l'Allemagne, mais faisant partie du Tyrol italien. Elle est arrosée au N. par l'Adige, et quoiqu'elle n'ait qu'un mille de circuit, elle renferme de beaux édifices et des églises qui méritent d'être vues. La cathédrale, d'architecture gothique, est un temple magnifique, composé de trois nefs, et qui possède un orgue excellent. Il est célèbre par le concile de Trente, qui y tint ses dernières séances, s'étant déjà précédemment réuni à Ste.-Marie-Majeure. Dans l'église des Ermites, on voit le tombeau du cardinal Seripando, célèbre par son instruction et sa piété. Les palais les plus remarquables sont : celui que Bernard Closio, évêque de Trente, fit réparer, et celui des Madrucci, qui renferme de bonnes peintures et des inscriptions antiques. Les rues de cette ville sont larges et bien pavées. Sur les bords d'une petite rivière qui entre dans la ville du côté de l'E., on voit plusieurs moulins à grains et plusieurs manufactures de soie. Les eaux de cette rivière, détournées dans différens canaux, sont conduites dans presque toutes les maisons de la ville. Hors de la porte St.-Laurent, est un pont magnifique sur l'Adige. Les Alpes des environs de Trente, couvertes de neige presque toute l'année, sont si hautes et si escarpées, qu'elles semblent inaccessibles, et paraissent toucher aux cieux. Les campagnes adjacentes sont fertiles en grains, et les collines produisent un vin fort estimé. L'air y est très-bon ; mais, dans l'été, et principalement dans les jours caniculaires, on y éprouve une chaleur excessive, et dans l'hiver un froid très-rigoureux. Les habitans sont robustes, industrieux, et endurcis au travail.

De Trente à Vérone, la route côtoie continuellement l'*Adige*. . . . . On arrive à

Roveredo, située dans la vallée *Lagarina*. C'est une ville petite, mais belle, riche et commerçante. Le trafic de la soie surtout y est considérable. La plus grande partie des maisons sont bâties en marbre. On connaît son académie, dite *degli Agiati*, fondée en 1751 par Bianca Laura Saibanti. On remarque dans cette ville beaucoup de luxe dans les habits et l'ornement intérieur des maisons. Les habitans, au nombre d'environ 7000, sont très-industrieux. Les teintures de Roveredo sont fort-estimées, ainsi que les filatures de soie, qui toutes sont mises en mouvement par le moyen des eaux.

Entre *Halla* et *Peri*, on trouve *Borghetto*, dernier village du territoire de Trente. C'était autrefois le point de séparation entre le Tyrol et le Véronais.

Ossenigo est le premier village du Véronais. On y arrive par un chemin peu agréable au milieu des rochers. Entre Ossenigo et le fort *Guardara*, qu'on laisse sur le côté, se trouve la forêt de *Vergara*, qui est très-dangereuse. Au-delà de l'*Adige*, sur la droite, on voit le mont *Baldo*.

Entre *Peri* et *Volarni*, on passe près du fort de la *Chiusa*, en côtoyant un précipice, dans le fond duquel coule l'Adige. On laisse *Rivoli* sur la droite, de l'autre côté du fleuve.

A *Volarni*, on descend dans une plaine bien cultivée, couverte de blés, de vignes et de mûriers, et qui s'étend jusqu'à Vérone.

Voyez la description de Vérone et le reste de cette route à la route de Milan à Vérone, page 216.

N°. 21.

ROUTE DE VENISE A TRENTE par Bassano.

NOMS des relais.	DISTANCES en postes.	TEMPS EN VOYAGE.	
		heures.	minutes.
Mestre.	Par eau 5 milles.	1	30
Trévise (a).	1 ½	2	20
Castelfranco.	1 ½	2	55
Bassano (b).	1 ½	2	50
Primolano.	2	6	30
Borgo di Valsugana.	2	4	
Pergine.	1 ½	4	
Trente (c).	1 ½	2	50
93 milles ½.	11 ½	26	55

Topographie.

Auberges : (a) la Poste ; (b) la Lune, hors la porte de la ville ; (c) l'Europe, la Rose.

Le trajet de Venise à Mestre compte pour une poste; il est de 5 à 6 milles, et se fait en gondole. On prend la poste à Mestre. . . . . On arrive à

TRÉVISE, ville très-ancienne et bien peuplée, est située sur la *Sile*, et donne son nom à la *Marche-Trévisane*. On y voit de beaux palais, des églises qui méritent d'être remarquées, une place et un fort beau théâtre. Les habitans font un commerce considérable de laine, de soie et de draps. La campagne adjacente produit du blé et des fruits en abondance, et est couverte de bestiaux.

A *Castel-Franco*, on peut observer en passant le palais, le théâtre neuf et une belle place. . . . . On arrive à

BASSANO, situé à l'entrée d'un vallon fertile, quoique fort étroit. La *Brenta* en arrose les environs du côté de l'O. Les collines entre Bassano et les Alpes offrent un coup d'œil riant, et produisent en abondance un vin très-délicat. Les habitans de ce pays se distinguent par leur industrie pour les manufactures et pour le commerce. On y fabrique des draps de laine et des étoffes de soie. On y fait des ouvrages au tour et des sculptures en bois. Aucun étranger ne néglige de voir la bibliothèque et l'imprimerie de Remondini, ainsi que tous les ustensiles relatifs à cet art, qui fournit la subsistance à un grand nombre d'ouvriers. Dans les maisons et les églises de cette ville, on voit de beaux tableaux, principalement de Jacques Dupont, dit le Bassan, et de ses fils, qui ont enrichi leur patrie d'un grand nombre de leurs ouvrages. Cette ville a donné naissance au tyran Ezzelin, à Buonamico et à Aldo Manuzio. Avant de la quitter, l'on peut observer le pont sur la Brenta, construit sur les dessins de Barthélemi Ferracino, vers le milieu du dix-huitième siècle, l'ancien, qui avait été construit par Palladio, ayant été renversé dans l'inondation de 1748.

Après Cismone, on passe la rivière du même nom, ensuite l'on arrive à *Primolano*, puis l'on passe la *Brenta*. Les hautes montagnes de Primolano forment les limites naturelles de l'Italie et de l'Allemagne. En suivant toujours la vallée étroite de *Vulsugand*, qui a près de 13 milles de long sur 2 de large, on arrive à *Pergine*.

Voyez la description de Trente, à la route de Trente à Vérone, page 243.

21

N.° 22.

ROUTE DE VENISE A RIMINI.

NOMS des relais.	DISTANCES en postes.	TEMPS EN VOYAGE.	
		heures.	minutes.
Chiozza.	2	3	
Fornaci.	2	2	40
La Mesola.	2	2	45
Goro.	1	1	15
Porto di Volana.	1	1	20
Magnavacca.	2	2	45
Primaro.	2	3	45
Ravenne (a).	1	2	20
Savio.	1	1	15
Cesenatico.	1	1	30
Rimini (b).	2	2	30
122 milles.	17	24	35

Topographie.

Auberges : (a) la Poste, (b) la Poste. Dans les autres endroits, on descend à la poste, où l'on trouve des auberges médiocres.

Chiozza ou *Chioggia* a un bon port formé par l'eau des lagunes et deux bras de la *Brenta*, qui viennent s'y jeter. Cette ville est fameuse par les divers combats qui s'y livrèrent entre les flottes vénitiennes et génoises. Elle est bien bâtie; les rues sont larges et ornées de portiques fort commodes. La cathédrale est un bel édifice. Du côté de l'E., sur le bord de la mer, on voit une digue formée par la nature, qui sert d'abri dans le gros temps contre les eaux de la mer. De Chiozza on voit la chaîne des Alpes du côté de Padoue. Le sel est un des produits de cette île. Au-dessous de cette ville, qui est située au milieu des eaux, l'Adige et le Pô se jettent dans la mer Adriatique.

On passe en barque trois fleuves dont les eaux se réunissent dans leurs débordemens, savoir : le *Pô*, l'*Adige* et la

Brenta. On passe ensuite en barque un autre bras de l'Adige. De *Fornac* à *Mesola*, on passe aussi en barque le bras le plus large du Pô, et après le Pô d'*Ariano*.

De *Pô di Goro* à *Volano*, on passe le canal de *Cento*. On rencontre ensuite fréquemment des rivières et des marais, dont le passage est fort incommode, soit à gué, soit en barque. Après la tour de Volano, on voit sur la droite les vallées de *Comacchio*, pays que les vases et atterrissemens des divers bras du Pô ont rendu marécageux, et qui maintenant n'est plus qu'un étang d'eau salée plutôt que douce, qui abonde en anguilles. Pendant une partie du chemin, l'air est fort humide, et le terrain inculte et inhabité. Les vallées de Comacchio fournissent beaucoup d'huile de poisson et une pêche abondante. Jusqu'à *Primaro*, petit bourg où commence le nouveau canal de *Faenza*, la route côtoie la mer. Le port de *Primaro*, défendu par la tour Grégorienne, est formé par un bras du Pô, qui se jette dans l'Adriatique. On arrive à

RAVENNE, ville très-ancienne, située près du *Ronco* et du *Montone*, réunis, et autrefois capitale, sous l'empire de Théodoric; elle était très-florissante sous le gouvernement des Exarques, avant de passer sous la domination des Vénitiens et des Lombards. Elle renferme des monumens précieux de son antiquité et de sa magnificence; et ses mosaïques, marbres orientaux et sarcophages, méritent d'être remarqués. On y voit de beaux édifices, ornés de fresques et de tableaux estimés, principalement de l'école bolonaise, qui cependant souffrent de l'humidité. La cathédrale est un édifice magnifique qui a été réparé dans le goût moderne. Les colonnes qui soutiennent la nef sont d'un beau marbre. La coupole et la chapelle Aldobrandini sont peintes à fresque par le *Guide*, dont on voit aussi un superbe tableau représentant Moïse qui fait pleuvoir la manne. L'ancienne chaire ou jubé, un siége d'ivoire, et le calendrier Pascal, sont trois objets d'antiquité chrétienne qui méritent d'être remarqués. Les antiquaires verront avec plaisir un grand nombre de pierres sépulcrales, trouvées dans les fouilles qu'on fit pour réparer ce temple, et maintenant rangées avec ordre dans une cour. Les fonts baptismaux sont encore dans leur état primitif, de forme octogone, avec huit grandes arcades, et sur le devant un grand bassin de marbre blanc de Grèce. L'ancienne église de St.-Vital des Bénédictins est aussi un bel octogone soutenu par des colonnes de marbre grec, et orné de porphyres, mosaïques et bas-reliefs, monumens de l'ancienne magnificence de Ravenne. On voit dans la sacristie le martyre de St. Vital, peint par le *Baroche*. On remarque en outre la bibliothèque et l'infirmerie du monastère; et dans le jardin le tombeau de Galla Placidia. L'église de St.-Jean-Baptiste, construite par *Placidia*, a été réparée dans le goût moderne; néanmoins on y voit encore 24 colonnes antiques de marbre de Carare, appelé *Cipollino*, ainsi que des morceaux de porphyre et de vert antique, et l'ancien pavé d'une chapelle en mosaïque du quatrième ou cinquième siècle, qui se conserve encore en entier. L'église de Ste.-Appollinaire des Camaldules est soutenue par 24 colonnes de marbre grec apportées de Constantinople. L'autel est enrichi de porphyre, de vert antique et d'albâtre oriental. La tribune, soutenue par quatre belles colonnes de marbre noir et blanc, est ornée des plus parfaites mosaïques. A St.-Romuald-des-Camaldules, on voit une Annonciation du *Guide*, un St. Nicolas de *Cignani*, un autre saint avec un ange qui chasse le diable, du *Guerchin*; dans le réfectoire, le tombeau du Christ, par Vasari. La bibliothèque et le musée d'antiquités renferment aussi des objets curieux. A Ste-Marie-du-Port, on remarque le martyre de St. Marc, peint par le vieux Palma. Dans une rue, au coin de l'église et du couvent des Franciscains, on voit le tombeau du Dante, que le cardinal légat Valenti Gonzaga a fait dernièrement décorer à ses frais. Dans les palais Rasponi et Spreti, on voit divers tableaux du *Guide*, du *Baroche* et du *Guerchin*. La place est ornée de deux colonnes de granit fort hautes, d'une belle statue de Clément XII, en marbre blanc, et d'une autre d'Alexandre VII, en bronze, mais d'un travail très-médiocre. En face du Baptistère est une pyramide élevée en mémoire de Clément VII. Hors de la ville, vers l'ancien port, à Ste.-Marie de la Rotonde, on voit le mausolée élevé à Théodoric. Cet édifice était autrefois sur le bord de la mer, qui, aujourd'hui, en est éloigné de 4 milles. La belle urne de porphyre qui était placée sur le sommet de cette rotonde se voit aujourd'hui dans la ville, à l'angle d'un édifice, dans une rue très-belle et fort large. Dans le voisinage de Ravenne est la fameuse forêt de pins qui a près de 12 milles de long et environ 4 de large. Quoiqu'on trouve quelques marais dans le territoire de Ravenne, il est néanmoins agréable, et produit en abondance des vins excellens.

Après l'hôtellerie du *Savio*, on passe près l'ancienne ville de la *Cervia*. L'air n'y est pas très-sain, et à quelque distance sont les salines qui fournissent de bon sel marin.

Plus loin on trouve sur la route le bourg de *Cesenatico*, situé près de la mer, avec un canal et un port.

Voyez, pour la description de *Rimini*, la route de Bologne à *Ancône*, page 300.

N°. 23.
ROUTE DE VENISE A TRIESTE,
par Palma-Nuova.

NOMS des relais.	DISTANCES en postes.	TEMPS EN VOYAGE.	
		heures.	minutes.
Mestre.	Par eau 5 milles.		
Trévise (a).	1 1/2	1	30
Conegliano.	1 1/2	2	20
Sacile.	1 1/2	2	10
Pordenone.	1 1/2	1	40
Codroipo.	2	1	30
Palma-Nuova.	2	2	45
Gradisca.	2	2	30
Goritz.	1	2	40
Santa-Croce.	2	2	35
Trieste.	1	4	30
119 milles ital.	16	25	10

Topographie.

Auberge: (a) la Poste. Dans les autres endroits on loge à la poste.

De Venise à Trévise, *voyez* la route de Venise à Trente, par *Bassano*, page 245.

Avant d'arriver à *Conegliano*, on passe la *Piave* en barque. . . . . On arrive à

Conegliano, bâti sur le bord du *Montegano*, qui va se jeter dans la *Livenza*; il se trouve dans une situation riante, entre cette rivière et la *Piave*. Les campagnes voisines, du côté du midi, sont très-fertiles. De l'ancienne forteresse, située sur le sommet de la colline, on a une superbe vue de tout le pays adjacent. C'est de là sans doute que le peintre Jean-Baptiste Cima, dit le Conegliano, prit les points de vue de ses charmans paysages. L'église de St.-Léonard mérite d'être remarquée.

A *Snoile*, on passe la *Livenza*.

Pordenone (*Portus Naonis*), tire son nom du *Naone*, sur lequel il est situé. A *Valvasone*, avant de passer le *Tagliamento*, on trouve sur la gauche la route d'*Udine*, qui mène à *Goritz*. (*Voyez* sa description au voyage suivant).

Palma-Nuova est une forteresse moderne qui était autrefois frontière de l'état vénitien, et possédée aujourd'hui par l'empereur d'Autriche. Il faut voir ses fortifications, et surtout le canal creusé dans les environs, qui est d'une grande utilité pour le commerce.

En poursuivant le voyage, on passe le *Lisonzo* près de Palma-Nuova; ensuite on arrive à *Gradisca*, qui n'a de remarquable que son château.

Goritz est une ville de quelque importance, habitée par un grand nombre de familles nobles et anciennes. Lorsque le patriarchat d'Aquilée fut aboli, cette ville fut érigée en siége épiscopal. Dans la cathédrale, on conserve plusieurs reliques précieuses. L'église et le collége des anciens jésuites forment un vaste édifice d'une magnifique architecture. Hors de la ville, est une église de Camaldules, très-fréquentée, parce qu'elle renferme une célèbre image de la Vierge. . . . . On arrive à

TRIESTE, située sur une montagne au bord de la mer, et près de l'ancien *Tergestum*, dont elle conserve encore quelques monumens: c'est une ville moderne. Elle n'est pas fort grande; mais elle renferme des édifices d'un beau dessin, et présente un coup d'œil agréable. La cathédrale et l'église des anciens jésuites sont les édifices les plus remarquables. La population est nombreuse, et les habitans, très-industrieux, sont adonnés au commerce et à la marine. Le port a de la magnificence, mais il n'est pas un des plus sûrs de la côte de l'Adriatique qui regarde l'Italie. Le vent du N., auquel il est exposé, et que dans le pays on appelle *Bora*, en rend l'ancrage incommode pendant la plus grande partie de l'année. Les vignes des environs produisent un vin très-agréable.

N°. 24.
ROUTE DE TRIESTE A VENISE
par Udine.

NOMS des relais.	DISTANCES en postes.	TEMPS EN VOYAGE. heures.	minutes.
Sainte-Croix.	1	4	30
Goritz.	2	1	20
Gradisca.	1	1	35
Nogaredo.	1	1	25
Udine.	1	1	40
Codroïpo.	1 ½	2	45
Pordenone.	2	1	30
Sacile.	1 ½	1	40
Conegliano.	1 ½	2	10
Trévise.	1 ½	2	20
Mestre.	1	1	30
Venise (a). Il y a 5 milles qui se font par eau.			
111 milles ital.	16 ½	22	25

Topographie.

Auberges : pendant tout ce voyage on loge presque partout à la Poste; (a) le Lion-Blanc, les Trois Rois.

Pour ce voyage, on peut consulter le précédent, il n'y a qu'une petite différence de *Gradisca à Codroïpo* : au lieu de suivre la route de *Palma-Nuova*, on prend celle d'Udine, sur la droite, en passant par *Nogaredo*.

Sur les bords du *Tagliamento* et du *Lisonzo*, au milieu d'une vaste plaine, est située *Udine*, ville ancienne, qui a 5 milles de circuit : son climat tempéré, l'étendue de son territoire, l'abondance du vin, des fruits et du grain qu'il produit, en rendent le séjour très-agréable ; on trouve dans les montagnes des mines et des carrières de marbre. Les églises et quelques palais méritent l'attention des amateurs des beaux-arts, qui y admireront de superbes peintures. Le dôme et l'église de Saint-Pierre martyr, des Dominicains, sont les édifices qui en possèdent davantage. Udine est bien peuplée, et fait un commerce de soie considérable : elle est la patrie de Léonard Mattei et de Jean d'Udine. En 1751, après la suppression du patriarchat d'Aquilée, cette ville fut érigée en archevêché.

N°. 25.
ROUTE DE PONTEBA A VENISE.

NOMS des relais.	DISTANCES en postes.	TEMPS EN VOYAGE.	
		heures.	minutes.
La Chiusa.	1 ½	1	40
Venzone.	1	1	20
L'Ospitaletto.	1	1	25
Spilimberg.	1	1	35
Saint-Vogadro.	1	1	20
Sacile.	1	1	20
Conegliano.	1	1	40
Trévise.	1 ½	2	10
Mestre.	1 ½	2	20
Venise (a). Il y a 5 milles qui se font par eau.		1	10
94 milles ital.	10 ½	16	

Topographie.

Auberges : pendant ce voyage, c'est à la poste qu'on est le mieux logé ; (a) le Lion Blanc, les Trois Rois.

Ponteba était autrefois le dernier village de la république de Venise dans le Frioul, sur la frontière des états autrichiens dont ce pays faisait partie depuis la cession faite à la maison d'Autriche de la plus grande partie du territoire vénitien. Cet endroit doit être néanmoins regardé comme l'entrée de la Carinthie en Italie ; un pont construit sur la *Fella* en forme la séparation. Cette route est la plus commode et en même temps la plus fréquentée pour le passage des Alpes. Le bourg de Ponteba, dans la partie italienne comme dans la partie allemande, est bien peuplé et très-commerçant; c'est l'entrepôt de toutes les marchandises entre l'Italie et l'Allemagne.

La *Chiusa* est un fort considérable, situé également sur la *Fella*. Ce fut, dans les dernières guerres, un des points les plus importans pour la défense des états vénitiens.

Entre *Ponteba* et *Venzone* on voit plusieurs cascades. Le climat est tempéré, le pays assez fertile et agréable : les plaines et les collines, offrant un coup d'œil varié de bois, de campagnes et de vignobles, annoncent au voyageur qu'il entre dans le jardin de l'Europe. Les plantations de mûriers peuvent aussi lui donner une idée du commerce de soie qui se fait dans le Frioul : elle est très-recherchée par les ultra-montains.

Venzone est un endroit bien peuplé et commerçant, entouré de montagnes fort élevées, et arrosé par le *Tagliamento* et la *Venzonesca*. Les habitans sont aisés : ils s'enrichissent par le passage des marchandises et le commerce d'économie rurale.

En approchant de *Spilimberg* on voit augmenter la culture et la population. Le pays présente un coup d'œil varié de plaines et de collines, et la campagne devient plus riante. Spilimberg est un endroit vaste et bien peuplé; c'est le plus commerçant du Frioul, tant par sa situation sur le Tagliamento, que par l'industrie de ses habitans.

Plus on approche du territoire de Trévise, ou *Marca Trevigiana*, dont *Sacile* est le premier village, et plus on s'aperçoit que c'est avec raison qu'on appelle ce pays le jardin des états de Venise.

De *Sacile* à *Conégliano* (*V.* le voyage de Venise à Trieste, page 250; et de Trévise à Venise, *Voy.* celui de Venise à Trente par Bassano, page 245).

ITALIE CENTRALE.

N°. 26.

ROUTE DE FLORENCE A LIVOURNE.

NOMS des relais.	DISTANCES en postes.	TEMPS EN VOYAGE.	
		heures.	minutes.
Lastra.	1		20
L'Ambrogiana (a).	1	1	15
La Scala (b).	1	1	15
Castel del Bosco.	1	1	30
Fornacette.	1	1	30
Pise (c).	1	1	
Livourne (d).	2	2	
62 milles ital.	8	10	

Topographie.

Auberges: (a) la Poste; (b) la Poste; (c) le Quattro Donzelle et l'Ussero; (d) la Croce d'Oro et la Croce di Malta.
On parcourt le beau pays de la vallée de l'Arno inférieur. On voit à gauche la *Villa Riccardi*, maison de plaisance, aussi belle par son architecture qu'imposante par sa grandeur.

La *Lastra*, bourg de 1000 habitans, est le centre de la fabrication de ces jolis chapeaux de paille, connus sous le nom de chapeaux de Florence, et recherchés des élégantes de toute l'Europe.

A l'*Ambrogiana*, on voit près de l'Arno une maison royale; avant d'arriver à la *Scala*, on laisse à gauche la route de Pise à Livourne. On parcourt une plaine parsemée de jolis hameaux et de nombreuses maisons bourgeoises.

Près la porte de la *Scala*, on voit à gauche, à peu de distance, *S. Miniato*, ville médiocrement peuplée. Au-delà de l'Arno, on voit le marais *Fucecchio* et les bourgs de *Sante-Croce* et *Castel-Franco*, sur une route qui longe le fleuve et qui conduit également à Pise.

A *S. Romano*, on voit l'église et le couvent des Mineurs-Observantins de St.-François; un peu plus loin du côté de l'Arno, est la campagne *Capponi*, etc. Du côté opposé le château de *Montopoli*, ancienne frontière des Florentins, en face de celui de Marti, frontière des Pisans.

Ponte-d'Era est une petite ville de 3000 hab., riche par son commerce et l'industrie de ses habitans. Elle fabrique de petites étoffes dites *rouenneries*. On laisse à droite une route de Pistoie entre Ponte-d'Era et Fornacette.

De *Fornacette*, quittant la route de Pise, on va directement à Livourne par la route d'*Arnaccio*; mais elle n'est praticable que pendant l'été.

Cascina est une ville ancienne, entourée de murs, mais peu peuplée.............................. On arrive à

Pise, ancienne et belle ville, située dans une plaine riante, d'environ 5 milles de circuit. L'air y est sain pendant toute l'année, et le climat si tempéré, que dans plusieurs journées on y jouit d'un vrai printemps. La population, qui anciennement montait jusqu'à 150,000 hab., n'est maintenant que d'environ 16,000. L'*Arno* qui la traverse en formant un demi-cercle, la divise dans toute sa longueur en deux parties presque égales, et trois beaux ponts établissent la communication d'une rive à l'autre. Les deux grands quais sur l'Arno sont ornés de superbes édifices de la plus noble architecture, élevés la plupart dans le temps de la république, et dont quelques-uns sont même ornés de marbres. Les rues sont, en général, larges, droites et pavées de grandes pierres. Le dôme de la cathédrale est un édifice majestueux situé à l'extrémité N. O. de la ville, entouré au dehors de 4 rangs de belles colonnes antiques de différens ordres au nombre de 74, et incrusté de marbres de diverses couleurs et de bas-reliefs d'un mauvais goût gothique. Il a trois belles portes plus modernes, et une antique de bronze; l'intérieur est majestueux, orné de bas-reliefs et de tableaux superbes. Le pavé est une espèce de mosaïque. La tour, qui a environ 13 p. de pente et sert de clocher, est l'édifice le plus singulier de Pise. Elle est de marbre, de figure ronde, haute de 190 p. et a plusieurs rangs de colonnes et un escalier si peu rapide, qu'on pourrait le monter à cheval. Le baptistère, en face de la cathédrale, est un grand édifice gothique de figure ronde, construit en marbre et orné de fort belles colonnes. Dans le voisinage est un cimetière appelé le *Campo Santo*, où l'on conserve des peintures de *Giotto*, d'*Orgagna* et de *Simon*

Memmi. Les antiquaires trouveront dans cette enceinte de quoi satisfaire leur curiosité. La place des chevaliers de St.-Etienne offre de beaux morceaux d'architecture ; et l'église conventuelle du même ordre mérite d'être vue par les belles peintures qu'elle renferme, et par son magnifique autel de porphyre, ouvrage de Foggini de Florence. L'église de St -Mathieu possède aussi de belles peintures des frères Mélani de Pise. On ne doit pas négliger de voir le jardin des simples, riche de plantes étrangères ; la bibliothéque publique, le grand hôpital, l'observatoire et l'édifice du séminaire. Il y a encore divers autres monumens presque tous d'après le goût gothique ancien. La loge des marchands, ou des bancs dont les arceaux sont à jour et soutenus par des pilastres d'ordre dorique, est d'une bonne architecture. On voit dans cette ville beaucoup de grands palais ; les plus beaux sont les palais *Lanfreducci* et *Lanfranchi*, le long de l'Arno ; celui de l'archevêque mérite aussi d'être vu. Pise a une célèbre université et plusieurs colléges : c'était la résidence de l'ordre militaire des chevaliers de St-Etienne.

Dans le territoire de Pise on trouve des carrières de très-beaux marbres et plusieurs mines. Les étrangers ne négligent pas de voir le vaste monastère de la Chartreuse de *Calci*, à une heure de chemin environ à l'O. de la ville, et les fameux bains de *St.-Julien*, à 4 milles du centre de la ville, au pied du mont St.-Julien, qui contient la source de ces eaux thermales, si salutaires contre la goutte et les maladies du foie (1) ; les bains sont très-fréquentés pendant l'été. Les amateurs de l'antiquité pourront observer le lieu où existait l'ancien port Pisan, entre le *Castrum Liburni* et l'embouchure de l'Arno. Il n'en reste d'autres traces que trois tours, et les ruines des anciens thermes aux environs de Pise à l'E. A 4 milles en ligne droite vers l'O. on trouve la mer ; et les collines les plus fertiles et les plus riantes, couvertes d'oliviers, forment une couronne autour de la ville vers le levant. L'huile du Pisan est excellente, et les étrangers la confondent avec celle de Lucques, qui est également bonne ; on estime les fleurs artificielles qui se fabriquent à Pise.

Au S. de Pise est une ferme connue sous son ancien nom de *Bangita Reale*, où l'on élève grand nombre de chevaux, de bœufs, et même de chameaux introduits de l'Inde. On traverse la riche plaine de Pise. En approchant de la mer le sol devient sablonneux.

A peu de distance de Pise, sur la route de Livourne,

---

(1) Le célèbre Jean Cocchi, Toscan, et Jean Bianchi, de Rimini, ont écrit des dissertations savantes sur les bains de Saint-Julien.

on voit une ancienne église nommée St.-Pierre *in grado*.
.... On arrive à
LIVOURNE, ville moderne, petite, mais régulière et bien peuplée; son port, le plus sûr et le plus commerçant de la Méditerranée, est défendu par un môle qui s'étend fort avant dans la mer, et par des fortifications bien combinées. Cette ville a 2 milles de tour, et renferme environ 50,000 habitans; sa population, d'ailleurs, augmente tous les jours avec l'étendue de ses faubourgs. On remarque la grande rue, pavée de larges dalles, et qui traverse la ville. Le quartier appelé la *nouvelle Venise* est coupé par plusieurs canaux, par le moyen desquels on transporte les marchandises jusqu'à la porte des magasins. Tous les cultes y sont tolérés, mais la religion catholique est dominante. Une grande place est comme le centre de la ville, où viennent aboutir plusieurs rues larges et droites. Dans cette ville de commerce, il ne faut point chercher le luxe des arts, en peinture, sculpture et architecture: mais on y remarque beaucoup d'activité, et on y trouve tout ce qui peut contribuer aux commodités de la vie. Il y a une bibliothèque publique unie aux écoles, qui sont tenues par des clercs réguliers barnabites, et une manufacture considérable où l'on travaille le corail. Le seul monument public est la statue de Ferdinand I, en marbre, et plus grande que nature, avec 4 esclaves en bronze, bien travaillés, aux pieds du vainqueur. Outre la collégiale, il faut voir l'église des Grecs unis, et la synagogue des Juifs, qui est une des plus belles de l'Europe. La rareté d'eau potable à Livourne a déterminé le gouvernement à y conduire une source d'eau très-bonne, éloignée de 12 milles, et provenant des montagnes de *Colognole*, par le moyen d'un aqueduc qui n'est pas encore achevé.

Non loin du port il y a 3 lazarets: le plus beau est celui de St.-Léopold; il est aussi le plus grand et le plus moderne. Le sanctuaire de Notre-Dame de *Montenero*, sur une colline éloignée d'une heure de chemin de Livourne, attire l'attention des étrangers. L'église, desservie par les moines Vallombrosains, est riche en marbres.

Moleto est le lieu où les vaisseaux font la quarantaine. Le Campo-Santo et le Cimetière des Anglais méritent de fixer l'attention des voyageurs. La bibliothèque du savant Poggioli est remarquable par l'élite des éditions d'auteurs italiens.

N.° 27.
ROUTE DE LIVOURNE A FLORENCE
par Lucques, Pistoie et Prato.

NOMS des relais.	DISTANCES en postes.	TEMPS EN VOYAGE.	
		heures.	minutes.
Pise.	2	2	30
Lucques (a).	1	2	25
Borgo-Buggiano.	1	1	40
Pistoie (b).	1	1	50
Prato (c).	1	1	45
Florence.	1	1	40
67 milles ital. 70 milles angl.	7	11	50

Topographie.

Auberges : (*a*) la Panthère ; (*b*) la Poste ; (*c*) la Poste.
Voyez la description de la route de Livourne à Pise, dans le voyage précédent, et lisez en sens inverse.
De Pise à Lucques le chemin, passé les bains, devient un peu étroit, et traverse une plaine couverte de peupliers et de vignes, et longue d'environ 11 milles. . . . . On arrive à
LUCQUES, ancienne ville, située dans une plaine agréable, et arrosée par le *Serchio*, qui va se jeter à peu de distance de là dans la Méditerranée, et par l'*Ozzorti*, qui n'est autre chose qu'un bras de cette rivière. Elle est entourée de fertiles collines, et, dans trois milles environ de circuit, elle renferme une population de 20,000 âmes. Ses édifices, sans être somptueux, sont très-commodes, et ses rues sont pavées de grandes dalles. Les fortifications, régulières et bien conservées, servent de promenade ; de sorte que sur des boulevards plantés d'arbres, on peut faire en moins d'une heure le tour de la ville. La cathédrale, d'architecture gothique du onzième siècle, est incrustée de marbres. On y remarque des peintures de *Coli* et de *Sancasciani*, tous deux Lucquois ; un tableau de *Zuccheri*, un autre du

Tintoret, et les quatre évangélistes sculptés par *Francelli*. Cette église est fameuse par le crucifix dit del *Voto santo*. Il y a encore quelques bons tableaux à voir dans les autres églises, principalement à Ste-Marie, dans l'église de l'Umiltà, où l'on remarque un tableau du *Titien*, et à St.-Ponziano, où on conserve deux tableaux estimés, de Pierre *Lombard*. Le palais public, qui est l'édifice le plus remarquable, dessiné en partie par l'*Ammannato* et en partie par Philippe *Ciuvara*, renferme dans ses appartemens des peintures d'un grand prix; de Luc *Jordan*, d'Albert *Duro*, du *Guerchin*, etc. Le théâtre est élégant, mais petit. On voit à Lucques les ruines d'un ancien amphithéâtre. Les Lucquois ont du talent et de l'industrie. L'agriculture est parmi eux si florissante, qu'ils ont su rendre fertiles les plus stériles montagnes, qu'on voit maintenant couvertes de châtaigniers, de vignes et d'oliviers. Leur commerce consiste en huile, dont on estime le produit du territoire à 180,000 rixdales par an, et en objets de leurs manufactures, principalement de soie. A environ 10 milles de la ville sont les bains de Lucques, célèbres en Italie par la salubrité de leurs eaux thermales. Cette ville possède une académie des sciences, une célèbre maison d'éducation de demoiselles. On y fabrique de petites étoffes et des velours.

En sortant de Lucques, la route belle et neuve offre d'immenses développemens en ligne droite. On traverse une plaine charmante bordée par les Apennins et divers villages. Le pays toujours frais et varié devient pittoresque aux approches de Pescia.

On paye double poste jusqu'à *Borgo-Buggiano*, et on compte environ 13 milles. Avant Borgo-Buggiano, on traverse *Pescia*, petite ville épiscopale, de 4,000 hab., avec beaucoup de filatures de soie et de poteries renommées. Les montagnes assez élevées qui entourent la ville sont couvertes de tous les genres de verdure et de végétation.

A peu de distance dudit bourg et du grand chemin, on trouve les bains de *Montecatini*, célèbres par leurs eaux. Ils ont été décrits et analysés en un ouvrage excellent du docteur Alexandre Bicchierai, en un volume *in-4.* et un *in-fol.* contenant les planches gravées sur cuivre avec leurs explications, qui sont dues au mathématicien P. Ferroni. Les moines du Mont-Cassin, de l'abbaye de Florence, y ont dépensé de fortes sommes pour ajouter à leur commodité et à leur magnificence. Ce qu'il y a de moderne dans cet édifice, est d'un bon goût, et a été dessiné par l'architecte Nicolas Gaspar Paoletti, Florentin.

En approchant de Pistoie, on jouit du coup d'œil

agréable des plus fertiles campagnes, et l'on se croit sans cesse au milieu de jardins délicieux.

On peut maintenant aller de Pise à Pistoie sans traverser le territoire de Lucques, en prenant le chemin qui passe par *Monte* et *Culcinaia*, par la nouvelle route de traverse de *Valdinievole*, qui rejoint celle de Lucques à *Borgo-Buggiano*. . . . . On arrive à Pistoie, riche et belle ville, située dans une plaine fertile au pied de l'Apennin, près du fleuve *Ombrone*. Il y a peu de villes en Italie où les rues soient aussi droites et aussi larges qu'à Pistoie. Ses palais annoncent la magnificence, mais sa population est peu nombreuse. La cathédrale est un bel édifice, et le trésor des reliques qu'elle possède est très-estimé. On voit dans cette église les tombeaux du célèbre Cino Gingiboldi, professeur de législation, et du cardinal Forteguerri. L'église de l'Esprit-Saint est d'un beau dessin, et possède un orgue excellent. L'église la plus remarquable par sa structure, est celle de l'Umiltà, d'une élégante et parfaite architecture, particulièrement la coupole de Vasari; dans les églises de St.-François et de St.-Dominique, on voit quelques peintures à fresque de Puccio *Capanna*. Le palais public est magnifique, ainsi que l'édifice della Sapienza, où est la bibliothèque publique. Aux Philippins est encore une autre bibliothèque publique, riche en beaux manuscrits, c'est un legs du cardinal Fabroni. Il ne faut pas négliger de voir le vaste édifice moderne du collège et séminaire, parfaitement distribué pour l'objet auquel il est destiné. On fabrique à Pistoie des draps, de fort bonnes orgues; dans la manufacture de fer, qui sert à la subsistance d'une grande partie du bas peuple, on coule de bons canons de fusil.

On peut aller de Pistoie à Florence en prenant à droite le chemin de *Poggio a Cajano*, maison royale, située sur une éminence, au bord de l'Ombrone, et dominant une belle plaine, à quelque distance des collines d'*Artimino* et *Carmignano*, célèbres par la bonté de leurs vins. Indépendamment des environs délicieux de cette maison de campagne, elle mérite l'attention des voyageurs par les peintures excellentes qu'on y conserve, principalement celles d'André del Sarto.

L'étranger désirera voir la petite ville de *Prato*, bâtie sur les bords du *Bisenzio*, qui en baigne les murs, sur un terrain bas, mais fertile. Ses habitans, dont le nombre est d'environ 10,000, sont très-industrieux. On y travaille divers ustensiles de cuivre, et il y a plusieurs fabriques de draps de laine, mais seulement à l'usage des gens de la campagne. La cathédrale est une belle église; on y conserve avec une grande vénération la ceinture de la Sainte-Vierge. L'église delle Carceri est d'une bonne architecture, et celle de St.-Vincent est ornée de travaux en stuc d'un très-bon goût. La place du marché, qui est un des plus accrédités de la Toscane, est très-vaste, mais dénuée d'ornemens. C'est un édifice commode et bien distribué. Le pain qu'on fait dans cette ville est excellent, et le meilleur de la Toscane.

A peu de distance de Prato, au nord, on voit une colline stérile, appelée *Monte-Ferrato*, que divers naturalistes ont souvent observée.

On peut aller de Prato à Florence par la route de *Sesto*, qui est bordée d'habitations et de maisons de campagne magnifiques. Elle conduit à la célèbre manufacture de porcelaine de *Ginori*, dite *della Doccia*, et à la campagne royale de *Castello*. En sortant de Florence on paye poste royale; il faut avoir soin de faire plomber les malles, si l'on ne veut pas être retenu à la poste et à Sienne. On arrive à

FLORENCE. *Voy.* le tableau des capitales, page 44.

N°. 28.

ROUTE DE FLORENCE A BOLOGNE.

NOMS des relais.	DISTANCES en postes.	TEMPS EN VOYAGE.	
		heures.	minutes.
Fontebuona.	1	1	30
Cafaggiolo.	1	1	35
Montecarelli.	1	1	50
Covigliajo.	1	2	
Filigare.	1		25
Lojano (*a*).	1	1	30
Pianoro (*b*).	1 ½	2	50
Bologne (*c*).	1 ½	1	55
63 milles ital. 70 milles angl.	9	14	65

Topographie.

Auberges : (*a*) la Poste ; (*b*) i Pellegrini, et l'Auberge Royale ; entre Cafaggiolo et Montecarelli, il y a une bonne auberge alle Maschere ; à Pietramala, entre *Covigliajo* et le Filigare ; et près de Loyano, dans l'endroit appelé *Scarica-l'Asino*.

Jusqu'à la seconde poste la route est délicieuse, au milieu de collines couvertes de vignes et d'oliviers. A environ 3 milles de Florence, à un endroit appelé *Trespiano*, on voit le moderne cimetière public pour l'usage de cette ville.

A 6 milles on laisse à main droite *Pratolino*, superbe maison royale d'architecture, de Bernard *Buontalenti*, célèbre par les embellissemens qu'y firent les Médicis, et principalement le grand-duc François Ier. On y voit la statue de l'Apennin, haute de 60 pieds. Cette campagne est ornée de plusieurs fontaines et jets d'eau très-ingénieusement ménagés, et de grotesques d'un très-beau travail, qui servirent ensuite de modèles pour les jardins et les travaux hydrauliques de Versailles.

En continuant le voyage, on aperçoit au nord, sur une éminence, le couvent de *Montesenario* des Servites, où habitèrent les fondateurs de cet ordre régulier.

Passé *Tagliaferro*, on rencontre à droite l'ancienne route de Bologne qui passait par le village de la *Scarperia* (où l'on fabrique des couteaux et autres armes tranchantes), et de là on passe le *Giogo* à *Firenzuola*, château arrosé par la rivière *Santerno*, dans une vallée fertile ; dont le chemin conduit droit à *Pietramala*.

De *Cafaggiolo* à *Covigliajo*, on va toujours en montant aux *Maschere*. Près de la campagne *Gerini*, on jouit d'un beau coup d'œil. En s'arrêtant à cette auberge, on divise le voyage en deux parties, et on va se reposer à *Pietramala*, douane de la frontière de Toscane, entre les *Filigare* et *Covigliajo*.

Sur le *Ciogo*, montagne la plus haute de l'Apennin, entre *Monte-Carelli* et *Covigliajo*, on remarque des éboulemens de terre considérables ; et entre *Pietramala* et *Scaricalasino*, on voit un amas de pierres et autres matières qui semble une ruine. Le naturaliste peut juger si c'est l'effet de quelques anciennes explosions volcaniques.

A un demi-mille environ de *Pietramala*, sur la droite, et à 4 milles de *Filigare*, sur une montagne escarpée appelée *Monte di Fo*, dans un terrain pierreux et couvert de rochers, on voit un petit volcan toujours allumé. De la superficie de la terre s'élève une flamme claire à 12 ou 15 pieds à la ronde. Quand le temps est pluvieux ou disposé à l'orage, la flamme devient plus vive. Les montagnes d'alentour sont stériles et ne produisent que quelques faibles plantes.

On remarque encore à une demi-lieue environ de Pietramala, une source d'eau froide appelée l'*Acqua Buja*, qui s'enflamme à l'approche d'une lumière.

De Filigare à Lojano, on va toujours en descendant. On peut, si on le désire, s'arrêter à *Lojano*, mais l'auberge n'y est pas commode. De Lojano à *Pianaro*, on a une vue très-étendue de la chaîne des Alpes d'Ivrée, de Milan, de Vérone, de la plaine de Padoue, du Pô et de la mer Adriatique. De Pianaro à Bologne, le chemin est uni et presque toujours dans le fond d'une vallée. . . . . On arrive à

Bologne, ville grande et bien peuplée, au pied de l'Apennin; elle est située sur la petite rivière appelée le *Rheno*. Son climat est sain; elle a 5 milles de circuit et deux milles de long sur un de large; sa population est de 80,000 âmes. Les édifices publics sont remarquables tant par l'architecture que par leurs ornemens. Les portiques rendent cette ville peu gaie, mais sont très-commodes pour les piétons. Le palais public sur la grande place est très-vaste, et renferme de beaux tableaux et diverses fresques des meilleurs maîtres. Les plus beaux monumens d'architecture sont : les palais Caprara, la façade et l'escalier du palais Ranuzzi, et la fontaine de marbre sur la place du Géant de Jean de Bologne. On voit dans cette ville plusieurs œuvres de ce célèbre sculpteur; entre autres, le Neptune en bronze de la fontaine est un chef-d'œuvre; la cathédrale de St.-Pierre est un temple d'un beau dessin ; on admire dans le chœur une fresque représentant l'Annonciation, dernière œuvre de Louis *Carrache*; et dans le chapitre, saint Pierre et la sainte Vierge, exprimant leur douleur de la mort de Jésus-Christ, peints par le même. Dans l'église de St.-Pétrone, d'architecture gothique, est la fameuse méridienne tracée par le célèbre Dominico *Cassini*, dont le gnomon a 83 pieds de hauteur. On remarque l'ancienne et magnifique église des Célestins, et leur monastère; celui de St.-Sauveur, qui renferme une belle bibliothèque et un musée curieux; l'église de St.-Dominique, où l'on vénère le corps de ce saint; la bibliothèque du couvent; l'antique église souterraine de St.-Procolo, des Bénédictins; et plusieurs autres, qui toutes renferment de belles peintures.

Les palais, ainsi que les églises, sont ornés de tableaux

excellens; mais les plus belles collections sont dans les palais Zambeccari et Sampierri; on y admire un très-beau crucifix d'ivoire de Jean de Bologne; les travaux d'Hercule, et plusieurs autres tableaux des trois frères Carrache; l'enlèvement de Proserpine, dell' *Albano*; saint Paul faisant des reproches à saint Pierre, chef-d'œuvre de *Guido Reni*; Agar chassée par Abraham, et plusieurs autres tableaux du *Guerchin* et des meilleurs peintres d'Italie.

Les deux tours de Bologne, celle des Asinelli et la tour penchée méritent l'attention des voyageurs : la première, par sa prodigieuse hauteur et sa structure déliée et élégante ; la seconde, haute de 140 pieds, parce qu'elle est inclinée comme le clocher de Pise, ayant une pente de huit à neuf pieds. Cette ville a un hôtel des monnaies.

Bologne a été célèbre en tout temps dans les annales des sciences et des beaux-arts. Elle a une fameuse université et un institut ou académie très-renommée. Le collége dei *Dotti* tient ses séances dans cette ville. L'édifice *dello studio*; le musée de l'institut, plein de productions rares de la nature et des arts; la bibliothèque, riche d'une grande quantité de livres et de manuscrits, entre autres les autographes de Massili, qui en fut le fondateur; ceux d'*Aldovrandi* le naturaliste, en 187 volumes in-fol., etc.; l'observatoire; la chambre d'accouchemens; le théâtre anatomique, orné des statues des divers professeurs en médecine, et le jardin botanique, sont autant d'établissemens publics qui méritent d'être vus. Le théâtre public est un des plus beaux et des plus vastes d'Italie; il a été construit sur le dessin du fameux décorateur *Bibbiena*.

Hors de Bologne il faut observer le monastère de la Chartreuse, celui des Olivétains de St.-Michel *in bosco*, d'où l'on a une superbe vue sur la ville; les beaux portiques de l'église sont peints par *Charles Cignagni*, et les cloîtres par Louis Carrache; enfin la Notre-Dame-della-Guardia, dite de St.-Luc, à laquelle on va par un portique de 700 arcades et de trois milles de longueur.

Le commerce de Bologne est très-considérable, et les arts y sont très-cultivés. Les manufactures de soie, de voiles, de fleurs artificielles, etc., y sont très-florissantes, ainsi que les fabriques de papier, de savonnettes, de liqueurs, etc. Les saucissons de Bologne, appelés *mortadellas*, sont très-renommés. On veut que les eaux du Rheno aient une propriété particulière pour la préparation de la soie. La pierre phosphorique de Bologne, qu'on rend telle moyennant une opération chimique de calcination, se trouve sur le mont *Paterno*, à trois milles de la ville.

Les Bolonais sont industrieux, d'un caractère franc, gai et tranquille; courageux dans leurs entreprises, aimant les spectacles comme tous les Italiens. On voit à Bologne des personnes d'une belle peau; les femmes y sont aimables et plus gracieuses que belles. La campagne aux environs est fertile, bien cultivée, et d'un aspect assez riant, surtout du côté de la *Montagnuola*. Cette ville est à 9 l. S. E. de Modène, 10 S. O. de Ferrare, 15 O. de Ravenne, 19 N. de Florence, 70 N. ¼ O. de Rome.

N°. 29.
ROUTE DE BOLOGNE A FLORENCE par Modène.

NOMS des relais.	DISTANCES en postes.	TEMPS EN VOYAGE.	
		heures.	minutes.
La Samoggia.	1 ½	2	
Modène (a).	1 ½	2	20
Formigine.	¾	1	30
St.-Venanzio.	¾	1	20
La Serra.	1	1	15
Paule.	½	1	10
Montecenere.	¾	1	40
Birigazza.	1	1	30
Pieve a Paule.	1	1	20
Boscolungo.	1	1	50
Piano asinatico.	¾	1	40
St.-Marcello.	1	2	
Piastre.	1	2	
Pistoie.	1	1	50
Prato.	1 ½	1	45
Florence.	1 ½	1	40
	16 ¾	26	50

Topographie.

Auberges : (a) *il grand' Albergo*, auberge belle et commode. Dans les autres endroits on loge ordinairement à la poste.

La route de Bologne à Modène est toujours en plaine ; elle est tracée sur l'ancienne *Via Emilia* ; à peu de distance de Bologne, on laisse à droite la route de Mantoue, ensuite on passe le *Rheno* sur un pont.

Près de la rivière *Samoggia*, on trouve un village du même nom, qui partage le chemin de Bologne à Modène en deux parties presque égales. A droite de Castelfranco, et à peu de distance de la route, on voit le fort *Urbain*, forteresse peu considérable, formée de quatre bastions, qui domine par sa situation toute la plaine adjacente. Entre la Samoggia et Modène, on passe le *Panaro* sur un beau pont nouvellement construit.

Depuis la réparation du chemin qui conduit à *Massa*, et la construction d'une nouvelle route à travers les montagnes de Pistoie, le commerce a pris quelque activité à Modène. (*Voyez*, pour la description de Modène, et pour celle de Modène à Pistoie, pages 192 et 193.)

Voyez, pour la description du voyage de Pistoie à Florence, page 260.

N°. 30.
1re. ROUTE DE FLORENCE A ROME
par Acquapendente.

NOMS des relais	DISTANCES en postes	TEMPS EN VOYAGE. heures.	minutes.
St.-Cassien (a).	1 1/2	2	15
Les Tavernelles.	1	1	55
Poggibonsi (b).	1	1	40
Castiglioncello.	1	1	25
Sienne (c)	1	2	10
Monturoni.	1	1	23
Buonconvento.	1	1	15
Torrinieri.	1	1	15
La Poderina.	1	2	
Ricorsi.	1	1	5
Radicofani (d).	1	1	41
Ponte-Centino.	1	1	34
Acquapendente.	1		40
S.-Lorenzo-Nuovo (e).	1	1	3
Bolsena.	1	1	5
Montefiascone.	1	1	50
Viterbe (f).	1 1/2	1	10
La montagne di Viterbe.	1/4	1	15
Ronciglione (g).	1	1	20
Monterosi.	1	1	40
Baccano.	1	1	4
La Storta.	1	1	28
Rome.	1 1/4	1	30
176 milles.	23 1/2	33	29

Topographie.

Auberges : (a) la Campana, auberge médiocre ; (b) la Poste ; (c) les Trois Rois, (d) la Poste, à un mille du château ; (e) la Poste ; (f) l'auberge Royale, les Trois Rois, la Poste; (g) la Poste, mauvaise auberge.

On laisse à gauche, en sortant, la belle avenue du *Poggio Imperiale*; c'est à l'endroit où elle commence que le Dante et Pétrarque récitaient leurs vers au peuple. On a marqué cette place par leurs statues, auxquelles on a ajouté celles de Virgile et d'Homère. Au bout d'un mille et demi on longe l'enclos de la Chartreuse de *Galluzo*, pittoresquement située, et qui mérite d'être visitée des curieux pour ses tableaux.

La route de Florence à Sienne, quoique montueuse, est néanmoins agréable, offrant sans cesse aux regards du voyageur, des vallées et des collines couvertes de vignes et d'oliviers.

Après avoir monté le chemin *degli scoperti*, on voit à quelque distance, sur la gauche, au milieu de montagnes désertes, le sanctuaire de Notre-Dame de *l'Improneta*, qui est en grande vénération parmi les Florentins. Sur le sommet d'une colline fertile et bien cultivée, on trouve *St.-Cassien*, bourg considérable et très-industrieux. Il fabrique draperies communes, fleurs, chapeaux, souliers.

Avant le nouveau pont, à la *Pesa*, en laissant cette rivière à droite, on trouve le chemin de la *Sambuca* ou de la *Castellina* du *Chianti*; c'est le plus court chemin qui conduise à Sienne. Du même point on peut aller à *Passignano*, abbaye des Vallombrosains, où l'on remarque de bonnes peintures.

A moitié chemin de Florence à Sienne, après les *Tavernelles*, on laisse sur la droite *Barberino* di *Valdelsa*, petit château. Avant d'entrer à *Poggibonsi*, on trouve à droite la route de traverse et de poste qui conduit directement à Pise. Poggibonsi est un gros bourg bien peuplé, situé au pied d'une colline : ses habitans sont industrieux et manufacturiers. A trois milles environ de la route romaine, sur la droite, on trouve la ville de *Colle*, sur une colline très-élevée. Sa position elle-même la divise en ville haute et en ville basse. La haute est la plus peuplée et la mieux cultivée. Dans la basse sont les papeteries, sur l'Elsa et la Stella.

De Colle partent deux routes, dont l'une conduit à *Massa*, ville du Siennois, et l'autre à *Volterra*, ville très-ancienne, où l'on voit plusieurs monumens qui attestent son antiquité, principalement les murs, qui sont de construction étrusque. Le terrain aux environs est fertile, et abonde en eaux minérales. On y trouve de riches carrières de pierres dures très-recherchées, de charbon fossile, où escarboucle, et d'albâtre. On y travaille des vases et divers morceaux de sculpture sur des modèles étrusques déterrés dans les environs, et dont plusieurs particuliers possèdent des collections considérables.

En suivant la route de *Poggibonsi* à Sienne, on monte presque continuellement; on laisse sur la gauche le *Chianti*, terrain vaste, montueux et renommé pour ses vins.

A six milles environ de Sienne, le chemin devient moins riant; mais il a des beautés de situation qui surprennent. Vers la chute des montagnes les points de vue s'étendent : il y en a de fort beaux et vraiment pittoresques. On arrive à SIENNE, ville célèbre de Toscane, située sur une éminence au milieu de charmantes collines; elle n'est visible que pour ceux qui viennent de Rome. Les voyageurs qui viennent de Florence ne la voient qu'au moment d'y entrer, à cause de l'avenue plantée de beaux arbres qui la masque. Elle comptait autrefois plus de 100 milles habitans, et n'en renferme aujourd'hui que 16 à 17 milles, dans un circuit en forme d'étoile d'environ 5 milles. Elle semble bâtie sur le cratère même d'un volcan, et elle éprouva très-souvent des secousses de tremblemens de terre. Celui qu'elle ressentit en 1798, endommagea les principaux édifices. La cathédrale surtout en souffrit beaucoup; cet édifice, quoique d'architecture gothique, est parfait dans son genre, et tout incrusté de marbres, tant au dedans qu'au dehors. Devant la façade de ce temple, qui fut commencée sur le dessin de Jean de Pise, et achevée en 1333 par Augustin et Agnolo, architectes siennois, on voit deux colonnes de porphyre. Le bénitier est un bel ouvrage grec; la chaire est de marbre d'Afrique, et les bas-reliefs principalement: ceux de l'escalier sont admirables. Le pavé, partie en mosaïque et partie ciselé, a été exécuté par Dominique Beccafumi et d'autres bons artistes; la nef du milieu est ornée de bustes des papes. Dans la chapelle Ghigi, qui est d'un beau dessin, on admire deux superbes statues, sainte Marie-Madelaine et saint Jérôme de Bernini; deux tableaux de Charles Maratta, qui ont un peu souffert, et 8 colonnes de vert antique qui soutiennent la coupole. On remarque dans cette église d'autres statues de Bernini, Donatello, Mazzuoli, Vecchietti et Michel-Ange, et d'excellens tableaux de Calabrèse, de Trevisan, de Salimbeni, de Pérugin et de Raphaël, ainsi que des fresques d'Ambroise Lorenzetti et de Ventura Salimbeni. Dans la salle appelée la bibliothèque, attenante à l'église, et ornée de belles fresques de Pinturicchio, on remarque un groupe antique des 3 Grâces en marbre blanc. La tour du palais de la seigneurie, appelée vulgairement des Mangia, et construite en 1325 sur le dessin d'Agnolo et d'Augustin, est très-haute et d'une forme superbe; du sommet la vue s'étend jusqu'à *Radicofani*. En divers endroits de cette ville on voit de grands édifices, mêlés pour la plupart d'un goût gothique et moderne. L'hôtel de ville, assez bel édifice, renferme des peintures antiques. Le théâtre public est du dessin de Bibbiena; le collège Tolomei est un bel édifice, bâti tout en pierres carrées. Aux Augustins on voit une belle bibliothèque, et la superbe église, d'architecture de Vanvitelli, est ornée de tableaux de Romanelli, de Charles Muratti et de Pierre Pérugin. Il ne faut pas négliger de voir les beaux tableaux qui se conservent dans les autres églises de Sienne, particulièrement dans celles de l'hôpital, de St.-Martin de Provenzano, de St.-Quirino, des Carmes, et des Camaldules hors de la ville. On montre aux étrangers la maison de sainte Catherine et celle des Soccini. Les rues de Sienne ne sont pas alignées, et le terrain est inégal. Il n'y a qu'une seule place qui est construite en forme de coquille, ornée d'une fontaine, et bordée par les beaux palais Sausedoni, Chigi, Saracini et le palais public. Ce dernier renferme plusieurs fresques anciennes de Lorenzetti, des Memmi, de Thaddée, Bartoli, de Beccafumi, de Martin, de Barthélemi, de Sienne et de Spinello d'Arezzo, et plusieurs œuvres de Sodoma, de Luc Jordan et de Vanni. Sienne a une université, diverses académies littéraires, et une académie de physique et d'histoire naturelle appelée des *Fisiocritici*, célèbre par les mémoires qu'elle a produits; enfin, une bibliothèque et un musée. Elle fabrique rubans, cuirs, chapeaux, cordes d'instrumens.

Les Siennois sont affables, spirituels, d'un caractère franc et gai. Ils parlent avec douceur le langage le plus gracieux de la Toscane. Les femmes y sont généralement belles, et ne manquent ni d'esprit ni de grâce. Les étrangers sont bien accueillis à Sienne, mais la curiosité à leur égard est excessive. On parle dans cette ville le langage le plus pur de l'Italie; elle a toujours cultivé les sciences et les lettres. Dans le territoire siennois, on trouve beaucoup d'eaux thermales bouillantes. On voit les bouches fumantes sur le *monte Rotondo*.

La campagne, excepté la plaine d'*Arbia*, n'est pas très-fertile, à cause de la craie. On trouve dans les montagnes beaucoup de mines, de carrières et d'eaux thermales.

De Sienne, en prenant la route au levant, on passe dans la *Valdichiana*, et du côté opposé est une autre route qui conduit à *Grosseto* vers la mer. En poursuivant le voyage vers l'état romain, on arrive à *Buonconvento*, village situé au pied de la montagne, à 15 milles de Sienne, dans un endroit riant, mais malsain, sur l'*Ombrone.*

Jusqu'à St.-Quirico le chemin est un peu incommode; on monte et on descend continuellement, et l'on jouit de plusieurs points de vue un peu sauvages, mais pittoresques.

De Torrinieri on peut aller voir *Montalcino*, petite ville située à la droite du chemin, sur une montagne. Son climat est froid mais fort sain; le pays est bien cultivé, et produit un vin muscat très limpide. Les habitans sont robustes et laborieux.

Saint-Quirico est un bourg d'où part un chemin qui conduit à *Pienza* et à *Montepulciano*. La première de ces villes, qui s'appelait autrefois *Cortignano*, et fut la patrie de Pie II, est peu peuplée, et éloignée de 30 milles de Sienne. L'autre, également petite, est située sur une montagne fertile et célèbre par son vin, que Redi, dans son dithyrambe, appelle le roi de tous les vins. Les fameuses vignes que les jésuites cultivaient avec tant de soin, sont maintenant pour la plupart négligées et incultes. Entre St.-Quirico et Poderina, près de ce dernier relai, on passe sur le pont hardi et dangereux de l'*Orcia*, à droite; et près duquel sont les eaux ferrugineuses et sulfureuses dites *Bagni Avignoni*. On trouve l'auberge isolée et assez fréquentée de la *Scala*, entre Poderina et Ricorsi, autre maison isolée où l'air est très-malsain. A une lieue S. de *Ricorsi*, sur le haut d'une montagne, sont les bains de *St.-Philippo*, connus des Romains. L'eau en est chaude et sulfureuse; on en voit la fumée, et on en sent l'odeur de la route. Cette eau laisse des dépôts, qui, prenant l'empreinte de tous les objets où ils se fixent, produisent des gravures, au moyen des moules qu'y placent les curieux.

De St.-Quirico à *Radicofani*, le pays est inculte et peu peuplé, et le voyage assez désagréable. Dans les petits torrens qui sont en grand nombre dans cette partie de la route, on trouve des pierres de toutes grosseurs et de diverses couleurs, même agatisées, qui peuvent servir au travail de la mosaïque. Les rochers se caractérisent en montagnes, et offrent l'aspect le plus déplorable. On gravit, depuis Ricorsi jusqu'à Radicofani, une rampe presque continuelle. Les pierres calcaires qui bordent la route ou qui roulent sous les pieds du voyageur, l'avertissent qu'il foule une terre brûlée.

Radicofani est un château construit au pied d'une montagne, production de la lave d'un volcan, et près de la frontière, à gauche du chemin, vers les confins de l'Etat Romain, sur une montagne escarpée, très-difficile à gravir du côté de l'ouest. Sous les fortifications on voit un grand amas de pierres, et l'on prétend qu'il y avait autrefois un volcan Ce pays a souvent éprouvé des tremblemens de terre. Le bourg de Radicofani est un peu plus bas que le sommet de la montagne ; les environs abondent en sources d'eau très-fraîche. Une descente longue et très-rapide conduit au fougueux torrent de *Rigo*, que l'on traverse quatre fois, à moins que l'on ne soit entraîné avant le dernier trajet. Ce torrent est à sec en été. On passe ensuite près de Ponte-Centino celui de la *Velta*.

De Radicofani à Ponte-Centino on paye une poste et demie ; un peu avant d'arriver à cette dernière poste, on sort de la Toscane. On arrive à *Ponte-Centino*, premier village et douane de l'Etat Romain, par un chemin escarpé, du haut duquel il paraît situé au fond d'un précipice obscur.

Les premiers pas qu'on fait sur l'Etat Romain en donnent une idée favorable. Les montagnes, entièrement nues, sur la frontière de Toscane, qu'on quitte, sont toutes verdoyantes au-delà. Cette verdure est celle des forêts, qui sont belles, et d'une vigueur majestueuse.

En sortant de Ponte-Centino, on parcourt une plaine terminée par le torrent de la *Paglia*, qu'on traverse sur un beau pont de pierre. On trouve une route beaucoup plus belle qui conduit à *Acquapendente*, autrefois bourg, aujourd'hui ville de peu d'importance. Les meilleures habitations sont modernes. Le peuple est grossier et paresseux. A la porte de la ville, du côté de la Toscane, on voit de très-belles cascades.

Le naturaliste curieux remarquera aisément, durant tout ce voyage, que le terrain sur lequel il passe est en grande partie volcanique.

En sortant d'*Acquapendente*, la route traverse une plaine fertile et élevée. Sur les collines de tuf qui sont près de *Saint-Laurent-aux-Grottes*, on remarque de distance en distance des cavernes naturelles dans les rochers, et des grottes artificielles, creusées peut-être en excavant la pozzolane : elles servent de retraite aux bergers et aux paysans, et même de serre aux instrumens ruraux.

On voit les ruines de l'ancienne ville, appelée aujourd'hui *Saint-Laurent-Ruiné*; elle fut démolie à cause de sa situation fort malsaine, au pied de la colline sur le sommet de laquelle fut bâtie la nouvelle ville appelée *St.-Laurent-Neuf*, le plus beau village de l'Italie par sa construction et son site. Il consiste dans une grande place de forme hexagone, à laquelle aboutissent en ligne droite toutes les rues ou bouts de rues ; c'est le commencement d'une jolie ville. On passe ensuite à *Bolsena*, bâtie sur les ruines de l'ancienne *Volsinium*, autrefois une des principales villes de l'Étrurie, et capitale des Volsques; ce n'est plus aujourd'hui qu'un village. On remarque les restes d'un temple de la déesse Narsia sous les murs de Bolsena, et d'un amphithéâtre à un quart d'heure de distance, diverses constructions d'un caractère particulier, diverses mozaïques enterrées, des fûts de granit, des chapiteaux de marbre, répandus au milieu des champs et des vignes; enfin, un sol presque entièrement composé de décombres, et couvert néanmoins d'arbres et de treillages. On admire le frontispice de l'église paroissiale, recouvert d'ornemens étrusques, et les six pilastres dont 2 de tuf volcanique et 4 de marbre, tous couverts de trophées en bas-reliefs. Vis-à-vis est un sarcophage romain chargé de hauts reliefs de granit, et dans l'église 4 jolies colonnes de brocatelle orientale. C'est dans cette église qu'est arrivé le miracle auquel la Fête-Dieu doit son origine, et les arts un des plus beaux tableaux à fresque, peint par Raphaël au Vatican. Celle des Cordeliers renferme deux beaux tableaux de Trevisan. On côtoie ensuite le beau lac de *Bolsena*, qui a près de 30 milles de circuit; on y voit deux petites îles habitées, ce lac était peut-être autrefois le cratère de quelque volcan. Il y a peu de contrées en Italie qui offrent des points de vue plus magnifiques et plus délicieux que les environs de Bolsena.

En face du lac, et près de la route, on voit la colline remarquable dont parle *Kirker*; elle est couverte de colonnes ou prismes réguliers de basalte, qui sont pour la plupart penchés, et d'une longueur assez considérable hors de terre; ils sont presque tous de figure hexagone, et plats aux deux extrémités.

Près de Bolsena est *Orviete*, ville bâtie sur le tuf. Quoiqu'elle soit d'un difficile accès, elle mérite néanmoins qu'on y fasse une course à cheval pour observer les raretés qu'elle renferme. La cathédrale est un bel édifice gothique; sa façade est singulière, enrichie de sculptures et de mosaïques: Nicolas Pisan y a travaillé comme sculpteur. Dans l'intérieur on remarque aussi des sculptures et de bons tableaux; la chapelle peinte par Signorelli, mérite toute l'attention des amateurs: le divin Michel-Ange en faisait son étude ordinaire. La chapelle du St.-Miracle-du-Corporal est fort riche. Il faut voir aussi dans cette ville le palais épiscopal, et le puits creusé dans le tuf, d'une grandeur et d'une profondeur telles qu'on y peut descendre à cheval par un escalier ou cordon de 150 marches, éclairé par 100 petites fenêtres, et remonter par un autre semblable, pratiqué du côté opposé. Au N.O., et près du lac de Bolsena est la petite ville de *Canino*, connue par un beau palais possédé et habité long-temps par Lucien Bonaparte.

Au bout d'un quart d'heure on voit à gauche, au bord de la route, un beau groupe de prismes basaltiques inclinés, qui méritent d'autant plus l'attention du naturaliste, que ce sont les seuls basaltes ou prismes qui existent dans l'Italie. Un peu plus loin, du même côté, est un tombeau antique qui ne mérite pas moins les regards de l'antiquaire. L. Canuleius se l'érigea lui-même de son vivant pour lui et les siens, d'après l'inscription qu'on y lit.

Au travers d'un bois épais, et que jamais on ne coupe, le respectant comme une rare antiquité, est la route qui conduit à *Montefiascone*. Cette ville, située sur une colline, n'est ni belle, ni peuplée, ni même commode à habiter; mais elle domine une immense étendue de pays, ce qui de loin lui donne l'air d'une métropole, comme en effet elle l'était autrefois. Elle est maintenant renommée pour ses vins, surtout pour le muscat. Dans l'église de St.-Flavien on voit le tombeau et l'épitaphe d'un prélat allemand, qui y mourut ivre en voyageant.

De *Montefiascone* à Viterbe la route est belle, et traverse des campagnes cultivées à la vérité, mais qui offrent un coup d'œil triste. Le temps n'a pas encore amélioré et recouvert de l'engrais des végétaux le terrain volcanique de cette contrée. Avant d'arriver à Viterbe, on voit sur la droite un lac d'eau chaude, qui exhale une odeur sulfureuse.

Viterbe, ville assez grande, et qui renferme une population d'environ 13,000 âmes, est située au pied du mont *Cimino*, et entourée de murs flanqués de tours, qui de loin forment un beau coup d'œil; elle est environnée de jardins, ornée de fontaines, et renferme des maisons bâties avec élégance, et des églises dont les façades sont de belle architecture. Ses rues sont pavées en entier de grands morceaux de lave de 4 à 8 pieds de long. Le voyageur doit remarquer particulièrement la place, qui est régulière, ornée de portiques et d'édifices qui annoncent quelque magnificence; le palais public, peint par Balthazar Croce; et entre autres églises la cathédrale, qui renferme de belles peintures; hors de la porte romaine, Sainte-Rose et le couvent des Dominicains, qu'habitait le frère Ennius de Viterbe, célèbre par ses impostures littéraires; et l'église de St-François, où l'on admire un Christ mort, peint par Sébastien del Piombo, sur un dessin de Michel-Ange. Les eaux minérales de cette ville sont à une demi-lieue.

En sortant de Viterbe, l'ancienne route gravissait la montagne appelée autrefois *mons Ciminus*, qui est très-élevée, et communique du côté du N. avec d'autres montagnes qui forment la chaîne de l'Apennin. La nouvelle route construite dans une autre direction, est superbe; de chaque côté on voit naître d'elles-mêmes des fleurs et des herbes odoriférantes. La montagne est formée de diverses matières volcaniques amoncelées sans ordre; elle est couverte de chênes, de châtaigniers et d'autres arbres de différentes espèces.

En descendant la montagne pour arriver à *Ronciglione*, on côtoie le lac de *Vico* (anciennement *Lacus Ciminus*) entouré de collines couvertes de bois; ce lac forme un beau bassin d'environ 3 milles de circuit.

On laisse sur la gauche *Caprarola*, situé sur la montagne qui domine Ronciglione. Il n'y a de remarquable dans cet endroit, que le palais Caprarola des Farnèse, pentagone ingénieusement construit en forme de citadelle, par Vignole; les peintures sont de Pierre Orbista. Par un beau chemin, terminé par un arc de triomphe. . . . . On arrive à

Ronciglione. Cet endroit, riche et bien peuplé, est situé près le lac de *Vico*. Les édifices sont construits en tuf, et le château offre un coup d'œil horrible. Une vallée voisine, belle et profonde, présente des points de vue pittoresques. On trouve dans les environs des cavernes creusées dans le tuf. Les campagnes ont un air triste et aride, l'agriculture y étant presque entièrement négligée. Il y a à Ronciglione des fabriques de papier et des forges.

Avant d'arriver à *Monterosi* (*Mons Erosus*) on voit un torrent de laves. A Monterosi, la route de Pérouse rencontre celle de Rome. Sur le sommet des collines où est situé le château de Monterosi, on a trouvé dans les fouilles des chambres souterraines et plusieurs monumens d'antiquités étrusques. De cet endroit jusqu'à Baccano, on voit une continuation de collines de tuf volcanique; aussi ce voyage, comme je l'ai déjà dit, est-il plus intéressant pour le naturaliste, qu'agréable pour un simple voyageur.

En descendant de Monterosi à la *Storta*, on voyage pendant plusieurs milles sur l'ancienne *voie Cassienne*, qui est en grande partie mal conservée. Ici commencent les *Campagnes Maudites* qui entourent Rome.

De *Baccano*, qui est situé près d'un lac, on aperçoit la boule de la croix de St.-Pierre, et l'on commence à découvrir la ville de Rome. Dans les environs de Baccano l'air est, pour ainsi dire, infecté par les eaux stagnantes du lac.

On continue sa route toujours en descendant, et l'on

traverse une campagne, la plus négligée peut-être qu'il y ait en Europe. Entre la *Storta* et *Pontemolle*, sur le Tibre, on voit sur la gauche le tombeau de Néron. A Pontemolle on rencontre la route de Foligno et de Pérouse. En avançant vers Pontemolle, le pays est plus varié, et présente des coups d'œil agréables. Le sol est naturellement bon, mais toujours négligé et abandonné. Dans toute l'étendue du Patrimoine de St. Pierre, le terrain est tout à fait inculte, et la Campagne de Rome particulièrement est presque entièrement déserte. Les lois économiques rendues en dernier lieu par Pie VII, pape régnant, et qui ont pour objet d'abolir en partie les ordonnances relatives aux denrées, pourront encourager l'industrie et donner de l'activité au commerce de cette province. De toutes les hauteurs qu'on rencontre, on voit Rome se développer successivement et s'agrandir aux regards comme à l'imagination. On arrive au bord du Tibre, qu'on traverse sur un beau pont appelé le *Ponte-Molle* ou *Ponte-Milvio* (*Pons Emilius*), célèbre par la vision de Constantin et par sa victoire sur Maxence, qui se noya dans ce fleuve, dont les jolis côteaux qui le débordent se développent de tous côtés.

De *Pontemolle* à Rome, la route traverse une vallée entre le *Monte Pinciano* et le *Monte Mario*. Près de la voie Flaminienne est la rotonde de St.-André, peut-être le plus bel édifice moderne des environs de Rome. . . . . On arrive à Rome. (*Voyez* le tableau des capitales, page 54.)

N°. 31.

2e. ROUTE DE FLORENCE A ROME,
par Arezzo, Pérouse et Foligno.

NOMS des relais.	DISTANCES en postes.	TEMPS EN VOYAGE.	
		heures.	minutes.
L'Incisa.	3	3	
Levane.	2	3	
Arezzo (a).	2	3	10
Camuccia (b).	2	2	30
Torricella.	2	2	40
Pérouse (c).	2	3	
N.-D.-des-Anges.	1 1/2	1	50
Foligno.	1 1/2	1	
Vene.	1	1	30
Spolète.	1	1	30
Strettura.	1	2	40
Terni.	1	1	30
Narni.	1	1	30
Otricoli.	1	2	
Borghetto.	1/2	1	
Civita Castellana.	1/2	1	
Rignano.	1	1	50
Castel-Nuovo.	1	1	15
Malborghetto.	1/2	1	
Prima porta.	1/2	1	40
Rome.	1	1	
	27	38	35

Topographie.

Auberges : (a) la Poste; (b) la Poste; (c) l'auberge Ercolani; (d) la Poste. Les auberges sont pour la plupart à la poste; les meilleures sont à Spolète, Narni et Civita Castellana.

24

A Rome, on trouve un grand nombre d'auberges fort bien servies, surtout dans le voisinage de la place d'Espagne. *Voyez* page 54.

La route est constamment belle et bien entretenue, au milieu d'un pays charmant par sa culture et sa fertilité, couvert de maisons de campagne et de villages bien peuplés. On voyage à travers des jardins, des treillages, les plantations de toute espèce, en un mot tous les genres de verdure et d'ombrage, dont se compose le bouquet au milieu duquel semble reposer Florence. On gravit ensuite un rameau des Apennins ; ensuite on descend presque toujours de St.-Donato à l'Incisa.

De l'*Incisa* à *Levane* on côtoie presque toujours l'*Arno*, dans une plaine fertile et agréable, qui, tirant son nom du fleuve qui l'arrose, s'appelle vallée d'*Arno* supérieure.

Dans ce pays, on trouve dans la terre des os d'éléphans, peut-être l'armée d'*Annibal* s'y arrêta-t-elle quelque temps avant d'aller battre, près du lac Trasimène, l'armée romaine commandée par le consul Flaminius.

Figline est une petite ville bien peuplée, et entourée de murs. Elle a une très-belle rue ornée d'une grande place. A 5 milles de distance, on trouve *St.-Jean*, autre petite ville de la vallée d'Arno, avec une belle place, et plus loin *Monte-Varchi*, ville plus grande, riche et bien peuplée, située dans une plaine très-fertile. L'industrie et le commerce y fleurissent également, et l'affluence des marchands, dans les jours de foire, donne une idée avantageuse de la population et de l'opulence du pays.

A *Malafrasca*, en tournant vers l'Arno, on trouve un chemin de traverse, qui était autrefois la route de poste et conduit également à *Arezzo* ; on passe l'Arno à *Ponte Romito*, et après *Laterina* et *Monsoglio*, on le repasse à *Ponte Buriano*.

A *Prato antico*, on passe la *Chiana*, qui arrose une vallée très-fertile à laquelle elle donne son nom, et qui est le grenier de la Toscane. Avant d'arriver à ce pont, dans un endroit appelé le *Cerro*, il y a une route de traverse qui conduit, par le plus court chemin, au *Bastardo* et à toute la vallée de Chiana.

Au-delà de l'Arno, il y a 3 sanctuaires qui méritent d'être vus. Le premier est le monastère de *Vallombreuse*, à environ 20 milles de Florence, célèbre pour être le berceau de l'ordre des moines Vallombrosains. Le bois d'*Atebelle* qui l'environne, est superbe, et Milton le peint ainsi dans ces vers :

> Thick as autumnal leaves that strow the Brooks
> In Vallombrosa where th' Etrurian Shades
> High over arch'd embowr....

A une hauteur considérable au-dessus du monastère est un ermitage, dit le *petit paradis*, d'où l'on a une superbe vue qui s'étend jusqu'à la Méditerranée. Ces moines conservent plusieurs raretés en tableaux, petits ouvrages d'écaille, etc.

Au milieu d'une vaste solitude, à 25 milles N-E de Vallombreuse, vers la source de l'*Arno*, dans le Casentin, existe le sanctuaire des Camaldules, où saint Romuald, après sa fameuse vision de *Classe*, près de Ravenne, établit l'ordre des Camaldules. Plus haut que le monastère, en montant presque jusqu'au sommet de l'Apennin, sur la montagne appelée *Poggio alli scali*, on trouve une retraite monastique appelée le *St.-Ermitage*, où l'on jouit d'un très-beau point de vue. Ces solitaires ont une bonne bibliothèque de livres classiques, et une riche collection de manuscrits rares et de parchemins antiques. Dans les environs de ce monastère, la chaîne des Apennins est si élevée, que du sommet de plusieurs montagnes, on découvre les deux mers qui entourent l'Italie.

A 20 milles de Camaldoli, et à 30 milles d'*Arezzo*, on trouve l'*Alvernia*. C'est le troisième sanctuaire qui servit de retraite à saint François; il est occupé aujourd'hui par les Franciscains réformés. Dans l'église située sur la cime de la montagne, on remarque de très-beaux bas-reliefs de Luc de la Robbia. L'orgue est un des plus célèbres d'Italie. On montre aux étrangers une chapelle où l'on dit que saint François reçut les stygmates.

On trouve sur les lieux mêmes la description de ces trois sanctuaires. On loge toujours chez les religieux, qui exercent l'hospitalité, ou près de l'Alvernia, à l'auberge de la *Déccia*.

En suivant la route de poste............ On arrive à Arezzo, ville remarquable par son antiquité, bien bâtie et dans une situation agréable, au pied d'une colline. Elle a donné naissance à plusieurs hommes illustres, entre autres au Florentin François Pétrarque de l'Incise, à l'Arétin, au peintre Vasari. Les rues sont commodes et pavées en dalles de pierre. On voit sur la place un superbe édifice appelé *les Loges*, et élevé sur les dessins de Vasari. Il comprend la douane, le théâtre et un portique de 400 pieds de long. On voit dans les églises de fort bons tableaux; on admire entre autre autres, à l'abbaye des moines du Mont-Cassin, un repas d'*Assuérus*, superbe ouvrage de Vasari, et une bannière peinte par le même, représentant d'un côté saint Roch, et de l'autre une peste. C'est dans cette même église de l'abbaye qu'on voit la fameuse coupole en perspective, peinte avec une parfaite illusion par le jésuite del Pozzo. Dans la cathédrale, qui est un vaste temple gothique de 1300, dessiné par Margaritone, on remarque le grand autel et le tombeau de l'évêque Guido Tarlati de Pietramala, dessiné par Jean de Pise. Aux Olivétains, on voit les ruines d'un amphithéâtre romain, que le chevalier Lorenzo Guazzeti a rendu célèbre. L'église de la Pieve semble une ruine d'un ancien temple, peut-être du temps des païens. La porte d'entrée n'est pas au milieu de la façade, et les fenêtres n'ont aucun ordre ni symétrie.

Cette ville a été prise d'assaut par les Français en 1800. La manufacture de laine et la nouvelle fabrique d'épingles servent à alimenter une partie du bas peuple. On compte à Arezzo 6 à 7,000 habitans.

D'*Arezzo* à *Camuccia* on voyage dans une plaine fertile et riante qui fait partie de la vallée de *Chiana*, et a environ 16 milles de long.

Arrivé à Camuccia, on trouve à droite un chemin qui conduit par *Monte-Pulciano* à *Chianciano* et à *Chiusi*. Chianciano, célèbre par ses bains, est situé sur la pente d'une montagne, à 3 milles de Monte-Pulciano et 7 de Chiusi, autrefois Clusium, ville d'Etrurie et résidence du roi Porsenna.

Du même endroit, on peut aller voir la ville de Cortone, située sur la gauche, à peu de distance de la route.

Cortone, anciennement *Corytum*, située sur une colline assez élevée et couverte de vignes et d'arbres fruitiers, fut une des douze premières villes de l'Étrurie. Ses murs sont bâtis de gros morceaux de pierre entassés sans chaux ni ciment, et en quelques endroits ils sont bien conservés. La plaine formant un demi-cercle, qu'on découvre de la ville, présente un très-beau coup d'œil. On voit à Cortone les ruines d'un ancien temple de Bacchus, des bains antiques ornés de mosaïques, et divers monumens curieux de l'antiquité. Cette ville est célèbre par l'académie étrusque établie en 1726, et qui possède une belle bibliothèque et un musée riche d'antiquités, de gravures, de médailles, d'histoire naturelle, d'idoles et de pierres précieuses. On voit dans les églises des peintures excellentes de Pierre Berettini, ou de Cortone; de Bronzino, del Barocci, del Perugino, d'André del Sarto et d'autres bons maîtres. On trouve aussi dans les maisons particulières des tableaux d'un grand prix, des collections d'antiquités et de belles bibliothèques. Dans la cathédrale, outre une Nativité, de Pierre de Cortone, on montre un sépulcre antique, qu'on dit être le tombeau du consul Flaminius. Dans l'église des Observantins, on vénère le corps de sainte Marguerite. De cette église, la vue se promène sur toute la vallée de Chiana, qui semble un immense jardin.

Les environs de cette ville sont couverts de vignes et d'oliviers; on y trouve des carrières d'un très-beau marbre. Cortone communique avec Chiusi par une belle route de 4 l., qui part de Camuccia, et avec Monte-Pulciano situé à 1 l. ¼ du double lac de la *Chiana*, qui est formé par des eaux qui s'écoulent indifféremment dans l'Arno et dans le Tibre.

De *Camuccia*, en traversant la montagne *della Spelonca*, on arrive près du lac Pérouse ou Trasimène, que l'on côtoie en le laissant sur la droite. Cet endroit est fameux par la victoire qu'Annibal y remporta sur le consul Flaminius. Entre Camuccia et Toricella, on voit le champ de bataille: c'est une petite plaine entre *Truro* et la *Collina*, dans un endroit qu'on appelle *Sanguinetta*. Quelques personnes prétendent que la défaite eut lieu près d'un village nommé *Ossaja* (son vrai nom est *Orsaja*, et vient de l'ours que l'on voit dans les armes des *Vagnucci*). On dit que dans cet endroit furent enterrés les 10,000 Romains qui périrent dans cette bataille. Il est certain que dans les environs on a trouvé beaucoup d'ossemens.

Le général carthaginois, s'étant emparé des hauteurs, attaqua le consul de flanc, lui coupa la retraite, et en même temps lui opposa de front un autre corps d'armée au passage étroit de *Passignano*. Polybe a bien décrit cette action célèbre.

On continue à longer le lac jusqu'à la *Toricella*, misérable hameau de pêcheurs, situé dans la même plaine et sur la même rive. Les poissons de ce lac sont estimés. Les coteaux pittoresques qui le bordent sont, en plusieurs endroits, tapissés d'oliviers. L'île principale qu'on y remarque renferme deux paroisses; on gravit ensuite une montée courte et rapide, au haut de laquelle on perd de vue le lac. Une descente peu longue mais fort rapide, au sortir de la Maggione, conduit dans une belle campagne, variée de surface comme de culture, et couverte d'arbres de toute espèce. . . . . On arrive à Pérouse (Peruggia), grande et belle ville, située sur le haut d'une montagne. Ses fortifications ne servent qu'à tenir en respect les habitans, qui sont au nombre de 10 à 12,000. Sur la place qui est devant la cathédrale, est une belle fontaine ornée de statues. On voit dans cette ville les beaux tableaux de Pierre Pérugin ou Vanucci, qui fut le maître de Raphaël. Dans la cathédrale, dédiée à saint Laurent, on admire une descente de croix del Barocci, le mariage de la Vierge, del Perugino; une Notre-Dame de Luc Signorelli et quelques peintures de Scaramacci. Le chapitre possède une bibliothèque où l'on conserve quelques manuscrits rares. Dans l'église de St.-Pierre des Bénédictins, qui est soutenue par des colonnes de marbre, dans la sacristie et dans le monastère, on voit des peintures singulières del Perugino, de Raphaël, de l'Albane et de Vasari. Les Philippins conservent un beau tableau de Guido Reni. Aux Dominicains, on observe avec plaisir la façade de l'église ornée de statues et de bas-reliefs d'Augustin de la Robbia, et dans l'intérieur une Gloire del Perugino. L'église la plus curieuse est celle *del Jesu*, construite par Vignola. Elle offre quatre églises en étages, les unes sur les autres, dont trois sont souterraines; celle des Philippins mérite aussi d'être vue. Celle de St.-Pierre, ornée de belles colonnes de marbre, est encore assez riche de peintures, quoique dépouillée de ses meilleurs tableaux. En général, toutes les églises de Pérouse possèdent beaucoup de superbes tableaux de Pierre Perugino, et de Raphaël son élève. Outre ceux qu'on vient de citer, il ne faut pas négliger de voir ceux qui existent à Ste.-Marie-Neuve, à St.-Augustin, à St.-François, à St.-Sever, à Monte-Morosini, à St.-François hors des murs, à Ste.-Anne, à St.-Ercolano, à St.-Jérôme, à St.-Antoine abbé, et à Ste.-Julienne. Les particuliers eux-mêmes possèdent dans leurs palais des tableaux et des fresques de grand prix. On remarque les palais des familles Donini et Antinori, du marquis de Piazza, plus distingué par sa situation en belvédère, au haut de la ville, que par lui-même. Dans le palais public, où l'on a formé un petit muséum d'antiques, on voit un tableau del Perugino, représentant J.-C. avec la Vierge et quatre saints; et dans la chapelle, le Christ au tombeau, du même. Toutes les peintures qui ornent le Collegio del Cambio et la chapelle, sont aussi del Perugino, ainsi que la Présentation au temple et l'adoration des Mages, qui existent au palais du gouvernement. Dans la place *Gramana*, il existe une porte appelée l'*Arc d'Auguste*; et à la porte St.-Ange, on voit un temple de Mars converti en temple moderne; on y admire encore un grand nombre de colonnes en granit oriental. Près de cette même porte est une promenade charmante pour la vue dont on y jouit. Pop. 18,000 hab.

La campagne de Pérouse est fertile et riante; à peu de distance de cette ville, on passe le Tibre sur le pont St-Jean. La vallée de Pérouse offre un coup d'œil agréable; elle est une des plus belles et des plus riches d'Italie, surtout du côté de *Foligno*. On traverse à Vastia le *Chiaggio*, torrent, et ensuite le *Tecio*, à sec en été.

Près de Notre-Dame-des-Anges, est *Assise*. La situation de cette ville, bâtie sur le penchant d'une colline, est agréable et pittoresque. Les habitans sont pauvres, et leur nombre est d'environ 4,000, parmi lesquels on compte beaucoup de moines. La plupart des nombreux couvens qui y existent sont occupés par des Franciscains, cette ville étant la patrie de saint François. Les églises méritent d'être vues, par les belles peintures qu'elles renferment, surtout celle du saint couvent, où l'on conserve, dit-on, la dépouille mortelle de saint François; la nouvelle église des Réformés, celle des Claristes, et celle de St.-Antoine, desservie par les pères du Tiers-Ordre. On voit aussi dans cette ville un beau portique de l'ancien temple de Diane, occupé aujourd'hui par les Philippins.

La poste de *Notre-Dame-des-Anges* est ainsi appelée à cause de l'église voisine dédiée à la Vierge, vaste temple d'architecture de Vignole; c'est là qu'est la *Porziuncula*, célèbre par le pardon accordé par le pape Honorius. Un vaste couvent d'Observantins est attenant à l'église.

Après Notre-Dame-des-Anges, on parcourt la même plaine aussi belle que riche. On quitte les bords du Tibre pour suivre ceux de la *Timia*, sans la voir. On longe les ruines d'un ancien amphithéâtre. On laisse à gauche la petite ville de *Spelto*, située en amphithéâtre sur la colline qui règne le long de la route.

Dans une vallée délicieuse, appelée *vallée de Spolète*, à cause du voisinage de cette ville, et dont le terrain fertile et les gras pâturages sont arrosés par l'ancien *Clitunne*, est située la ville de *Foligno*; le *Topino* et la *Maroggia* baignent les campagnes adjacentes. Ses rues sont bien alignées, et dans plusieurs maisons règne un bon goût d'architecture. On remarque entre autres le palais Barnabo, et le palais public, qui renferme une collection précieuse de pierres antiques. Il faut voir l'église des Franciscains, celle des Augustins, et le couvent delle Contesse, où l'on admire un superbe tableau de Raphaël, remarquable par le nombre des personnages.

Foligno est une ville fort marchande, où il se tient une

foire très-considérable. Elle fabrique papier, cire et confitures très-estimées. Dans le voisinage de *Palo*, près de là, hors de la route d'Ancône, est une caverne très-curieuse, et pleine de stalactites. On en conserve les clefs à Foligno.

La vallée de Foligno est arrosée par le Clitumne (peut-être ce qu'on appelle aujourd'hui le *Vene*), dont les bords nourrissaient autrefois les victimes choisies (grandes victimes), qui étaient d'une extrême blancheur.

Entre Foligno et le *Vene*, on voit un village appelé *Trevi*, bâti en forme d'amphithéâtre, sur le penchant d'une montagne, et qui présente un beau coup d'œil. Présentement, avant d'arriver à la poste de Vene, on voit un petit temple antique, construit vers la source du Clitumne. Quoique les chrétiens l'aient consacré au service divin, il a cependant gardé le nom de " temple de Clitumne." Cette rivière jaillit des veines d'un rocher calcaire qui forme le talus de la route. Elle était célèbre chez les anciens, pour la beauté des troupeaux qui paissaient sur ses bords. Les prairies qu'elle arrose nourrissaient les victimes d'élite.

Hinc albi, Clitumne, greges, et maxima taurus
Victima, sæpe tuo perfusi flumine sacro,
Romanos ad templa deûm duxere triumphos.

On traverse le village de San-Giacomo à mi-chemin de Vene à Spolète, dont l'avenue est embellie sur la droite par une charmante maison de campagne dans le goût moderne. . . . . On arrive à Spolète, ville assez grande, mais peu peuplée, située au pied d'une haute montagne, sur un terrain inégal. Elle a des rues très-escarpées. Elle est commandée par un fort. Elle conserve plusieurs restes de son ancienne magnificence, tels que les ruines d'un théâtre, le temple de la Concorde, à l'église du Crucifix; ses portes paraissent avoir été fort belles, ainsi que les colonnes qui y ont été transportées par hasard; les ruines d'un temple de Jupiter, au couvent de St.-André; celles d'un temple de Mars, à l'église de St.-Julien; et un palais construit par Théodoric, détruit ensuite par les Goths, enfin rétabli par Narsès.

L'aqueduc hors de la ville, qu'on prétend être un ouvrage des Romains, fut évidemment construit dans les siècles postérieurs. Les arcades sont gothiques ou à cintres en pointe, sans aucune proportion. Il faut voir aussi un arc de triomphe appelé la *porte d'Annibal*. Ce général, après avoir défait l'armée romaine à Trasimène, vint mettre le siège devant cette ville, mais inutilement, et fut obligé de se retirer. Les églises les plus remarquables sont : la cathédrale, où l'on voit le tombeau du peintre Lippi, avec son épitaphe, par Ange Politien; un tableau d'Annibal Carrache; et l'église des Philippins, construite sur le modèle de St.-André de-la-Vallée, à Rome. On y trouve quelques bons tableaux. On voit dans cette ville de beaux palais. Dans celui de la famille Ancajani, on conserve un tableau de Raphaël. La manufacture la plus considérable de Spolète est la fabrique de chapeaux.

En sortant de Spolète, une montagne de l'aspect le plus romantique s'élève sur le derrière, et au S. de cette ville, en présentant au N. un flanc escarpé, et tapissé d'une superbe forêt de chênes verts, dont l'éternelle et sombre verdure est entrecoupée de distance en distance par l'éclatante blancheur d'une foule de petits ermitages dépendant d'un monastère voisin. On voit à un tiers de mille environ, sur la gauche, un pont construit sur un vallon. Il est très-haut et soutenu par deux arches. Les montagnes voisines méritent l'attention du naturaliste. Elles abondent en truffes excellentes. La ville paraît bâtie sur le cratère d'un ancien volcan. On découvre à droite un autre couvent remarquable par la longue galerie élevée sur des colonnes ou poteaux qui en forment l'avenue.

A deux ou trois milles environ de Spolète, on commence à monter la *Somma*, qui est la montagne la plus élevée de cette partie des Apennins. On dit qu'elle prend son nom d'un ancien temple qui y avait été élevé à Jupiter *Summanus*. On passe à *Strettura*, hameau situé dans une gorge sauvage et profonde, dont elle a pris son nom. Le voyageur la traverse jusqu'à la superbe plaine de Terni. . . . . On arrive à

Terni, située dans une charmante vallée, entre deux bras de la *Nera*. C'est l'*Interamna* des Romains. On y trouve quelques beaux édifices et des ruines de monumens antiques. Dans le jardin de l'évêché, on voit les restes d'un ancien amphithéâtre avec des souterrains; dans l'église de St.-Salvadore, les ruines d'un temple du Soleil; et à la campagne de la famille Spada, celles de quelques bains antiques. Pop. 5000 hab. Cette ville possède à la poste une des meilleures auberges de l'Italie.

On monte à cheval ou en cabriolet pour aller voir la fameuse cascade *delle Marmora*, ou cascade des marbres, formée par le *Velino*, qui se précipite dans la *Nera* par un canal que Marc-Antoine *Curius Dentatus* fit creuser dans le roc, vers l'an de Rome 480, pour donner un écoulement aux eaux du lac de *Luco*, que traverse le Velino, qui souvent inondaient la vallée de *Rieti*. Cette cascade est une des plus belles de l'Europe, et offre un coup d'œil surprenant et pittoresque, surtout quand on l'observe d'en-bas. La plupart des voyageurs vont la voir sur la hauteur, le chemin étant plus commode. On peut l'examiner aussi d'en-bas, dans le vallon de la Nera, où le Velino se précipite de 200 pieds. Le bruit des eaux l'annonce à une grande distance. Elle n'est pas composée d'une seule chute d'eau comme celle de *Staubbach*, dans la vallée de *Lauterbrunn*, mais de trois chutes consécutives. La première est de 300 pieds de haut, et les eaux tombent sur les rochers, avec une telle force, qu'une grande partie, réduite presque en vapeur, remonte au sommet de la cascade. Le reste forme une seconde cascade, et ensuite une troisième; enfin, se réunissant à la Nera, ces eaux roulent en tourbillons, et blanchissent d'écume tout le long de cette profonde vallée. L'eau du Velino est tartreuse, et en tombant elle forme un dépôt, non-seulement sur les rochers, mais même dans le lit de la Nera. A deux pas de cette cascade, on montre une grotte ou caverne.

Dans le lac que traverse le Velino, on trouve à une certaine profondeur les racines des arbres pétrifiées, qui, sans changer de forme, prennent seulement la couleur gris-jaune du sable, ce qui ne porte aux arbres aucun préjudice. Dans les campagnes arrosées par le Velino, les hommes et les animaux sont sujets à souffrir de la pierre, causée par la nature des eaux.

La vallée de *Terni*, arrosée par le *Nar* ou la *Nera*, rivière assez forte, est très-agréable, et couverte de plantations de vignes, d'oliviers, d'arbres fruitiers, etc. Les anciens eux-mêmes l'estimaient pour la fertilité du terrain. Pline dit que le foin s'y fauchait quatre fois par an. Deux aquéducs, pratiqués par les anciens, pour arroser les prés, y servent encore pour le même usage. . . . . . On arrive à

NARNI, petite ville située à mi-pente d'une colline, et percée de rues aussi escarpées que tortueuses. Elle fut ravagée par les Vénitiens, lorsqu'ils allèrent se joindre à Charles-Quint, qui assiégeait le château St.-Ange. On y remarque un aquéduc de 15 milles de long, qui fournit aux fontaines de la ville des eaux amenées des montagnes. La cathédrale mérite aussi d'être vue. Il ne faut pas négliger d'observer les restes d'un pont magnifique, qu'on dit avoir été construit sous le règne d'Auguste. M. de Lalande, qui, en 1763, en a mesuré l'arche du milieu, l'a trouvée de 85 pieds de roi. Il est construit sans ciment, en énormes pierres de taille. Du haut de Narni, l'on voit au N. de la plaine la petite ville de *Cosi*, située au pied d'un rocher qui semble menacer ruine, et dont une crevasse ou caverne laisse échapper un vent froid par plusieurs issues nommées *bocche di vento*. Ce phénomène est le même vent que celui du vent *Ponthiure*, qui s'échappe de la caverne de ce nom près de la ville de Nyons, en France. Cette ville est appelée *Narnia* dans Pline, et dans Martial, lequel en donne la situation.

Narnia, sulfureo quam gurgite candidus amnis
Circuit, ancipiti vix adeunda jugo.

De Narni part une route secondaire qui mène à Pérouse par *Todi*, petite ville presque ruinée, située près du Tibre ; et par une autre route qui côtoie ce fleuve, on peut de là passer dans l'Abbruzze.

En continuant sa route, on quitte les Apennins ; on suit d'abord un chemin suspendu en corniche, sur une gorge profonde, boisée, et aussi sauvage que pittoresque, au fond duquel coule la Nera, et l'on descend jusqu'à *Otricoli*, située sur une colline, et qui renferme quelques beaux édifices. Les ruines de l'ancien *Otriculum* se trouvent sur les bords du Tibre, à un mille et demi de la route ; mais elles n'offrent rien de remarquable. La vue des environs est pittoresque. La croupe des montagnes et des collines est couverte de cabanes et de maisons de campagne. Anciennement, sur la route d'*Otricoli* à Rome, on voyait à chaque pas de superbes monumens, des temples, des arcs de triomphe, etc.

On sort de l'Ombrie, et l'on entre dans la Sabine, en passant le Tibre sur un beau pont à trois arches, construit sous le règne d'Auguste, et réparé sous Sixte V.

Près de *Borghetto*, on laisse sur la gauche, à quelque distance de la route, la ville de *Magliano*, située sur une montagne près du Tibre. Le terrain des environs est fertile et abonde en blés et en vins. Jusqu'à Rome, le pays est couvert d'anciens volcans. L'on passe sur un pont d'une élévation prodigieuse, jeté sur le vallon ou abîme de la Triglia. Il est difficile de voir rien de plus frais et de plus sauvage que ce petit vallon. Le soleil pénètre à peine jusqu'à la rivière.

Civita Castellana, qui, suivant quelques personnes, est l'ancienne ville de *Veies*. Elle se trouve dans une situation très-avantageuse. Du haut de la tour de la citadelle on découvre le château de *Serra Caprarola*, *Mogliana*, et le mont *Soracte*, aujourd'hui St.-Oreste. La cathédrale est belle, et offre au dehors quelques monumens d'antiquités. On remarque une assez belle place, une jolie fontaine au milieu, et une petite citadelle en très-bon état, au sortir de la Porte Romaine. La colline sur laquelle cette ville est située est composée de brèche ou de pierres en forme ronde jointes ensemble, et recouvertes d'une couche de tuf volcanique.

A Civita Castellana, les voyageurs quittent pour la plupart l'ancienne voie Flaminienne, qui est maintenant en mauvais état, et par conséquent très-incommode, et prennent la nouvelle route, qui passe à *Nepi*, où l'on voit un bel aquéduc moderne, et un pan de mur romain, et ensuite à *Ronciglione*, *Monterosi*, *Baccano* et la *Storta*. (*Voy.* la première route de Florence à Rome, page 275.)

En suivant la voie Flaminienne, à deux milles de Rome on passe de nouveau le Tibre à *Pontemolle*, autrefois *Pons Milvius*, endroit célèbre par la victoire que Constantin remporta sur le tyran Maxence. On arrive à ROME. (*Voyez* le tableau des capitales, page 54.)

N°. 32.
ROUTE DE FLORENCE A PARME
par Pontremoli.

NOMS des relais.	DISTANCES en postes.	TEMPS EN VOYAGE.	
		heures.	minutes.
Pise (1).	6	12	30
Sarzane (2).	6	8	
Terrarossa.	2	4	
Borgo della Nonziata.	2	4	15
Berceto.	2	5	
S.-Terenzo.	2	4	25
Fortnuovo.	1	1	40
Parme.	2	2	30
68 milles ital. 70 milles angl.	23	42	20

(1) *Voyez* la route de Florence à Gênes, page 294.
(2) *Voyez* la route de Florence à Livourne, page 254.

Topographie.

Auberges. Excepté à Pontremoli et à Parme, on ne trouve que des logemens incommodes sur la route de Sarzane à Parme, en traversant la Lunigiana. A Parme, on loge à la Poste et au Paon.

De Sarzane, le chemin conduit droit au fleuve Magra, qui séparait autrefois le territoire étrusque des *Apuani* et de la Ligurie. On le côtoie jusqu'à Pontremoli, en avançant toujours vers les Alpes, sur une route un peu élevée, mais qui ne présente rien d'agréable au voyageur.

Arrivé à *Bettola*, il faut abandonner sa voiture, qui ne peut passer outre à cause de la difficulté des chemins. On traverse ensuite en barque un torrent près d'*Albano*.

A environ 2 milles d'Albano, on trouve l'église de St.-André-de-Vara, située sur le bord d'un fleuve du même nom, qui va se jeter dans la *Magra*. L'origine de cette église remonte au neuvième siècle, et le bourg voisin, appelé *Castrum St.-Andreæ*, est célèbre dans l'histoire du moyen âge.

En poursuivant sa route au milieu des gorges des montagnes, on passe en barque l'*Aulella*, et on arrive à *Aulla*, ville très-ancienne, qui a donné son nom à la rivière qui en baigne les murs au midi, et qui, à peu de distance de là, va se jeter dans la Magra. Le fort appelé la *Brunette* est beaucoup plus moderne. Il est bâti sur un rocher très-élevé et escarpé, qui domine la ville d'*Aulla*, et sert à défendre ce poste important, la clef des trois principales routes qui, par Pontremoli, Rigoso et Fivizzano, conduisent aux passages les plus commodes pour franchir l'Apennin et entrer en Lombardie. Les habitans d'Aulla, privés des productions du sol, se soutiennent par le commerce que leur situation favorise. Une route qui vient de *Cisa* et passe par *Pontremoli*, sert au transport des marchandises venant de Parme; et une autre qui vient de *Sassalto*, et passe par *Fivizzano*, sert de transport à celles qui viennent de Modène.

D'*Aulla* à *Terrarossa*, le chemin est plat, mais souvent endommagé par les eaux du *Teverone*, qui, grossi par celles de la *Civiglia*, et n'étant arrêté par aucun obstacle, déborde dans son cours, comme un torrent impétueux, et est souvent dangereux durant l'hiver. Avant d'arriver à la poste de *Terrarossa*, on laisse sur la droite un chemin qui conduit à *Bagnone*, village bien peuplé.

On franchit ensuite une montagne qui, dans quelques

endroits, offre des précipices, et d'où on descend après dans une plaine où est situé le bourg de *Villafranca*. En face de cet endroit, dans la commune de *Castevoli*, on trouve une source d'eau salée qui a presque les mêmes qualités minérales et curatives que celles du *Tettuccio*, et est connue sous le nom d'*eau de Bergondola*. En suivant toujours la plaine, on arrive au torrent *Menma*, où l'on commence à gravir les montagnes de *Filattiera*. Autrefois le chemin était commode, en suivant la plaine de Filattiera, avant que la *Magra* l'eût détruit en ravageant les habitations d'alentour. En été cependant on peut, au lieu de passer par la montagne, suivre le long de la *Magra*, et l'on est guidé par les traces de l'ancienne route. Arrivé au haut des montagnes de Filattiera, on redescend dans la plaine, en prenant l'ancienne route qui sort de la rivière; puis, laissant de côté le bourg de *Filattiera*, qui est situé sur une hauteur. . . . . On arrive commodément à

Pontremoli, aujourd'hui ville épiscopale, est située presque dans le centre de l'Apennin, au pied de montagnes hautes et escarpées, à la jonction de la *Magra* et de la *Verde*. Elle a six portes, dont la plus belle est la porte St.-Pierre. La plus grande partie de l'ancienne ville de Pontremoli, qui était située dans le fond, a été entièrement comblée et enterrée par les alluvions naturelles de ces deux rivières. On en voit quelques traces dans le *Borgo Vecchio*, de l'autre côté de la Magra. On remarque les restes de vieilles fortifications et plusieurs tours, dont deux ont été converties en clochers, et ornent les deux places du dôme et du palais. La partie moderne de cette ville est bâtie entre les deux rivières, qui se réunissent au milieu sous le pont de la *Magra*, autrement appelé *Pons Tremulus*. La plus grande partie des édifices sont bâtis suivant le genre moderne, et plusieurs églises ont été rebâties avec goût. Les rues sont bien entretenues et pavées de larges pierres. La campagne, aux environs, est cultivée avec industrie, et couverte de maisons de plaisance, parmi lesquelles celle des marquis *Dosi*, appelée *villa de' Chiosi*, est remarquable par sa magnificence. Elle est située sur les bords du *Verde*, ornée de statues et de peintures, et richement décorée. La population de Pontremoli monte environ à 4,000 âmes.

Passé Pontremoli, la route est escarpée et difficile, bordée de châtaigniers et de hêtres. Elle n'offre aux regards du voyageur que des rochers et des précipices. Elle conduit à la *Cisa*, qui est à une hauteur surprenante, d'où l'on découvre plusieurs beaux points de vue; ensuite, après avoir franchi la croupe des Alpes *Apuanes*, qui regarde la Méditerranée, on descend continuellement vers le N. du côté de la Lombardie.

Entre la *Cisa* et *Fornuovo*, la route est souvent coupée par un torrent qu'il faut passer plusieurs fois à gué, ce qui est quelquefois dangereux en hiver, lorsque le courant est fort et rapide.

En approchant du château de *St.-Terenzo*, le climat devient moins froid. Le terrain de ce pays, quoique peu fertile en grains, produit des fruits, du vin et de l'huile. Dans la paroisse de St.-Terenzo, on conserve un ancien manuscrit latin, qui contient la vie et les miracles de ce saint évêque de l'ancienne Luni, martyrisé dans le cinquième siècle............................ On arrive à

Fornuovo, célèbre par la victoire que Charles VIII, roi de France, revenant de la conquête de Naples, y remporta, en 1495, à la tête de 9,000 Français contre 35,000 Italiens, sur les princes d'Italie ligués contre lui. Toutefois il fut obligé d'abandonner aussitôt ses conquêtes, et de se retirer en France. De Fornuovo à Parme, la route est commode et praticable pour les voitures, dans une plaine agréable et fertile...................... On arrive à

Parme, située dans un terrain fécond, sur la rivière du même nom, torrent incommode, qui reste à sec tous les étés. Elle est entourée de murs et flanquée de bastions; elle a même une citadelle, et est cependant incapable de faire aucune résistance. Dans un circuit d'environ 4 milles, elle renferme 40,000 habitans. Ses rues sont belles pour la plupart, surtout celle qui conduit d'une extrémité à l'autre de la ville, en passant sur le pont et traversant la place; mais elles sont dénuées d'ornemens, ainsi que les places, qui sont assez spacieuses. En général les maisons et les édifices n'offrent rien de remarquable aux voyageurs sous le rapport de l'architecture. La cathédrale, dans le goût gothique, est vaste et magnifique; le baptistère mérite d'être vu; le palais ducal offre une masse confuse d'édifices de construction différente, répandus autour d'une vaste place et le long de diverses rues qui y aboutissent. La partie la plus considérable est la *Pilota*, qui ressemble moins à un palais qu'à un couvent. Le grand théâtre, dessiné par Vignole, est le plus beau et le plus vaste d'Italie; il a 360 p. de long, et contient sans peine 9,000 spectateurs; étant parfaitement calculé, il n'a pas le défaut de plusieurs théâtres construits par d'autres architectes, où une partie des spectateurs ne peut voir la scène; celui-là est disposé de manière que tout le monde jouit du spectacle, et que d'un bout à l'autre du théâtre on entend distinctement une personne qui parle à demi-voix; quand on hausse la voix, on n'entend ni écho ni confusion. Il y a encore un autre théâtre moins grand, construit sur le dessin de Bernino. Le collége des Nobles est un des plus beaux établissemens d'Italie. Ce ne sont ni les riches ornemens ni la beauté de l'architecture qui, dans les églises, fixent l'attention des étrangers, mais les fresques et les tableaux, particulièrement ceux du *Corrège* et du *Parmesan*. Les plus beaux se voient à la galerie; notamment le chef-d'œuvre du Corrège, la fameuse Vierge de saint Jérôme rendue par les Français. L'église de la Steccata est la seule qui puisse passer pour un bel édifice; on y admire le mariage de la Vierge, de Procaccino; une flagellation et un saint Jean-Baptiste, de Lionello Spada; une Sibylle de Mazzola; trois Sibylles et un Moïse, du Parmesan; saint George de Francescano, et le tombeau d'Octave Farnèse. On remarque encore à S.-Sepolcro, le repos de la Sainte Famille, du Corrège; et la Vierge, saint Jean et deux anges, de Parmesan. A Saint-Roch, quelques peintures de Crespi et de Paul Véronèse. A l'Annonciade, un saint Sébastien à fresque, du Corrège; et une Vierge, saint Jérôme et saint Bernard, du Parmesan. Aux Capucins, saint François recevant les stygmates, de Badalocchio; un Christ, sainte Catherine et saint François, du Guerchin; saint Jean l'évangéliste, la Transfiguration, du Parmesan; la Sainte Famille, de Jérôme Mazzola; la fameuse coupole de la cathédrale et les autres fresques, du Corrège ou d'Antoine Allegri. On remarque aussi la coupole de St.-Jean l'évangéliste, peinte par le Corrège, et, dans le réfectoire du couvent la perspective de Jérôme Mazzola, représentant une tribune, des fenêtres, et des colonnes, avec tant de vérité, que les oiseaux veulent, dit-on, se reposer sur les corniches; dans la petite église de la Scala, la Vierge du Corrège, peinte à fresque au-dessus de l'autel, et, dans le couvent de St.-Paul, une voûte peinte par le même, qui est de toutes les fresques de cet auteur la meilleure. Il faut voir aussi le baptistère de la cathédrale, bâtiment octogone, qui s'élève en forme de tour, ornée de 4 rangs de galeries que soutiennent autant de colonnades, l'église de Ste.-Marie du quartier, dont on admire les peintures de la coupole; celle de St.-Joseph, qui frappe par sa jolie façade construite sur les dessins de Brianti. On voit à l'académie la patente de Trajan aux Velléiens, gravée sur une table de bronze. La célèbre Madonna di san Girolamo, par Corrège, transportée à Paris, a été rendue. La bibliothèque possède une suite précieuse de manuscrits du 15e. siècle, et est également digne de l'attention du voyageur instruit, ainsi que la typographie de Bodoni, qui a porté l'art de l'imprimerie au plus haut degré de perfection. M. du Tillot, français, a été le Colbert de l'Italie. Parme a une université, d'où sont sortis plusieurs savans. Hors de la ville est le palais *Giardino*, ainsi nommé pour la beauté de ses jardins. L'architecture en est noble et régulière, et dans les appartemens on voit de belles fresques d'Augustin Carrache. Il faut monter sur la terrasse pour jouir d'un beau point de vue du côté de la campagne. C'est précisément sous cette terrasse que fut donnée la fameuse bataille de Parme, gagnée par les Français sur les Autrichiens, en 1734. A un mille environ de la ville est la Chartreuse, où l'on conserve une belle adoration des Mages, du Parmesan. A 9 milles de Parme, sur la route de *Casal-Maggiore*, on trouve *Colorno*, maison de plaisance délicieuse, située sur la rivière; on y voit deux statues antiques qui représentent Hercule et Bacchus. Les antiquités et les ruines de *Velleia* sont à 13 l. de Parme. On voit fleurir à Parme l'industrie et le commerce; il y a des filatures de soie et une verrerie. Le terrain y produit au-delà de la consommation du pays. Les habitans sont polis et affables, et les étrangers y trouvent une société agréable.

N° 33.
ROUTE DE FLORENCE A GÊNES.

NOMS des relais.	POSTES.	TEMPS EN VOYAGE.	
		heures.	minutes.
Pise.	6	8	
La Torretta.	1	1	20
Viareggio.	1	1	15
Pietrasanta.	1	1	20
Massa.	1	1	
Lavenza.	1	1	
Sarzane.	1	1	
La Spezia.	1	1	15
Borghetto.	1 ½	2	
Mattarrana.	1	5	
Bracco.	1 ½	1	15
Chiavari.	2	1	20
Rapallo.	2	2	15
Recco.	1	1	
Gênes.	2	2	
170 milles.	24	31	

Topographie.

De Florence à Pise (*Voyez* pag. 254).

Ce voyage se fait en grande partie le long des côtes de la mer, qui sont bordées de montagnes, et ne produisent que de l'huile, du vin d'excellente qualité, des oranges et des citrons. La plaine le long de la côte est étroite, bornée d'un côté par la mer, et de l'autre par les Apennins.

De Pise à la *Torretta*, la route est commode, dans une plaine couverte de bois en grande partie; on passe le *Serchio* en barque........................ On arrive à
VIAREGGIO, petit port des Lucquois, fort utile à leur commerce. Il communique avec Lucques, par une route commode et fréquentée. Près de cet endroit, du côté de Lucques, on voit le petit lac de *Macciuccoli* ou *Massaciuccoli*; la

plaine aux environs est très-marécageuse. Pour éviter le passage de la *Magra* et de la montagne de *Lorici*, difficile en hiver, on peut s'embarquer à Viareggio, et longer la côte jusqu'à Gênes. . . . . On arrive à
PIETRASANTA, ville de 3,000 habitans, qui dépend de la Toscane, quoique enclavée dans la principauté de Lucques. Dans ses environs était autrefois le *Fano* et *Luco de Feronia*, autre que celui dont parle Pline, et qui est sur le mont *Soratte*. On y voit un palais des grands ducs, construit en marbre tirant sur le rouge. L'église des Augustins est également en marbre.

Après le saut de la *Cervia*. . . . . On arrive à
MASSA, petite, mais belle ville, capitale du duché du même nom, assez peuplée, défendue par un château, et située dans une plaine agréable, près de la mer. Elle est connue par les carrières de marbre blanc et statuaire qu'on trouve dans ses environs; on le travaille à *Carrare*, qui en fait un commerce considérable avec les autres villes d'Italie. Le palais ducal et le jardin méritent d'être vus : on trouve quelques bons tableaux dans les églises.

Il n'y a pas d'étranger qui, en passant dans ce canton, ne se rende à Carrare, à 5 milles de Massa, pour y voir l'atelier de sculpture, richement fourni d'excellens modèles antiques et modernes; et aucun naturaliste ne néglige de visiter les carrières de marbre, dans lesquelles on trouve des cristaux d'une très-belle eau, et qui résistent parfaitement à à la meule. La meilleure carrière est celle de *Polvaccio*. La route du port est fort belle, et continuellement couverte de voitures qui y charrient le marbre. Ceux qui oseront entrer dans une grotte qui y existe, y trouveront des stalactites très-curieuses. Le célèbre Spallanzani qui y entra, y trouva de quoi exercer son génie. Les carrières de *Seravezza*, dans le *Pietrasantino*, méritent aussi d'être vues; leur marbre, de couleur mêlée ou jaspée, est d'un grain encore plus beau et plus fin que celui de Carrare.

Lavenza, qui tire son nom de la rivière voisine, et appelée par les anciens *Aventia*, est un petit endroit, avec un port fort étroit, qui n'offre rien de remarquable. Il en part un chemin assez commode qui va droit à Carrare.

En avançant vers *Sarzane*, on passe au lieu où existait l'ancienne ville de *Luni*, dont on voit encore quelques ruines près de *Sarzanello*. La route, quoique assez roulante, ressemble à un chemin de traverse, et les campagnes à un vaste jardin entremêlé de bosquets d'oliviers. . . . .
. . . . On arrive à
SARSANE. C'est une ancienne ville d'Italie. Elle appartenait

autrefois au grand-duc de Toscane ; mais, dans le 15⁵. siècle, les Génois lui cédèrent en échange Livourne, qui n'était alors qu'un petit village. On n'y voit de remarquable que la cathédrale et quelques autres églises, le palais public et la place. Les antiquaires y trouveront beaucoup de lapidi lunensi ; les plus belles servirent à bâtir la maison Benettini, que Muratori aurait volontiers abattue pour les arracher aux barbares qui les ont employées à la construction de cet édifice. La place, très-grande, est sans régularité.

De Sarzane on peut se rendre à *Lerici* (autrefois *Ericis portus*), y embarquer sa voiture, et aller en felouque jusqu'à Gênes, en côtoyant toujours la rivière dite du *Levant*. Le trajet est d'environ 60 milles par mer, et se fait, par un beau temps, en 15 heures, en payant 5 ou 6 sequins de nolissement. Le chemin de terre qui mène de Lerici à la Spezia est varié, ombragé, mais impraticable pour les voitures jusqu'à l'embranchement de la jolie route qui conduit de Lerici à Sarzane.

De Sarzane à Gênes, en continuant le voyage par terre, on ne peut le faire en voiture, à cause de la difficulté des chemins.

En sortant de Sarzane on passe la *Magra*, rivière qui séparait autrefois la Ligurie et l'Etrurie. On voit ensuite le golfe de la Spezia, où l'ancien port de *Luni*, qui est très-profond, et entouré de collines verdoyantes qui offrent le coup d'œil le plus riant. Dans ce golfe est une source d'eau douce qui occupe un espace de quelques pieds au milieu de l'eau salée, sans se mêler avec elle. A l'entrée du golfe on voit *Porto-Venere*, avec une forteresse, sur le penchant d'une colline, endroit déjà célèbre du temps des Romains. A Porto-Venere on tire des carrières un marbre jaune tacheté de noir, extrêmement beau.

La *Spezia*, qui tire son nom du golfe, est très-bien située, à peu de distance de *Lerici*; c'est un des ports les plus beaux, les plus vastes, les plus sûrs que la nature ait formés, ou plutôt c'est un assemblage de sept ports tous extrêmement sûrs, et capables de contenir plusieurs armées navales. Cette ville a reçu un accroissement rapide, par les immenses travaux exécutés dans son port par Napoléon. Les Anglais, en 1814, s'y sont établis et ont construit de nouveaux forts. On y fabrique beaucoup de dentelles. De nombreuses maisons de plaisance, et de belles plantations d'oliviers et d'arbres fruitiers, rendent ses environs délicieux. De cette ville on jouit de la vue non-seulement de toute l'étendue du golfe, mais même de la côte de Livourne, jusqu'à environ 20 l. de distance.

Borghetto et *Mattarana* sont deux villages ; on longe *Ses-*

tri, petite ville défendue par un château; dans ses environs on trouve des marbres de différentes couleurs.

Bracco est un hameau. On passe ensuite à *Chiavari*, agréablement située, ville bien bâtie, bien percée, et habitée par des gens riches. Elle fabrique des dentelles, et a des foires fameuses : son port consiste dans une simple plage.

En sortant de Chiavari, la route, en avenue, offre une promenade charmante; c'est une plaine d'une demi-lieue, couverte d'un superbe bois de cerisiers, de peupliers, de platanes.

Rapallo est une petite ville au fond d'une petite rade, à peu de distance de *Porto-Fino* (*Portus Delphini*).

La route est montueuse, pittoresque et très-ombragée.

Recco, bourg de 2,000 hab., commerce en fruits, fil, toile et huile. Il a un petit port de construction.

Nervi est un des plus beaux endroits des environs de Gênes de ce côté. Il y a de beaux palais et des fabriques de draps de soie. Le reste de la route est très-commode et très-agréable. On traverse une foule de villages remplis de palais et de maisons de campagne, dont les façades et les murs de clôture masquent continuellement la vue, et laissent rarement apercevoir la mer qu'on ne cesse de côtoyer, en même temps qu'on longe le pied des Apennins sur la gauche. . . . . On arrive à GÊNES (*Voy*. pag. 168).

N.° 34.
ROUTE DE BOLOGNE A ANCONE.

NOMS des relais.	DISTANCES en postes.	TEMPS EN VOYAGE.	
		heures.	minutes.
St.-Nicolas.	1 1/2	1	30
Imola.	1 1/2	2	
Faenza.	1	1	40
Forli.	1	1	20
Césène.	1 3/4	2	15
Savigliano.	1	1	45
Rimini (a).	1	1	40
La Cattolica.	1 1/2	2	15
Pesaro (b).	1	3	
Fano.	1	1	20
La Marotta.	1	2	
Sinigaglia.	1	2	10
Cace Brucciate.	1	1	30
Ancône.	1	1	50
52 milles.	15 1/2	26	10

Topographie.

Auberges : (a) la Fontaine ; (b) l'Auberge de Parme. Dans les autres endroits la poste est une auberge médiocre.

Ce voyage se fait sur la voie Emilienne jusqu'à *Rimini*, et de Rimini à *Fano*, sur la voie Flaminienne. On rencontre beaucoup de rivières, mais elles se passent pour la plupart sur de beaux ponts. La route de Bologne à *Imola* est droite, plate et commode, quoiqu'elle soit coupée par cinq rivières et par un canal, qu'on passe près de cette dernière ville.

Imola, bâtie sur les ruines du *forum Cornelii*, est située sur un bras de *Santerno*, entre le Bolonais et la Romagne, à l'entrée de la grande et belle plaine de la Lombardie. Les environs de cette ville sont agréables et couverts de plantations de peupliers. Les rues y sont bien entretenues; on y voit quelques palais et quelques églises qui méritent d'être remarqués. La cathédrale, où reposent les corps de saint Pierre-Chrysologue et de saint Cassien, a été réparée en partie sur un bon dessin de Morelli, architecte d'Imola. On voit chez les Dominicains un bon tableau de Louis Carrache, et un autre à la confrérie de Saint-Charles.

Au-delà d'*Imola* on passe le *Santerno*, et, arrivé à Faenza, on laisse sur la droite la route qui conduit de la Toscane à la Romagne. . . . . On arrive à

FAENZA, ville assez considérable et bien bâtie, située sur l'*Amone*, qui en baigne les murs : elle peut être regardée comme la Florence de la Romagne. Ses rues sont étroites, excepté celle dite de Poste, qui traverse toute la ville. Les principaux édifices de cette ville sont : le Dôme, le Palais public, l'horloge, et la place, entourée de portiques et ornée d'une fontaine. On voit aux capucins un beau tableau du Guide. Faenza a le privilége d'avoir donné aux ouvrages de terre cuite, appelés en italien *majolica*, le nom français de faïence. Quoique cette manufacture commence à tomber, elle mérite cependant qu'on en visite l'édifice. Le comte Zanelli a fait creuser depuis peu un petit port et ouvrir un canal navigable, qui communique à Saint-Albert avec le Pô de Primaro.

Forlimpopoli (*forum Pompilii*) est un des quatre forum situés sur la voie Emilienne dont parle Pline. On ne voit plus que les ruines de l'ancien *Forlimpopoli*; il n'y a maintenant que quelques maisons et un château, construit peut-être dans le temps de *César Borgia*. Le lin et les grains sont les principales productions de ce pays.

Forli, anciennement *forum Livii*, est une ville considérable, bâtie par *Livius Salinator*, après la célèbre défaite d'Asdrubal sur le Métaure. Il y a une place fort grande, et qui est une des plus belles d'Italie. On y voit de beaux édifices, entre autres le palais des Magistrats, le Mont-de-Piété, et les deux palais *Albizzi* et *Piozza*. La salle du Conseil est peinte par Raphaël. On remarque dans la cathédrale la coupole de la Vierge du Feu, peinte par Charles Cignani. L'église de St.-Philippe-de-Néri renferme aussi de beaux tableaux de Cignani, de Charles Maratte et du Guerchin. Aux Capucins, on voit un saint Jean-Baptiste de ce dernier, ainsi qu'un autre tableau à la Madonna del Popolo. On admire aussi aux Observantins, une Conception du Guide. L'église de Ste.-Mercuriale-des-Vallombrosains mérite aussi d'être remarquée. Les habitans de Forli sont d'un caractère gai et d'une société agréable; ils ont l'air assez industrieux; la campagne aux environs offre de charmantes promenades.

Avant d'entrer à Césène, on passe le *Savio* sur un pont magnifique, nouvellement construit.

Césène, jolie ville, est située au pied d'une colline, et arrosée par le *Savio*. Elle a toujours été célèbre par ses vins et le chanvre qu'on y recueille. On trouve dans ses environs beaucoup de mines de soufre. Cette ville a quelques portiques, mais on ne voit pas une grande magnificence dans les édifices publics ni dans les églises, parmi lesquelles les plus remarquables sont: la Cathédrale, St.-Dominique et St.-Philippe. Le palais public est un édifice de belle architecture; la place sur laquelle il est situé est ornée d'une belle fontaine. Sur la façade du casin des nobles on a placé dernièrement une statue colossale de Pie VI. On remarque aux Capucins un beau tableau du Guerchin; le voyageur instruit observera avec intérêt la bibliothéque des Conventuels, formée par Malesta Novello, et riche de livres manuscrits antérieurs à l'invention de l'imprimerie. A un mille de la ville, au sommet d'une colline, est située la magnifique église de Ste.-Marie-du-Mont; les antiquaires y trouveront d'anciens tombeaux.

De Césène à Rimini le chemin est commode; *Savigliano* est un beau village qui se trouve sur cette route; c'est le *Compita* des anciens. . . . . On arrive à RIMINI. C'est une ville très-ancienne, grande et bien peuplée, située près de la mer sur la *Marecchia* (autrefois l'*Ariminum*). Cette rivière forme, à son embouchure, un port qui ne sert maintenant qu'à des bateaux pêcheurs. La mer s'étant retirée, on voit à peine quelques traces de l'ancien port. On entre à Rimini par la porte St.-Julien, sur un pont superbe et bien orné, construit du plus beau marbre blanc, sous les empereurs Auguste et Tibère, dans le lieu même où se réunissent les deux routes consulaires, la Flaminienne et l'Emilienne. En sortant de la ville, on passe par la porte romaine, sous un bel arc de triomphe, élevé en honneur d'Auguste. La cathédrale et plusieurs autres églises sont ornées des marbres que l'on a tirés du port. On voit dans cette ville plusieurs édifices élevés pour la plupart aux dépens des Malatesta. L'église principale est bâtie sur les ruines de l'ancien temple de Castor et Pollux. Celle de St.-François, superbe édifice du quinzième siècle, fut construite sur les dessins de Léon-Baptiste Alberti, célèbre architecte de Florence. Aux Capucins, on voit les ruines de l'amphithéâtre de *Publius Sempronius*; et à la place du marché où est encore le portique de la poissonnerie, on remarque un piédestal, qu'on dit être la tribune de Jules César, d'où il harangua son armée avant le passage du Rubicon. Sur la place, devant le palais du magistrat, on voit une belle fontaine de marbre et la statue de Paul II, en bronze. Dans l'église de St.-Julien, on remarque le martyre de ce saint, de Paul Véronèse; et, dans l'Oratoire de St.-Julien, un autre tableau du Guerchin, qui représente ce même saint écrivant. On admire l'ordre parfait de la bibliothèque du comte Gambalonga, autant que l'élégance de l'édifice; la collection d'inscriptions et autres objets d'antiquité, formée par les soins du docteur Jean Bianchi, mérite de fixer l'attention des antiquaires.

De *Rimini* on peut aller voir Ravenne, qui n'en est qu'à 4 postes; la route côtoie la mer. (*Voyez* la description de cette ville, à la route de Venise à Rimini, page 247.) On peut aussi aller à Urbin par une route secondaire. A 12 milles environ de Rimini, sur la droite, se trouve la république de *St.-Marin*; le chemin qui y conduit est escarpé, et ne peut se faire qu'à cheval. Une montagne et quelques collines aux environs forment toute l'étendue de ce petit état. On y compte 3 châteaux, 3 couvens, 5 églises, et environ 5,000 habitans. L'hiver y est très-rigoureux, et la neige y séjourne pendant six mois de l'année.

En poursuivant la route de Rimini à Fano (*Fanum Fortunæ*), on traverse un pays plat, excepté le passage d'une montagne près de Pesaro. La route côtoie la mer Adriatique. Avant d'arriver à la Cattolica, on passe la *Conca* sur un pont. Quand cette rivière grossit, le passage devient dangereux.

La *Cattolica* est ainsi appelée pour avoir donné asile aux prélats orthodoxes qui, pendant le concile de Rimini, se séparèrent des évêques ariens. A cet endroit on passe de la Romagne dans le duché d'Urbin, qu'on quitte bientôt après en entrant dans le territoire de *Fano*; passé *Sinigaglia*, on entre dans la Marche d'Ancône. De la Cattolica à Pesaro, on côtoie la mer lorsqu'elle est calme; dans le cas contraire, on suit le chemin supérieur, appelé *Pantalone*. . . . . On arrive à

PESARO, ancienne ville dans le duché d'Urbin, située entre la mer et les collines près du *Foglio* (*Isaurus*); elle offre un coup d'œil agréable et riant. On y voit de beaux édifices, et dans les églises on conserve des tableaux et des fresques très-estimés. On admire entre autres plusieurs tableaux excellens du Barroche, qu'on peut regarder comme le maître de la peinture dans la Romagne. On remarque dans la cathédrale une circoncision de cet artiste, et un saint Jérôme du Guide; dans l'église du Nom de Jésus, une autre circoncision du Barroche; et dans celles de St.-François et de St.-André, plusieurs autres tableaux du même. A St.-Antoine-Abbé, on admire un beau tableau de Paul Véronèse. La place est ornée d'une fontaine et d'une statue en marbre d'Urbain VIII. Il faut visiter aussi le port, les ruines d'un pont antique construit sous l'empire d'Auguste ou de Trajan, la collection d'inscriptions et autres antiquités de M. Abbati Olivieri, et le musée *Passeri*. Ceux qui seront curieux de voir réunies et commentées toutes les antiquités de *Pesaro*, peuvent consulter l'ouvrage in-folio intitulé *Marmora Pisaurensia*. Le terrain des environs, du côté de la mer, est fertile en olives et figues, qui sont très-estimées. L'air de cette ville, autrefois malsain, surtout en été, est devenu très-sain depuis le desséchement des marais voisins.

Fano, autrefois *Fanum Fortunæ* (déesse dont on voit sur une fontaine une fort belle statue), est située sur la mer, près du Métaure, rivière célèbre par la défaite d'Asdrubal par les consuls *Livius Salinator* et Claude Néron. Cette ville conserve les ruines d'un arc de triomphe élevé en honneur d'Auguste, ou, selon d'autres, en honneur de Constantin. On y voit aussi d'autres monumens de son antiquité, tels que divers marbres et inscriptions. La cathédrale, St.-Paterniano et St.-Pierre-des-Philippins, sont les églises les plus remarquables; elles renferment de bons tableaux. Le théâtre consacré à l'opéra était un des plus remarquables d'Italie, par sa grandeur, par la quantité et la belle distribution des loges, autant que par la perspective et les décorations. La bibliothèque mérite aussi l'attention du voyageur instruit. Sur le bord de la mer, près de *Fano*, on trouve des poissons de l'espèce appelée *cavaletto*, et autrement cheval marin, qu'on voit dans les cabinets d'histoire naturelle. En effet, ce petit animal a la tête, le cou et la crinière semblables à ceux du cheval. Le petit port de la ville est formé par un bras du Métaure détourné avec art.

Durant ce voyage, qui est très-agréable, la route suit presque continuellement une plaine assez étroite sur le bord de la mer Adriatique. . . . . On arrive à

SINIGALLIA (SENOGALLIA). C'est une ville petite, mais florissante et bien peuplée, située sur le bord de la mer. Elle fut bâtie par les anciens Gaulois, appelés *Senones*. La plus grande partie est cependant moderne. Elle est célèbre par la foire qui s'y tient tous les ans: elle y attire un grand nombre d'étrangers. Un petit port, formé par la *Misa* à son embouchure, et par le moyen duquel il s'y fait un commerce de blé, de chanvre et de soie, sert à entretenir l'industrie des habitans. Dans les églises, parmi lesquelles la cathédrale et St.-Martin sont les plus remarquables, on conserve quelques bons tableaux.

La plaine, sur la droite du chemin, est agréable et fertile. Près de Sinigaglia est une montagne appelée la montagne d'*Asdrubal*, parce qu'en effet ce général y fut vaincu par les Romains................ On arrive à Ancône, ville ancienne, capitale de la marche ou province qui porte son nom; elle est située sur le penchant d'une colline, et s'étend jusqu'au bord de la mer. Sa rade est belle et commode, et les droits de franchise dont jouit son port le rendent un des plus commerçans et des plus fréquentés de l'Adriatique. Les grains, les laines et la soie sont les principaux objets de son commerce d'exportation. Le môle est un superbe ouvrage; à partir du rivage, il a 2,000 pieds de long et 68 de hauteur. L'entrée en est ornée d'un ancien arc de triomphe, qui se trouve aujourd'hui plus haut, et hors de la promenade; il fut élevé en honneur de Trajan. Il est très-bien conservé, et ses proportions sont justes et régulières. Il y en a un autre élevé en honneur de Benoît XIV par Vanvitelli, qui construisit aussi le môle, et acheva le lazaret pentagone, inférieur au môle; ce dernier fut construit sous Clément XII, qui déclara Ancône port franc. Cette ville, vue du côté de la mer, présente un beau coup d'œil; mais, dans l'intérieur, elle est laide, et n'offre rien d'agréable. La principale rue est si étroite qu'il n'y peut passer qu'une voiture de front. Pie VI en a fait ouvrir dernièrement une fort belle sur le bord de la mer. La loge des marchands est un bel édifice orné de statues. La cathédrale de St.-Ciriaque est située sur la pointe du cap, où était autrefois le temple de Vénus; ce fut aussi originairement la situation de la ville. Dans cette église on remarque des peintures de Pierre de la Francesca, de Lippi et du Guerchin. A St.-Dominique, on voit les tombeaux du poete Morullo et de l'historien Tarcagnota, et un tableau qu'on dit être du Titien, représentant un Christ avec divers saints. Dans l'église de St.-François-de-la-Scala, un St. François, de Porcini de Pesaro, et une Vierge, du Titien. A Ste.-Palazia, cette sainte, avec un ange, peinte par le Guerchin. La bourse est un très-bel édifice gothique. Les femmes d'Ancône sont belles. La population de cette ville monte à 20,000 âmes. La cire d'Ancône est estimée pour sa blancheur.

N°. 35.
ROUTE D'ANCONE A ROME
par Lorette et Foligno.

NOMS des relais.	DISTANCES en postes.	TEMPS EN VOYAGE. heures.	minutes.
Camurano.	1 1/4	3	45
Lorette.	1	3	30
Sambuchetto.	1	3	
Rigoano.	1	2	30
Macerata.	2	2	
Tolentino.	1	2	30
Valcimara.	1 1/2	4	
Ponte alla Trave.	1	4	
Serravalle.	1	5	
Case-Nuove.	1	4	45
Foligno.	1	4	30
Vene.	1	3	
Spolète.	1	3	
Strettura.	1	3	30
Terni.	1	3	
Narni.	1	2	45
Otricoli.	1	3	
Borghetto.	3/4	3	
Civita Castellana.	1/4	2	10
Nepi.	1	3	30
Baccano.	1 1/4	2	
La Storta.	1	2	45
Rome.	1	3	
172 milles.	25	73	10

Topographie.

Auberges Sur cette route les auberges sont ordinairement à la Poste. Les meilleures sont à Macerata, à Foligno, à Spolète et à Narni.

La route qui conduit de Bologne à Rome par Lorette, quoiqu'elle traverse les Apennins à *Col-fiorito*, est cependant préférable à celle de Florence à Rome par Sienne. On peut dire de même de celle qui conduit aussi de Florence à Rome par Pérouse et Foligno. Cette dernière est à la vérité de 30 milles plus longue que la route de Sienne, mais le pays qu'on traverse est plus agréable, et les auberges sont plus commodes et en plus grand nombre.

D'Ancône à Lorette, le chemin est très-montueux et assez incommode, surtout pour arriver à cette dernière ville ; on est sans cesse obligé de monter et de descendre ; mais le pays qu'on traverse est beau, bien cultivé et assez peuplé. On passe à *Osimo*, ville située sur le sommet d'une colline, d'où l'on jouit de la plus belle vue et de l'air le plus pur. Elle est bien bâtie, peuplée de riches familles, et possède un beau palais épiscopal. . . . . On arrive à

LORETTE, ville moderne, bâtie sur le sommet d'une colline ; elle renferme environ 6,000 habitans. Elle est à près de 3 milles de la mer, sur laquelle elle a une vue très-étendue. Ses édifices n'ont rien de remarquable, et la principale rue n'est composée que de deux rangs de boutiques où l'on vend de petits objets de dévotion. Les pauvres qui, dans cette ville, demandent l'aumône par métier, sont en si grand nombre, qu'ils importunent beaucoup les étrangers.

L'église de la *Santa Casa*, ou de la maison de Notre-Dame, et la place qui la précède (l'une et l'autre d'architecture de Michel-Ange à l'extérieur) sont les objets qui méritent l'attention du voyageur ; on en trouve sur les lieux une description imprimée et très-détaillée. Il suffira donc de dire ici que l'église, autrefois gothique, a été réparée dans le goût moderne, et que Guillaume de la Porta y a fait quelques embellissemens. Les doubles arcades sur un des côtés de la cour, ont été, dit-on, achevées par Bramante. A l'entrée de l'église est une statue en bronze de Sixte V, et sur la façade on voit la statue de la Vierge, par Lombardi, de qui sont aussi les bas-reliefs des portes de bronze. Dans les chapelles on voit de beaux tableaux du Baroche, de Zuccheri et d'autres peintres fameux ; et, dans la coupole les quatre évangélistes, du Pomarancia. La chapelle de la Santa Casa, où l'on vénère l'image de la Vierge, est située au milieu de l'église ; elle a 31 pieds 9 pouces de long et 13 pieds 3 pouces de large, sur 18 pieds 9 pouces de haut ; elle est tout incrustée de marbre de Carrare, sur un beau dessin de Bramante, et ornée de sculptures de Sansovino, de San Gallo, de Bandinelli et d'autres, représentant plusieurs traits de l'histoire de la Vierge. Il faut voir aussi les sacristies, la grande salle du trésor, le palais épiscopal, et la pharmacie, grande cave sous l'église, où l'on admire 300 vases peints d'après les dessins de Raphaël et de Jules Romain.

La route qui va de Lorette à la mer est bordée de maisons de plaisance et de jardins. La campagne adjacente est belle, bien cultivée, arrosée par deux rivières, et présente un coup d'œil varié de collines et de vallées, depuis Lorette jusqu'à *Macerá*.

On voit sur la route un bel aqueduc qui fournit aux fontaines de Lorette les eaux de la montagne de *Recanati*. . . . . On arrive à

RECANATI, située sur une éminence. Il n'y a guère de remarquable qu'un monument en bronze élevé sur le palais public, en honneur de Notre-Dame de Lorette, et quelques maisons bien bâties.

La campagne entre Recanati et Macerata, où l'agriculture est très-florissante, paraît à tous les voyageurs un lieu de délices. . . . . On arrive à

MACERATA, agréablement située sur le sommet d'une colline, d'où l'on découvre la mer Adriatique. Capitale de la marche d'Ancône, ville épiscopale, et résidence du premier des gouverneurs, elle renferme environ 14,000 habitans. On y voit des rues larges et bien pavées, de belles églises et des tableaux précieux. La maison *Compagnoni* possède quelques inscriptions antiques; la porte Pie est un arc de triomphe surmonté du buste d'un cardinal, en honneur duquel il fut élevé. Elle a une université, un grand nombre de palais et d'équipages. On y trouve une société choisie; et l'on y jouit de l'air le plus pur et de la plus belle vue.

On recueille, dans les environs de Macerata, du blé en abondance. L'agriculture est en vigueur dans la plaine qu'on traverse jusqu'à Tolentino. On remarque dans ce pays les haies vives dont on entoure les champs, et qui servent en même temps d'ornement. . . . . On arrive à

TOLENTINO, situé sur le *Chienti*; il offre peu d'objets remarquables. Les Augustins y ont une belle église, où repose le corps de saint Nicolas. A la porte du palais public, on voit le buste de *François Fidelfo*, savant du quinzième siècle. Cette petite ville est célèbre par le traité de paix de 1796, conclu entre les Français et le pape Pie VI.

En sortant de Tolentino on entre dans les Apennins, au milieu desquels on voyage jusqu'auprès de *Foligno*, pendant 40 milles. Jusqu'à *Valcimara* la campagne est couverte de superbes chênes; dans cet endroit la plaine cesse, et la vallon a fort peu de largeur ; on trouve des passages fort étroits, bordés par des précipices effrayans. Depuis *Valcimara* on monte continuellement jusqu'au passage étroit de *Serravalle*.

Au pont *alla Trave*, on voit un couvent de Franciscains-Mineurs-Conventuels. On laisse à peu de distance sur la droite, la petite ville de *Camerino*, située sur une montagne, et dont les habitans, *Camerices*, sont connus dans l'histoire romaine. Tite-Live rapporte qu'ils fournirent à Scipion 600 hommes pour passer en Afrique. . . . . On arrive à

SERRAVALLE, endroit presque inexpugnable, qui sépare l'Ombrie de la marche d'Ancône ; c'est un gros bourg resserré entre deux montagnes, qui sont à peine éloignées l'une de l'autre de 150 toises. On y voit les ruines des murailles et des portes d'un château construit par les Goths.

Dans un endroit appelé *Col-fiorito*, la route, creusée dans le rocher, forme un demi-cercle d'environ deux milles ; elle est si étroite que, si deux voitures s'y rencontrent, l'une est obligée de reculer. Ce passage est dangereux, surtout en hiver, et encore plus dans le temps des neiges.

Malgré les dangers qu'offre cette route, et l'espèce d'horreur qu'on éprouve en traversant ces montagnes arides de l'Apennin, ceux qui font des recherches sur les productions ou les phénomènes de la nature, y trouveront des arbrisseaux, des plantes, des fleurs de toute espèce, et d'autres objets curieux dignes de leur attention.

Le village des *Case-Nuove* est situé sur un terrain désert et aride. Les habitans de ce petit endroit n'ont véritablement d'autre ressource que la charité des voyageurs. La montée et la descente des Case-Nuove à *Foligno* sont assez difficiles. Avant de descendre la dernière colline, on trouve à quelque distance de la route, dans le village de *Palo*, une caverne très-curieuse, couverte de stalactites ; mais on en garde la clef à *Foligno* ; on voit aussi une cascade formée par une rivière dans la vallée inférieure.

La vallée délicieuse de *Foligno*, la fertilité du sol, les prés toujours verts, et le coup d'œil des montagnes et des collines couvertes de verdure, charment les regards du voyageur, fatigué peut-être de la vue du pays aride qu'il vient de traverser, et le dédommagent des désagrémens qu'il a éprouvés jusque-là. . . . . On arrive à

FOLIGNO, (*Voy.*, pour sa description et celle du reste de la route, pag. 283 et suiv.)

ITALIE MÉRIDIONALE.

N°. 36.

ROUTE DE ROME A NAPLES par les Marais Pontins.

NOMS des relais.	DISTANCES en postes.	TEMPS EN VOYAGE.	
		heures.	minutes.
Torre-di-Mezza via.	1 ½	1	25
Albano.	2	2	25
Gensano.	1	1	35
Velletri.	2	1	
Cisterna.	1 ½	2	
Torre dei tre Ponti.	1	1	30
Bocca di Fiume.	1	1	25
Mesa.	1	1	35
Ponte-Maggiore.	1	1	20
Terracine.	1 ½	1	15
Fondi.	1	1	45
Itri.	1	1	10
Mola di Gaeta.	1	1	
Garigliano.	1	1	18
Ste.-Agathe.	1	1	23
Torre-Fioralisi.	1	1	12
Capoue.	1 ½	1	20
Aversa.	1	1	12
Naples.	1	1	45
	23 ½	27	35

Topographie.

Auberges: sur cette route on ne trouve pas de bonne auberges : les plus passables sont à *Velletri* et à *Terracine*

Avec une lettre de recommandation, on est bien traité au couvent de St.-Érasme, près de Mola di Gaeta.

On voit à gauche et à peu de distance de la route, une longue enfilade d'aquéducs, qui dans leur état de ruines sont encore imposans. On n'aperçoit point d'habitations, mais beaucoup de débris à droite et à gauche, restes des immenses faubourgs de l'ancienne maîtresse du monde.

A droite de Torre-di-Mezza-Via, maison isolée, on remarque un autre reste d'aquéduc, qui se dirige vers l'O., et est construit en brique. Il portait ses eaux aux bains de Caracalla, en traversant la voie Appienne, dont la chaussée existe encore à quelques portées de fusil de la route actuelle, où l'on voit les débris des nombreux tombeaux qui bordent l'ancienne et célèbre route. Il en existe un seul, construit en rotonde comme celui d'Adrien à Rome.

La première ville qu'on trouve en sortant de Rome, sur la voie Appienne, est *Albano*, anciennement *Albanum Pompeii*, bâtie sur les ruines d'*Alba longa*. Elle est peu peuplée; au couvent des Capucins, on jouit de la vue du lac du même nom, et de celle de l'un des deux belvédères qui embellissent, sous le nom de *Tabor*, le parc de ce monastère. Cette ville, bien percée et bâtie, possède de nombreux palais, notamment celui de Corsini. Les Romains viennent en foule pendant la belle saison chercher dans cette ville le plaisir, le bon air et la santé. Avant d'arriver à Albano, on voit à gauche, au bord de la route, divers monumens plus ou moins ruinés, dont le principal porte le nom de tombeau d'*Ascagne*, fondateur de la ville d'Albe. A la sortie, au milieu du chemin, on aperçoit un autre monument plus remarquable et mieux conservé; c'est une espèce de soc, supportant 5 tourelles en forme de cônes tronqués, dont 3 sont encore en bon état. On appelle ce monument le tombeau des *Curiaces*. . . . . . . On arrive à

GENSANO, petite ville peu considérable, dans une situation agréable, près du lac de *Nemi*, appelé par les anciens le Miroir de Diane, parce que cette déesse y avait un temple. L'air y est sain, et les campagnes voisines produisent un vin assez estimé. Les rues, larges et droites, aboutissent à la grande place, décorée d'une fontaine.

Hors de *Gensano*, sur la droite, dans un endroit appelé la *Riccia* (*Aricia*), dont parle Horace; on voit un ancien monastère de Bénédictins du Mont-Cassin. . . . On arrive à

VELLETRI, ville grande et ancienne, bien bâtie et agréablement située. On y voit plusieurs fontaines publiques Le palais Ginotti, qui appartient aujourd'hui aux Lancelotti, est un édifice superbe, bâti sur les dessins de

Martin Longhi. La façade sur la rue est fort belle, et l'escalier est construit avec élégance. Le jardin est agréablement distribué et décoré. Le palais public mérite aussi d'être vu. On observe dans cette ville des ruines des monumens antiques. La montagne de *Velletri* est couverte de volcans, ainsi que tout le pays entre cette ville et Rome. C'est dans les environs de cette ville qu'on trouva, en 1797, la fameuse *Pallas*, à qui on a donné le nom de la ville.

A 10 milles vers l'E., dans les montagnes, près de la petite ville de *Cori* (Coria), les curieux vont voir deux beaux débris de temples antiques, l'un de Castor et Pollux, l'autre d'Hercule. L'Italie les compte parmi les monumens les plus précieux qui lui restent de ses anciens maîtres.

A *Cisterna* on passe l'*Astura*. Quelques antiquaires prétendent que cet endroit est le lieu cité par saint Paul dans les Actes des Apôtres, sous le nom de *Tres Tabernæ*. D'autres prétendent qu'on en voit les ruines à *Sermoneta*, éloigné de *Cisterna* d'environ 8 milles.

A *Torre dei tre ponti* commence la fameuse *Linea Pia*, nouvelle route construite sur la voie Appienne, sous le pontificat de Pie VI, durant 25 milles à travers les *Marais Pontins*, pour rendre le voyage plus court et plus commode. Divers petits canaux conduisent les eaux dans deux autres canaux plus grands, et par ce moyen en empêchent la stagnation. Les Français se sont occupés de les dessécher. A trois milles environ des *tre ponti*, on a trouvé des ruines précieuses d'anciens monumens, qui peut-être ornaient autrefois le *Forum* et la voie Appienne, qui conduisait de Rome à Brindes. Le terrain des Marais Pontins a été de tout temps sujet aux inondations, et par conséquent aux marécages, mais la mortalité n'y régnait pas au même degré du temps de l'ancienne Rome, parce qu'ils étaient parsemés de villes, quoique les exhalaisons en fussent dès lors très-malfaisantes. Il serait dangereux de s'y endormir. Le peu d'habitans qu'on rencontre a le teint pâle et verdâtre, le regard morne et stupide. On paye les guides 1 franc.

La route des Marais Pontins, élevée en chaussée et dirigée en ligne droite dans toute sa longueur, est bordée à perte de vue de deux allées d'arbres; comme une avenue de château, ou une promenade publique, peut-être unique en son genre, et bien extraordinaire dans un pareil endroit. Sur la gauche, règne, à une demi-lieue, la chaîne des Apennins qu'on a toujours en perspective, et à 4 ou 5 l., sur la droite, la mer, dont une vaste forêt dérobe la vue. Cette forêt, dont le sol en dos d'âne contribue au séjour des eaux stagnantes par l'obstacle qu'il oppose à leur écoulement, est elle-même à l'abri des stagnations, et peuplée de sangliers et de chevreuils qui se répandent de là dans les marais. Le produit du sol des Marais Pontins est excessif dans les parties défrichées nouvellement; il s'y élève jusqu'à 30 et 40 p. 1. Le large canal qui longe la route en est le plus bel ornement, comme il en est aussi le plus sûr conservateur; ainsi que des terres rendues à l'agriculture. Destiné au seul écoulement des eaux, il est rendu navigable par la rivière dont on traverse un bras sur un beau pont de marbre blanc, un peu après le relais de *Bocca di Fiume*. A Ponte-Maggiore, autre relais isolé, on traverse l'*Uffente*, riv. navigable, et le canal se divise en deux bras, dont un va droit à la mer, tandis que l'autre n'y arrive qu'obliquement en continuant à longer la route. . . . . On arrive à

TERRACINE, ancienne ville des Volsques, située près de la mer, et que ces peuples nommaient *Anxur*, d'où tirait son nom *Jupiter Anxurus*, ainsi appelé par Virgile. La façade du temple de ce dieu existe encore; elle est soutenue par de grosses colonnes de marbre. On voit aussi les ruines d'un château de Théodoric, qui offre la plus superbe vue, et quelques restes de la voie Appienne. On remarque, sous le portique de la cathédrale, un grand vase de marbre blanc, orné de bas-reliefs; et dans l'intérieur, un beau morceau d'ancienne mosaïque. La situation de cette ville, bâtie sur des rochers d'une pierre blanchâtre, est fidèlement indiquée par Horace dans ce vers :

Impositum latè saxis cadentibus Anxur (1).

Une rue droite d'une immense largeur, une vaste place, de beaux édifices, une superbe auberge, frappent la vue. Le climat de Terracine est doux, et les vues des environs sont pittoresques. On observe les restes d'un port construit par Antonin-le-Pieux. Le nouveau palais que Pie VI a fait bâtir mérite d'être vu, ainsi que plusieurs autres monumens de la munificence de ce pape. Terracine est la dernière ville de l'état papal; le pape y tient une garnison, et un piquet garde la frontière qui sépare les deux états à 5 milles de la ville. A 1 mille plus loin, on trouve la troupe napolitaine.

On sort de Terracine par une belle porte d'architecture moderne, pour côtoyer immédiatement après, sur la gauche, un roc escarpé, dont le sommet est couronné par le

---

(1) L'ancien Anxur était situé sur le sommet de la colline, au pied de laquelle passe la grande route. Ses ruines méritent d'être vues.

vieux château de Théodoric, et dont la base est battue par les flots de la mer. Pour y trouver la route, il a fallu le tailler à pic jusqu'à une hauteur prodigieuse. Certaines parties qui menaçaient de s'ébouler sont soutenues par des ouvrages en maçonnerie réticulaire; ce qui donne au tout l'apparence d'une grande muraille. Au-dessus de sa tête, le voyageur observe des chiffres romains profondément gravés dans le roc, et alignés par dixaines.

A peu de distance, une mauvaise muraille moderne descend le long de la pente escarpée de la montagne, et cesse immédiatement après avoir traversé la route. C'est la limite de l'État Romain, dont une porte ouverte à travers ce mur forme la sortie. Un peu plus loin, on passe sous la voûte d'un très-petit château bastionné, barrière suffisante pour le roi de Naples contre le pape. C'est là qu'on visite les passe-ports et les effets. Une pièce d'eau qu'on voit se prolonger à droite, presque parallèlement à la route, et qu'on prendrait pour un large canal, est le lac *Fondi*, très-poissonneux, et qui fournit surtout de belles anguilles. On s'éloigne de la mer et de la montagne.

La route de Terracine à Naples est un des plus belles de l'Europe; elle fut construite sur la voie Appienne, qui lui sert de fondement. Dans la campagne qu'on traverse, l'air est sain, le terrain est fertile, et produit le vin et l'huile en abondance.

Près de Fondi, on voit la grotte où, suivant Tacite, Séjan sauva la vie à Tibère. . . . . On arrive à

FONDI, ville peu considérable et peu peuplée, qui jouit d'une situation agréable; mais les eaux stagnantes en rendent l'air malsain. La voie Appienne qui la traverse, et dont le pavé s'y est conservé dans son état primitif, en forme la principale rue. Elle est pavée de pierres carrées, et coupée par deux rues qui la croisent à angle droit. Les murs méritent d'être observés; la partie inférieure est, dit-on, antérieure au temps même des Romains. La cathédrale offre un gothique très-ancien, et renferme un tombeau de marbre d'un travail curieux, une chaise pontificale et une chaire à prêcher également en marbre, revêtues de mosaïques qui décèlent les premiers temps de l'église. On montre aux étrangers la chambre de saint Thomas, et, dans l'église de l'Annonciade, un tableau représentant le pillage de cette ville par les troupes du fameux Barberousse. Les vins de *Fondi* étaient très-estimés chez les anciens.

Les campagnes des environs sont très-fertiles et couvertes de plantes de toutes espèces. On approche d'une montagne calcaire détachée des Apennins, au haut de laquelle la route arrive par une gorge affreuse, entre deux flancs nus et grisâtres, qui lui donnent un aspect aussi triste que sauvage. C'est dans ce lieu que périt, en 1812, M. Esménard, jeune poète, connu par son poème de la Navigation.

Près le château d'*Itri* (*Mamurra*), on voit les ruines d'un ancien temple, ou plutôt d'un grand mausolée. Entre le château et Mola di Gaeta, on a une très-belle vue de la ville et du golfe de Gaëte; on aperçoit le mont Vésuve et les îles voisines de Naples. La route devient très-pittoresque : on voyage presque continuellement au milieu des collines et des rochers, des oliviers et des carroubiers.

Mola di Gaeta, si célèbre autrefois par ses vins qui égalaient ceux de Falerne, est un beau village bien bâti et dans une situation agréable. Les femmes de Mola ont une manière de s'habiller aussi simple qu'élégante, qui leur donne beaucoup de grâce.

Si quelque antiquaire est curieux de voir Gaëte, une route à droite y conduit; il y remarquera, dans la cathédrale, le baptistère, qui consiste en un vase antique, morceau singulier et curieux, peut-être d'antiquité païenne; la célèbre colonne à douze faces, sur lesquelles sont gravés les noms des divers rumbs de vents en grec et en latin : le tombeau de *L. Munacius Plancus*, appelé *Torre d'Orlando*, etc. Cette ville doit sa fondation aux *Lestrigons*, et son nom à la nourrice d'Énée, selon Virgile.

Tu quoque littoribus nostris, Æneia nutrix,
Æternam, moriens, famam Cajeta dedisti.

Entre Mola et Gaëte, on trouve des ruines, que l'on croit être celles de la campagne de Cicéron, qu'il appelait *Formianum*. On sait que ce grand-homme avait sur la colline de *Formium* une de ses plus belles maisons de campagne, auprès de laquelle il fut assassiné. Près d'arriver à Garigliano, on laisse à gauche les aqueducs, à droite l'amphithéâtre de Minturne, célèbre par la défaite de Marius.

A *Garigliano*, on passe la rivière du même nom, anciennement le *Liris*. Sur la porte, au passage de cette rivière, on lit une belle inscription de *Quintus Junius Severianus*, décurion à Minturne. A cet endroit on quitte la voie Appienne, qui côtoie la mer jusqu'à l'embouchure du Volturno, où commence la voie Domitienne.

Chemin faisant, on voit la montagne de *Falerne*, autrefois si renommée pour ses vins : on arrive ensuite à Ste.-Agathe. L'auberge de cet endroit est dans une situation délicieuse, au milieu de divers jardins entourés de riantes collines. On voit en face, à 2 milles de là, *Sessa* (Arunca), pittoresquement situé sur le sommet d'une colline.

On passe le *Volturno* sur un pont. . . . . . On arrive à

CAPOUE. Cette ville, petite mais agréable, a des rues régulières et bien pavées. Elle est fortifiée d'après le système moderne et capable de faire quelque résistance. Pour peu que le voyageur s'arrête dans cette ville, où l'on est obligé de faire viser son passe-port pour pouvoir continuer sa route, il ne doit pas négliger de voir la cathédrale, qui renferme des colonnes de granit, tirées d'anciens édifices, de bons tableaux et diverses sculptures du Bernin. L'église de l'Annonciade mérite aussi d'être vue. Sous l'arcade de la place des Juges, on voit plusieurs inscriptions antiques.

A un mille au-delà de cette ville, sont les ruines de l'ancienne Capoue, si célèbre dans l'histoire. Les restes les plus remarquables de ses édifices, sont les ruines de l'amphithéâtre, d'une galerie souterraine et d'un arc de triomphe dont une seule voûte subsiste en entier. On a bâti sur son emplacement la ville de *Santa-Maria*, de 6 à 7,000 habitans, remarquable par son château royal, l'un des plus magnifiques de l'Europe. Chemin faisant, on aperçoit deux tombeaux antiques, le premier à gauche, le second à droite.

De Capoue on peut aller à *Caserte*, où l'on admire un des plus beaux palais de l'Italie, construit sur les dessins de Vanvitelli, orné de colonnes, de sculptures et de quelques morceaux d'antiquité trouvés à Pouzzole. L'eau qui en arrose les jardins traverse plusieurs vallées sur des aqueducs très-élevés ; c'est un des ouvrages modernes les plus hardis et les plus étonnans en ce genre. On trouve dans la montagne de *Caserte* de belles carrières de plusieurs espèces de marbre.

La route de Capoue à Naples traverse un pays fertile et riant, et l'un des plus riches de l'Europe : il produit 25 p. 1. Les terres ne se reposent pas et donnent deux récoltes. On voit les vignes suspendues aux grands arbres, et fournir une troisième récolte. On voit à chaque pas, le long de la route, croître le myrte, le laurier et mille autres plantes odoriférantes, ainsi que des arbres fruitiers de toutes espèces, verts et fleuris au milieu même de l'hiver.

On passe à *Aversa*, petite ville, mais agréable et bien bâtie ; la grande rue qui la traverse est belle et ornée de beaux édifices. . . . . On arrive à

NAPLES (*Voy.* le tableau des capitales, page 75).

Nº. 36.
ROUTE DE ROME A TERRACINE
par Marino et Piperno.

NOMS des relais.	DISTANCES en postes.	TEMPS EN VOYAGE.	
		heures.	minutes.
Torre di mezza via.	1	1	20
Marino.	1	1	
Fajola.	3/4	1	
Velletri.	1/4	1	10
Sermoneta.	2	2	
Case nuove.	1	1	25
Piperno.	1/4	1	
Maruti.	1	1	35
Terracine.	1	1	22
69 milles.	9 1/4	11	52

Topographie.

Auberges. On peut, dans ce voyage, loger à *Torre di mezza via*, où l'on trouve une bonne auberge. A *Velletri* et *Piperno*, il n'y a que de médiocres hôtelleries (1).

En sortant de Rome par la porte Latine, on trouve sur la route un grand nombre d'anciens tombeaux. Les divers points de vue, mélangés de collines et de vallées rendent ce voyage assez remarquable. Quoique le terrain soit naturellement fertile, la campagne est mal cultivée, et l'air est par conséquent malsain.

On voit ensuite un ancien aquéduc, ouvrage des Romains, et qui sert aujourd'hui à fournir de l'eau continuellement à Rome moderne. On passe sous cet aquéduc à *Torre di mezza via*.

---

(1) Les étrangers de quelque distinction se procurent des lettres de recommandation pour loger au palais Ginetti, à Velletri.

De là, laissant la *Riccia* sur la droite, la route passe à *Marino*, gros bourg qui offre un coup d'œil agréable. On y voit de belles maisons de campagne des nobles romains, et les églises renferment de bons tableaux.

Entre *Marino* et *Fajola*, on voit sur la droite le lac de *Castello*, appelé aussi le lac de *Castel Gandolfo* ou d'*Albano*. Il forme un beau bassin, entouré de collines bien cultivées. Le canal qui sert à l'écoulement des eaux de ce lac, est un des plus anciens et des plus étonnans ouvrages des Romains.

Fajola est un petit village situé auprès d'une forêt, d'où l'on tirait autrefois de très-beau bois de construction.

(*Voyez* la description de *Velletri*, dans la route précédente, page 309.)

Près de *Core*, sur le sommet d'une montagne, on trouve les ruines de deux temples anciens, dont l'un était consacré à Hercule, et l'autre à Castor et Pollux. Core, autrefois ville des Volsques dans le *Latium*, n'est plus aujourd'hui qu'un petit bourg de la campagne de Rome. On voit encore les ruines de ses anciennes murailles, dont la construction est curieuse : leur enceinte comprenait toute la montagne depuis le sommet jusqu'au pied.

Sermoneta, anciennement *Sulmona*, est un misérable village où l'on ne voit que les restes d'anciennes fortifications.

Sur une éminence, près des Marais Pontins, est située la ville de *Sezze*, anciennement *Setia* ou *Setinum*, citée par Martial et Juvénal pour la bonté de ses vins. Ils n'ont plus aujourd'hui les mêmes qualités, peut-être parce que la méthode des Romains pour les faire et les garder pendant plusieurs années, n'est plus en usage. On remarque dans cette ville les ruines d'un temple consacré à Saturne fugitif. Hors de la ville on voit aux Franciscains un superbe tableau de Lanfranc. Les habitans, au nombre d'environ 5,000, sont généralement pauvres. La campagne, quoique peu cultivée, mérite cependant l'attention des naturalistes. On y recueille des figues d'Inde, de l'aloès, etc.

Des *Cuse nuove* on monte jusqu'à *Piperno*, anciennement *Pipernum*, ville pauvre et mal bâtie, sur le sommet d'une montagne escarpée. Cette misérable ville ne mérite pas l'attention du voyageur, qui se fixe sur la campagne des environs, bien cultivée et couverte de vignes, d'oliviers et de marronniers. Les lis et les narcisses y viennent sans culture.

Du côté de Naples, les montagnes sont si arides et si escarpées, qu'elles effrayent les voyageurs. On descend dans la vallée, où la route est mauvaise et forte étroite. On voyage au milieu d'une forêt de chênes ou de liéges d'une espèce particulière, qui, dépouillés de leur écorce, en reproduisent promptement une nouvelle. Jusqu'à Terracine l'air est malsain.

(*Voyez* la description de Terracine, à la route précédente, page 311.)

De Rome, on peut aller à Civita-Vecchia, en prenant par *Mala-Grotta*, 5 l., *Monteroni*, 5 l., *Santa Severa*, 5 l., Civita-Vecchia, 5 l.

Tous les relais sont placés dans des maisons isolées, faute de villages. La route parcourt de temps en temps quelques fragmens de voie romaine. *Santa Severa* est un petit fort, situé près de la route et de la mer, qu'on longe à plus ou moins de distance, jusqu'à . . . .

Civita-Vecchia (Centumcellæ), petite ville assez bien bâtie, percée de rues assez droites mais pas assez larges, est entourée de faibles remparts, et défendue par un port de mer très-sûr et très-fréquenté. Le bassin est rond et passa pour un chef-d'œuvre; il est dû à l'empereur Trajan. A sa grandeur et à l'activité qui y règne, on voit bien que c'est le port de Rome, et le débouché des grains qu'exporte tous les ans l'Etat Romain, ainsi que des produits industriels de la capitale. En temps de paix, les Anglais y portent de la morue, les Français des draps, des toiles et autres produits de leurs fabriques; les Marseillais y vont chercher des grains dont ils manquent; les Hollandais et les Suédois de la pouzzolane pour bâtir dans l'eau. Pop. 6,000 hab.

A 2 l. N.-O. de Civita-Vecchia, est *Corneto*, petite ville remarquable par quelques restes d'antiquités étrusques qui en sont peu éloignés. A 1 l. au-delà de Corneto, est la mine d'alun de la *Tolfa*, la plus célèbre et la plus abondante de l'Italie.

N°. 37.

ROUTE DE FANO A FOLIGNO ET A ROME.

NOMS des relais.	DISTANCES en postes.	TEMPS EN VOYAGE.	
		heures.	minutes.
Tanaglie.	1	1	20
Fossombrone.	1	1	30
Acqualagna.	2	2	55
Cagli.	1	1	
Canziano.	1	1	15
Scheggia.	1	1	20
Sigillo.	1	1	40
Gualdo.	1	1	35
Nocera.	1	2	25
Ponte-Centesimo.	1	1	30
Foligno.	1	1	20
90 milles.	11½	17	50

Topographie.

De *Fano* à *San-Canziano* ou *Candiano*, la route côtoie le Métaure.

Fossombrone est une petite ville située à peu près au même endroit que l'ancien *Forum Sempronii* : elle n'a de remarquable que le beau pont moderne, très-grand et d'une seule arche, sur le *Métaure*, et quelques traces d'antiquité, un beau pavé en mosaïque dans la maison *Passionei*, et dans la cathédrale, de bonnes peintures et diverses inscriptions. Cette ville fait un grand commerce de soie.

A Fossombrone on trouve une route secondaire qui conduit à Urbin, éloignée d'environ 16 milles ; et d'Urbin, par une autre route pareille, on peut aller à *Pesaro*, résidence du légat ; à 20 milles environ de cette ville. (*Voyez* la route de Bologne à Ancône, pag. 298.)

En poursuivant sa route par le *Furlo*, après avoir passé un bras du Métaure, on trouve la montagne dite d'*Asdru-*

bal; c'est en effet dans cet endroit que ce général carthaginois fut défait par les Romains. On y voit avec étonnement la voie Flaminienne, creusée au ciseau pendant l'espace d'un demi-mille, dans le cœur même d'une montagne fort élevée. Cette ouverture prodigieuse est ce qu'on appelle proprement le *Furlo*; c'est aussi la *petra pertusa* de Victor : d'après l'inscription, elle paraît avoir été au moins réparée dans les premiers siècles de l'Empire romain.

On laisse sur la droite Urbin, capitale d'un duché, et située sur une montagne. On voit dans cette ville des maisons bien bâties et un beau palais, résidence des anciens ducs, qui appartient aujourd'hui à la *Rovere*. Elle est la patrie de Raphaël.

Cagli est une petite ville bâtie par les Romains, au pied du mont *Petrano*; c'est là qu'est le passage appelé *Passo de le Scalette* ou Pas des Échelles.

Avant d'arriver à *Canziano*, on passe par le *Canziano*, sur un pont d'une grandeur prodigieuse, appelé *Ponte grosso*; c'est l'ouvrage le plus digne des anciens Romains qu'on trouve sur la voie Flaminienne. Canziano est un château bâti sur les ruines de la ville de *Luceola*, qui fut détruite par Narsès. On traverse la *Scheggia*, sur un superbe pont moderne, qui réunit deux montagnes. Il est dû aux soins du pape Pie VII, qui a fait disparaître la difficulté de ce passage. *Sigillo* est un château construit par les Lombards, et *Gualdo de Nocera* (*Validum*) est aussi un château bâti par les Lombards, après la destruction de la ville de *Tadino*. On arrive à

Nocera, ville ancienne, située au pied de l'Apennin (*Nuceria Cameluna*; elle n'est point la même que Nocera dei Pagani, qui se trouve dans le royaume de Naples, et que les anciens appelaient *Alfaterna*. Pline parle des vases de bois qu'on y fabriquait. Aujourd'hui elle est connue par ses bains et par une source d'eau légère, célèbre par ses qualités médicinales, et doucement purgative. . . . . On arrive à

Foligno. (*Voy.*, pour sa description et le reste de la route jusqu'à Rome, la 2ᵉ. route de Florence à Rome, pag. 283 et suiv.)

N°. 38.
ROUTE DE NAPLES A BARI.

NOMS des relais.	DISTANCES en postes.
Marigliano.	1
Cardinale.	1
Avellino.	1
Dentecane.	1
Grotta Minarda.	1
Ariano.	1
Savignano.	1
Ponte di Bovino.	1
Ordona.	1
Cirignola.	1
S.-Cassien.	1
Barletta.	1
Bisceglia.	1
Giovenazzo.	1
Bari.	1
152 milles.	19

Topographie.

Ce voyage dans l'Aouille est en partie difficile et incommode, à cause des montagnes rapides qu'on rencontre fréquemment, surtout depuis *Cardinale* jusqu'à *Ariano*. On est souvent obligé d'enrayer. . . . . On arrive à

AVELLINO. C'est une petite ville qui porte le titre de principauté. Entre cette ville et Bénévent, sont les *Fourches Caudines*, endroit célèbre par la victoire que les Samnites y remportèrent sur l'armée romaine, qu'ils forcèrent, ainsi que les deux consuls qui la commandaient, à passer sous le joug. D'Avellino on peut aller par une route de traverse à *Montefusco*, et de là à *Dentecane*. De chacun de ces endroits à l'autre, la distance n'est que d'une poste.

Ariano, situé sur une éminence, est un endroit bien fortifié. Le territoire de cette ville est fertile, et les productions du sol offrent aux naturalistes de quoi satisfaire leur curiosité.

Entre *Savignano* et *Ponte di Bovino*, on passe la *Cervara*. *Bovino* est un village au pied de l'Apennin. De cet endroit on peut, par une route de traverse, aller en poste à *Foggia*, qui est éloigné de 2 postes; et de là à *Manfredonia* il y a encore 2 postes.

Entre Saint-Cassien et *Barletta*, on passe l'*Ofanto*; ensuite on côtoie la mer Adriatique jusqu'à *Bari*. On laisse derrière soi *Sulpi*, endroit qui n'est connu que par des salines et le lac voisin.

On prétend que *Barletta* est bâtie sur les ruines de l'ancienne ville de Cannes, célèbre par la défaite des Romains. La population de cette ville n'est pas proportionnée à sa grandeur. Un antiquaire pourrait aller voir *Trani*, ville peu peuplée, mais située dans un pays fertile, à une poste de Barletta. On y remarque 9 colonnes milliaires antiques.

Bisceglia est assez peuplée; dans le palais épiscopal on voit quelques inscriptions antiques. . . . . On arrive à

BARI, grande ville, capitale d'une province à laquelle elle donne son nom. Ce qu'elle offre de plus remarquable, sont ses fortifications, le port, et l'église de Saint-Nicolas, où l'on conserve les os de ce saint. La province de Bari est un pays très-fertile, qui produit en abondance l'huile, les amandes et le safran.

N° 39.
ROUTE DE BARI A BRINDES.

NOMS des relais.	DISTANCES en postes.
Mola.	1 ½
Monopoli.	1 ½
Fasano.	1
Ostuni.	2
S.-Vito.	1
Mesagne.	1 ¼
Brindes.	1
80 milles.	9 ¾

Topographie.

(*Voyez*, ci-dessus, la description de *Bari*.)
Ce voyage, qui se fait en grande partie le long de la mer Adriatique, est commode et agréable.

Mola est un château situé sur la pointe d'un cap; il n'offre pas un coup d'œil agréable; ses rues sont incommodes, étroites et obscures.

Dans les environs d'*Ostuni* on recueille une grande quantité de manne. A *Mesagne* on trouve une route de poste qui conduit à *Lecce*, et de là à Otrante, et un autre chemin qui mène à *Gallipoli*. En poursuivant le voyage .. On arrive à
Brindes est une ville fort ancienne, ayant une forteresse et un port qui fut très-fréquenté du temps des Romains; aujourd'hui les atterrissemens l'ont presque comblé. A cette ville viennent aboutir la voie Appienne et la voie Trajane. La quantité de ruines qu'on y trouve, peut donner une idée de son ancienne grandeur : on remarque principalement deux colonnes fort belles et très-hautes, près de la grande église.

N.° 40.

ROUTE DE BARI À TARENTE.

NOMS des relais.	DISTANCES en postes.	TEMPS EN VOYAGE.	
		heures.	minutes.
Carbonaja.	1	1	
Ceglie.	1	1	30
Casa massima.	1 ½	2	25
Gioja.	1	1	35
Tarente.	1	2	
52 milles.	5 ½	8	30

Topographie.

(*Voyez* la description de *Bari* au voyage précédent, page 321).

Suivant le tarif des postes et relais dans le royaume de Naples, les postes ne sont pas établies sur la route de Bari à Tarente.

Tarente, ville très-ancienne et bien peu peuplée, est située sur le golfe auquel elle donne son nom. Son port, comblé en grande partie, ne peut recevoir que des barques. Une grande partie de ses habitans sont adonnés à la pêche; on y fait aussi un commerce considérable de laines. Cette ville, célèbre dans l'histoire, a été une des principales de la grande Grèce.

Tout le monde connaît la *tarentola* ou *tarentule*, appelée aussi *ragno arrabbiato*, espèce de grosse araignée qui se trouve dans plusieurs provinces d'Italie, principalement dans le royaume de Naples, et surtout à Tarente, et dont la morsure a donné le nom a une maladie appelée le tarentisme. Les naturalistes se sont convaincus que tout ce qu'on raconte de cette araignée et de sa piqûre, est faux en grande partie.

N°. 41.
ROUTE DE BRINDES A OTRANTE.

NOMS des relais.	DISTANCES des relais.	
Mesagne.	1	
Cellino.	1 1/2	
Lecce.	1 1/2	
Otrante.	2	
50 milles.	6	

Topographie.

(*Voyez* la description de Brindes, page 322.)

LECCE, ville commerçante et bien peuplée, est située sur les ruines de l'ancien *Aletium*, sur un terrain fertile, et dans un climat très-sain. Elle est entourée de murs flanqués de tours, et semble suspendue en l'air. Il y a quelques églises qui méritent d'être vues.

De *Lecce*, une belle route de poste mène à *Gallipoli*, par

Copertino. . . . . 1 poste.
Nardo. 1   } 3 postes.
Gallipoli 1

OTRANTE (*Hydruntum*) est une des villes les plus anciennes de la Japigie : un château bien fortifié sert à défendre son port, qui est très-fréquenté à cause de la commodité de sa situation pour le commerce du Levant. Cette ville est plutôt forte que belle. Le pays d'Otrante fut le premier que Pythagore éclaira par ses opinions philosophiques, et les arts qu'il y fit connaître.

N° 42.
ROUTE DE NAPLES À MESSINE.

NOMS des relais.	DISTANCES en postes.
Torre della Nunziata.	1
Nocera dei Pagani.	1 1/2
Salerne.	1 1/2
Vicenza.	1 1/2
Eboli.	1
Duchessa.	1
Auletta.	1
Sala.	1 1/2
Casal nuovo.	1
Lago negro.	1 1/2
Lauria.	1 1/2
Castelluccio.	1 1/2
L'Osteria della rotonda.	1
Castrovillari.	1
Matina d'Altomonte.	1 1/2
Celso.	1 1/2
S. Antoniello.	1
Cosenza.	1 1/2
Rogliano.	1
Scigliano.	1
Nicastro.	1 1/2
Fondico del fico.	1 1/2
Monteleone.	1 1/2
S. Pietro di Mileto.	1 1/2
Drosi.	1 1/2
Seminara.	1 1/2
Passo de' Solani.	1
Fiumara di muro.	1
Villa S. Giovanni.	1
Messine par eau.	1
	39 1/2

Topographie.

Auberges : sur cette route les auberges sont rares et mal servies ; les moins mauvaises sont à Salerne, à Lauria, à Cosenza, à Monteleone et à Messine.

Nocera de Pagani, ainsi appelée, parce qu'elle fut prise par les Sarrasins, ne doit pas être confondue avec l'autre ville de même nom, située sur la frontière de la marche d'Ancône.

Salerne, ville assez considérable, ayant un port et un château, est située sur le bord de la mer, dans une petite plaine, au milieu d'une campagne fertile et riante. Son école de médecine a été très-célèbre ; le port de Naples a fait abandonner celui de Salerne, qui auparavant était très-fréquenté : néanmoins cette ville est encore assez commerçante.

Entre *Celso-Segne* et *San Antoniello*, on laisse sur la gauche *Bisignano*. Cette ville est située sur une éminence, et offre un coup d'œil agréable.

Cosenza est bâtie dans une plaine très-fertile, sur le *Crati*, qui la traverse. Dans les environs on trouve beaucoup de mines, et le terrain produit d'excellent vin, du safran, de la manne et d'autres simples. Dans la cathédrale, on conserve beaucoup de reliques.

Nicastro est le *Neocastrum* des anciens. *Monteleone* est bâti sur les ruines de l'ancien *Kibo* ; et près de *Valenza*, on trouve une forêt très-ancienne, qu'on croit être le fameux bois d'Agathocle.

Entre *Monteleone* et *San Pietro*, sur la gauche, à quelque distance de la route, est la petite ville de *Milet*.

A *Seminara*, on voit les ruines de l'ancien *Taurianum*. Dans ses environs, les Français remportèrent une victoire sur les Espagnols en 1503. La route traverse ensuite la forêt de *Solano*.

Entre le *Passo de Solani* et *Fiumara*, du côté de la mer, est la petite ville de *Sciglio*, voisine du cap du même nom, près duquel est le fameux écueil de *Scylla*. Elle est bien peuplée, et fournit de bons marins.

De *Fiumara* on peut aller à *Reggio*, qui n'est éloigné que d'une poste. Cette ville, une des plus considérables du royaume, est située à l'extrémité de l'Italie, sur le détroit de Messine, en face de la Sicile. Les habitans de Reggio sont commerçans et manufacturiers. Ils travaillent fort bien la soie et la laine de couleur terne, qu'ils tirent de la pinnemarine. Cette ville, quoique plusieurs fois saccagée par les

Turcs, offre un beau coup d'œil. Les anciens estimaient beaucoup les vins de Reggio.

On peut s'y embarquer, et, traversant le phare, après un trajet de dix milles, on arrive à Messine.

En poursuivant la route de Fiumara à Messine, on laisse sur la gauche la route de Reggio, et l'on arrive à *Villa San Giovanni*, où l'on s'embarque.......... On arrive à

Messine. Cette ville très-ancienne fut originairement appelée *Zancle*, ensuite *Messine*, du nom des Messéniens, qui s'y réfugièrent ; et, après avoir donné asile aux Mamertins, elle prit le nom de *Mamertina Civitas*, comme on le voit par quelques médailles grecques. Son port est un ouvrage étonnant Construit sur un golfe qui forme presque une circonférence, il est défendu du côté du levant par le château du *Salvatore*. Sur le coude est le fanal, également fortifié, et la grande citadelle est, dans son genre, une des plus fortes d'Italie. L'ancrage du port est sûr pour tous les vaisseaux, même de haut-bord.

La ville est grande, bâtie en partie sur la colline et en partie dans la plaine. Elle est ornée de beaux édifices, et offre un coup d'œil agréable et riant. Les rues sont bien alignées, et la promenade sur le port est si spacieuse, que six voitures peuvent y passer de front. Les édifices publics les plus remarquables sont les greniers de la ville, le séminaire, le palais épiscopal, orné de quatre fontaines, le mont-de-piété, le grand hôpital, celui qu'on appelle la *Loggia*, et la cathédrale. La population de cette ville n'est pas proportionnée à son étendue. Avant les fameuses vêpres siciliennes, on y comptait plus de 80,000 habitans ; mais depuis cet événement, et depuis les tremblemens de terre, dont elle a éprouvé des secousses terribles, sa population a beaucoup diminué. Les environs de Messine offrent un coup d'œil superbe et varié de montagnes et de bois, dont la perspective, prise de la ville, semble une décoration de théâtre. Du nord au levant on découvre la Calabre, et du couchant au midi on voit de charmantes collines qui dominent la ville, et qui sont couvertes de maisons et de jardins. Avant de quitter Messine, il ne faut pas négliger de voir la bibliothèque des manuscrits grecs qu'a laissée le fameux Constantin *Lascaris*.

N° 43.
ROUTE DE MESSINE A PALERME.

NOMS des relais.	DISTANCES en postes.	
Sainte-Lucie.	2	
Tindaro.	2	
Patti.	1	
Saint-Marc.	2	
Caldonia.	1	
Tosa.	1	
Roccella.	1	
Solanto.	1	
Palerme.	1	
	11	

Topographie.

De Messine à Palerme on voyage toujours le long de la côte, et l'on parcourt une grande partie de la vallée de *Demona*. Après *Rodella*, on entre dans la vallée de *Mazara*.

Arrivé à *Patti* (*Pactæ*), on voit dans le lointain les îles de *Lipari*.

PATTI est une ville petite, mais jolie, au sud de *Melazzo*, sur la côte septentrionale de la Sicile, et sur le golfe du même nom. Elle est très-agréablement située au milieu de collines et de jardins. Les rues sont bien entretenues, et viennent presque toutes aboutir à la grande place. La cathédrale, enrichie de marbres et de peintures, mérite d'être remarquée. On y voit le magnifique tombeau de la reine *Adelasia*. On observe dans cette ville plusieurs ruines de l'ancienne ville de *Tindaride*, près de laquelle le comte Roger, après avoir vaincu les Sarrasins, fit bâtir la ville de Patti. On montre aux étrangers le lieu où se livra cette fameuse bataille, sur une colline près de la mer, à la distance de six milles. Dans cet endroit existe un temple dédié à la vierge dite de *Tindaro*.

PALERME (*Panormus*), ville grande, célèbre et bien peuplée, capitale de la Sicile, est située sur la côte septentrionale de cette île, dans une plaine fertile et riante, et sur un golfe auquel elle donne son nom. Sa nombreuse population, la richesse d'une noblesse distinguée, la magnificence des édifices, ses vastes places et ses belles rues, ornées de statues et de fontaines, fixent l'attention de l'étranger. De quelque côté qu'il tourne la vue, il trouve mille objets dignes de son admiration. La plus grande rue de Palerme est celle de *Cassaro*, qui traverse toute la ville. Le palais où réside le vice-roi est vaste, et ses jardins sont délicieux. Au milieu de la place sur laquelle s'élève ce superbe édifice, est une statue de Philippe IV, dont le piédestal est orné de bas-reliefs. Les quatre statues allégoriques qui l'entourent représentent les vertues cardinales. Sur les deux côtés de la même place on voit l'hôpital du St.-Esprit et l'église métropolitaine. Sur une autre belle place, en suivant la même rue de Cassaro, on voit devant un palais une statue en bronze de Charles V, sur un piédestal en marbre. Plus loin le superbe collége autrefois desservi par les jésuites, et dont l'église mérite d'être remarquée, tant par son architecture que par la richesse de ses ornemens. Dans l'endroit où la rue Neuve vient couper celle de Cassaro, on voit l'église de St.-Mathieu, également remarquable par sa magnificence. Chaque angle formé par ces deux rues est orné d'un palais, d'une fontaine et d'une statue. Les quatre statues représentent Charles V, Philippe II, Philippe III et Philippe IV. Le monument le plus admirable est la superbe fontaine située sur la grande place, près du palais de justice, et dont la grandeur, les ornemens et la noble architecture sont également étonnans. La cathédrale, appelée par les habitans l'*Église mère*, est un vieux temple gothique, soutenu dans l'intérieur par 80 colonnes de granit oriental. On y voit les tombeaux de plusieurs rois normands. Dans l'église du palais, on remarque les anciens travaux en mosaïque dont elle est toute revêtue à l'intérieur. Les rues de Palerme sont bien alignées, et viennent presque toutes aboutir aux deux principales, la rue de *Cassaro* et la rue *Neuve*. Cette ville a beaucoup souffert dans les tremblemens de terre de 1693 et 1726. C'est la seule ville de Sicile où l'on batte monnaie. On fait monter sa population à 90,000 âmes. Les environs de Palerme offrent le tableau de la plus grande abondance dans toutes leurs productions, et les naturalistes y trouvent plusieurs objets intéressans. On peut observer le mont *Trapani*, anciennement *Erix*, et le mont *Pellegrino*, qui servit de retraite à Ste. Rosalie. Palerme est célèbre par son université; et son port, bien fortifié, est un des plus beaux de la Méditerranée. On fabrique particulièrement dans cette ville des gants de soie et de fil de pinne-marine d'une finesse et d'une beauté surprenantes. Jean Philippe Ingrassia, citoyen de Palerme, quoique né dans un village de la vallée de *Demona*, s'est rendu célèbre par ses découvertes en médecine et en anatomie.

On peut consulter la description très-détaillée de cette ville publiée par Augustin *Inveges*, sous le titre de *Palermo antico, sacra e nobile*.

L'étranger curieux de connaître la Sicile et d'observer tout ce qu'elle offre d'intéressant, pourra parcourir cette île, la plus importante de toutes celles de la Méditerranée, tant par sa grandeur que par sa fertilité et les phénomènes de la nature qui s'y présentent. Sa population monte à près d'un million d'habitans.

La Sicile est divisée en trois provinces ou vallées; celles de *Demona*, de *Noto* et de *Mazara*. Les principales villes de Val di Demona sont: *Messine*, *Melazzo*, *Cefalù*, *Taormina*, toutes villes maritimes, et quelques autres dans l'intérieur du pays. Dans cette province, près de la ville de *Catania*, est situé le mont *Etna*, aujourd'hui le mont Gibel, fameux volcan tant célébré par les poètes, et souvent observé par divers physiciens et naturalistes fameux.

Dans le *Val di Noto* sont les villes de *Catania*, *Agosta*, *Syracuse*, *Noto*, *Lentini*, *Carlentini* et plusieurs autres. Syracuse mérite principalement d'être vue. Elle est renommée pour ses vins excellens, et surtout pour le muscat.

Le *Val di Mazara* comprend les villes de *Palerme*, *Montreal*, *Mazara*, *Marsala*, *Trapani*, *Termini*, *Girgenti*, *Xacca*, *Licate*, etc.

Les ports de mer de la Sicile sont: *Messine*, *Agosta*, *Syracuse*, *Trapani* et *Melazzo*.

Les montagnes de Sicile méritent l'attention des naturalistes. On y trouve des sources d'eaux douces, chaudes, tièdes et sulfureuses; des pierres précieuses, agates, jaspes, lapis lazuli, etc.; des carrières de marbre et d'albâtre; des mines d'or, d'argent, de cuivre, d'étain, de plomb, de fer, d'alun, etc. Sur la côte de *Trapani* il se fait une pêche considérable de corail.

Le terrain de la Sicile est très-fertile; on y recueille en abondance des grains de toute espèce, du vin, de l'huile, du safran, du miel, de la cire, du coton, de la soie, du sel et des fruits excellens. La mer qui entoure cette île est très-poissonneuse. L'air est pur et sain.

Ceux qui seraient curieux de lire une description plus détaillée de la Sicile, peuvent consulter l'*Histoire de Sicile de Burigny*; *Fazelli, De rebus siculis*; *la description de la Sicile par Villabianca*; *le voyage en Sicile, de Bridonne*, et celui de *Spallanzani*.

N°. 44.

Plan d'un voyage en Italie avec des voiturins,

En passant par le Mont-Cenis, le Piémont, la Lombardie, l'État Romain........ et revenant par la Toscane et Gênes.

	lieues.		lieues.
De Chambéri à Planesse.	5	couche à Padoue.	3
Aiguebelle.	4½	A Mira	4
S.-Jean-de-Maurienne	5	On passe par Fusine, et de	
S.-Michel.	3	là à *Venise*	4
Modane	3	En retournant de Venise, la	
Lans-le-Bourg	5	même journée.	8
La matinée de cette journée		Moncelesi.	4
s'emploie à monter le Mont-		Rovigo.	5
Cenis. On dîne à la Nova-		*Ferrare*	7
laise, et le soir on couche		Armarose.	7
à Bucholin, qui en est dis-		*Bologne*.	3
tant de 3 l.	3	Imola	6½
S.-Ambroise.	4	Faënza.	3
Turin.	5	Forli.	3½
Chivasco.	5	Césène	5
Ligurno.	5	Rimini.	6½
Verceil	7	Cattolica.	4½
Novare	5	Fano.	6
Sedriano.	9	*Sinigaglia*.	5
Milan	6	En allant à *Ancône*, il faut	
La Canonica.	6	se charger de vivres, les	
Bergame.	4	voiturins ne conduisant	
Coccario.	6½	pas les voyageurs jusqu'à	
Brescia	5	la ville, et s'arrêtant à un	
Lonato	5	quart de lieue de distance,	
Castel-Nuovo	4	à cause de la montagne,	
Vérone.	5	qu'il faut gravir pour y	
Castel-Bello.	6½	entrer	7
On passe par *Vicence*, et l'on		*Lorette*.	5

AVEC DES VOITURINS. 331

	lieues.		lieues.
Macerata	5½	Au pied de la montagne de	
Tolentino	3½	Radicofani	6
Ponte Alla Trava	5	Turinière	3
Saravalle	4	S.-Quirico	3½
Case-Nuove	4	Ponte-d'Arbia	4½
Foligno	4	Sienne	4½
Spolète	6	Poggibonsi	5½
Au haut d'une montagne à une maison isolée	3	Castel-Fiorentino	4½
		Montelupo	4½
Terni	4½	Florence	5
Narni	3	Ciretto	6½
Citta Castellana	7	Pietra-Mala	6
Rignano	3	Scarica-l'Asino	2
La Vaschetta	6	Pianore	3
Rome	2	Bologne	3
De *Rome* il faut nécessairement prendre la poste, et aller d'une traite à Naples, à cause des mauvaises auberges, et des risques qu'on court sur le grand chemin, qui est toujours infesté de brigands des deux États.		Modène	7½
		Reggio	5
		Parme	5
		Borgo-Sandolino	5
		La Cade	5
		Plaisance	3
		Castel-S.-Giovanni	4
		Bronio	4
		Voghera	4
De *Rome* à Baccano	6	Tortone	3
Monterosi	3	Novi	4
Ronciglione	4	Voltaggio	4
Viterbe	4	Campo-Marone	4
Bolsena	6	*Gênes*	4
S.-Lorenzo	2		
			148

Les journées des *voiturins* peuvent encore se faire de la façon suivante, quand on veut connaître *Pise, Livourne, Florence, Lucques*, etc.

	lieues.		lieues.
De Castel-Fiorentino à la Scala	4½	De Pistoie à Florence	6½
De la Scala à Fornacette	4	On peut faire le voyage de *Pise* à *Livourne*, avec une barque qui part tous les jours.	
De Fornacette à *Pise*	5		
De *Pise* à *Lucques*	4		
De *Lucques* à Pistoie	6½		

Cartes, Manuels, Relations de voyages de fraîche date.

La carte du *théâtre de la guerre d'Italie*, par *Bacler d'Albe*, en 30 feuilles, passe pour une des cartes les plus complètes et les plus exactes de ce pays (elle comprend de même la Suisse et une partie de l'Allemagne; mais, vu son volume, elle ne peut guère entrer dans le portefeuille d'un voyageur).

Italiens Postkarte, ou carte itinéraire d'Italie, par *Ignace Heymann*; Trieste, 1801; 4 feuilles. — Nouvelle carte d'Italie, d'après les traités de paix de 1796 et 1797, composée avec des caractères mobiles, par *Haas*; Bâle.

Cartes topographiques des départemens de la république italienne, par le graveur *Innocent Alessandri*; Venise, 1803, en 12 feuilles.

Nuova carta dell' Italia eseguita a spese di Giuseppe *Molini*, sotto la direzione di A. B. *Rizzi-Zannoni*, 1802, deux feuilles.

Carte du royaume d'Italie, en 4 feuilles, gravée au dépôt de la guerre, à Milan.

Livres italiens. — Guida delle rotte d'Italia per posta; nuova edizione, con 25 carte geografiche. Torino, dalle Fratelli *Reycend*, 8. 1801.

Vera guida per viaggiare, ovvero esattissima descrizione di tutte le città d'Europa. Terza edizione, corretta ed adornata delle piante in rame delle principali città d'Europa, Venezia, chez *Strotti*, 1801.

Portulano del Mare Mediterraneo, nel quale si contiene tutta la navigazione, revista con esperienza da uomini marittimi, di *Seb. Gorgogline*. In Pisa, 8.

Itinerario Italiano, nona edizione. Firenze, 1816.

Livres français. — Voyage minéralogique, philosophique et historique en Toscane, par le docteur *Tozetti*; tom. 1 et 2. A Paris, 1792. 8.

Voyages dans les Deux-Siciles et dans quelques parties des Apennins, par *Spallanzani*, traduits de l'italien, tom. 1-6. A Paris, an VIII. 8.

Voyage physique et lithologique dans la Campanie, avec des cartes de la Campanie, des cratères éteints du Vésuve, du plan physique de Rome, traduit du manuscrit italien de Sc. *Breislack*, par le général *Pommereuil*; tom. 1 et 2. A Paris, an IX. 8.

Voyage de Sicile et de quelques parties de la Calabre, en 1791; Vienne, 1796. 8.

Guide du voyageur en Italie, traduit de l'anglais de M. T. *Martyn.* A Lausanne, 1792, 2 vol.

Voyage en Italie, par M. *de la Lande*; seconde édition, corrigée et augmentée. A Paris, 1786, 9 vol., et un volume qui contient des plans et des cartes.

Voyage en Suisse et en Italie avec l'armée de réserve, par M. *Donatien de Musset.* A Paris, an VIII. 8.

Les voyages de *Cochin,* de *Grosley,* de *Richard,* de *Dupaty,* de *Barthélemy,* de *Duclos,* et tant d'autres d'ancienne date.

Voyage à Naples et en Toscane, avant et pendant l'invasion des Français en Italie, par M. *Broock*; traduit de l'anglais. A Paris, an VII. 8.

Vues pittoresques d'Italie, dessinées et gravées par *Étienne Bourgeois.* A Paris, an XIII, 1 vol. de 72 planches, petit in-folio.

Nouveau voyage en Italie et en Sicile; Paris, 1806, 1 vol. in-8°.

Livres anglais. — *Beaumont*'s travels through the maritime Alps from Italy to Lyons across the col de Tende, by the way of Nice, Provence, Languedoc, etc. London, 1795.

Letters from Italy between the years 1792 and 1798, containing a view of the revolutions in that country from the capture of Nice to the expulsion of Pius VI: by *Mariane Starke.* London, 1802, 2 vol. (Il en a été fait une traduction allemande et abrégée).

Un grand nombre d'auteurs anglais ont publié leurs voyages en Italie; *Adisson, Richardson, Gray, Russell, Northall, Orrery, Smollet, Baretti,* miss *Miller, Moore, Brydone, Burney, Young, Sherlok, Sharp, Piozzi, Wright, Swinburne,* etc. On trouve aussi des notices, des plans et des vues d'Italie, dans plusieurs relations de voyages que des officiers, et d'autres personnes attachées à la marine et aux armées d'Angleterre ont publiées, lors de l'expédition en Égypte.

Livres allemands. — Darstellungen aus Italien, von F. J. L. *Meyer.* Berlin, 1792. (Il en a paru une traduction française, et corrigée par l'auteur; à Paris, l'an X.)

Reisen in verschiedene Provinzen des Königreichs Neapel, von *C. Ulysses von Salis-Marschlins*; Zürich und Leipzig, 1793. 8.

Gemalde von Palermo von D. *Hager;* Berlin; 1799. 8.

Le quatrième volume des voyages de M. *Küttner,* Reisen

durch Deutschland, etc. einen Theil von Italien, in den Jahren, 1797, 1798, 1799; Leipzig, 1801. 8. (1).

Zeichnungen auf einer Reise von Wien, über Triest nach Venedig, im Jahr 1798; Berlin; 1800. 8.

Streifereien durch Innerosterreich, Triest, Venedig, 1800, Leipzig, 1801. 8.

Briefe über Italien, geschrieben 1798 und 1799; Leipzig, 1801. 8. (L'auteur s'appelle M. *Woyda*, et était attaché à l'état-major de l'armée du général *Moreau*.)

Bruchsttücke aus einer Reise durch einen Theil Italiens, im Herbst und Winter, 1798 und 1799, 1 und 2 Th. Leipzig, 1801. 8. Par Ernest *Maurice Arndt*. (Une nouvelle édition en a paru.)

Reise durch Oesterreich und Italien, von J. J. *Gerning*, Frankfurt, 1802, chez *Wilmans*, 3 vol. 8. (Cet ouvrage est publié par un homme de lettres de mérite, et qui, par ses relations et son long séjour en Italie, est plus que personne en état de donner des renseignemens sûrs.)

Tagebuch einer Reise nach Italien im Jahr, 1794, 1802. 8. (C'est le voyage rapide d'un loyal Suisse, par le Tyrol, à Venise et Rome.)

Italien, eine Zeitschrift von zwey reisenden Deutschen, *Rekfues* u. *Tscharner*; Berlin, 1803. 8. (Quatre cahiers en ont paru. Ce journal, et le journal que M. *Benkowitz* a publié sous le titre de *Helios der Titan, oder Rom und Neapel*, et *das italienische Kabinet*, du même auteur, contiennent un grand nombre de notices utiles sur plusieurs villes et pays de la moderne Italie.)

Nota. Depuis peu il a paru à Tubingue, chez *Cotta*, un nouvel ouvrage périodique consacré à la connaissance de l'Italie, intitulé : *Italienische Miscellen*.

Spaziergang nach Syracus im Jahr, 1802; von *Seume*. Leipzig, 1803. (Des détails très-curieux sur plusieurs villes d'Italie, et surtout sur la Sicile.)

Cartas familiares del abate don Juan *Andres* a su hermano don Carlos Andres, dandole noticia del viage que hizo a varias ciudades en el anno 1785, Madrid, 1785 et 1790, 3 vol. (Il en a paru une traduction allemande.)

Benkowitz Reise von Glogau, etc, nach Venedig, Bologne, Florenz, Rom, Neapel; vol. 1, 2, 1803—1804. 8.

Reise durch einem Theil von Teutschland Helvetien und Ober-Italien, im Sommer 1803; Berlin, 1804. 8. (L'auteur

---

(1) Le même savant a publié ses voyages en Italie, de l'année 1793 à 1794, sous le titre : *Wanderungen durch die Niederlande, Teutschland, die Schweiz und Italien, in den Jahren 1793 und 1794. Leipzig*, 2 vol.

de cet ouvrage, qui renferme un grand nombre de renseignemens intéressans et nouveaux, est M. le baron de Menu.)

Voyage historique, littéraire et pittoresque dans les îles et possessions ci-devant vénitiennes du Levant; par *Saint-Sauveur*, ancien consul de France; 3 vol. accompagnés d'un atlas; à Paris, an VIII. 8. (Des détails très-exacts sur des îles que l'on pouvait, avant les derniers événemens, regarder comme une *terra incognita*.)

Note. Le *voyage pittoresque de l'Istrie et de la Dalmatie*, par *Lavallée* et *Cassas*, 14 livraisons; le *voyage pittoresque de Naples et de Sicile*, par *Saint-Non*, et le *voyage pittoresque de Sicile et de Malte*, par M. *Houel*, grand in-folio, sont trois ouvrages enrichis d'estampes, de plans, de vues, etc., et parés de tout le luxe typographique. L'excellent ouvrage classique de feu M. *Winkelmann*, l'Histoire de l'art de l'antiquité, trad. de l'allemand par M. *Huber* le père, a surtout rapport aux chefs-d'œuvre de l'antiquité qu'il ne faut plus chercher en Italie, ayant été transportés par les Français à Paris. Le voyage pittoresque dans la Haute-Italie, par *Brunn-Neegard*, chevalier danois, in-fol. avec figures; le voyage en Italie et dans les principales villes, par *Petit-Radel*, in-8°.; les voyages de *Millin* en Italie, dont il a paru les quatre premiers volumes, sont les derniers et nouveaux ouvrages qu'on ait publiés sur ce pays classique.

FIN DE L'ITINÉRAIRE D'ITALIE.

TABLE DES MATIÈRES
CONTENUES DANS CET OUVRAGE.

INTRODUCTION.

Manière de voyager .... page 1
État des postes, voiturins, notes instructives qui in-
  téressent les voyageurs dans leur tournée .... ibid.
Tarif des postes dans le royaume Lombard-Vénitien et
  dans l'Italie 2
Diligences en postes de Milan 3
Passages des Alpes 6
— Par le Mont-Cenis et le Simplon 8
— Par le Mont-Genèvre .... ibid.
— Par le Tyrol 10
Élévation de quelques points de cette route au-dessus de
  la mer, en venant de Munich 11
Passage du St.-Gothard .... ibid.
— Du Grand St.-Bernard 16
Route d'Aoste à Turin 20
Passage du Splughen .... ibid.
Douane 23
Manière dont on compte les heures .... ibid.
Tableau du Midi en heures italiques 25
— Des poids mesures et monnaies 26
Poids .... ibid.
Mesures 28
Monnaies 31
Tableau des capitales 38

Nos.
des routes.   ITINÉRAIRE.

1. Route de Paris à Turin, par le Mont-Cenis .. 90
   PREMIÈRE SECTION. Voyage de Paris à Lyon ... ibid
   1re. Route par Auxerre et Autun .... ibid.
   2e. Route de Fontainebleau, Nevers et Mou-
     lins 103

TABLE DES MATIÈRES.

Nos des routes. — pages.

	DEUXIÈME SECTION. Voyage de Lyon à Turin. 119
2.	Route de Turin à Milan. 136
3.	Route de Paris à Milan, par le Simplon. 138
	PREMIÈRE SECTION. Voyage de Paris à Genève. ibid.
	DEUXIÈME SECTION. Voyage de Genève à Milan, par le Simplon. 147
	Communication de Genève à Chambéry. 160
4.	Route de Paris à Milan, par le Mont-Cenis. 161
5.	Route de Turin à Gênes. ibid.
	Communication de Turin à Casal. 175
	Communication de Casal à Gênes. 176
	Communication d'Alexandrie à Savone. 177
6.	Route de Turin à Plaisance, par Alexandrie et Tortone. 179
7.	Route de Gênes à Antibes, par la rivière du Ponent. 180
8.	Route d'Antibes à Gênes, par le col de Tende. 183
9.	Route de Gênes à Milan. 185
10.	Route de Milan à Bologne. 188
11.	Route de Milan aux îles Borromées, et des îles Borromées à Milan, par Côme. 196
12.	Route de Milan à Mantoue. 212
13.	Route de Milan à Venise par Vérone. 215
14.	1re. route de Bologne à Mantoue, par la Mirandole. 233
	2e. route de Bologne à Mantoue, par Ferrare. 234
15.	Route de Mantoue à Bologne. 236
16.	Route de Mantoue à Brescia. 237
17.	Route de Bologne à Venise. 238
18.	Route de Mantoue à Venise. 240
19.	Route de Mantoue à Trente. 241
20.	Route de Trente à Vérone et à Venise. 242
21.	Route de Venise à Trente, par Bassano. 244
22.	Route de Venise à Rimini. 246
23.	Route de Venise à Trieste, par Palma-Nuova. 249
24.	Route de Trieste à Venise, par Udine. 251
25.	Route de Ponteba à Venise. 252
26.	Route de Florence à Livourne. 254
27.	Route de Livourne à Florence, par Lucques, Pistoie et Prato. 258
28.	Route de Florence à Bologne. 261
29.	Route de Bologne à Florence, par Modène. 265

ITALIE.

N°s des routes.		pages.
30.	1re. route de Florence à Rome, par Acquapendente..................	267
31.	2e. route de Florence à Rome, par Arezzo, Pérouse et Foligno............	277
32.	Route de Florence à Parme, par Pontremoli..	288
33.	Route de Florence à Gênes...........	294
34.	Route de Bologne à Ancône..........	298
35.	Route d'Ancône à Rome, par Lorette et Foligno........................	304
36.	Route de Rome à Naples, par les Marais Pontins.....................	308
36 bis.	Route de Rome à Terracine, par Marino et Piperno...................	315
37.	Route de Fano à Foligno et à Rome......	318
38.	Route de Naples à Bari.............	320
39.	Route de Bari à Brindes............	321
40.	Route de Bari à Tarente............	322
41.	Route de Brindes à Otrante..........	323
42.	Route de Naples à Messine..........	324
43.	Route de Messine à Palerme.........	327
44.	Plan d'un voyage en Italie avec des voiturins.....................	330
	Cartes, Manuels, Relations de voyages de fraîche date...............	332

FIN DE LA TABLE DES MATIÈRES.

TABLE ALPHABÉTIQUE

DES RELAIS DE POSTE,

ET AUTRES LIEUX DÉCRITS DANS CET OUVRAGE.

A.

Acqua-Buia, 263.
Acqua-Fredda, 209.
Acqualagna, 318.
Acquanera, 212.
Acquapendente, 267, 272.
Acqui, 163, 177.
Adda (marais de), 206.
Adria (territoire de), 239.
Adrien (ruines du palais d'), 72.
Agathe (Ste.-), 308.
Aiguebelle, 119, 124.
Airasco, 10.
Airoldi (palais), 208.
Aix, 160.
Alassio, 180.
Alba, 178.
Albano (lac), 71.
Albano (ville), 69, 71, 309, 327.
Albenga, 180, 181.
Albens, 160.
Alexandrie, 161, 163, 176, 179, 183.
Alla-Mira, 240, 242.
Alpes Apuartes, 291.
Alpes-Trentines, 223.
Alpirnbach (Cascade), 156.
Alvernia, 279.
Ambrogiana (l'), 254.
Ambroise (St.-), 134.

Amphion (source d'), 148.
Appienne (voie), 69.
Ancône, 298, 303.
Anges (Notre-Dame-des), 277, 283.
Anghiera, 198.
Annecy, 160.
Annone, 161, 179.
Antegnato, 216.
Antibes, 180.
Antoniello (St.-), 324.
Antonin (St.-), 119, 134.
Arezzano, 180.
Arezzo, 277, 279.
Ariano, 320.
Arno (vallée supérieure de l'), 278.
Arona, 159, 197, 198.
Arquata, 223.
Asdrubal (montagne d'), 319.
Aslesega, 215, 242.
Assize, 283.
Asti, 161, 163, 179, 183.
Atebelle (bois), 278.
Avellino, 320.
Averne (lac), 86.
Aversa, 308, 314.
Avigliano, 119, 134.
Auletta, 324.
Aulla, 289.

B.

Baccano, 304, 307.
Bagni-Avignoni, 271.
Bagnone, 289.
Balbiano (villa), 209.
Bardi, 190.
Barberini (jardin de), 71.
Barberini (villa), 69.
Bari, 320, 321.
Barletta, 320, 321.
Bassano, 244, 245.
Bastardo, 278.
Battaglia, 239.
Baveno, 198.
Bavino, 147.
Bayes, 86.
Beauges (chaîne des), mont. 123.
Belgirate, 147, 159.
Bellano, 207.
Bellosguardo, 53.
Benedetto (St.-), 236.
Bénédictins (couvent des), 70.
Berceto, 288.
Bergondola, 290.
Bernard (grotte de St.-), 70.
Bene, 178.
Benoît (cascade de), 127.
Bergame, 215, 216.
Bettola, 176, 289.
Biella, 136.
Binasco, 185, 187.
Birigazza, 265.
Bisbino (mont), 211.
Bioceglia, 320, 323.
Bisignano, 325.

Bocchetta (col de), 166.
Bocco-di-Fiume, 308.
Boisse (eaux minérales), 123.
Bolca, 222.
Bologne, 188, 194, 236, 261, 263.
Bolsena (lac), 273.
Bolsena (ville), 267, 273.
Bomgita-Reale, 259.
Borghetto, 241, 277, 294, 304.
Borgo-Buggiano, 258.
Borgo della Nunziata, 288.
Borgo-St.-Donino, 188, 190.
Borgo di Valsugana, 244.
Bosco (abbaye de), 165.
Boscolungo, 265.
Bout-du-Monde (le), 123.
Bozzolo, 191, 212, 213.
Bracco, 294.
Breglio, 183.
Brenta, 227, 241.
Brescello, 191.
Brescia (riv.), 218.
Brescia (ville), 215, 217, 237.
Brescian, 218.
Bretto, 224.
Brieg, 152.
Brindes, 321.
Broni, 179.
Brunette (fort), 289.
Bufalora, 136.
Buonconvento, 267.
Buonporto, 233.
Burano (île), 230.
Busseto, 190.

C.

Cace-Bruciale, 298.
Cadenobbia, 207.
Caffaggiolo, 261.
Cagli, 318, 319.
Cuille (la), 160.

Calci (chartreuse de), 259.
Calcinaia, 260.
Calderara (palais), 211.
Caldiero, 215, 222, 242.
Caldonia, 327.

TABLE ALPHABÉTIQUE.

Caliani, 241, 242.
Camaldules (monastère des), 85.
Camaldules (sanctuaire des) 279.
Camerino, 307.
Campo, 209.
Campo-Marone, 161, 176, 183, 185.
Camuccia, 275.
Caniurano, 304.
Candoglia, 198.
Cane (grotta del), 85.
Canino, 274.
Canziano, 318, 319.
Canzo, 203.
Canzo (Cornuto di), mont, ibid.
Capo d'Argine, 234, 238.
Capoue, 308, 314.
Caprarola, 275.
Caprée ou, Capri (île), 81.
Capuano, 268.
Caravaggio, 216.
Carbonaja, 322.
Carcare, 177.
Cardinale, 320.
Carignan, 178.
Carlazzo, ruisseau, 206.
Carpi, 236, 237.
Carrare, 295.
Carreggi, 53.
Carrouge, 160.
Casa-Massina, 322.
Casal, 175, 176.
Casal-Maggiore, 191.
Casal-Nuovo, 324.
Casal-Pusterlengo, 188, 212.
Cascina, 147, 255.
Case nuove, 275, 304, 307.
Caserte (château), 87, 324.
Cassano, 216.
Cassien (St.-), 267, 320.
Castel del Bosco, 254.
Castel-Franco, 244, 245.
Castel-Gandolfo, 69, 71.
Castel-Grandelfo (lac), 316.
Castel-Guelfe, 188, 191.
Castel-Nuovo, 215, 242, 277.
Castel-Pucci, 53.
Castellaro, 240.
Castello, 53, 261.
Castello (grottes de), 219.
Castello (lac), 71, 316.
Castelluccio, 324.
Castelluchio, 212.
Castevoli, 290.
Castiglioncello, 267.
Castiglione, 237.
Castrovillari, 324.
Catania, 329.
Catajo, 237.
Cattolica (la), 298, 301.
Cava (la), 84.
Cavernago, 215.
Cavoli (grotte), 224.
Cé (porte de) 149.
Ceglie, 322.
Cellino, 323.
Celso, 324.
Cento, 234.
Cento Camerelle, 86.
Centale, 183.
Ceramède (mont), 204, 209.
Cernobio, 211.
Cerro, 278.
Cesame, 8.
Cesenatico, 246, 247.
Cesène, 298, 300.
Cesto Calende, 147.
Chahlaix, 160.
Chaille (passage de la), 121.
Chambéry, 119, 122, 160.
Chambre (la), 125.
Champs-Élysées (les), 86.
Chapelle (la), 119.
Charles (St-), 234, 235.
Charmettes (les), 123.
Chartreuse (la), 53, 187.
Château-Saint-Jean, 179.
Chaumont (côteaux de), 131.

29 *

Chiana (lac), 281.
Chianciano, 280.
Chiandola (la), 184.
Chianti, 269.
Chiari, 216.
Chiavari, 294, 297.
Chieri, 162.
Chiusa (fort), Veronais, 219.
Chiusa (la), 252, 253.
Chiusi, 280.
Chivasco, 136, 175.
Cigliano, 136.
Cicognolo, 212.
Ciogo (mont), 262.
Ciriguola, 320.
Cisa, 289.
Cisterna, 308, 310.
Civita-Castellana, 277, 287, 304.
Civita-Vecchia, 317.
Codroipo, 249, 251.
Colfiorito, 305, 307.
Colico (marais de), 212.
Colle, 267.
Colletta (la), source min., 211.
Colona, 210.
Colonna (palais), 70.

Colombarolo, 215.
Colorno, 191, 293.
Comacchio (marais de), 247.
Côme (lac de), 204.
Côme, ville, 196, 201.
Concordia (la), 233.
Conegliano, 249, 251, 252.
Coni, 183.
Copertino, 323.
Coquembin, 150.
Core, 316.
Cori, 310.
Corneto, 317.
Corrège, 192.
Cortone, 280.
Cosenza, 324, 325.
Cosi, 287.
Cosino (St.-), 70.
Covigliajo, 261.
Cremone, 212, 213.
Crescentino, 175.
Crevalcuore, 233.
Crevola, 157.
Croce (santa), 249.
Croix (Ste.-), 251.
Curiaces (tombeau des), 309.
Cusani (villa), 204.

D.

Dalmaze (bourg St.-), 183.
Dazio, 156.
Dego, 177.
Demona (vallée de), 329.
Dentecane, 320.
Desenzano, 215.
Desio, 204.
Diable (montagne du), 225.
Divedro (val), 156.

Doccia (della), 261.
Dolo, 215, 228, 238.
Domaso, 203, 206.
Domo d'Ossola, 147, 157.
Dovaine, 147.
Drosi, 324.
Duchessa, 324.
Dungo, 206.
Dusino, 161, 179, 183.

E.

Échelles (bourg), 121.
Échelles (montagne des), ib.
Échelles de Savoie (les), 119.

Échelles (pas des), 319.
État-Romain.
Emissario (canal), 72.

TABLE ALPHABÉTIQUE.

Empoli, 54.
Epierre, 125.
Epopeo (mont.), 88.
Ermitage (St.-), 279.

Este, 240, 241.
Etna (volcan), 329.
Euganei (monts), 223.
Evian, 146, 147.

F.

Faenza, 298, 299.
Faenza (canal de), 247.
Fajola, 315, 316.
Falerne (montagne de), 513.
Fano, 298, 302.
Fasano, 321.
Fasara (lac), 86.
Fedelino (San), 206.
Felissano, 161, 179.
Felix (St.-), 160.
Fenestrelles, 9.
Ferrare, 234, 235, 238.
Fiesole, 53.
Figline, 278.
Filattiera, 290.
Filigare, 193, 261.
Finale, 180.
Fiorenzola, 188, 190.
Fivizzano, 289.
Fiumara di Muro, 324.
Fiume di Latte, 208.
Florence, 44, 258, 265.
Foggia, 321.
Foligno (vallée de), 307.

Foligno (ville), 277, 283, 304, 318.
Folsa, 317.
Fondi, 308, 312.
Fondico-del-Fico, 324.
Fontebuona, 261.
Forli, 298, 299.
Forlimpopoli, 299.
Formianum, 313.
Formigine, 265.
Fornacette, 254.
Fornaci, 246.
Fortnuovo, 288, 291.
Fossano, 178.
Fossombrone, 318.
Fourneaux (les), 126.
Frauco, 126.
Francolino, 238.
Frangy, 160.
Frascati, 70.
Frissinoue (cascade), 156.
Furlo, 318, 319.
Fusina, 215, 238, 240.

G.

Gallipoli, 322, 323.
Galluzo (Chartreuse de), 267.
Gambetta, 161, 179, 183.
Garde (lac), 218.
Garigliano, 308, 313.
Gavi, 165.
Géants (temple des), 86.
Gênes, 161, 168, 176, 183, 294.
Genève, 138.
Gensano (couvent et lac), 69.
Gensano (ville), 308, 309.
George (St.-), Bolonais, 234.

George (St.-), Piémont, 134.
George (St.-), Savoie, 119.
Gera, 206.
Germain (St.-), 136.
Giacomo (San), 284.
Giaglione (Combe de), 132.
Giardino, 293.
Giaveno, 135.
Gingoulph (St.-), 147, 149.
Gioja, 322.
Giovanni (San), îles, 200.
Giovanni (St.-), villa, 324.
Giovenazzo, 320.
Giulia di Vinini (villa), 208.

Goito, 237.
Goritz, 249, 250, 251.
Goro (Pô di), 246, 247.
Gothard (hospice du St.-), 12.
Gothard (passage du St.-), 11.
Governolo, 233, 234.
Gradisca, 249, 250, 251.
Gravedona, 206.
Gresivaudan (vallée du), 124.

Grianta, 207.
Grigna (mont), 204.
Grosgallia (rochers), 210.
Grosseto, 270.
Grotta Ferrata, 70, 71.
Grotta-Minarda, 330.
Grotte (montagne de la), 121.
Gualdo, 318.
Gualdo-de-Nocera, 319.

H.

Halla, 241, 242.
Herculanum (ruines de), 87.

Hilaire (St.-), 188.

I.

Ile-Belle, 197. (*Voyez* Isola-Bella.)
Ile-Mère, 200, 201.
Imbrogiana (l'), 54.
Imola, 298.
Improneta (l'), 267.
Incisa, 277.
Ischia (île), 88.

Isella, 156.
Isère (vallée de l'), 124.
Isola-Bella, 158, 199.
Isola-Madre, *ibid.* (*Voyez* Ile-Mère.)
Itri, 308, 325.
Ivrée, 136.

J.

Jean (St.-), 278.
Julien (St.-), 126.

Julien (bains de St.-), 259.

K.

Kaltwasser (glacier), 153.

L.

Lago negro, 324.
Lans-le-Bourg, 119, 127.
Lapeggi, 53.
Lastra, 254.
Laurent-Neuf (St.-), 272.
Lauria, 324.
Laveno, 196, 197.
Lavenza, 294, 295.
Lecce, 323, 324.
Lecco, 203.
Legnago, 219, 240.

Legnone (mont), 204.
Leinate, 159.
Lenno, 209.
Lerici, 296.
Leuck, 152.
Levane, 277.
Limone, 183.
Limonta, 209.
Linea Pia, 310.
Lipari (îles), 227.
Livourne, 254, 257.

Lodi, 180, 188, 189, 212.
Lojano, 261.
Lombardie (plaine de la), 135.
Lorenzo (San), 209, 212.
Lorenzo-Nuovo (St.-), 267, 272.
Lorette, 304, 305.

Lucie (Ste.-), 327.
Lucio (St.-), 88.
Luco (lac), 286.
Lucques, 258.
Lucrino (lac), 86.
Luizet, 160.
Luni, 295.

M.

Macerata, 304, 306.
Magliano, 287.
Magnavacca, 246.
Mairana, 189.
Majeur (lac), 158, 197.
Malafrasca, 278.
Malalbergo, 234, 238.
Malamocco (île), 230.
Malborghetto, 277.
Malo-Grotta, 317.
Maltaverne, 119.
Manfredonia, 321.
Mantoue, 212, 213, 233, 234.
Marais-Pontins, 310.
Marcello, 265.
Mare Morto (lac), 86.
Marengo, 164.
Maria (Santa), 314.
Marigliano, 320.
Marignan, 180, 188, 212.
Marin (St -), 301.
Marino, 69, 315, 316.
Marmora (cascade de), 285.
Marotta (la), 298.
Marque, 150.
Martigny, 147, 150.
Martin (St -), 9.
Maruti, 315.
Masone, 157.
Massa (Siennois), 267.
Massa (ville et duché), 234, 294, 295.
Matina d'Alto Monte, 324.
Matterana, 294.

Maurice (St -), 147, 149.
Maurienne (St.-Jean-de-), 119, 125.
Maurienne (vallée de la), 128.
Mazara (vallée de), 329.
Mazorbo (île), 230.
Meillerie, 148.
Mendrisio, 203.
Mentone, 180.
Mesa, 308.
Mesagne, 321, 323.
Mesaro, 246.
Messine, 324, 326.
Mestre, 244, 249, 251, 252.
Michel (St.-), 119, 126.
Michel (mont de St.-), 134.
Micheli (San), île, 200.
Midi (dent du), 150.
Milan, 40, 136, 147, 180, 185, 196.
Milet, 325.
Mincio (riv.), 219.
Miniato (St.-), 53, 254.
Mionaz, 160.
Mira (la), 228.
Mirandole (la), 233.
Misène, 86.
Modane, 119, 126.
Modène, 188, 192, 233, 236, 265.
Mola, 321, 322.
Mola di Gaeta, 308, 313.
Molaret, 119.
Moleto, 257.

Monaco, 180, 181.
Moncalderi, 39.
Mondovi, 178.
Mondragone (villa), 70.
Monopoli, 321.
Monselice, 238, 239, 240, 241.
Montagnana, 240.
Montalcino, 271.
Montaroni, 267.
Mont-Cenis, 119.
Mont-Cenis (gorge du petit), 130.
Mont-Cenis (lac du), *ibid.*
Mont-Cenis (village), *ibid.*
Mont-Cenis (plateau du), *ib.*
Monte, 260.
Montebaldo, 219.
Monte-Barbaro, 86.
Montebello, 215, 242.
Montecarelli, 261.
Montecatini (bains de), 259.
Monte Cavo, 69.
Montecenere, 265.
Monte-Chiaro, 237.
Monte di Fo, 262.
Monte-Ferrato, 261.
Montefiascone, 267, 274.
Monteleone, 324, 325.
Montelupo, 54.
Monte-Nuovo, 86.
Monte-Oliveto, 53.
Montepulciano, 271.
Monteroni, 317.
Monterosi, 267, 275.
Montevarchi, 278.
Monte di Vico, 88.
Mont-Genèvre (passage du) 6.
Montmélian, 119, 123.
Mont-Rose, 157.
Moranzano, 228.
Morcle (dent de), 150.
Murano (île), 230.
Musso (château de), 206.
Myans (abîmes de), 123.

N.

Naples, 75, 308.
Nardo, 323.
Narni, 277, 286, 304.
Nemi, 69.
Nemi (lac), 72, 309.
Nepi, 288, 304.
Neptune (grotte de), 72.
Nera (riv.), 285.
Néron (bains de), 86.
Nervi, 297.
Nesso (cascade de), 210.
Nicastro, 324.
Nice, 180, 181, 183.
Nicolas (St.-), 298.
Nivolet (dent de), 123.
Nocera, 318, 319.
Nocera di Pagani, 324, 325.
Nogaredo, 251.
Nola, 89.
Noli, 180.
None, 10.
Noto (vallée de), 329.
Novare, 136, 137.
Noventa, 228.
Novi, 161, 165, 176, 183, 185, 236.
Nymphées (les), 69.

O.

Oneille, 180, 181.
Ordona, 320.
Orfengo, 136.
Orrido-di-Bellano (cascade 207.
Orviète, 273.

Osimo, 305.
Osio, 215.
Ospitaletto, 252.
Ossaja, 281.
Ossenigo, 244.

Osteria della Rotonda, 324.
Ostiglia, 234.
Ostuni, 321, 324.
Otrante, 322, 323.
Otricoli, 277, 287, 304.

P.

Padoue, 215, 225, 238, 240, 242.
Pæstum (ruines de), 84.
Palantone, 234.
Palazzolo, 215, 216.
Palazzuola (couvent), 69.
Palerme, 327, 328.
Palestrina, 70.
Palma-Nuova, 249, 250.
Palo, 283, 307.
Pancarara, 185.
Pancrace de Barbarano (St.-), eaux minérales, 224.
Pantalone, 301.
Pare, 208.
Parme, 188, 288, 291.
Passignano, 267, 281.
Paterno (mont), 195.
Patti, 327.
Paule, 265.
Pavie, 185, 186.
Pêcheurs (île des), 158.
Pellegrino, (mont), 328.
Pergine, 244.
Peri, 241, 242.
Perlasca, 211.
Pérouse, 277, 281.
Perouse (la), 9.
Pertuggio della volpe (grotte), 211.
Pesaro, 298, 301, 318.
Pescatori, ou île des Pêcheurs, 200.
Peschiera, 219.
Pescia, 259.
Petraïa (la), 53.
Petrano (mont), 319.
Philippo (St.-), 271.

Piano Asinatico, 265.
Pianoro, 261, 263.
Piastre, 265.
Piazza (la), 69.
Pienza, 271.
Pietramala, 262.
Pietrasanta, 294, 295.
Pietro di Mileto (St.-), 324.
Pieve a Paule, 265.
Pignerol, 9.
Piona, lac, 206.
Pioverna (cascade de), 207.
Piperno, 315, 316.
Pise, 254, 255, 258, 288, 294.
Pissevache (cascade de), 150.
Pistoie, 258, 260.
Pizzighittone, 212, 213.
Plaisance, 179, 188, 189.
Pliniana (la), 203.
Poderina, 267.
Poggibonsi, *ibid.*
Poggio a Cajano, 260.
Poggio alli Scali, 279.
Poggio Imperiale, 53, 267.
Poirino, 161, 162, 179, 183.
Polvaccio, 295.
Pompeia (ruines de), 87.
Ponte alla Trave, 304.
Ponte di Bovino, 320.
Ponte-Centino, 267, 272, 318.
Ponte-d'Era, 255.
Ponte Grosso, 319.
Ponte Maggiore, 308.
Ponte-Milvio, 276.
Ponte-Molle, *ibid.*
Pontremoli, 289, 290.
Pont-St.-Marc, 215.

Pordenone, 249, 251.
Porretta, 193.
Portici, 87.
Port-Maurice, 180.
Porto-Venere, 296.
Pouzolles (grotte et ville), 85.
Prato, 258, 259, 265.

Pratolino, 262.
Prés (val des), 6.
Prima porta, 277.
Primaro, 246, 247.
Primolano, 244.
Procida (île), 88.

Q.

Quaita (villa), 207.
Quatordio, 183.

Quierasque, 178.
Quistello, 233.

R.

Racconis, 178, 183.
Radicofani, 267, 271.
Ramasse (la), 129.
Rapallo, 294, 297.
Ravenne, 246, 247.
Recanati (montagne), 306.
Recanati, ville, *ibid.*
Recco, 294, 297.
Recoaro (eaux minérales), 224.
Reggio, 188, 191, 325.
Remo (St.-), 180.
Rho, 147, 159.
Riccardi (villa), 254.
Riccia (la), 69, 72, 309.
Ricorsi, 267.
Riddes, 147.
Rignano (marche d'Ancône), 304.
Rignano (Patrimoine de St.-Pierre), 277.
Rimini, 246, 298, 300.

Ripa, 203.
Ripaille (couvent de), 147.
Rivoli, 119, 135.
Rocca di Papa, 69.
Roccella, 327.
Rogliano, 324.
Romano (St.-), 255.
Rome, 54, 267, 277, 304.
Ronca, 222.
Ronciglione, 267.
Rondani (villa), 207.
Rosboden (glacier), 154.
Rouche (la), torrent, 130.
Roverbella, 241.
Roveredo, 241, 242, 243.
Rovigo (Polésine de), 239.
Rovigo (ville), 238, 239.
Rubiera, 188.
Rufinella, 70.
Rumilly, 160.

S.

Sacile, 251, 252.
Sala ou Salo, 219, 227, 324.
Salanche (cataracte), 150.
Salerne, 84, 324, 325.
Salvador (San-), ermitage, 83.
Salvadore (St.-), 176.
Sambuca, 267.
Sambuchetto, 304.

Samoggia (la), 188, 233, 236, 265.
San-Germano (bains de), 89.
Sanguinetto, 240, 281.
Saorgio, 184.
Sapalto, 289.
Sarzane, 288, 294, 295.
Sassina (val), 207.

Sassuolo, 193.
Savigliano, 178, 183, 298, 300, 320.
Savio, 246.
Savoie (combe de), 124.
Savone, 177, 180.
Scala (la), 254.
Scarena, 183, 184.
Scarena (montagne de), 184.
Scarperia, 262.
Scheggio, 318, 319.
Scigliano, 324.
Sciglio, 325.
Scylla, *ibid.*
Sedriano, 136.
Seminara, 324, 325.
Seravezza, 295.
Serbelloni, 208.
Seriano, 196.
Sermonetta, 315.
Serponti (villa), 208.
Serra (la), 265.
Serravalle, 304, 307.
Sessa, 314.
Sesto, 159, 196.
Sestri-di-Ponente, 180, 297.
Sestrières (col de), 8.
Settimo, 53, 136, 175.
Severa (Santa), 317.
Sezze, 316.
Sforzesca (canal), 137.
Sibylle (grotte de la), 86.
Sienne, 267, 269.
Sierre, 147, 151.

Sigillo, 318, 319.
Signa, 53.
Simpeln, 147, 153.
Simplon (mont), 152.
Sinigaglia, 298, 302.
Sion, 149, 151.
Sirmio (presqu'île), 219.
Sirocco (vent), 73.
Solani (Passo dei), 324.
Solanto, 327.
Solfatara, 89.
Solfatara (Ponte della), 72.
Somma (la), mont., 285.
Sonego (lac), 218.
Soratte (mont), 295.
Sorbelo, 191.
Sospello, 183.
Spelonca (mont), 281.
Spezia (la), 294, 296.
Spigno, 177.
Spilimberg, 252, 253.
Spolète (vallée de), 283.
Spolète (ville), 277, 284, 304.
Stabia (ruines de), 87.
Storta (la), 267, 304.
Stra, 228, 240, 242.
Strettura, 277, 304.
Strona (grotte), 210.
Stupinis, château, 39.
Subiaco, 70.
Sulpi, 321.
Superga, 39.
Suze, 119, 133.
Syracuse, 329.

T.

Tanaglie, 318.
Tarantaise (vallée de la), 124.
Tarente, 322.
Tavernelles (les), 265.
Tavernettes, 130.
Terenzo (St.-), 288.
Termignon, 127.
Terni (vallée), 286.

Terni (ville), 277, 285, 304.
Terracine, 308, 311, 315.
Terrarossa, 288.
Tessin (rivière), 137.
Teverone (cascade et cascatelles de), 72.
Teverone (rivière), 289.
Tende, 183.
Thibaud-de-Coux, 119.

Thonon, 147.
Tibre (fleuve), 54.
Tindaro, 327.
Tivano, 205.
Tivoli (conffeti di), ibid et 73.
Tivoli (ville), 70, 72.
Toccia (rivière), 158.
Todi, 287.
Tolentino, 304, 306.
Torcello (île), 230.
Torno, 211.
Torre-Fioralisi, 308.
Torre di Mezza via, 308, 315.
Torre della Nunciata, 324.
Torre di tre Ponti, 308, 310.
Torretta (la), 294.
Torricella, 277.
Torrinieri, 267.

Tortone, 176, 179, 185.
Tosa, 327.
Tottuccio, 290.
Tourtemagne, 147, 152.
Tradate, 196.
Tramezzina (contrée), 209.
Trani, 321.
Trapani (mont), 328.
Trapani (ville), 329.
Trebbia, 179.
Trente, 241, 243, 244.
Tretto (mines de), 225.
Trevi, 284.
Trévise, 244, 245, 249, 251, 252.
Trieste, 249, 250.
Trino, 175, 176.
Trufarello, 161, 162, 179.
Tusculum (ruines de), 70.
Turin, 88, 119, 177, 178.

U.

Udine, 251.
Uffente (rivière), 311.

Urbain (fort), 193.
Urbin, 301, 318, 319.

V.

Valcamonica, 218.
Valcimara, 304, 306.
Valence, 164.
Valentin, 162.
Valenza, 325.
Wallombreuse, 278.
Vaprio, 215.
Vara (St.-André de), 289.
Varaggio, 180.
Varena, 207, 208.
Varèse, 196, 197, 203.
Varrone (rivière), 207.
Vayes, 134.
Velino (rivière), 285.
Velleia (ruines de), 190, 293.
Velletri, 308, 309, 315.
Venerie (la), 39.

Venanzio (St.-), 265.
Venaus (avalanche de), 131.
Vene (le), 277, 304.
Venise, 215, 228, 238, 240, 242, 251, 252.
Venzone, 252, 253.
Verano, 203.
Verceil, 136, 137.
Vergara (forêt), 244.
Verney (le), 119.
Vérone, 215, 219, 241, 242.
Veronetta, 219, 221.
Vésuve (mont), 82.
Vézelles (gorges des), 156.
Viareggio, 294.
Vicense, 215, 223, 242.
Vicenza, 324.

Vico (lac), 275.
Viege, 147, 152.
Vietri, 84.
Vigne de la Reine, 39.
Villa, 157, 209.
Villanova, 162.
Villa Pliniana, 210.
Villefranche, 162, 180.
Vintimille, 180.
Vionnaz, 147.
Viterbe (montagne de), 267, 275.
Viterbe (ville), 267, 274.
Vito (St.-), 321.
Vogadro (St.-), 252.
Voghera, 179, 185, 186.
Vogogna, 147.
Volano (porto-di), 246.
Volarni, 241, 242.
Voltaggio, 161, 165, 176, 183, 185.
Volterra, 267.
Voltri, 180.

Z.

Zoccolanti (couvent des), 69.
Zorlesco, 180.
Zwischbergen (torrent), 156.

FIN DE LA TABLE ALPHABÉTIQUE.

ITINÉRAIRE
DU ROYAUME DE HONGRIE,
ET DE TURQUIE.

MANIÈRE DE VOYAGER.

État des postes, voituriers, notes instructives, et remarques qui intéressent les voyageurs dans leur tournée.

TARIF de ce qui se paye aux postes de Hongrie, Esclavonie, du Bannat et de la Transylvanie, etc.

REMARQUES.	Nombre de postill.	Nombre de chevaux.	POSTES.					
			Simple poste.		Poste et demie.		Double poste	
			fl.	kr.	fl.	kr.	fl.	kr.
	1	2	»	15	»	22½	»	30
Le pour-boire aux postillons.	1	3	»	22	»	33	»	44
	1	4	»	30	»	45	1	»
	2	6	1	»	1	30	2	»
Graissage pour une chaise de poste fournie par le maître de poste.								
Pour celui qui a graissé une chaise appartenante au voyageur	»	»	»	4	»	4	»	4
Lorsque ce même homme fournit la graisse pour cette opération, il lui revient en tout	»	»	»	12	»	12	»	12

HONGRIE, TURQUIE.

Les étrangers qui voyagent en Hongrie, Esclavonie, Transylvanie, etc., doivent faire grande attention aux nuits de ces contrées; car quoiqu'il fasse fort chaud pendant le jour, et même une chaleur brûlante, il arrive souvent que les nuits y sont d'un froid excessif. Il est nécessaire de se précautionner contre cette différence de température; ne point aller le soir en habit léger, tête nue, surtout n'être pas légèrement vêtu lorsqu'on voyage la nuit. Il ne faut pas non plus laisser ouvertes, la nuit, les fenêtres de la chambre où l'on couche. Il faut en général se vêtir comme si l'on était dans une contrée très-froide, pour se garantir du froid pernicieux des nuits, si l'on veut conserver sa santé.

On trouve en Hongrie d'excellent vin, de très-bons fruits, de bon bœuf, bonne volaille et bonne venaison. L'étranger qui n'est pas habitué à la nourriture de ce pays, doit en user sobrement dans les premiers temps. Les vins de Hongrie sont forts, très-spiritueux et échauffent le sang. La viande grasse du bœuf et de la volaille peut aisément déranger l'estomac des personnes qui n'y sont pas habituées. Le voyageur fera sagement d'être sur ses gardes, surtout dans les premiers temps, de n'user qu'avec modération des productions séduisantes de ce pays, parce que, quelque sains et fortifians que soient les viandes, les vins et les fruits de la Hongrie lorsqu'on en use sobrement, ils deviennent pernicieux, si l'on en use immodérément.

Dans la Gallicie et la Bukowine, les auberges du plat pays ne sont pas encore bien montées. Les voyageurs qui se trouveront dans le cas de traverser ces provinces, feront bien de se pourvoir de vin, de provisions de bouche froides, de chocolat, de thé, de couvertures et d'autres choses nécessaires; sans quoi ils se trouveront souvent exposés à souffrir de la faim, à manquer des choses indispensables, et à ne trouver autre chose que de la paille pour se coucher.

Si l'on fait la route de Constantinople par la Hongrie, le cours des postes ne se compte plus par milles, mais par la distance de chemin que peut faire un chameau dans une heure. Il se trouve toujours des chevaux prêts aux stations de poste désignées, pour le service des courriers, afin qu'ils arrivent au temps et à l'heure marqués à chaque station. Le cours ordinaire des postes cesse à Andrinople. Les courriers sont alors obligés de conclure des marchés avec les propriétaires des chevaux, ce qui naturellement coûte plus que la poste. Il faut s'arrêter vers le midi pour qu'ils mangent, et le soir on arrive à la couchée. Il faut que les courriers soient munis de passe-ports, et on leur donne un ou plusieurs janissaires pour les escorter.

TABLEAU
DES POIDS, MESURES ET MONNAIES.

POIDS.

Hongrie. — Voyez, pour ce qui regarde le poids le plus en usage en Hongrie, l'article du poids de Vienne.

Constantinople. — Le quintal ou *cantaar* de Constantinople, a $7\frac{1}{3}$ *batmans*, et répond à 115 livres de Hambourg.

Cantaar.	Batman.	Oka.	Lodra ou *Rottel*.	Yusdromes.	Drachmes.
1	$7\frac{1}{3}$	44	100	176	17,600
	1	6	»	24	2,400
		1	»	4	400
			1	»	176
				1	100

L'*oka* vaut un peu plus de 3 liv. 2 onces poids de Marseille, ou 1,239 grammes.

1 *metecal* ou *mitcal*, a 1 drachmes $\frac{1}{2}$ 24 *killats* ou 96 grains. 1 *drachme* ou *dramm*, a 16 killats ou 64 grains; 1 killat a 4 grains.

MESURES LINÉAIRES ET DE CAPACITÉ.

Voyez, pour ce qui regarde les mesures le plus en usage en Hongrie, l'article des mesures de Vienne, Itin. d'Allem.

L'aune de Constantinople se nomme *pick*; on la divise en petite et en grande. La petite s'appelle *belledy*; on s'en sert pour les étoffes de laine et de coton; elle a 272 lignes, ancienne mesure de France, ou 68 centimètres de la nouvelle; il en existe en outre une pour les étoffes de soie, qui va à peine à 2 pieds, ou 65 centimètres; la grande a 2,966 anciennes lignes de France, ou 76 centimètres et demi.

Pour mesurer les liquides, on se sert de *meters* et d'*almas*. Le *meter* est du poids de 8 *okas*.

On mesure les choses sèches et les grains aux *killots* ou *kislos*. Le quillot pèse 22 *okas*, et $4\frac{1}{2}$ quillots font la charge de Marseille.

HONGRIE, TURQUIE.

MONNAIES.

Hongrie. — Les espèces d'or et d'argent qui ont cours dans les autres états de S. M. Impériale, ont aussi cours en Hongrie.

Risdaler. (Egistaller.)	Florin. (Nemecsky-Zlaty.)	Schustack.	Grotch. (Garus.)	Polturat.	Kreytzár.	Groshongrois (Penz-Kralovszky.)
1	2	20	40	80	120	200
	1	10	20	40	60	100
		1	2	4	6	10
			1	2	3	5
				1	1½	2½
					1	1⅓

Le florin hongrois (*Uherszky-Zlaty*) a cours pour 17 ½ garas.

Ducats de Kremnitz. — Les ducats de Kremnitz portent d'un côté l'effigie de l'empereur. Le revers représente dans une gloire l'effigie de la Vierge couronnée, tenant d'une main le sceptre, et de l'autre l'enfant Jésus qui tient un globe. Elle a sous ses pieds un croissant, au-dessus duquel est l'écusson des armes de Hongrie; la légende est composée de ces mots : *Patrona regni Hungariæ*, et du millésime. Ces ducats sont fabriqués à la taille de 67 au marc de Cologne, et au titre de 23 karats 7 grains.

Constantinople. — On compte en Turquie par *piastres* de 100 *minès* ou *aspres*. Le *jux* ou *juk* est composé de 100,000 aspres, et la bourse ou *chise*, contient 500 piastres. La bourse doit peser 2,812 ½ drachmes, soit qu'elle soit composée de piastres ou d'izelotes, à peu près 1,000 francs, nouvelle monnaie de France. Le titre de l'or se divise en 24 karats, et le karat en 4 grains; le titre de l'argent se divise en 100 karats, et le karat en 4 grains.

Espèces d'or. — Le sequin, *Zermahboub*, dont la valeur fixe est de 3 piastres, et le titre de 19 karats ¼, = 10 liv 14 s. ancien argent de France. Le *nisfie* ou demi-zermahboub, qui a cours pour une piastre et 20 paras, c'est-à-dire 1 piastre ½. Le *roubbié* qui a cours pour 1 piastre, = 3 liv 11 s. 4 d. Il y a un agio établi de 8 à 12 *paras* sur chacune de ces espèces, qui varie suivant le plus ou le moins de demandes, et qui est communément le même sur l'une ou l'autre indifféremment, nonobstant la grande différence de leur valeur fixe, parce qu'il se fabrique moins de *nisfiés*, et encore moins de *roubbiés*, que de *zermahboubs*. Cent zermahboubs, deux cents nisfiés, ou trois cents roubbiés, doivent peser 82 drachmes ½. On trouve encore dans le commerce quelques-uns des sequins ou *sultanins* appelés *foundoucs*, que Mustapha fit retirer en 1769, et convertir en zermahbouds. Ces *foundoucs* ont cours pour 5 piastres.

Espèces d'argent. — L'*allmohlec* ou pièce de 60 paras, = 5 liv. 6 s. ancien argent, ou 5 fr. 2 cent. nouvelle monnaie de France. Le *grouch* ou *piastre* a cours pour 40 paras ou 120 aspres, = 2 fr. 1 cent. nouvelle monnaie de France. La *zolota* ou *izclote* a cours pour 30 paras, ou 90 aspres. Le *yaremlec* a cours pour 20 paras, ou 60 aspres. Le *roubb* ou *olik* a cours pour 10 paras, ou 30 aspres. Le *beslik* ou pièce de 5 paras, a cours pour 15 aspres. Le *para* a cours pour 3 aspres; il équivaut à 5 cent. nouvelle monnaie de France. L'*aspre* a cours pour 4 *maenkurs* ou *gindukj*.

Les monnaies de Turquie ne portent ni l'effigie, ni les armes du grand-seigneur; le millésime est l'année de l'hégire dans laquelle le sultan est monté sur le trône; il ne change point pendant la durée de son règne, mais l'année de la fabrication, c'est-à-dire l'année de son règne, dans le cours de laquelle ces espèces ont été fabriquées, y est marquée. Les empreintes de ces monnaies représentent au surplus des chiffres et des légendes en caractères turcs, dont il est impossible de faire une description assez exacte pour mettre les lecteurs à portée de les reconnaître.

TABLEAU DES CAPITALES.

PRESBOURG. Long. 14° 46′ 0″ (de Paris.) Lat. 48° 8′ 50″. Pop. 26,000 habitans.

Édifices remarquables et curiosités. — Les principaux sont : l'église paroissiale : c'est dans cette église que se fait le sacre du roi; sur le maître-autel la statue équestre de saint Martin, ouvrage de Donner : dans la chapelle d'Esterhazy, une belle statue, par ce même artiste; le palais du gouverneur, la chancellerie royale, le palais du commandant-général, le grand théâtre, avec une salle de danse et un beau café; les greniers publics, la caserne, la montagne royale, ou le *Kœ-nigsberg* sur laquelle monte le nouveau roi, après son couronnement; le château royal : ce château est digne d'être remarqué, surtout le grand escalier; on y jouit d'une vue délicieuse; le palais de Bathiany, et dans le faubourg, le jardin de ce prince; la maison de *Wachtler*, la coupole de l'église de Sainte-Élisabeth. Le Danube a ici 125 toises de largeur. La ville de Presbourg se divise en deux parties; savoir, la ville proprement dite, et le bourg, le *Schlossgrund*, qui appartient au comte de Palfy.

Établissemens littéraires et utiles. — L'académie catholique; le gymnase luthérien; les écoles normales. — Les cabinets de lecture de *Schewiger* et de *Weissenthal*.

Collections, cabinets. — Les bibliothèques et les cabinets d'histoire naturelle du comte d'Erdoedy et de M. de Somsitz. Le cabinet de coquillages, chez l'apothicaire à l'Écrevisse rouge.

Promenades, jardins. — Les principales sont : la promenade à l'Île, près du pont volant; la promenade aux moulins; la promenade devant le grand-café, vis-à-vis le palais Bathiany (le rendez-vous du beau monde). Les jardins des comtes d'Erdoedy, de Groschalkowitz, etc.

Spectacles, amusemens. — Comédie allemande; opéra; académies de musique; combats de bêtes; bals publics; le casino; les cafés publics.

Environs. — Le château de *Lanschitz* (les appartemens, les collections, les jardins, etc., tout mérite d'être vu et admiré). Le château d'*Esterhazy*. (Voyez *Beschreibung des Lustschlösser Esterhazy in Ungarn. Presburg.* 1784.) Ce château est situé à 3 lieues d'Œdenbourg, sur les bords du lac de Neusiedel; c'est un palais vaste et assez bien bâti; les jardins sont beaux, le théâtre est élégant; mais comme actuellement le prince réside principalement à Eisenstadt, on y a transporté la plus grande partie du mobilier. Sur les bords du lac il y a des caves pour conserver les vins d'Œdenbourg. (Œdenbourg est une ville antique, mais ses faubourgs contiennent de très-jolies maisons. La population est de 12,000 âmes, et la vente de ses vins, qui jouissent d'une haute réputation, de son bétail, et du miel, est très-considérable.

Livre qui peut servir de guide. — *Korabinszky's Beschreibung der königl. ungarischen Haupt-Frey-und Krönungsstadt Presburg.* Presburg, 1784, 4 vol.

Distances. — De Presbourg à Vienne, 10 milles, à Brünn 20, à Œdenbourg 8, à Bude 26, à Comorn 15, à Raab 9, à Tyrnau 6, à Eperies 47.

CONSTANTINOPLE.

Long. A Ste.-Sophie, 46°. 36'. 15". (Île de Fer). *Lat.* 41°. 1'. 30". *Population*, 1,500,000 âmes, en y comprenant les faubourgs de *Galata*, de *Péra* et de *Scutari*, le long du canal de la mer Noire. (D'autres ne portent sa population qu'à 400,000 âmes.)

Édifices remarquables, curiosités. — On remarque : 1°. les grandes places ; la principale et la plus belle est celle du sultan Achmet, l'ancien Hippodrome, au milieu de laquelle il y a deux superbes pyramides de marbre ; l'une est chargée de hiéroglyphes, l'autre est sans ornement. Leurs bases sont posées sur quatre grands globes de marbre, qui reposent sur un piédestal carré. Dans cette même place, on aperçoit cette colonne fameuse, l'une des dépouilles du temple de Delphes, transportée par Constantin dans sa capitale : elle est formée de trois serpens entrelacés, et dont les têtes soutenaient ce trépied d'or que les Grecs offrirent à Apollon dans le temple de Delphes, après la défaite de Xerxès. Ce monument est un des plus authentiques de l'antiquité. La place du sultan Bajazet n'est pas tout-à-fait aussi grande que la première ; mais sa situation est admirable, au-dessus d'une des sept montagnes, sur lesquelles Constantinople est bâtie, comme Rome ; elle est décorée de quelques grands bâtimens : on y tient aussi des foires qui attirent beaucoup de marchands, et elle est sur le chemin qui conduit directement à la sublime porte. Sur la place d'Abla-Sultana, devant le sérail, il y a une grande quantité d'énormes colonnes de marbre couchées sur la terre. Il y a aussi deux lions faits d'un seul bloc de marbre. — 2°. Les deux anciens aqueducs, dont l'un peut être parcouru à cheval et à couvert dans toute sa longueur, amenant de trois lieues le fleuve Hydralis. — 3°. les Bazars : ils contiennent divers rangs de boutiques, dont chacun appartient à un commerce ou à un métier particulier. On en ferme toutes les nuits les portes, et on y met une garde. Chaque Bazar a un aga ou un surintendant. Les Bazars les plus considérables sont le Bit-Bazar, près du vieux sérail, et le Sandal-Balistan, vis-à-vis les rues des fourreurs. — 4°. Les Kans ou Hans : ils servent de demeure et de magasins aux marchands étrangers. Ils ressemblent beaucoup aux couvens des moines chrétiens. Ce sont des cloîtres ouverts sur une place ou cour intérieure, dans lesquels chaque marchand étranger a une petite chambre pour coucher, avec un cabinet, et, au-dessus, une ou deux pièces pour ses marchandises : il y a aussi au-dessous de ces cloîtres de grandes caves. Ces Kans sont exactement fermés et gardés pendant la nuit.

Les principaux Kans sont, le Kan du Visir, le nouveau Kan et celui de la Sultane-Mère. —5°. Les mosquées : elles sont les édifices les plus grands et les plus magnifiques de Constantinople. Toutes les villes du monde ensemble ne fourniraient pas aujourd'hui autant de colonnes, inappréciables par la beauté de la matière, et par leur nombre, que ces mosquées en contiennent. Elles sont presque toutes bâties sur le même plan, avec un dôme et des minarets, qui sont des espèces de tours, d'où les imans inférieurs appellent le peuple à la prière. Quelques mosquées en ont huit, qui forment réellement une décoration superbe. Il y a dix mosquées royales dans la capitale, qui ont presque toutes quelque chose qui mérite la curiosité des étrangers. La principale est *Ste.-Sophie*, qui est supérieure à toutes les autres en magnificence et en richesse. Elle fut bâtie originairement par l'empereur Justinien. Son énorme solidité a été à l'épreuve de plusieurs tremblemens de terre. Elle renferme plus de 300 colonnes de vert antique, et de ses fameuses mosaïques quelques morceaux restés dans les angles ont échappé à la fureur iconoclaste des Turcs. Sa hauteur est de 185 p. depuis le pavé jusqu'à la corniche, où commence le dôme, qui, lui-même, a au moins 40 ou 50 p., et le diamètre est de 54. Il faut un firman pour la voir d'en-bas. Ses revenus fixes, qu'elle retire de ses biens situés dans l'enceinte de la ville, montent à plus de 50,000 louis. On compte 934 mosquées, tant grandes que petites, à Constantinople. Il y en a dans quelques-unes des écoles; dans d'autres on voit des hôpitaux; ils servent aussi d'hospices aux pèlerins. Les lois ne permettent qu'aux mahométans d'entrer dans ces édifices. Cependant les étrangers peuvent les voir moyennant une permission, ou *firman* du grand-seigneur, qu'on obtient facilement en payant dix piastres. Les ambassadeurs, en arrivant à Constantinople, ou en partant, ont la liberté de les visiter avec toute leur suite, surtout celle de Ste.-Sophie. Quant aux particuliers, ils courent toujours quelques dangers en satisfaisant leur curiosité, surtout dans le temps du service. Près de *Kom-Capi*, ou la porte sablée, il y a une petite mosquée qui avait été autrefois une église; il est défendu à tout chrétien, sous peine de mort, de mettre le pied dans la rue où elle est située. Il y a, près de la mosquée de la Sultane-Mère, une colonne remarquable; la principale curiosité dont elle est composée, est le bitume; les pièces en sont mal assemblées et mal liées; des chambres souterraines sont pratiquées au-dessous. Les Grecs partagent la vénération des Turcs pour ce monument. Ils prétendent qu'on voit dans ses caves les corbeilles que Jésus-Christ fit remplir du reste des pains dont il nourrit la multitude qui l'avait accompagné dans le désert. Il faut monter sur le minaret de la mosquée de la Fontaine, à la terrasse d'où l'on appelle à la prière; on domine de là sur le port, sur la mer de Marmara, sur les belles campagnes de l'Asie. — 6°. Le sérail: l'enceinte de ce vaste palais suffirait pour former une ville moyenne; il occupe entièrement l'espace où était l'ancienne Byzance, c'est-à-dire, une des sept montagnes sur lesquelles Constantinople est bâtie. Sa circonférence est de près de 3 l. de 2,000 toises. Il y a 9 cours dans l'intérieur, et la plupart forment de grandes places carrées. Les bâtimens, qui sont en grand nombre, n'ont jamais été comptés: il n'est pas permis d'arriver jusqu'à la vue des dehors de plusieurs. Tous sont couverts de plomb, et les dômes et les tours ornés de croissans dorés. La muraille qui entoure le sérail, est de 30 pieds de haut, avec des créneaux, des embrasures, des tours, à la manière des anciennes fortifications. Cette muraille est si épaisse, qu'un homme peut marcher facilement et sûrement sur son sommet. Dans la partie qui regarde la mer et qui est opposée à l'arsenal, on a pratiqué deux chambres, dont les fenêtres sont garnies de jalousies, et d'où le grand-seigneur, qui s'y rend souvent, peut voir et entendre sans être vu, ceux qui passent et repassent de ce côté, qui est très-fréquenté. Il y a aussi sur le bord de la mer un kiosque, ou pavillon d'été, dans lequel le sultan va respirer l'air frais pendant les grandes chaleurs. Le sérail a neuf entrées, dont deux seulement sont magnifiques. La première, où l'on arrive de la place Ste.-Sophie, est vraiment imposante. C'est d'elle que la cour ottomane prend le nom de *la porte*, et de *sublime porte*, dans tous les actes et documens publics. C'est sur un des côtés qu'on voit des pyramides de têtes coupées, avec des écriteaux attachés sur le crâne, portant l'énonciation des crimes de ceux à qui elles appartenaient. Le nombre des personnes qui habitent cet immense palais est proportionné à son étendue. Il y réside constamment près de 10,000 âmes. Le nombre des femmes du *Harem* dépend du goût du prince régnant. Le sultan actuel en a environ 800. Suivant un calcul de 1798, les revenus de l'empire ottoman, non compris 2 millions de piastres, qui sont les revenus particuliers du sultan, montent par an à 77,580,000 piastres; et l'armée de terre, à 297,000 hommes, de toutes les armes, sans compter les troupes nombreuses que plusieurs pachas ont à leur service, et qui forment déjà seules des armées considérables. — 7°. Le vieux sérail, bâti par Constantin-le-Grand; il est situé presque au centre de Constantinople; c'est là que l'on consigne les sultanes du règne précédent, et les femmes malades du nouveau. — 8°. L'arsenal ; l'arsenal de la marine est dans le faubourg de Galata, faisant face au sérail ; tous les magasins sont dans son enceinte, qui a environ 3 milles anglais de circonférence. Le capitaine-pacha y demeure. — 9°. L'enceinte *Dosmanié Gghiamini* occupe le terrain de l'ancienne église Ste.-Hélène, ce qui fait prendre un superbe bloc de porphyre pour le tombeau de Constantin-le-Grand. — 10°. Auprès du quartier des selliers est *Kestachi*, ou la pierre de la pucelle ; c'est la colonne de *Marcian*, encore debout. — 11°. Les Sept-Tours, espèce de château-fort, qui sert de prison aux prisonniers de distinction. — 12°. Les faubourgs de *Galata* et de *Péra* : Galata est le principal faubourg, et Péra est, à proprement parler, le faubourg de Galata. C'est dans l'un et l'autre que les chrétiens ont fixé leur résidence. Tous les ministres étrangers habitent Péra, où, après avoir passé le canal, on monte par une pente sensible, et d'où l'on a la vue distincte de la plus grande partie de la ville. Les rues de *Péra* sont si remplies de chrétiens, qu'on s'imagine être dans le milieu d'une capitale de quelque pays de cette religion. L'église catholique de Ste.-Marie à *Péra*, est très-belle ; celle de St.-Antoine est la plus fréquentée par les belles femmes et les petits-maîtres ; mais la plus magnifique de toutes les églises catholiques, est celle de Ste.-Thérèse, qui appartient à l'empereur d'Allemagne. M. Murrah recommande aux étrangers l'auberge de M. *Bourlan*, et l'hôtel garni du restaurateur et limonadier *Jacoba*.

Fêtes, amusemens. — Le Beyram est la grande fête des Turcs : elle correspond à la Pâque des chrétiens. Elle commence à l'apparition de la nouvelle lune, qui succède à celle du *Ramadan*, et est annoncée au public par l'artillerie du sérail, ainsi que par le son de divers instrumens de musique. Le peuple abandonne immédiatement tout travail, et tout le monde ne songe qu'à se divertir. Soixante-dix jours après le *grand Beyram*, il y a une autre fête appelée le *petit Beyram*. Les *Doralwas* sont des fêtes publiques, à l'occasion de la naissance d'un enfant du grand-seigneur. Les *Tiriak-Ciarsi* sont les rendez-vous de ceux qui se sont adonnés à une débauche fort commune ici, celle de l'opium. Quelques-uns en prennent jusqu'à 15 drachmes à la fois, et passant continuellement de l'exaltation des sens au sommeil, et du sommeil à l'exaltation, ils abrègent volontairement leurs jours pour pouvoir les passer dans un oubli parfait d'eux-mêmes. Les cafés, la plupart bâtis en forme de kiosk, reçoivent l'air de tous les côtés, et sont d'une fraîcheur admirable. Ils sont le rendez-vous des oisifs de tous les états. Les tavernes ou *Mayhanés* ; on appelle ainsi les maisons où se vend la liqueur à laquelle la défense du prophète semble ajouter un nouveau charme. Dans la ville, à Péra, à Galata, à Scutari, et dans les villages qui bordent le canal de la mer Noire, il n'y a pas moins de 12,000 de ces maisons. Les plus fameuses sont celles de Galata et de Péra. Les Turcs se rendent en foule dans ces tavernes, surtout les vendredis, et y prennent toutes sortes d'amusemens, dont plusieurs ne peuvent ni ne doivent être décrits. Il y a aussi des maisons de galanterie à Péra. C'est dans ces maisons et tavernes, que les femmes des premiers Turcs de la capitale viennent se dédommager de l'ennui et de l'espèce de viduité qu'elles sont fréquemment exposées à éprouver dans les harems ; c'est là qu'elles reçoivent leurs amans, et qu'elles les récompensent suivant leurs mérites. Cela arrive communément par l'entremise de quelque Juive. On trouve dans les environs de Constantinople une foule de reposoirs charmans ; ce sont de petites terrasses de maçonnerie, placées dans quelque site heureux, à l'ombre d'un immense platane. Tout auprès est une fontaine, un âtre à faire le café, et un *michrab* peut y dire sa prière. Une inscription apprend qu'ils ont été construits aux frais d'un charitable musulman, qui a voulu que son nom fût béni à l'avenir par ceux qui viendraient s'y reposer. C'est aussi là que l'habitant de Constantinople vient étendre ses sofas et ses tapis, et, jouissant en silence des beautés de la nature qui l'environnent, il y passe des journées entières plongé dans de douces rêveries. A Péra et à Galata, les chrétiens étrangers prennent autant de plaisir que dans leur pays. Les *îles des Princes* sont surtout un lieu de délices, et très-fréquentées par eux. Quand les ministres étrangers sont en bonne harmonie entre eux, ils entretiennent une troupe de comédiens, ils donnent des concerts, des fêtes, des bals, etc.

Bibliothèques. — L'abbé Toderini, dans son ouvrage sur la littérature des Turcs, en compte 13, ou Kuttub-chans, en y comprenant celle du sérail, dans laquelle personne ne peut entrer. M. Murrhard donne la liste de 35 bibliothèques accessibles aux étrangers, à commencer par celle de Ste.-Sophie. On en distingue une autre sous le nom de Solimanie Jamasy ; mais la plus admirée pour le goût et l'élégance, est celle qui doit son établissement à Raghib-Pacha, qui avait été d'abord grand-visir, et qui finit par payer de sa tête la gloire due à ses vertus et ses institutions. Le bâtiment de cette dernière bibliothèque est situé au milieu d'une cour de marbre, de forme carrée, spacieuse et proprement tenue. Au centre de l'édifice s'élève le tombeau qui contient les restes de Raghib. Autour de la salle sont rangés des livres en grand nombre. La bibliothéque est fournie en outre de siéges commodes, de riches tapis, et de coussins à l'usage de ceux qui viennent y lire. On y trouve toujours un bibliothécaire. La salle est très-claire, et la plus grande tranquillité règne à l'entour. De l'autre côté de la rue, est une école fondée par le même pacha. On voit à Constantinople une sorte de marché fort grand, où se vendent des livres. Le sultan régnant a établi une école de génie à *Sudluché*, et une école de marine à *Tarchané*.

Branches de commerce que font les habitans de Constantinople. — Les drogues, le café, les épiceries, les draps de laine d'Audrinople et de Salonique, les camelots d'Angora, les riches ceintures et les étoffes de soie de Chio, les toiles de coton, et particulièrement celles qu'on appelle *Dimity*, d'Alexandrie et de Chypre, les toiles peintes d'Orsa, les toiles de coton et de lin de Merdin, de Mosul, de Bagdad; etc. Dans les marchés qui se font, on compte par piastres turques. Les jolis portefeuilles de maroquin rouge, bordés en or, sont ici à fort bon marché. Les plus chers, suivant les lettres de milady Craven, ne coûtent pas plus d'une demi-guinée.

Mélanges. — La ville de Constantinople, sans y comprendre ses faubourgs, est quatre fois plus grande qu'Amsterdam. Elle a 4,463 arpens de surface. Cette capitale, à l'entrée par la mer de Marmara, offre le coup d'œil le plus magnifique et le plus majestueux que l'imagination la plus brillante puisse se figurer. Sa position élevée, le mélange d'arbres, de maisons, de minarets qu'elle présente : l'entrée du Bosphore, le port et les faubourgs de Galata, de Péra et de Saint-Dimitri; Scutari et les collines verdoyantes qui se trouvent en arrière; la Propontide avec ses îles; plus loin le mont Olympe, couvert de neige; partout les champs variés et fertiles de l'Asie et de l'Europe; des kiosks modernes; une foule de peuple et de bateaux sur ces bords enchanteurs; tout cet ensemble présente divers tableaux qui ravissent et étonnent. Le détroit qui sépare Constantinople de la Natolie est un peu plus large que la Tamise à Londres; les anciens appelaient le port la *Corne d'Or*. On loue ici un bateau comme on loue à Londres ou à Vienne un carrosse de place. Ils sont tous bien sculptés, et plusieurs sont ornés de dorures. La forme en est légère et agréable. Les bateliers turcs rament fort bien, ce qui contraste entièrement avec l'indolence visible du peuple de tout état. Un étranger qui arrive à Constantinople, est surpris du silence qui règne partout, de l'air fier et de la démarche grave des musulmans, de l'air humble, timide et bas des Juifs, des Arméniens, et même des Grecs

Ce contraste est si frappant, que l'étranger devine, au maintien de l'homme, s'il est musulman ou raya (sujet tributaire), sans connaître encore la manière de les distinguer par la coiffure et la chaussure. Les Grecs portent une espèce de turban de peau de mouton noir, plus étroit sur le sommet de la tête que celui des Arméniens. Leurs pantoufles sont noires ainsi que leurs caleçons, au lieu que les Arméniens ont les premières rouges, et les seconds couleur de pourpre. Les pantoufles des Turcs sont jaunes, et aucun chrétien n'en peut porter de pareilles sous peine de mort. Les Juifs portent des pantoufles et des caleçons bleu de ciel; leur turban diffère entièrement de celui des chrétiens, et ils ont deux boucles de cheveux qui descendent au-dessous de leurs oreilles. Il y a cependant parmi les Grecs et les Juifs quelques personnes privilégiées qui ont la permission de porter des pantoufles jaunes et des caleçons rouges comme les musulmans; mais ce sont les drogmans des ambassadeurs, les metzellemias, qui ne payent aucun tribut annuel. La langue la plus commune, celle qui est en usage dans tous les rangs, est la turque. Les Grecs parlent à la fois le grec et le turc; les Arméniens leur langue naturelle. Les Juifs parlent généralement espagnol. A la cour ottomane on parle le persan. Les cimetières sont très-nombreux, et forment autour de Constantinople et de Péra une triste promenade, singulière cependant, car les arbres et les tombeaux sont confondus ensemble, et offrent une grande variété à ceux qui les visitent. Il est défendu de toucher à ces arbres; aussi la quantité de leurs branches et leur désordre ne sont pas sans agrément. Mais quand on pense que la terre que l'on foule aux pieds, peut être pestiférée; on ne doit pas raisonnablement s'y promener.

Excursions. — Aux *Dardanelles.* A la *Troade*, par eau, ou par le mont Ida. En attendant les observations intéressantes faites sur les lieux, que publiera sous peu un voyageur suédois, M. le lieutenant-colonel de Helvig et deux hommes de lettres anglais, MM. Clarke et Cripps, nous renvoyons nos lecteurs à l'ouvrage de M. le Chevalier: Description de la Troade, dont l'Allemagne possède une traduction excellente, qu'elle doit aux soins du célèbre M. Heyne, et dont l'auteur vient de publier une nouvelle édition française, fort augmentée, en 3 volumes. Un Suédois, M. Bergstedt, a fait imprimer à Stockholm, en 1802 et 1803, la traduction suédoise de l'ouvrage de M. le Chevalier, enrichie de notes et d'observations qui rendent cette traduction de M. Bergstedt infiniment curieuse. L'*Iliade* d'une main, et la carte de M. le Chevalier de l'autre, on trouvera la plus grande exactitude dans les tableaux qu'Homère nous a transmis : il est vrai, la trace des villes qui ont existé, et la population même, ont disparu; mais le cours du Simoïs et celui du Scamandre n'ont point changé; on aperçoit sur les rives de ce dernier les marécages dont parle Homère; des forêts de pins et de chênes couvrent encore le mont Ida, et le temps n'a pu détruire les monticules de terre sous lesquels on aime à supposer que reposent les cendres des héros dont les noms sont parvenus jusqu'à nous.

. . . . *Juvat ire et dorica castra*
Desertosque videre locos, littusque relictum;
Hic Dolopum manus, hic sævus tendebat Achilles!

(Voy. the Topography of Troy, illustrated and explained by drawings and descriptions; by W. Gell. Esq. London, 1804. Fol. Voyage pittoresque sur les rives du Bosphore, superbe ouvrage en 12 livraisons. Paris, 1812.)

ITINÉRAIRE.

N°. I.

ROUTE DE BUDE OU D'OFEN A VIENNE.

NOMS des relais.	POSTES.	NOMS des relais.	POSTES.
Wereschwar.	1	Wieselburg.	1 ½
Dorogh.	1 ½	Rackendorf.	1
Neudorf.	1	Kittsée (d).	1
Nessmely (a).	1	Deutsch - Altenbourg (e).	1 ½
Comorn (b).	1		
Ais.	1	Regelsbrunn.	1
Goenyo.	1	Fischament.	1
Raab (c).	1	Schwachat.	1
Hochstrass.	1	Vienne (f).	1
			18.

Topographie.

La population de *Bude* ou *d'Ofen* (*Long.* E. 13° 6′ 42″ *Lat.* 47° 29′ 44″) monte à environ 20,000 âmes. *Auberge*: à l'Éléphant. Le château royal est un bâtiment superbe: il faut y voir la bibliothèque, l'observatoire, le cabinet d'histoire naturelle et l'arsenal. Il y a dans cette ville deux salles de spectacles et un casino: les bains chauds sont célèbres, et ceux construits par les Turcs méritent d'être vus. Le café qui fait face au pont, est peut être un des plus beaux de l'Europe; on y dîne très-bien et très-commodément. *Bude* étant l'ancien *Sicambrie*, on y trouve quantité d'antiquités romaines, entre autres, un *Sudarium* très-bien conservé. — La ville de *Pest* (*Long.* E. 16° 34′ 0″. *Lat.* 47° 31′ 40″. Pop. 27,000 hab.) est située vis-à-vis, sur le *Danube*; on y passe depuis Ofen sur un pont de bateaux. A Pest, il y a l'université, qui y a été transférée de *Tyrnau*. Le bâtiment le plus remarquable est l'hôtel des Invalides. La ville est bien bâtie, et très-bien éclairée par des réverbères. Il se tient à Pest la foire la plus considérable de toute la Hongrie: les principaux articles consistent en productions du pays, et surtout, en chevaux. Voyez *Die Stadt Pest und ihre Gegend, in Briefen an einen Freund*. Pest, 1804, 8. avec fig. *Plan des villes de Bude et de Pest*; par M. le capitaine de *Lipszky*, 1803, 4 feuilles. La fameuse plaine de *Rokosh* est à quelques lieues de Pest: c'était là que la nation hongroise s'assemblait pour élire ses rois. Quelquefois on y vit 80,000 tentes de la noblesse.

(*a*) *Nessmely*. Les vins blancs des environs sont estimés.
(*b*) *Comorn*. On y fait un grand commerce en grains, vins, miel et poissons; l'église des ci-devant jésuites est remarquable. On passe ici sur un pont volant.
(*c*) *Raab*, jolie ville. Pop 13,000 âmes. La cathédrale est superbe; le chœur a coûté 70,000 florins à bâtir. La grande place est décorée de beaux édifices; on y admire principalement le collége des ci-devant jésuites.
(*d*) *Kittsee*. Le château du prince et la faisanderie. La voiture qu'on nomme *Kutsche* en allemand, dérive sa nomination de la petite ville de *Kittsée* ou *Kotsi*. Il est constaté que les carrosses sont une invention hongroise.
(*e*) Le bourg de *Schwechat* est remarquable par ses fabriques de coton. A *Deutsch-Altenbourg* il y a des eaux minérales. Entre Deutsch-Altenbourg et Haynbourg, on trouve les restes de quelques antiquités romaines.
(*f*) *Voyez* l'Itinéraire d'Allemagne, page 146.

N°. 2.

ROUTE DE PRESBOURG A VIENNE.

Deutsch-Altenbourg (a)	4
Vienne	1
	5 post.

(a) *Voyez* ci-dessus, page 15.

N°. 3.

ROUTE DE PRESBOURG A KASCHAU ET TOKAY.

NOMS des relais.	POSTES.	NOMS des relais.	POSTES.
Lanschitz.	1	Pertensdorf.	1
Sarfoë.	1	Okolicschna.	1
Tyrnau (a).	1	Wihodna.	1
Freystaedtl.	1 ½	Lautschbourg.	1
Rippyni.	1	Horka.	1
Nitra-Tapolcschan.	1	Leutschau (d).	1
Nitra-Sambokret.	1	Biaczovez.	1
Westenjez.	1	Berthod.	1 ½
Baymozs (b).	1	Eperies (e).	1
Rudno.	1	Lemesch.	1
Thurotz-Sambroket.	1	Kaschau (f).	1
		Sinna.	1
		Willmanny.	1
Nolescho.	1 ½	Tallya (g).	1 ½
Rosenberg (c).	1	Tokay (h).	2
			31

Topographie.

(a) *Long.* E. à l'obs. 15° 14′ 47″. *Lat.* 48° 22′ 48″. Cette ville, l'une des principales du royaume, ornée de neuf grandes tours et d'un grand nombre d'églises et de couvens, qui lui ont fait souvent donner le nom de *petite Rome*, présente de loin un superbe coup d'œil. On y admire la cathédrale, le palais épiscopal, le palais de M. de Schwartz, l'académie des nobles, l'observatoire, etc.

(*b*) *Buymozs*. Il y a ici des bains chauds.

(*c*) *Rosenberg*. Ses eaux minérales et son commerce sont célèbres. Les habitans excellent dans la fabrique de la poterie.

(*d*) *Leutschau*. L'hôtel de ville est un bel édifice. Il y a ici l'institution de M. Liedemann. Cette ville manque de bonne eau à boire. Le château du comte *Czaky* sert de lieu de plaisance aux habitans; il est situé dans une forêt voisine. On y trouve des eaux minérales.

(*e*) *Eperies*, dans une belle situation. On y fait un grand commerce en vins, toiles, grains et bestiaux.

(*f*) *Kaschau*, la métropole de la Haute-Hongrie. Pop. 6,000 hab. La principale église mérite d'être vue. La maison du gouverneur est un beau bâtiment. Beau café dans la principale rue; fort bonne auberge à l'Aigle Blanc; il faut voir les casernes, l'académie des nobles, le jardin de plaisance, près de *Kaisermuhle*, sur le *Harjath*. Les bains d'*Erlein* sont estimés. Deux cavernes, à peu de distance de Kaschau, sont fameuses: l'une par son immense étendue, ses labyrinthes, stalactites; l'autre par sa température froide en été, chaude en hiver.

(*g*) *Tallya*. Ses vins sont très-estimés; mais rarement un voyageur obtient d'en boire sur les lieux: les propriétaires n'ouvrent leur cave que pour faire des ventes en gros. C'est de même à *Tokay*.

(*h*) *Lat.* 48° 7′ 12″. Sur la montagne de Sainte-Thérèse, et dans la vigne de *Szarwasch*, croissent les meilleurs vins de Tokay. Le vin proprement dit *vin de Tokay* est du crû de cette montagne, n'entre que dans la cave de l'empereur, et dans les caves de quelques magnats qui y possèdent des vignes. Le reste, que l'on vend sous ce nom, même en Hongrie, n'est qu'*Ausbruch*. Suivant M. Korabinski, la grande réputation du vin de Tokay ne date que du commencement de ce siècle et du règne du célèbre Ragotzi; ce prince possédait dans sa cave, à Tokay, un dépôt des meilleurs vins de son crû, et ou appelait ces vins par excellence, vins de Tokay, c'est-à-dire, *vins de la cave de Tokay*.

N.° 4.

ROUTE DE BUDE A SEMLIN.

NOMS des relais.	POSTES.	NOMS des relais.	POSTES.
Teleny.	1	Esseck (d).	2
Ereschin.	1 ½	Vera.	1
Adony.	1	Wukowar.	1
Pentele.	1	Oppatowacz.	1
Foldwar.	1 ½	Illok (e).	1 ½
Paksch.	2	Szuszek.	1
Tolnau.	2	Peterwaradin (f).	2
Sekard (a).	1	Carlowitz.	1
Babtaszek.	1 ½	Poska.	1
Sekeschoë.	1	Cserevics.	1
Mohaesch (b).	1	Banovze.	1 ½
Baranyawar.	2	Semlin (g).	1 ½
Laskafeld (c).	1		
			33

Topographie.

(a) Le vin des environs de Sekard égale le vin de Bourgogne, et le surpasse même.

(b) Terrain marécageux. C'est là que se donna la bataille où le roi Louis II perdit la vie.

(c) On entre en Esclavonie.

(d) Esseck, ville très-forte; on y découvre les restes de l'ancienne ville de Mursa.

(e) Illok. Ici commence la Syrmie.

(f) Peterwaradin. Long. E. 17° 34′ 15″. Lat. 45°. 15′ 10″. Célèbre par la victoire signalée que le grand prince Eugène y remporta sur les Turcs.

(g) Semlin Auberge: à l'Homme Sauvage Long. 18° 0′ 0″. Lat. 44° 51′ 22″. Il y a ici un tribunal de santé qui fait visiter et purifier les marchandises, et même les lettres qui viennent de la Turquie.

N.º 5.
ROUTE DE BUDE A HERMANSTADT.

NOMS des relais.	POSTES.	NOMS des relais.	POSTES.
Sorokskar.	1	Temeswar (a).	1
Oescha.	1	Koeveres.	1
Inares.	1	Szinerszek.	1
Erkeny.	1	Lugos.	1
Feldeck.	1	Boschur.	1 1/2
Ketskemet.	1	Facsched.	1 1/2
Paka.	1	Kossova.	1
Celegyhasu.	1	Czoszed.	1
Peteny.	1	Dobra.	1
Kistelek.	1	Lesnek.	1
Sathmar.	1	Deva.	1
Szegedin.	1	Szasvaros.	1 1/2
Petit Kanischa.	2	Sibot.	1 1/2
Mokrin.	1 1/2	Muhlenbach.	1
Komlosch.	1	Reismarkt.	1
Cschadat.	1	Mag.	1
Betschkerek.	1	Hermannstadt (b).	1
			37

Topographie.

(a) *Auberge* : à la Trompette. Belle ville, fortifiée selon le système réuni de *Coehorn* et de *Vauban*. Il faut voir l'église, le palais du gouverneur, la machine hydraulique et les jardins de *Bassabrunn*, ou du président.

(b) Grande ville, la capitale de la Transylvanie, dans une plaine, sur les bords du *Zibin*. Elle est bien bâtie. Population, 15 à 16,000 âmes. Il faut voir dans le voisinage le château de *Freck*. Il y a dans cette ville un théâtre, un casino et de beaux cafés. Les savonneries de Hermanstadt sont renommées, et on y fabrique des chandelles de suif, qui ressemblent pour la blancheur à des bougies, et qui sont recherchées à Vienne. Voyez *Hermannstadter Handlunhs, Gewerbss-und Reise-Kalender*; par M. *Hochmeister*, 1790, 8.

N°. 6.
ROUTE DE BUDE A CONSTANTINOPLE.

NOMS des relais.	POSTES.	NOMS des relais.	MILLES.
Semlin (a)	33 MILLES.	Semisze.	14
		Hebibze.	12
		Andrinople (h).	9
Belgrade (b).	½	Habsa.	4
Hassan-Pacha-Palanka (c).	15	Barbaescky.	6
		Burgas.	6
Nagodna.	12	Karischdran.	6
Raschna.	10	Ziyorlù.	6
Nissa (d).	19	Kynikly (i).	6
Scharkioy.	12	Silivria (k).	6
Sophia (e).	16	Bujuk-Schekmeze.	6
Ichdimann.	12	Kutzuk-Schekmeze.	3
Tartas Posarzick (f).	12	Constantinople (l).	3
Philippopolis (g).	6		
		33 postes et 181 ½ m	

Topographie.

(a) *Voyez* page 18.

(b) *Belgrade.* Long. E. 18° 0′ 0″. Lat. 44° 50′ 15″. On passe la rivière de la *Save.* Cette ville, grande et forte, située au confluent de la *Save* et du *Danube*, est l'entrepôt du commerce de la Turquie et de l'Autriche. Pop. 25,000 hab.

(c) *Hassan-Pacha-Palanka.* On passe la *Morave.*

(d) On passe la *Nissave. Nissa* fut autrefois la capitale de la Servie; située dans une belle plaine, l'air y est très-bon, et le sol d'une fertilité prodigieuse.

(e) On passe l'*Ischa. Sophie* est une grande ville, bien peuplée et commerçante, la résidence du Beglerbeg de la Romélie. Elle est dans une situation délicieuse. Il y a des bains chauds très-fameux par leurs propriétés médicinales.

(f) *Tartas Posarzick.* On passe la *Maritz.* On traverse, pour arriver à Philippopolis, l'éminence qui unit les monts Rhodope et Hémus, qui sont toujours couverts de neige.

(*g*) On la passe de nouveau. Le nom turc de *Philippopolis*, est *Felibé*. Le pays qui s'étend de là à Andrinople, est le plus beau du monde. Toute la nature y a un air riant et florissant.

(*h*) Les flèches hardies et isolées des plus beaux minarets de la Turquie, annoncent à 5 ou 6 lieues de distance, la ville d'*Andrinople*, et la mosquée superbe de Sélim II. On dit que c'est la plus belle après Ste.-Sophie ; il y en a d'ailleurs plus de 200 à Andrinople. Toute belle qu'elle est, elle laisse regretter les antiquités qu'on a enfouies, pour lui servir de fondemens. Le nom turc de la ville est *Adranah*. Elle fut long-temps la résidence des Sultans ottomans. La situation est très-belle, mais l'air est malsain. On y trouve un grand nombre de boutiques bien fournies de riches marchandises, car cette ville fait un grand commerce, surtout par l'entremise des Juifs. On dit qu'Andrinople a 3 lieues de circonférence, en y comprenant les jardins. La rivière de *Maritz* est l'ancien *Hèbre*.

(*i*) *Kymkly*. La route se fait sur les bords de la mer Noire, l'ancienne *Propontide*, dans des prairies émaillées, où l'on aperçoit, de loin en loin, quelques maisons entourées de murs, des platanes, des cyprès semés çà et là.

(*k*) *Silivria*, ville autrefois considérable : on y voit un pont de 32 arches. Il y a une ancienne église grecque fameuse, où l'on vénère une vierge miraculeuse, de la main de saint Luc.

(*l*). *Constantinople. Voyez* le tableau des capitales, page 7.

Cartes itinéraires, Manuels, Relations de voyages de fraîche date.

Darstellung des Konigreichs Ungarn, nach den Poststationem fur Reisende. Gestochen von *Junker*. Presburg.

Carte des postes et du commerce des pays héréditaires de Hongrie. A Vienne, 1802.

Carte générale de la Hongrie, par le capitaine de *Lipszky*. Cette carte est composée de 9 feuilles.

Livres allemands. — Magyar Atlas, i. e. Atlas Hungaricus, autore *Demet. a Gorog*. Viennæ, 1802.

Hacquet neueste physikalisch-politische Reisen in den Jahren, 1791, 92 und 93, durch die Karpathen, 3 Th. Nürnberg, 1794, 8.

Reise von Presburg durch Mahren, Ungarn, Sieben-

-bürgen und zurück nach Presburg. Frankfurt und Leipzig, 1793, 8.

Freymüthige Bemerkungen eines Ungarn, auf einer Reise durch einige Ungarische Provinzen, 1799, 8.

Reisen des Grafen von *Hoffmannsegg*, in einige Gegenden von Ungarn bis an die türkische Grenze. Gorlitz, 1800, 8.

Gemalde von Constantinopel, von *Murrhard*. Leipzig, 1804, trois volumes (tableau fait sur les lieux, et rempli de détails également instructifs et intéressans).

Voyage en Hongrie, par *Robert Townson*, traduit de l'anglais par *Cantwell*, enrichi de la carte générale de la Hongrie, et de 18 planches, tom. 1, 2, 3. A Leipsick, 1800, 8.

Tableau géographique et politique des royaumes de Hongrie, d'Esclavonie, de Croatie et de la Transylvanie, trad. de l'allemand de Demian. Paris, 1809. 2 vol. in-8.

Anglais. — A tour up the Straits from Gibraltar to Constantinople, by Captain *Sutherland*. London, 1790, 8.

Français. — Constantinople ancienne et moderne, par J. *Dallaway*, trad. de l'anglais, par *A. Morellet*; tom. 1, 2. A Paris, an VII, 8.

Voyage à Constantinople, par l'Allemagne et la Hongrie. A Paris, an VII, 8.

Voyage de la Propontide et du Pont-Euxin, orné de 6 cartes, dont l'une est celle de Constantinople, par *J.-B. Lechevalier*. A Paris, 3 vol. in-8°.

Voyage dans l'Empire Ottoman, fait par ordre du gouvernement, pendant les 6 premières années de la république, par *G.-A. Olivier*; tom. 1, 2, 3, 4. A Paris, an IX, 8.

Tableau général de l'Empire Ottoman, etc., par M. *d'Ohsson*, tom. 1, 2, 3, 4. A Paris, 1787. (Il en a paru deux éditions, l'une in-folio, très-splendide, l'autre in-8°). Cet ouvrage de M. *d'Ohsson* fournira aux voyageurs des observations détaillées sur les mœurs, la religion des Turcs, etc., et sur l'empire Ottoman en général.

Voyage pittoresque de Constantinople. Cet ouvrage, entrepris par des artistes de Paris, a paru par cahiers : on vient d'annoncer en Allemagne une copie de l'original, le texte rédigé par M. *Murrhardt*.

Depuis la guerre d'Égypte, un grand nombre d'ouvrages aussi curieux qu'instructifs sur l'empire Ottoman, ont été publiés par des officiers et voyageurs anglais, ou sont près de quitter la presse, tels que les voyages de *Wilson*, de *Walsh*, de *Wyttmann*, de *Hamilton*, de *Gell*, etc. Toutes ces relations de voyages sont ornées de vues et de gravures.

Fin de l'Itinéraire de la Hongrie et de la Turquie.

TABLE DES MATIÈRES.

Manière de voyager .... page 1
État des postes, voituriers, notes instructives, et remarques qui intéressent les voyageurs dans leur tournée. ib.
Tableau des poids, mesures et monnaies. 3
Tableau des capitales 5

N^{os} des routes.   ITINÉRAIRE.

1. Route de Bude ou d'Ofen à Vienne 14
2. Route de Presbourg à Vienne 16
3. Route de Presbourg à Kaschau et Tokay .... ib.
4. Route de Bude à Semlin 18
5. Route de Bude à Hermanstadt 19
6. Route de Bude à Constantinople 20
Cartes, Manuels, Relations de voyages de fraîche date 21

TABLE ALPHABÉTIQUE

DES RELAIS DE POSTE,

ET AUTRES LIEUX DÉCRITS DANS L'ITINÉRAIRE DE HONGRIE ET DE TURQUIE.

Adony, 18.
Adranah, 21.
Ais, 14.
Andrinople, 20, 21.
Babtaszek, 18.
Banovze, 18.
Baranyawar, 18.
Barbaescky, 20.
Bassabrunn, 19.
Baymozs, 16, 17.
Belgrade, 20.
Berthod, 16.
Betschkerek, 19.
Biaczovez, 16.
Boschur, 19.
Bujuk-Schekmeze, 20.
Burgas, 20.
Carlowith, 18.
Comorn, 14.
Constantinople, 7, 20.

Cschadat, 19.
Cserevics, 18.
Czoszed, 19.
Dardanelles (les), 13.
Deutsch-Altenbourg, 14, 15, 16.
Deva, 19.
Dobra, 19.
Dorogh, 14.
Eperies, 16, 17.
Ereschin, 18.
Erkeny, 19.
Erlein (bains de), 17.
Esseck, 18.
Esterhazy, 6.
Facsched, 19.
Feldeck, 19.
Felegyhasa, 19.
Felibé, 21.
Fischament, 14.

TABLE ALPHABÉTIQUE.

Foldwar, 18.
Freck (château), 19.
Freystaedtl, 16.
Gœnyo, 14.
Habsa, 20.
Hassan-Pacha-Palanka, 20.
Hebibzo, 20.
Hermanstadt, 19.
Hochstrass, 14.
Ichdimann, 20.
Illok, 18.
Inares, 19.
Kaisermuhle, 17.
Kanischa (petit), 19.
Karischdran, 20.
Kaschau, 16, 17.
Ketskemet, 19.
Kistelek, 19.
Kittsée, 14, 15.
Kœveres, 19.
Komlosch, 19.
Kossova, 19.
Kutzuk-Schekmese, 20.
Kynikly, 20, 21.
Lanschitz, 6, 16.
Laskafeld, 18.
Lemesch, 16.
Lesnek, 19.
Leutschau, 16, 17.
Lugos, 19.
Mag, 19.
Mohaesch, 18.
Mokrin, 19.
Muhlenbach, 19.
Nagodna, 20.
Nessmely, 14.
Neudorf, 14.
Nissa, 20.
Nitra-Sambokret, 16.
Nitra-Tapolcshan, 16.
Nolescho, 16.
OEdenbourg, 6.
Oescha, 19.
Okolicschna, 16.
Oppatowacz, 18.
Paka, 19.
Pentele, 18.
Pertensdorf, 16.
Peteny, 19.
Peterwaradin, 18.
Philippopolis, 20.
Poska, 18.
Presbourg, 5.
Raab, 14, 15.
Raschna, 20.
Ratckendorf, 14.
Regelsbrunn, 14.
Reismarkt, 19.
Rippyni, 16.
Rokosh, 15.
Rosenberg, 16, 17.
Rudno, 16.
Sarfoë, 16.
Sathmar, 19.
Scharkioy, 20.
Schwachat, 14.
Sekard, 18.
Sekeschoc, 18.
Semisze, 20.
Semlin, 18, 20.
Sibot, 19.
Silivria, 20, 21.
Sinna, 16.
Sophia, 20.
Sorokskav, 19.
Szarwasch, 17.
Szasvaros, 19.
Szegedin, 19.
Szincrszek, 19.
Szuszek, 18.
Tallya, 16, 17.
Tartas Posarzick, 20.
Teleny, 18.
Temeswar, 19.
Thurotz-Sambroket, 16.
Tokay, 16, 17.
Tolnau, 18.
Troade (la), 13.
Tyrnau, 16.
Vera, 18.
Vienne, 14, 16.
Wereschwar, 14.
Westenjez, 16.
Wieselburg, 14.
Wihodna, 16.
Willmanny, 16.
Wukowar, 18.
Ziyorly, 20.

FIN.

www.ingramcontent.com/pod-product-compliance
Lightning Source LLC
Chambersburg PA
CBHW070457170426
43201CB00010B/1371